가계도

사정과 개입

Genograms, Third Edition
by Monica McGoldrick, Randy Gerson, Sylvia Shellenberger

가계도 사정과 개입

Monica McGoldrick · Randy Gerson · Sueli Petry 공저
이영분 · 김유숙 · 정혜정 · 최선령 · 박주은 공역

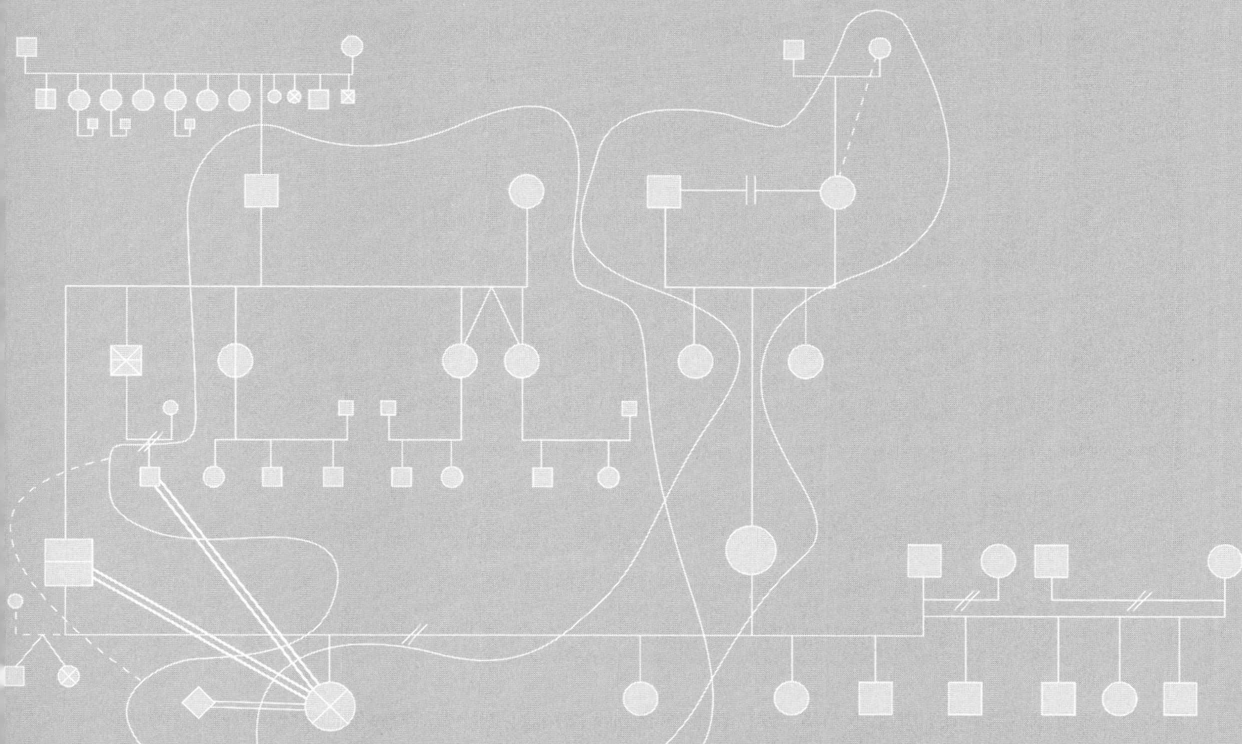

학지사

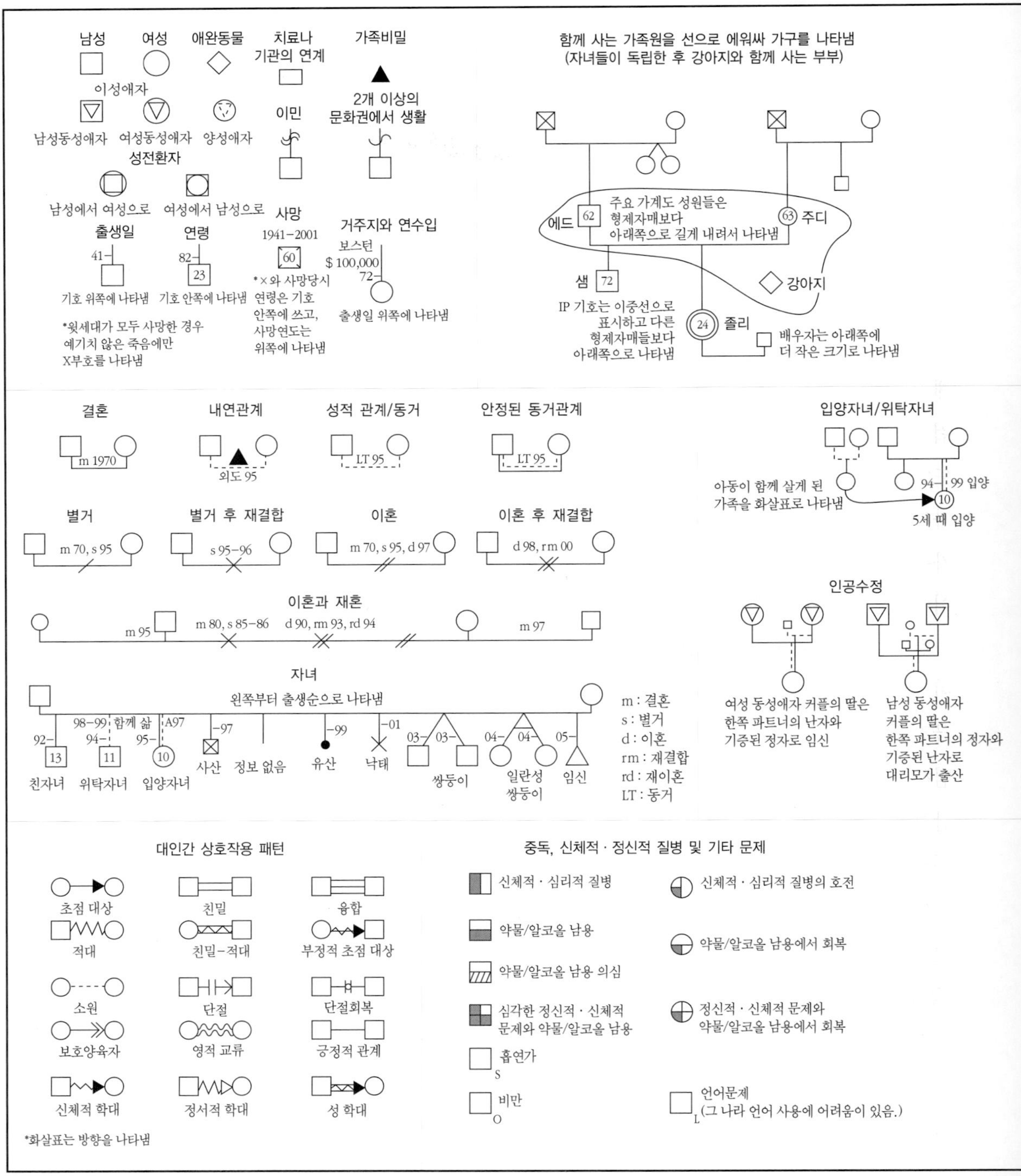
남성
여성
애완동물
치료나 기관의 연계
가족비밀
이성애자
남성동성애자
여성동성애자
양성애자
이민
2개 이상의 문화권에서 생활
성전환자
남성에서 여성으로
여성에서 남성으로
출생일
41–
기호 위쪽에 나타냄
연령
82–
23
기호 안쪽에 나타냄
*윗세대가 모두 사망한 경우 예기치 않은 죽음에만 X부호를 나타냄
사망
1941–2001
60
*×와 사망당시 연령은 기호 안쪽에 쓰고, 사망연도는 위쪽에 나타냄
거주지와 연수입
보스턴
$ 100,000
72–
출생일 위쪽에 나타냄
함께 사는 가족원을 선으로 에워싸 가구를 나타냄
(자녀들이 독립한 후 강아지와 함께 사는 부부)
에드
62
주요 가계도 성원들은 형제자매보다 아래쪽으로 길게 내려서 나타냄
63
주디
샘
72
강아지
IP 기호는 이중선으로 표시하고 다른 형제자매들보다 아래쪽으로 나타냄
24
졸리
배우자는 아래쪽에 더 작은 크기로 나타냄
결혼
m 1970
내연관계
외도 95
성적 관계/동거
LT 95
안정된 동거관계
LT 95
입양자녀/위탁자녀
아동이 함께 살게 된 가족을 화살표로 나타냄
94–
99 입양
10
5세 때 입양
별거
m 70, s 95
별거 후 재결합
s 95–96
이혼
m 70, s 95, d 97
이혼 후 재결합
d 98, rm 00
이혼과 재혼
m 95
m 80, s 85–86
d 90, rm 93, rd 94
m 97
인공수정
자녀
왼쪽부터 출생순으로 나타냄
98–99 함께 삶
A97
92–
94–
95–
–97
–99
–01
03–
03–
04–
04–
05–
13
11
10
친자녀
위탁자녀
입양자녀
사산
정보 없음
유산
낙태
쌍둥이
일란성 쌍둥이
임신
m : 결혼
s : 별거
d : 이혼
rm : 재결합
rd : 재이혼
LT : 동거
여성 동성애자 커플의 딸은 한쪽 파트너의 난자와 기증된 정자로 임신
남성 동성애자 커플의 딸은 한쪽 파트너의 정자와 기증된 난자로 대리모가 출산
대인간 상호작용 패턴
초점 대상
친밀
융합
적대
친밀–적대
부정적 초점 대상
소원
단절
단절회복
보호양육자
영적 교류
긍정적 관계
신체적 학대
정서적 학대
성 학대
*화살표는 방향을 나타냄
중독, 신체적 · 정신적 질병 및 기타 문제
신체적 · 심리적 질병
신체적 · 심리적 질병의 호전
약물/알코올 남용
약물/알코올 남용에서 회복
약물/알코올 남용 의심
심각한 정신적 · 신체적 문제와 약물/알코올 남용
정신적 · 신체적 문제와 약물/알코올 남용에서 회복
S
흡연가
O
비만
L
언어문제
(그 나라 언어 사용에 어려움이 있음.)

역·자·서·문

『가계도』라는 책을 처음 접했을 때의 신선한 충격을 아직도 기억한다. 우리에게 익숙한 프로이트, 케네디, 헵번과 같은 유명 인사들의 가계도를 통하여 부담스럽지 않게 가벼운 흥미를 가지고 가족체계에 대한 만남의 시간을 경험했다. 『가계도: 사정과 개입(*Genograms: Assessment and Intervention*)』은 체계론적 입장을 가진 가족치료자라면 반드시 읽어야 할 가족치료의 필독서다. 이 책은 우리에게 가족체계론을 처음 접하게 될 때 느낄 수 있는 혼란과 거리감을 감소시켜 준다. 이에 더하여 가족체계에 대해 재미있게 이해할 수 있도록 해 주는 묘미가 있다.

한국 사회에 가족치료가 본격적으로 소개된 지도 30년이 넘으면서 다양한 접근이 소개되고 있다. 소개된 여러 가지 기법 중에는 반짝이는 아이디어로 빛나거나 극적인 요소를 가진 접근도 있다. 가계도는 그 같은 기법과 비교하면 지나치게 평범하다는 생각이 든다. 그러나 가계도 작업은 가족과 함께 가족의 역사와 관계를 탐색하고 가족의 기억 속에 담겨 있는 정서적 의미를 재구성하면서 문제해결과 성장을 돕는 놀라운 힘이 있음을 알게 한다.

이 책의 1판이 번역된 이후 임상가들의 꾸준한 관심 속에 다시 2005년에 2판을 번역했다. 이제 『가계도: 사정과 개입(*Genograms: Assessment and Intervention*)』 3판을 번역하면서 더욱 정교해지고 복잡해진 가계도를 접하게 되었다. 그리고 컴퓨터를 통한 가계도 도식작업이 점차 우리들 가까이에 다가와 있음도 느낀다.

이 책은 3세대 이상의 가족원과 그들의 관계 유형을 포함한 가계도 작성법과 해석에 관한 것이다. 즉, 가계도를 통해 임상현장에서 가족사정에 사용되는 다양한 정보를 얻을 수 있으며 이러한 정보를 가족치료에 어떻게 활용할 수 있는가를 구체적으로 설명하고 있다. 2판은 8장으로 구성되어 가계도 해석의 기초가 되는 이론적 배경, 상세한 작성방법, 해석방법, 치료에의 응용, 앞으로의 연구가능성을 중심으로 기술되었다. 각 내용에 유명인의 실제 가계도를 실례로 들어 어렵지 않게 가족체계론에 접근할 수 있도록 전개하였다. 3판에서는 현대 가족의 다양하고 복합적인 가족양상에 대한 평가와 개입을 위해 새로운 형식의 가계도 부호가 추가되었다. 2판에서 보다 더 다양한 영역에서의 세분화된 가계도 도식을 제시하고 있다.

저자들이 사용한 접근의 기반이 되는 이론은 보웬의 가족체계이론이다. 보웬은 가족의 양상이 적어도 여러 세대에 걸친 정서과정에서 형성된 자연스러운 사회체계라고 본다. 저자들은 이 같은 보웬이론에 기초한 가계도를 가족치료에 응용하는 이점에 대해 여러 측면에서 사례와 함께 제시하고 있다. 즉, 가족의 삼각관계 구조와 과정에 대한 이해, 원가족 정서과정의 산물로서 현재의 가족체계 이해, 중요한 가족의 역사적 사건을 둘러싼 가족관계의 역동과 세대 간 전수과정, 가족생활주기를 포함하여 직업적 · 문화적 · 영적 가계도와 사회적 지지망과 가계도를 활용한 가족문제에 대한 사정과 개입 등을 유명인들의 사례를 들어 설명하고 있다.

가족문제에 개입할 때 이와 같이 체계 맥락적 차원에서 다양한 측면을 고려하는 가계도 접근은 임상가와 가족원들에게 가족문제에 대한 보다 확장된 시각을 갖게 해 준다. 따라서 가족은 제시된 증상을 관계 맥락 속에서 이해하고 재명명한다. 이 과정을 통해 가족은 의미변화를 경험하게 되며 문제에 대한 해결방식도 이전과는 달리 보다 효과적으로 할 수 있게 된다. 무엇보다도 큰 장점은 가족 내에서 일어나는 문제 행동이나 증상에 대한 현상을 가계도라는 가시적인 형식 속에서 외재화시키고 재구성할 수 있도록 해 준다는 것이다. 그리고 각 개인의 역할관계나 가족구조를 하나의 양상으로 이해시킴으로써 더욱 일반화하여 해가 없는 개념으로 전환할 수 있기 때문에 유용한 접근이라고 생각한다. 독자들도 이 책을 통하여 가족이 스스로 자신의 가족을 이해하고 더 나아가 강점이나 탄력성을 찾을 수 있는 방법을 함께 공유할 수 있기를 바란다.

끝으로 복잡하고 까다로운 그림이 많은 이 책의 출판을 맡아 준 학지사의 김진환 사장님을 비롯한 관계자 여러분께 진심으로 감사드린다.

2011년 1월

역자 대표 이영분

저·자·서·문

이 책은 가계도의 임상적 가치, 연구 가치, 교육적 가치에 관한 오랜 관심에서 출발하였다. 지난 몇십 년 동안 가계도는 가족 패턴을 그리는 실제적 도구로서 건강보호 전문가들 사이에서 매우 폭넓게 사용되어 왔다. 처음 가계도에 관한 책을 써야겠다고 생각했을 때 우리는 머지않아 컴퓨터 소프트웨어를 이용해 가계도 연구를 위한 데이터베이스를 만들고 그것을 시각적으로 나타낼 수 있을 것이라고 생각했다. 지난 30여 년 동안 가계도는 유전학, 의학, 심리학, 사회복지학, 상담학, 간호학, 기타 건강보호와 인간 서비스 분야, 심지어 법과 비즈니스 분야에 이르기까지 폭넓게 사용되어 왔다. 『가계도: 사정과 개입』 3판은 특히 가족놀이가계도와 같이 임상적 개입을 위해 확장되어 활용되고 있는 다양한 가계도를 다루고 있다. 또한 다양한 가족 유형과 가계도의 임상적 적용에 대해 권위 있게 다루고자 하였으며, 독자들의 피드백과 타 학문 분야의 발달에 기초하여 2판에서 사용한 부호들을 약간 수정하였다. 가계도는 가족과정의 복잡성을 추적해서 이를 활용하는 임상가들에 의해 계속 진화할 것이다.

가계도는 잘 이해하고 보면 가족역동을 풍부하게 보여 주는 훌륭한 도구가 될 수 있지만 그렇지 못할 경우에는 그저 네모나 원이 여기저기 배열되어 있는 복잡한 그림일 뿐이다. 가계도를 잘 아는 방법은 임상 사례보다 우리가 잘 알고 있는 유명한 가족의 가계도를 설명해 보는 것이다. 그러나 우리는 가족치료사이지 역사가가 아니므로 이들 가족에 대한 정보가 제한적일 수밖에 없다는 것을 알아두기 바란다. 정보의 대부분은 전기나 뉴스, 인터넷을 통해 얻은 것이기 때문에 독자들 중에는 이들 가족에 대해 더 많이 알고 있는 이들도 있을 것이다. 우리가 제시한 자료가 부정확할 수 있으며, 이 점에 대해 미리 양해를 구하고자 한다. 이 책을 통해 독자들이 에릭슨 가족, 폰다 가족, 프로이트 가족, 케네디 가족, 로베슨 가족, 아인슈타인 가족, 루스벨트 가족의 이야기를 심도 있게 이해할 수 있기를 바란다. 몇몇 가족에 대한 제한된 설명만으로 역사 속의 흥미로운 인물들에 대해 더 많이 알 수 있다는 사실은 놀라운 일이다. 우리는 앞으로 전기작가들이 가족체계와 가계도에 대하여 더 잘 이해하게 되면 그들이 묘사한 개인과 가족에 대한 관점이 더욱 확장될 것이라고 믿는다.

감 · 사 · 의 · 글

나는 20여 년이나 걸린 3판 프로젝트를 지지해 준 W. W. 노턴에게 마음 깊이 감사드린다. 특히 데보라 말무드는 너무나 많은 도움을 주었고 함께 일하는 동안 내내 즐거웠다. 수년 동안 함께 일하면서 보여 준 그녀의 관심, 창의성과 성실함에 마음 깊이 감사한다. 마이클 맥갠디는 복잡한 3판 출간을 위해 누구보다 많은 도움을 주었고 그의 도움에도 매우 감사한다. 안드레아 코스텔라 역시 이 작업에 열정과 헌신을 보여 준다. 캐시 루빌은 내가 아는 가장 훌륭한 편집자다. 매우 복잡한 정보와 불일치 여부를 세세하게 검토해 주었다. 또한 이 책의 가치를 높이는 데 도움을 준 헝가리의 몽키그래픽스(www.monkeygraphics.net)에 대해서도 감사의 마음을 전한다. 이 책은 모두 이분들의 노력의 결과다.

또한 이 프로젝트를 성공적으로 수행할 수 있도록 도움을 준 분들에게도 감사드린다. 컴퓨터를 이용해 자신의 창의성을 다른 사람들이 접할 수 있도록 가계도 패턴을 설명해 준 랜디 거슨의 기여에 특히 감사한다. 또한 연구와 임상적 도구로서 가계도의 잠재력을 명료화하고 가족 패턴에 대한 나의 가정에 끊임없이 도전하게 해 준 친구이자 동료인 마이클 로바우에게도 감사를 전한다.

나의 동생 모나와 닐, 조카 가이 리빙스턴도 가계도 작업을 도왔다. 내 일생의 동지인 베티 카터, 프로마 월시, 캐롤 앤더슨, 니디아 가르시아 프레토, 폴레트 무어 하인즈, 켄 하디, 찰리 셔튼, 존 폴워스키, 미구엘 헤르난데즈, 말린 왓슨, 제인 마부비, 엘리아나 길, 놀래이그 바이른, 이멜다 콜겐 맥카시, 바네사 마모드, 바바라 페트코프, 바네사 잭슨, 록산나 로레나 퀸은 가계도에 대한 생각과 가족을 이해하는 방법에 대해 많은 도움을 주었다. 친구 페르난도 콜론은 특히 친족

관계의 중요성에 관한 영감과 확신을 주었다. 또한 친구 로버트 제이 그린은 가계도에 대한 나의 신념에 계속해서 도전함으로써 가족과 가정의 깊은 의미를 더욱 명료화할 수 있도록 도왔다. 메리 앤 로스는 수년 동안 이 책을 위한 연구에 자신의 아이디어와 창의성을 쏟아부었다. 동료 디 왓츠 존스, 조안 클래이지스, 조안 마시 슐레진저, 데브라 채트먼 핀리, 류은정, 로빈 루난, 호시안 메노스, 시빌 윌리엄스 그레이, 로버트 보너, 그리고 다수의 학생들이 이 책을 포함한 나의 모든 노력에 많은 도움을 주었다. 그들의 지지와 비판에 감사의 마음을 전한다. 또한 사무실이 잘 운영될 수 있도록 도움을 준 아이린 엄벨과 나의 수호천사 프랜 스나이더에게도 감사한다. 그녀는 내가 항상 고맙게 생각하는 사람이다. 로베르토 자파타는 꼭 필요한 시기에 나타나 가계도를 그릴 때 자신의 그래픽 기술, 창의성, 근면성을 발휘해 주었고, 덕분에 즐겁게 이 작업을 마칠 수 있었다. 게리 제프도 도식 작업에 기꺼이 응해 주었다. 그리고 로라 벤튼은 작업이 끝날 때까지 놀라운 창의성과 총명함, 근면성을 발휘해 주었다. 그녀는 원고가 완성되기까지 너무나 많은 도움을 주었다. 그녀의 도움에도 감사의 마음을 전한다.

그리고 무엇보다 가계도 3판이 완성되기까지 수고를 아끼지 않은 수에리 패트리에게 정말 감사의 마음을 전한다. 그녀는 가계도에 대한 관심을 학생들에게 보여 주었고, 가계도의 이슈들에 대해 생각할 수 있도록 끊임없이 지지를 보내 준 친구이자 동료다.

마지막으로 내 가계도에서 가장 가까운 사람인 남편 소포클스 오파니디스와 이 책의 1판 출간 연도에 태어나 3판 출간에 드디어 성인이 된 아들 존 대니얼 오파니디스에게 마음 깊이 감사한다. 나는 우리 가족의 가계도가 다음 세대에 어떻게 계속되고 전개될지 기대된다. 나와 생물학적, 법적, 영적으로 연결되고 내 가계도의 일부가 되는 조상과 부모님([가계도 1-2])의 보이지 않는 지원이 없었더라면 이 책은 존재하지 못했을 것이다. 아울러 친족들의 격려와 독창성과 관대함에도 감사한다. 나는 이 모든 분들의 지지와 격려 덕분에 후손들을 위해 이 책을 쓰고 있다.

모니카 맥골드릭

이 책을 위해 모니카와 함께 한 작업은 매우 흥미로운 여행이었다. 나를 믿어 준 그녀에게 감사한다. 그녀의 총명함, 열정, 사려 깊은 직업윤리 덕분에 우리가 다루는 가족에 대해서뿐만 아니라 다양한 가족관계, 가족유산, 관계 패턴에 대해 깊이 생각하게 되었다. 이 과정에서 나는 형언할 수 없는 값진 경험을 하였다.

나는 심리학과 석사과정 1년차에 처음으로 가계도와 가족 패턴에 관심을 갖게 되었고, 모니카의 〈미해결된 상실의 유산(The Legacy of Unresolved Loss)〉이라는 비디오를 보았다. 나는 비디오에 출연한 가족과 모니카에게 감동을 받았다. 그러한 경험은 강력한 것이어서 가족체계에 대해 더 알기 위해 심리학과 대학원 과정을 수료한 후 가족치료 공부를 시작했다. 나는 모니카를 찾아 다문화가족연구소로 갔고, 지금까지 7년 이상 함께해 오고 있다. 지난 3년 동안 우리는 더 나은 가계도 책을 구성하기 위해 동료, 소프트웨어 개발자, 가족, 친구들과 상의하면서 최선을 다했다. 그녀는 나의 정신적 지도자이며 친구다. 나는 그녀의 우정과 에너지, 생에 대한 기쁨, 작업에 대한 열정과 존경심에 매우 감사한다.

또한 부모님께도 감사를 드린다. 어머니 카타리나 스파로비치 드 카발로는 미국 시민이 되면서 캐서린으로 이름을 바꾸셨다. 어머니는 어렸을 때 브라질에서 유고슬라비아로 이주하셨으며, 성인이 되어서는 미국에 사는 브라질 이민자로서 언제나 이방인이셨다. 어머니와 아버지 아리스티데스 버릴로 드 카발로는 매일 중압감에 시달렸음에도 열심히 일하고 사랑하며, 인생은 선하다는 신념을 가진 가족 패턴을 전수하였다.

마지막으로 사랑과 격려를 아끼지 않은 남편이자 평생 동료인 칼 페트리에게도 감사의 마음을 전한다. 칼은 불가능한 일을 가능하게 하는 신념을 가진 현실적인 몽상가다.

수에리 페트리

차 · 례

제1장

가계도: 가족체계의 도식화

가정의학

가족체계적 관점

제언

제 1 장

가계도: 가족체계의 도식화

가계도는 오늘날 가족 패턴을 이해하는 실용적인 틀로서 확고하게 자리를 잡고 있다. 이 책의 목적은 가계도를 이론적, 임상적, 실용적으로 도식화하여 활용할 수 있도록 해설하는 것과 가계도의 연구 활용 가능성에 대해서 논의하는 것이다. 표준화된 가계도 형식은 가족의 역사와 관계를 탐색하는 데 사용하는 공통언어 역할을 한다. 가계도가 가족치료사와 가정의 그리고 보건영역 종사자들에 의해 광범위하게 사용되고 있는데도 1985년 이 책의 초판본이 출판되기 이전까지는 일반적으로 합의된 형태의 가계도가 없었다. 이론적 배경이 같은 임상가들조차도 구체적으로 어떤 정보를 탐색하고 어떻게 기록하며 그것에 대한 의미부여를 어떻게 할 것인지에 대한 확실한 합의를 하지 못하였다. 이 책에 제시된 표준화된 가계도 형식은 1980년대 초에 머레이 보웬(Murray Bowen), 잭 프룸(Jack Froom), 잭 매달리(Jack Medalie)와 같은 가족치료와 가정의학 분야의 주요 인물들로 구성된 가계도작성위원회에 의해서 만들어진 것이다. 이 위원회는 북미기초보호연구회(North American Primary Care Research Group)에 의해 조직되었으며 가장 실용적인 가계도 부호를 결정하고 합의하여 표준화된 유형을 고안해 냈다. 이 형식에 따라 1985년에 처음 책이 출판이 되었고, 그 이후 전 세계의 다양한 집단에 의해 수정된 유형들이 등장하고 있다. 이 책에 제시된 형식들은 가계도가 광범위하게 활용됨에 따라 더욱 확대되는 진화과정에서의 노력의 결실이다. 그 예는 컴퓨터에 의해 이름, 출생지, 직업, 질병 등에 관하여 표준화된 색채 부호가 개발된 것이다. 이러한 부호들은 지난 40년 동안 수정 작업을 거쳐온 것처럼 앞으로도 계속 수정과정을 거치게 될 것이다.

가계도에는 적어도 3세대에 걸친 가족원과 가족관계에 대한 정보들이 기록된다. 가계도는 복잡한 가족 패턴을 한눈에 볼 수 있도록 가족 정보를 도식화하여 보여 준다. 그래서 시간의 경과에 따라 증상이 가족 맥락과 연관되어 어떻게 발달되었는지에 대한 가설을 세울 수 있도록 풍부한 자원을 제공해 준다.

이 책에서는 표준화된 가계도 형식과 함께 가계도의 기본 해석원리를 설명하고, 가계도 정보를 연구목적으로 활용하도록 기록하고 저장할 수 있는 소프트웨어의 사용 가능성에 대하여 설명한다. 그리고 다양한 임상 현장에 가계도를 적용할 수 있도록 요약 정리한다. 여기에 제시된 가계도 작성 지침은 지난 수십 년 동안 많은 동료들과 협력하여 개발한 것이다. 이 지침은 가족 맥락에 대한 사고의 발달에 따라 앞으로도 계속 진화될 것이다. 이 책에서는 가족 정보와 가족 패턴을 요약하여 최소의 언어로 작성할 수 있도록 부호와 형식을 더 보완하였다.

가계도는 복잡한 가족 패턴을 명확하게 한눈에 볼 수 있도록 도식화하여 보여주기 때문에 임상가들이 선호한다. 또한 가계도는 최근 들어 잘츠부르크 음악 페스티벌(Salzburg Music Festival) 주최 측이 모차르트의 오페라 속 주인공들의 가족관계를 가계도 형식을 빌려 제시했을 정도로 다양한 분야에서 활용도가 높아지고 있다(Oestreich, 2006). 만약 주최 측이 가계도에 대해 더 잘 알고 있었더라면 더 나은 가계도가 제시될 수 있었을 것이다. 복잡한 줄거리를 가진 오페라 〈일 트로바토레〉를 가계도로 작성해 보면 [가계도 1-1]과 같다.

이 오페라에서 노백작 디 루나는 집시여인이 자신의 젊은 아들을 유혹했다고 생각하고 화형시킨다. 집시 여인의 딸은 어머니의 복수를 다짐한다. 딸 아주체나

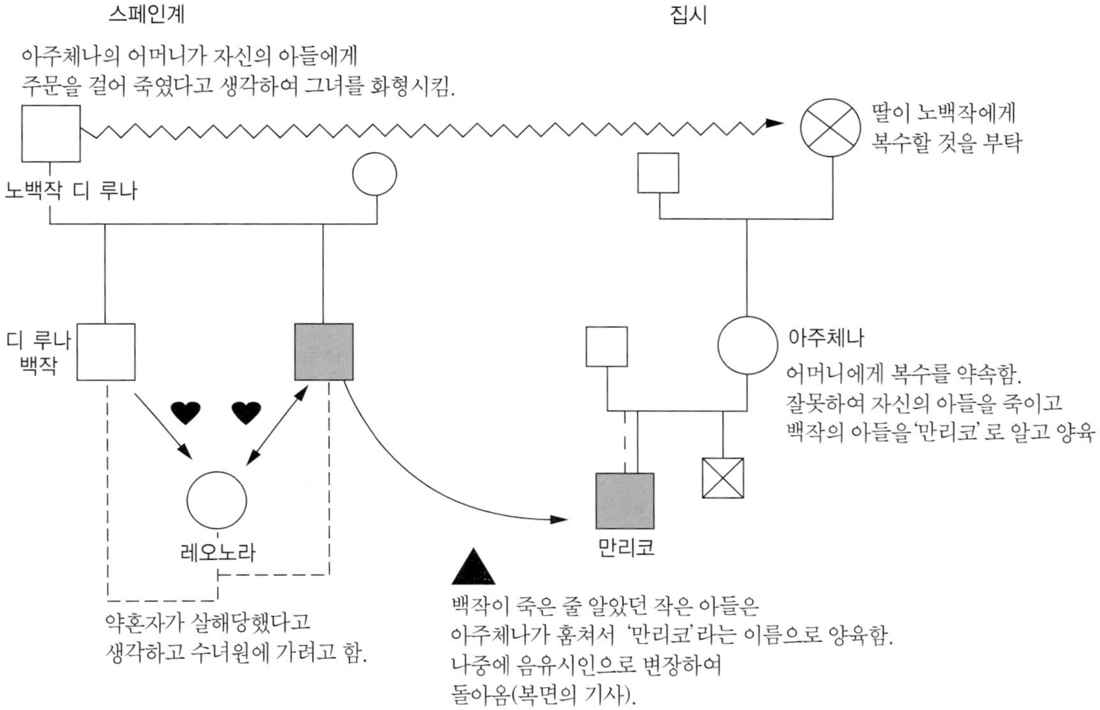

[가계도 1-1] 베르디의 오페라 〈일 트로바토레〉

(Azucena)는 백작의 아들을 죽이려 하지만 잘못해서 자신의 아들을 죽이게 되고, 대신 백작의 아들을 자신의 아들로 키우게 된다. 아들은 자라서 시인이 되었고 기사가 되어 레오노라를 사랑하게 된다. 그러나 레오노라는 그의 형인 디 루나 백작이 연모하는 여인이다. 이 가계도에서 노백작 디 루나의 아들은 아버지의 화신으로 묘사되고 있다(사실은 백작의 아들이지만 아주체나의 아들로 자라서 레오노라의 연인이 된다.). 오페라의 마지막에 가서는 모든 사실이 밝혀지고 세 인물이 한 사람이었음을 알게 된다.

가계도를 사용하면 가족의 구조를 명확하게 그릴 수 있고 가족관계 패턴과 기능을 그때그때 추가해서 그릴 수 있다. 가계도는 임상내용을 효과적으로 기록할 수 있게 해 주고, 사례에 대해서 잘 몰랐던 임상가일지라도 가족에 대한 많은 정보와 가족문제, 자원 등을 한눈에 파악할 수 있게 해 준다. 검사지나 진단기록지와는 달리, 가계도 정보는 즉각적인 인식이 가능하고 면담할 때마다 가족에 관한 정보를 첨가하거나 수정할 수 있다. 가계도는 가족사의 어떤 순간의 사건도 추가로 기입할 수 있다. 그리고 시간이 지나면서 가족의 패턴에 대한 이해가 넓어질 때마다 연령과 관계를 추가로 표시해 넣을 수 있다. 앞으로 소프트웨어가 곧 개발되면 시간의 경과에 따른 가족의 변화나 가족연대기를 쉽게 탐색할 수 있을 것이며, 전 생애주기에 걸쳐 가족관계와 건강 등 발달상 주요 사항들을 상세하게 탐색할 수 있게 될 것이다.

가계도는 임상가가 각 가족원과 가족 내에서 반복되는 패턴이나 사건 그리고 가족의 역사를 참조하는 데 도움이 된다. 언어가 우리의 사고과정을 가능하게 하고 조직화할 수 있게 해 주듯이, 가계도는 임상가가 가족 관계나 기능의 패턴을 도식화함으로써 내담자의 생활사건이나 인간관계가 기능적 · 역기능적 패턴과 어떻게 관련되는지 체계적으로 생각할 수 있게 해 준다.

가계도 정보의 수집은 가족원에 대한 내용이나 가족의 현재 상황과 역사에 대한 사실을 이해하고 종합하여 임상적 평가를 하는 데 반드시 필요한 부분이다. 가계도는 기본적으로 임상가들이 가족평가를 심도 있게 하여 가설을 설정할 수 있도록 해 주는 해석도구다. 가계도를 임상적 예언을 위한 도구쯤으로 이용하는 것은 요리책 수준으로 그 가치를 평가절하시키는 것과 다름없다. 가계도는 오히려 임상가에게 현재의 역기능이나 잠재된 힘을 체계적 관점에서 볼 수 있게 해 준다. 소프트웨어가 개발되면 한꺼번에 여러 가족의 가계도 패턴을 탐색할 수 있게 될 것이고 가계도 데이터베이스에 모든 사례를 저장하여 필요할 때마다 비교 · 대조해 보는 것이 가능하게 될 것이다.

오늘날 유전적 혈통에 대한 연구 분야가 발달함에 따라(Harmon, 2006) 전에는 전혀 알지 못했던 유전적 역사를 알 수 있게 된 것처럼 자신의 가족과 문화적 유산에 관한 새로운 이해의 틀을 가질 수 있게 될지도 모른다. 말하자면 자신의 가족 이야기의 뒤에 깊이 감추어져 있었던 문화적, 인종적 유산이 칭기즈 칸이나 마리 앙투아네트와 같은 인물과 연결되어 있는지 알아볼 수 있게 될지도 모른다. 컴퓨터를 활용하여 가계도를 작성할 수 있게 되면 우리에게 유산으로 남겨진 복잡한 사실들을 통합할 수 있게 될 것이다. 그렇게 되면 가족의 관계나 기능, 질병의 패턴을 연구하는 길이 열리게 될 것이다. 컴퓨터는 가계도의 미래다.

전형적으로 가계도는 첫 회기에 대부분 완성되고 새로운 정보가 나타날 때마다 수정된다. 따라서 초기평가 시에 치료방법이 결정된다. 그러나 강조되어야 할 중요한 점은 임상가들은 평가와 치료를 구별 지어서 별개로 취급하지 않는다는 것이다. 임상가와 가족원의 상호작용 속에서 가족평가가 이루어지고, 그것은 이후의 치료적 개입에 영향을 주게 된다.

가계도는 임상가가 가족을 이해하고 가족과 '합류'할 수 있게 해 주는 중요한 방법이다. 가계도를 작성하면서 공간과 시간을 통해 가족문제를 탐색하여 체계적 관점이 형성되고, 가족의 정서적 문제가 재해석되기도 하고 약화 또는 정상화되기도 한다. 또한 가계도 면담은 체계적인 질문을 하기에 용이하므로 임상가에게 좋은 정보를 제공해 주며, 동시에 가족에게는 체계적인 관점에서 자신들의 문제를 볼 수 있게 해 준다. 가계도는 임상가와 가족 모두에게 '더 큰 그림'을 볼 수 있게 해 준다. 즉, 가계도는 가족에 관한 구조적, 관계적, 기능적 정보를 수평적 가족 맥락과 가족의 세대 간 전수되는 수직적 과정을 관찰할 수 있게 해 주므로 현재와 과거의 양 차원에 걸쳐서 검토할 수 있게 해 준다.

현재의 가족 맥락을 폭넓게 탐색하게 되면 임상가는 가족원 간의 상호관계성을 평가할 수 있게 된다. 그리고 보다 확장된 체계인 확대가족, 친구들, 지역사회와 사회문화적 상황과 관련지어 평가할 수 있어서 전반적 상황과 관련된 가족의 강점과 취약점을 파악할 수 있게 된다. 따라서 가계도에는 핵가족과 확대가족의 성원도 포함되지만 함께 살았거나 가족생활에 중요한 역할을 한 의미 있는 비혈연관계의 구성원도 포함된다. 또한 가계도에는 이사, 생애주기상의 변화와 같이 관련된 사건이나 질병, 역기능과 같은 문제도 기록된다. 가족원들의 현재 행동과 문제도 다양한 관점에서 추적할 수 있다. 중심인물(IP, 문제나 증상을 가진 사람)은 출생순위나 삼각관계, 순환적 상호작용과 같은 다양한 하위체계 맥락에서 관찰되기도 하고, 넓게는 지역사회나 사회기관(학교, 법원 등) 그리고 사회문화적 맥락에서 관찰되기도 한다. 머지않아 가계도상의 독특한 유형들을 컴퓨터 데이터베이스에서 탐색할 수 있게 될 것이다. 여기에는 유전, 질병, 성별, 형제들의 기능 유형, 한쪽 부모와 가깝거나 먼 삼각관계 패턴, 이전 세대의 외상적 사건이나 상실, 다양한 증상의 상호연관성 등과 같은 것들이 포함될 것이다.

임상가는 가족체계를 역사적으로 탐색하고 생애주기상의 전환기를 어떻게 거쳐왔는지를 살펴봄으로써 현재의 가족문제가 발달되어 온 패턴을 찾아 맥락화시킨다. 그러기 위해 가계도에는 특별히 생애주기와 관련된 가족 역사에서 복합적이고 중요한 사건뿐만 아니라 적어도 3세대 이상의 가족원이 포함되어야만 한다. 가족원들에게 현재의 문제와 관련하여 가족의 주제와 신화, 규칙, 이전 세대의 정서적 미해결 과제 등에 관해 질문함으로써 반복된 가족 패턴이 뚜렷하게 드러난다. 가계도는 사실 중심의 사건을 관찰하면서 반복적인 가족사건들 간의 연관성을 찾게 해 준다. 과거의 질병 관련 패턴과 초기 가족관계의 변화를 살펴보는 동안 상실과 생애주기상의 중요한 변화가 가족구조와 가족 패턴에 영향을 주었다는 사실을 쉽게 알 수 있게 된다. 컴퓨터로 작성된 가계도를 활용하면 구체적인 가족 패턴과 증상의 위치를 탐색할 수 있을 것이다. 이러한 과정을 거쳐 특정 가족이 겪는 현재의 위기에 무엇이 영향을 미치고 있는지에 대한 가설을 세울 수 있다. 가계도와 함께 가족의 역사를 연대순으로 볼 수 있게 해 주는 가족연대기도 활용될 수 있다. 컴퓨터를 활용하면 가계도 정보를 수집하고 도표화하여 가족의 역사를 탐색하는 것이 훨씬 용이하다. 가족연대기는 가족 역사의 특정 순간의 사건도 한눈에 볼 수 있게 해 주기 때문이다.

가계도는 단순하게는 의료 또는 간호 분야에서 15분 정도의 면담을 통하여 가족의 기본 정보를 그림으로 나타내는 데 활용되기도 하고(Wright & Leahey, 1999), 보웬 가족치료에서와 같이 여러 세대에 걸친 가족 정서체계를 도식화하는 방법(참고문헌의 가계도 사정과 체계이론 부분을 참조), 그리고 전략적 개입을 위한 체계적 가설화, 가계도 면담에서 무의식의 작용에 대한 '투사적인' 가설 설정에 이르기까지 그 응용 범위가 다양하다. 또한 프리드먼(Friedman), 로바우와 크라카우어(Rohrbaugh & Krakauer, 1988)의 '시계열적(time-line)' 가계도, 와츠 존스(Watts

Jones, 1988)의 '기능적 가족'을 그린 가계도, 프리센과 마니트(Friesen & Manitt, 1991)의 애착관계 다이어그램(diagrams), 버크와 페이버(Burke & Faber, 1997)의 동성애가족의 망을 그린 격자가계도(genogrid), 또는 영적/종교적 가계도(주제별 참고문헌의 '종교/영성' 참조)와 같이 매우 다양한 가계도들도 등장하였다. 각기 다른 생애주기에 있는 가족에게 개입할 때도 가계도가 유용하다는 것을 강조한 임상가도 있다(제8장과 주제별 참고문헌의 '가족생활주기' 참조). 그리고 재혼가족(주제별 참고문헌의 '이혼과 재혼' 참조)의 복잡한 관계 형태를 탐색하기 위한 가계도, 다양한 문화를 가지고 있는 복잡한 가족을 탐색하기 위한 가계도(주제별 참고문헌의 '문화와 인종' 참조), 가족의 성과 성에 관한 역사와 같은 특수한 문제를 탐색하는 성적 가계도(Hof & Berman, 1986; McGoldrick, Loonan, & Wolsifer, 2006), 가족개입을 위한 가족놀이가계도(제10장 참조)도 있다. 어떤 사람들은 문맹인들에게 가계도를 가르치고 가계도 면담을 통하여 그들의 이야기를 도식화하고는 다시 그들에게 자신들의 이야기를 재구성하도록 하는 데 활용하고 있다(Darkenwald & Wilvestri, 1992). 직업 선택을 위한 의사결정을 효과적으로 할 수 있도록 돕기 위해 직장과 직업에 관련된 가계도가 활용되기도 하였고(Gibson, 2005; Moon, Coleman, McCollum, Nelson, & Jensen-Scott, 1993), 가계도가 의료기관의 조직도에 응용되기도 하였다(McIlvain, Crabtree, Medder, Strange, & Miller, 1998). 가계도의 개념을 창의적으로 응용하여 생애주기에 걸친 성역할 관계를 도식화한 젠더그램(gendergram)도 등장하였다(White & Tyson-Rawson, 1995).

또한 가계도는 가족들의 이야기를 끌어내고 문화적 이야기를 확장하는 데 사용되기도 하였으며(Congress, 1994; Hardy & Laszloffy, 1995; McGill, 1992; Sherman, 1990; Thomas, 1998), 세대 간 전수되어 온 가족문제를 재해석하고 완화시키는 치료적 전략을 만들어 내는 데도 활용되었다(Gewirtzman, 1988). 해결중심치료(Zide & Gray, 2000)에서는 아동복지시설이나 다수의 가정에서 양육된 아동의 가족원을 그리는 데 활용하였다(Altshuler, 1999; McGoldrick & Colon, 2000; McMillen & Groze, 1994). 가족의 강점과 문제에 대한 가족의 독특한 반응을 발견하는 데(Kuehl, 1995), 또 아동(Fink, Kramer, Weaver, & Anderson, 1993), 노인,

결혼 전 커플상담(Shellenberger, Watkins-Couch, & Drake, 1989)과 같은 특정 대상자들에게도 활용되었다. 이들 저자는 가계도를 더 적극적으로 활용하는 연구가 필요하다고 주장하였다. 예를 들어, 잉거솔-데이톤과 아른트(Ingersoll-Dayton & Arndt, 1990)는 노인복지 분야의 사회복지사들이 노인을 평가하고 개입하는 데 가계도 활용연구가 필요하며 부양 부담이 높은 노인 부양자 지지체계에도 가계도를 활용한 연구가 필요함을 강력하게 주장하였다. 마쿵구 아키니엘라(Makungu Akinyela)는 애틀랜타 조지아 주 주립대학교의 흑인계 미국인 연구분과에서 흑인계 미국인 가족 연구과정에 가계도를 활용하고 있다. 이 과정에서 학생들은 자신들의 가족사를 탐색하고 그것과 연관지어 흑인계 미국인 가족의 정책, 역사, 이민과 문화적 발달에 대해 토론한다. 이러한 과정을 통해 학생들은 자신의 가족들이 경험했던 삶을 학문과 연관 지어 이해할 수 있게 된다.

최근 들어 가계도와 관련된 많은 문헌들을 보면 가계도 도식은 아직 충분히 개발되지 못했는데도 가계도의 의미를 다양한 영역에 확대 응용하는 데 관심이 집중되고 있다. 가족사를 주로 문화적 관점에서 구체적으로 접근하고자 하는 노력으로 '문화가계도'가 등장하였고, 가족 패턴을 종교와 영성의 역사가 미친 영향과 연관 지어 보고자 하는 영적, 종교적 가계도도 시도되고 있다. 『지역공동체 가계도(*Community Genograms*)』라는 책도 발행되었는데, 이 책에서는 가계도 도식과는 거리가 먼 다른 도식을 사용하고 있으며 3세대 맥락을 찾아볼 수가 없다(Rigazio-DiGilio, Ivey, Kunkler-Peck, & Grady, 2005). 가계도를 확대 응용하는 데에는 두 가지 어려움이 있다. 첫째는 하나의 가계도에 여러 차원의 문제를 한꺼번에 다 보여 주기 어렵다는 점이다. 둘째는 표시할 정보의 양과 도표의 명확성이라는 두 가지 실리를 한꺼번에 다 취하기 어려워서 항상 조정이 필요하다는 점이다. 확장된 가계도에 정보를 추적하고 나타내는 창의적 방법에 대해서는 후에 다시 논의하기로 한다. 이러한 문제를 가계도에 시각적인 도표로 나타내는 것에 대한 논의를 할 기회를 갖게 될 것이다. 물론 컴퓨터 가계도에 데이터베이스를 첨부하도록 하면 특별한 문제들을 한두 번의 그림 작업으로 나타낼 수 있는 여러 가지 가능성이 열리게 될 것이다. 이 외에도 각기 다른 시기의 가족사를 별도의 도표에 그릴 수 있는 가능성도 찾아볼 것이다.

가족치료사들 중 헤일리(Haley), 미누친(Minuchin), 화이트(White) 등과 같은 치료자들이 가계도 사용을 부정적으로 생각했다는 것은 별 의미가 없다. 예를 들어, 헤일리는 유령 같은 것은 믿지 않는다는 말을 자주 했다. 그러나 미누친이나 와츨라위크(Watzlawick), 위크랜드(Weakland), 슬루즈키(Sluzki)와 같은 구조적, 전략적 가족치료사들이 그들의 접근에서 가계도를 사용하지 않았다고 해서 핵가족 내의 관계에만 초점을 두어 접근했던 것은 아니다. 오히려 그들은 위계적 구조나 특히 세대 간 경계를 넘어 맺어진 연합에 관심을 가졌다. 마이클 화이트(Michael White, 2006)는 가계도 정보 수집은 타인과의 관계에서 특정한 원가족의 경험에 '특권'을 부여하기 때문에 관련된 타인을 무시하고 무능하게 만들 수 있다고 하여 문제시하였다. 그러나 역으로 생각해 볼 때 이야기치료사들은 주변인의 위치에 있는 가족원의 역사에 특별한 관심을 갖는다. 역사적 유형을 분명하게 드러나게 하는 것은 가계도의 마술적인 측면이다. 가계도는 가족원에게 역사 속의 비밀로 감추어져 있던 가족의 어떤 부분을 드러나게 해 준다. 가족은 비밀이 드러남으로써 그들의 현재의 딜레마를 이해하고 미래의 해결책을 준비한다. 가계도의 가장 놀라운 부분 중 하나는 증상에 초점을 두는 일차원적이고 단선적인 관점에서 가족을 벗어나게 하는 방식이다. 가계도 작업을 하면서 사람들은 실제로 체계적으로 생각하는 것을 배운다. 가족원들과 임상가들은 하나의 패턴을 인식하게 되면 곧이어 다른 패턴을 이해할 수 있는 확장된 시각을 갖게 된다. 가계도의 훌륭한 점은 한 번에 한 가지 이상을 통찰할 수 있게 해 준다는 점에 있다.

가정의학

가계도를 처음으로 개발하여 사용했던 사람들은 가정의들이었다. 그들은 가족의 병력을 효과적이면서도 정확하게 탐색하여 기록하기 위해 가계도를 활용했다(주제별 참고문헌의 '건강보호, 약물, 간호, 스트레스, 질병' 참조; Campbell, McDaniel,

Cole-Kelly, Hepworth, & Lorenz, 2002; Jollym, Froom, & Rosen, 1980; Medalie, 1978; Mullins & Christie-Seely, 1984; Olsen, Dudley-Brown, & McMullen, 2004; Rakel, 1977; Rogers, Durkin, & Kelly, 1985; Rogers & Holloway, 1990; Sloan, Slatt, Curtis, & Ebell, 1998; taylor, David, Johnson, Phillips, & Scherger, 1998; Tomson, 1985; Wimbush & Peters, 2000; Wright & Leahey, 1999, 2000; Zide & Gray, 2000). 또한 가계도 부호의 표준화를 처음으로 제안했던 것도 가정의들이었다(Jolly et al., 1980). 가계도 사용을 장려했던 매우 영향력 있는 가정의였던 크라우치(Crouch, 1986)는 의료계에서는 처음으로 전문성 향상을 위해 보웬과 그 제자들이 수년간에 걸쳐 발전시킨 가계도의 가치에 대해 높이 평가한 글을 썼다(주제별 참고문헌의 '코칭' 참조).

의료계 내부에서는 기초 평가도구로서 가계도를 통합시키려는 노력을 많이 해왔다. 셰어거(Scherger, 2005)는 가정의학이 현재 처한 위기에 대하여 언급하면서 가정의들이 진정한 의미의 가족중심 의료서비스를 제공하기 위한 개혁의 필요성과 함께 가계도 정보에 대한 관심을 촉구하는 글을 썼다. 그는 오늘날 우리 사회에서 가족에게 적절한 보호를 제공하는 유일한 대안으로서 가족을 맥락적 차원에서 탐색하고 치료하는 새로운 정보 활용 기술을 사용할 것을 강력하게 주장하였다. 무엇보다 먼저 의사들이 서류 작성의 늪에서 허우적거리지 않고 보험사가 주도하는 서비스에 말려들지 않으려면 가족을 체계적으로 평가하는 기술을 개발하고 의사들이 그것을 활용하도록 훈련해야 할 것이라고 주장하였다. 권위 있는 『미국의료협회지(*Journal of the American Medical Association*)』에 기고한 글에서 레인스포드와 슈먼(Rainsford & Schuman, 1981)은 가계도와 가족연대기 작성의 중요성에 대하여 논하면서, 특히 의료계의 특별한 관심이 필요한 복합적이고 심각한 사례에는 더욱 필요하다고 주장하였다. 그 예로 든 복합적인 문제를 가진 가족은 바로 보건체계나 사회복지기관, 학교, 사법기관에서 많이 볼 수 있는 사례들이었다. 심각한 문제를 가진 가족들을 돕기 위해 각종 체계들은 엄청난 소모를 하는데, 가계도는 이러한 가족들의 패턴을 명확하면서도 포괄적으로 탐색할 수 있도록 해 주는 탁월한 방법이다. 이 저자들은 7년 동안 치료했던 여러 가족들의 심각

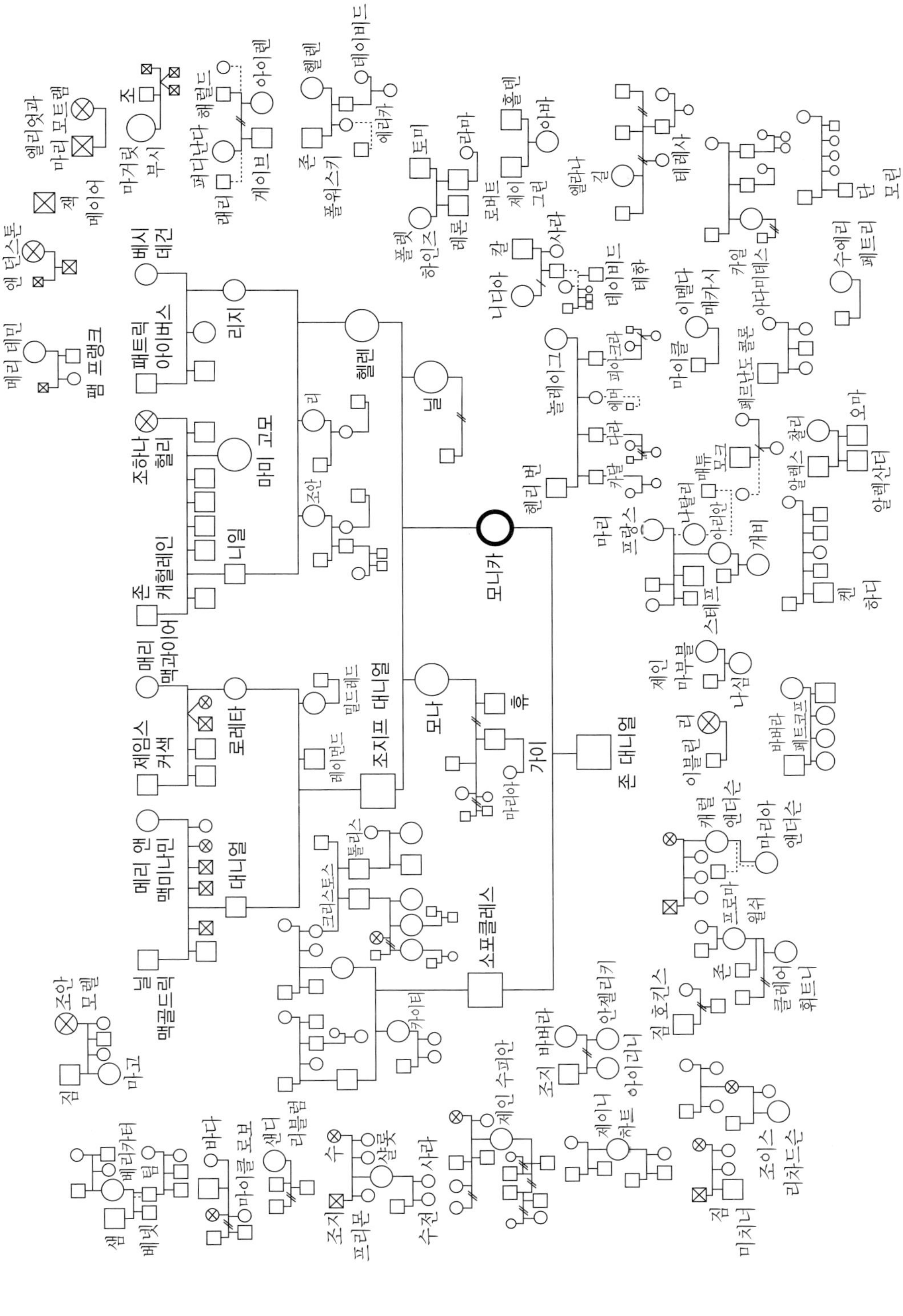

[가계도 1-2] 맥골드릭 가족과 관계망

한 상황을 제시하면서 의사가 특정 시점에서 찾아온 가족원과 한 번의 면담을 통해 모든 가족원들이 포함된 연대기 차원의 그림을 작성하는 것의 중요성을 강조하였다. 의사는 가계도를 활용하여 가족 스트레스와 관련된 환자 개인뿐만 아니라 다른 가족원들도 함께 탐색할 수 있다. 환자를 평가할 때마다 작성한 가계도는 현재 진행 중인 심각한 역기능으로 인한 부작용을 예방하기 위한 자원이 필요할 때도 쉽게 활용될 수 있다.

또한 가족을 맥락 차원에서 이해하기 위해서는 생물학적, 법적 가족을 둘러싼 맥락을 그려 보는 것도 중요하다. [가계도 1-2]는 저자(모니카 맥골드릭) 자신의 핵가족을 둘러싼 친구들의 비공식적인 지지망이다.

그들 중 몇 사람은 사망한 지 오래되었고 몇 사람은 일상생활에서 만나고 있는 사람들인데 모두가 소중한 사람들이다. 이들 중에는 돈을 빌려준 사람도 있고, 남편과 아들 문제로 도움을 준 사람들도 있으며, 저자가 위기에 처했을 때 힘과 용기를 준 사람들도 있다. 가계도에는 생물학적, 법적 가족원들뿐만 아니라 그 가족을 이해하는 데 필수적인 친구들이나 지역사회 지지망도 포함시킬 필요가 있다. 그 속에는 현재뿐만 아니라 과거에도 관계했던 사람들로서 그 사람의 마음속에 남아 있어 힘들 때 희망과 영감을 주는 사람들도 포함된다. 이것이 바로 내담자와 그의 잠재적 자원을 이해하는 것과 관련된 생물학적 관계나 생사를 넘어선 관계 지지망이라고 할 수 있다. 이러한 가계도는 핵가족을 둘러싼 맥락을 좀 더 깊이 있게 보여 주는 중요한 역할을 한다.

[가계도 1-3]을 보면 가족의 가계도 역사는 보다 큰 사회적 구조 맥락 안에서 항상 진화하는 것을 볼 수 있다. 사회적 구조 맥락인 문화, 정치, 종교, 영성, 사회경제, 성별, 인종 그리고 민족성은 각기 독특한 사회적 위치에 있으면서 서로 조직적으로 엮어져 있다.

가계도를 볼 때는 항상 더 큰 맥락에서 생각하는 것이 중요하다. 가끔 우리는 지역사회 자원과 기관에 대하여 정의할 때 지역사회 자원에 대한 가족의 접근성에 초점을 둔다([가계도 1-4]). 많은 사람들이 사회구조를 가계도에 포함시킴으로써 가계도의 활용도를 확장시키려는 시도를 하였다. 어떤 사람들은 국가와 문화적 패

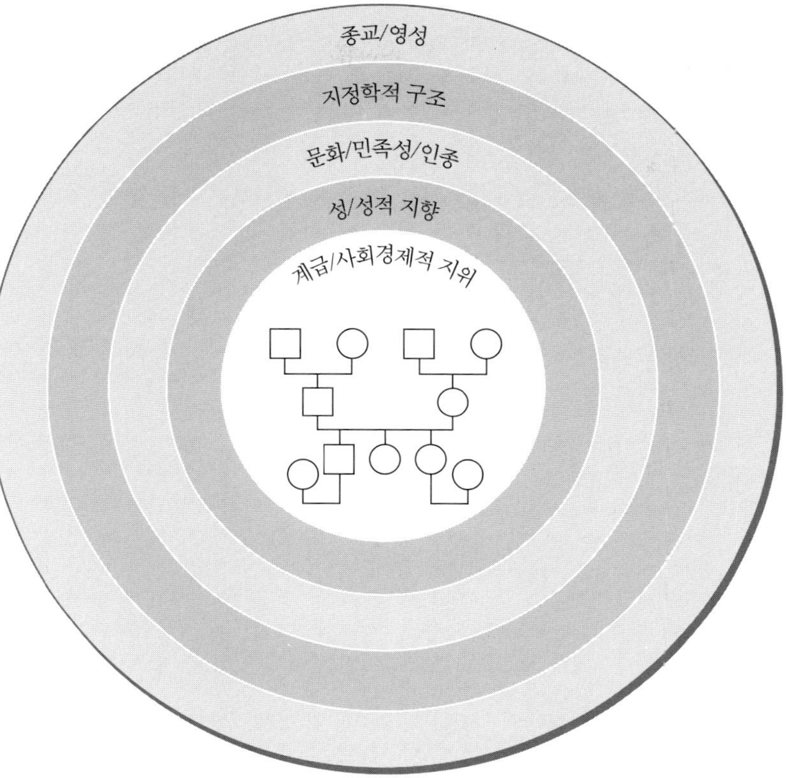

[가계도 1-3] 다양한 맥락 차원의 가계도

턴을 지역사회나 역사와 연관 지어 도식화하기도 하였다. 예를 들어, 독일의 재통합에 관련하여 다세대에 걸친 국제관계를 '샘 아저씨'와 '러시아 엄마', 그리고 동독과 서독은 '이복형제' 관계로 가계도를 활용하여 설명하기도 했다(Scharwiess, 1994). 리가지오-디질리오 등(Rigazio-DiGilio et al., 2005)은 지역사회 맥락을 가계도에 확대 적용하였다. 이 가계도는 생태도와 비슷한데, 각 사람을 중심으로 다양한 사건과 상황을 주변에 그려 넣어 클라이언트가 시간이 경과함에 따라 경험한 것을 그려 넣는 것이다. 이것은 진정한 의미의 가계도라고 할 수는 없지만 사람들이 살고 있는 맥락을 그림으로 나타내고자 한 시도라고 생각해 볼 수 있다. 앞으로 가계도가 계속 진화되어 가족 패턴을 개별적 차원이나 관계 맥락적 차원

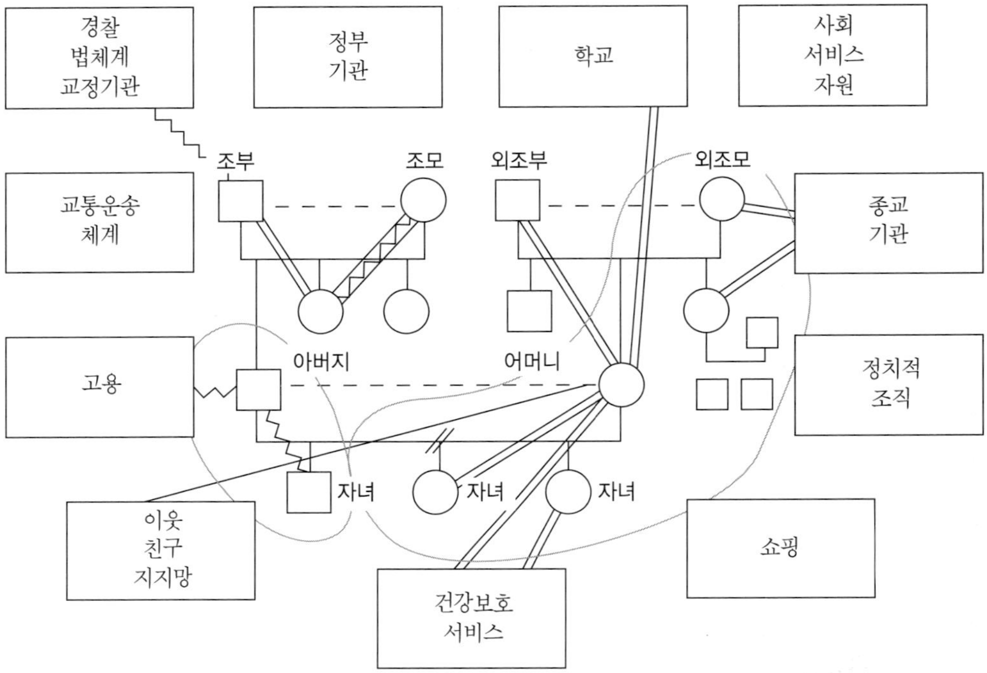

[가계도 1-4] 지역사회 환경과 가계도

뿐만 아니라 보다 확장된 문화적 차원까지도 더 잘 표현해 낼 수 있기를 기대한다.

가족체계적 관점

가계도를 활용하여 사정과 개입을 할 때 체계적 관점은 좋은 안내자가 되어 준다. 체계적 관점은 가족원들이 삶과 죽음 가운데 서로 뒤얽혀 있으며 모든 사회성원들도 궁극적으로 서로 연관되어 있다고 본다. 사람도, 문제도 그리고 문제에 대한 해결책도 서로 독립된 공간에 존재할 수 없다. 이에 대하여 파올로 프레이리(Paolo Freire, 1994, p. 31)는 이렇게 말했다. "사람들은 육체적으로는 혼자일지라도 어디를 가든지 혼자일 수 없다. 우리는 마치 씨줄과 날줄로 뒤얽혀 짜인 역사와 문화라는 옷감의 일부가 되어 있는 것이다."

모든 사람들은 보다 넓은 상호작용 체계에 서로 연관되어 있다. 그중에 가장 근본이 되는 체계는 가족이다. 예외가 있기는 하지만, 가족은 우리 인간이 속해 있는 일차적이며 가장 영향력이 강한 체계다. 이러한 맥락에서 '가족'은 현재뿐만 아니라 시간이 경과하면서 형성된 적어도 3세대가 연결되어 있는 친족 전체를 포함한다(Carter & McGoldrick, 2005). 가족은 공통의 생물학적, 법적, 문화적, 정서적 역사와 미래로 결합되어 있는 사람들이라고 정의할 수 있다. 가족원들의 물리적, 사회적, 정서적 기능은 서로 깊게 의존되어 있으며, 체계의 한 부분이 변화하게 되면 다른 부분에도 영향을 주게 된다. 또한 가족의 상호작용과 관계는 매우 상호적이며 유형화되고 반복적이다. 가계도에서 이러한 유형들은 잠정적인 가설을 세울 수 있도록 해 준다.

여기에서 기본적인 전제는 일정한 시점에서 체계에 적응하는 정도에 따라 증상이나 문제행동이 나타난다는 것이다. 체계에 적응하려는 이러한 노력은 생리적 수준에서부터 심리내적 수준, 나아가 대인관계 수준에 이르기까지 체계의 여러 수준을 통해 이루어진다. 즉, 핵가족과 확대가족, 지역사회, 문화 그 이상의 여러 수준을 말한다. 또한 가족의 사회문화적, 역사적 상황을 고려함으로써 문제행동이나 증상을 포함한 가족의 행동은 정서적, 규범적 의미에서 더욱 잘 이해된다. 따라서 체계적 관점이란 가능한 한 다양한 수준에서 문제를 이해하는 것을 의미한다.

가족들은 세대, 연령, 성 등의 가장 일반적인 요인에 의해서뿐 아니라 생물학적, 법적, 문화적, 감정적 구조 내에서 조직된다. 가족 구조와 맥락의 어느 부분에 맞추느냐에 따라 그 개인의 기능이나 인간관계의 유형이 영향을 받게 되고, 다음 세대에 형성될 가족 패턴까지 영향을 받을 수 있다. 성별과 출생순위는 형제관계와 성격 형성에 있어서 매우 중요하므로, 임상가는 가계도에 그려진 각 가족구조 형태를 가지고 성격 특성과 관계에 대한 가설을 세울 수 있다. 민족(McGoldrick, Giordano, & Garcia-Preto, 2005), 인종, 종교, 이주, 계층, 기타 다른 사회경제적 요소뿐 아니라 가족생활주기상의 단계(Carter & McGoldrick, 2005)와 가족이 처한 역사적 시점(Elder, 1992) 또한 가족의 구조적 유형에 영향을 준다. 이 모든 것들은 가계도를 구성하는 요소들이 된다.

가족은 스스로 반복된다. 한 세대에서 일어난 일은 다음 세대에서도 반복된다. 비록 실제로 나타나는 행동 형태는 다양할 수 있지만 같은 문제가 여러 세대에 걸쳐 나타나는 경향이 있다. 보웬은 이를 가족 패턴의 '다세대 전수과정'이라고 명명했다. 이것은 이전 세대의 관계 패턴은 다음 세대의 가족기능의 잠정적 모델을 제공할 수 있다는 가설에 근거한다. 가계도상에서 한 세대에서 다음 세대로 계속되거나 바뀌는 가족의 구조, 관계, 기능의 유형을 탐색한다.

이러한 체계적 접근을 통해 가족의 현재뿐만 아니라 과거의 상황까지도 이해할 수 있게 된다. 가족체계 내의 '불안의 흐름'(Carter, 1978)은 수평적 차원과 수직적 차원 모두에서 일어난다([그림 1-1] 참조). 개인의 수준에서 수직축은 유전적 결정

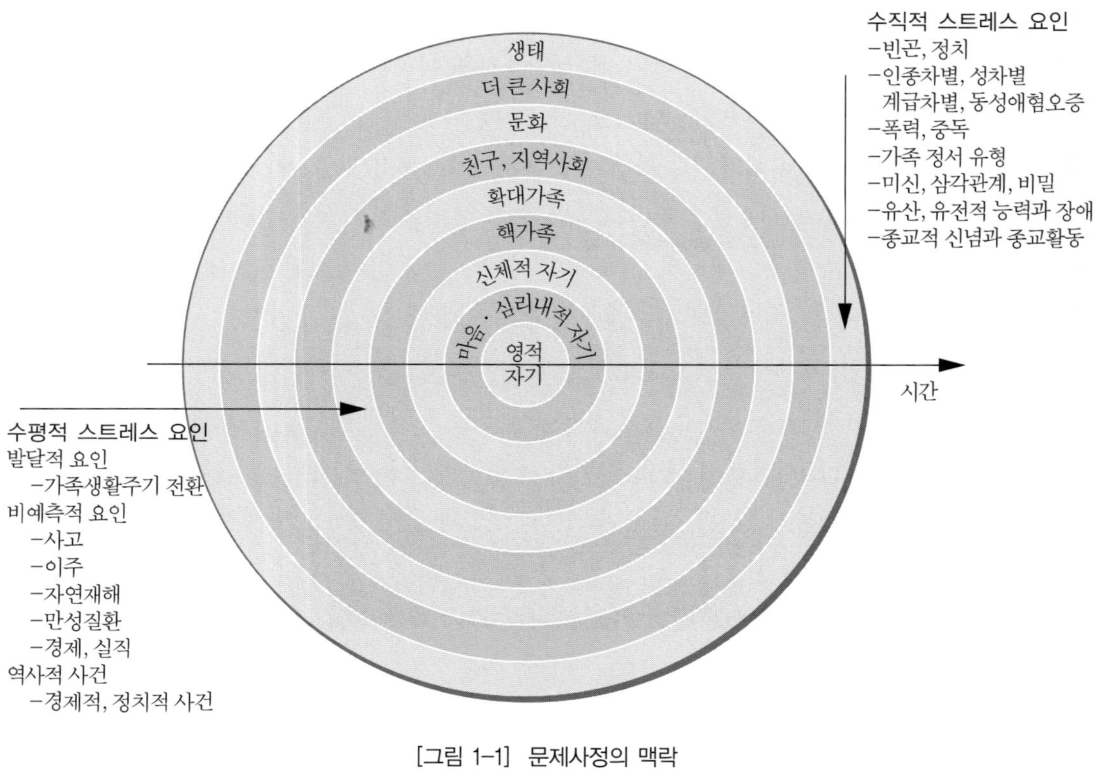

[그림 1-1] 문제사정의 맥락

과 함께 생물학적 유산, 선천적 기질 등을 포함하며, 수평축은 전 생애 발달과정과 관련된 것들로서 관계나 이주, 건강과 질병, 성공, 외상적 경험 등에 의해 영향을 받는다.

가족 수준에서 수직축에는 가족의 역사와 관계와 기능의 유형이 포함되는데, 이 유형은 일차적으로는 정서적 삼각관계의 기제를 통해 형성되고 세대에 걸쳐 전수된다(Bowen, 1978). 여기에는 가족의 태도, 금기사항, 기대, 낙인화, 가족원의 성장에 부과되는 문제 등이 포함된다. 이러한 삶의 측면들은 피할 수 없는 것들이며 그것을 어떻게 다룰 것인가는 풀어야 할 숙제다. 가족 수준에서의 수평적 흐름이란 시간에 따른 가족생활주기의 변화와 전환에 대처해 가는 것을 의미한다. 이러한 수평적 흐름에는 예측 가능한 발달적 스트레스와 함께 생활주기의 과정을 붕괴시킬 수 있는 예기치 못한 '갑작스러운 불행한 사건들'이 포함된다. 이러한 사건들에는 조기 사망, 장애아 출생, 이주, 만성질환, 실직 등이 있다.

사회문화적 수준에서 수직축은 문화와 사회적 역사, 고정관념, 권력 형태, 사회적 계층과 신념 등을 포함하는데, 이 모든 것들은 세대를 통해 전달된다. 한 집단의 역사, 특히 외상적 유산은 가족과 개인에게 전 생애에 걸쳐 영향을 끼친다(예: 유대인 학살이 유대인과 독일인에게 끼친 영향, 미국 흑인의 노예화와 라틴의 식민지화 및 이러한 착취에서 이득을 얻는 사람들, 동성애자와 이성애자 모두에게 미치는 동성애 혐오증의 영향 등). 수평축은 해당 시기의 개인과 가족에게 영향을 끼치는 지역사회망과 당면한 사건, 사회정책 등과 관련이 있다. 수평축은 인종차별, 성차별, 계급차별, 동성애혐오증, 소수민족에 대한 편견과 종교적 편견 등 그 사회에 계승된(수직적) 사회적 규범의 결과물을 말한다. 이러한 규범들은 사회적, 정치적, 경제적 구조에서 어떤 사람들에게는 선택권을 제한하기도 하며 또 어떤 사람들에게는 권력 기반이 되기도 한다(Carter & McGoldrick, 2005b). 이러한 수평축에 지나친 긴장이 가해지면 어떤 가족이라도 역기능적이 된다. 게다가 이때 수직축에 스트레스원이 있게 되면 문제는 더욱 심각해진다. 그래서 아주 작은 스트레스가 수평축에 가해져도 체계에 심각한 타격을 주게 된다. 한 예로 아버지나 어머니와 해결되지 않은 정서문제(수직적 불안)를 지닌 한 멕시코 여성이 어린 나이에 어머니가 되었을 경우에는 미국 사회에서 그녀가 겪어야 할 인종차별(수평적 불안)과 결합되어 부모로서 누구나 겪을 수 있는 작은 변화에 대처하는 데 특별한 어려움을 겪게 된다. 이 경우 임상가는 가계도를 활용하여 현재 가족 상황과 세대를 통해 전수되는 불안의 흐름을 탐색할 수 있도록 도울 수 있다.

우연 발생적인 역사적 사건이나 가족의 각기 다른 영역에서 일어나는 우연의 일치는 그냥 우연히 일어나는 사건이 아니라 드러나지 않았을 뿐 체계적으로 상호 연관되어 일어나는 사건이라고 볼 수 있다(McGoldrick, 1995). 게다가 중요한 가족관계 변화는 특정 시기에 일어날 가능성이 크다. 특히 가족생활주기의 전환점에서 일어날 가능성이 높다. 증상은 이러한 전환기 주변에 집중되는 경향이 있는데, 가족원이 생활주기의 다음 단계로 넘어가기 위해 서로 관계를 재조직해야 하는 과업에 직면할 때 증상이 나타나게 된다(Carter & McGoldrick, 2005). 증상적인 가족은 시간이 지나도 그 자리에 맴돌면서 곤경을 헤쳐 나가기 위해 관계를 변화시키거나 적극적으로 대처해 나갈 수 없게 된다. 가계도를 평가할 때 드러나는 역사와 관계 패턴은 문제의 성격을 규명하는 데 중요한 실마리를 제공한다. 즉, 증상이 어떻게 발생하게 되었는지, 어떤 관계 패턴을 보호하거나 막고 있는지, 또는 이전 세대의 어떤 유산을 보호하고 있는지를 이해할 수 있게 해 준다.

가족의 관계 패턴은 아주 다양하다. 특별히 관심을 둘 것은 관계의 거리에 관한 패턴이다. 사람들은 매우 가깝거나 아주 먼 거리를 유지할 수도 있고 또는 그 사이 어디쯤 위치할 수도 있다. 한쪽 극단에는 가족이 거리 두기를 하거나 갈등적이거나 서로 단절되어 있을 수 있다. 다른 한쪽 극단에는 가족이 거의 '정서적 융합상태'이거나 밀착되어 있을 수 있다. 서로 융합되어 잘 분화되지 못한 관계에 있는 가족원은 체계가 감당할 수 없는 불안이나 스트레스가 있을 때 일어날 수 있는 역기능에 취약하게 된다. 체계의 경계가 폐쇄적일수록 환경으로부터의 자극에 반응하지 않게 되며, 그 결과 가족의 관계 패턴은 더욱 경직된다. 즉, 폐쇄적이고 융합된 체계의 가족원은 서로 자동적으로 감정반사적이 되며, 실제로 변화를 필요로 하는 가족체계 밖의 사건에 반응하지 않는다. 융합된 관계는 긍정적인 관계와 부정적인 관계의 두 가지 면을 가지고 있다. 즉, 가족원은 서로 아주 좋은 사이로 나타날 수도 있고, 반대로 적대적이고 갈등적인 관계로 나타날 수도 있다. 어느 경우든지 양쪽 모두 가족관계가 지나치게 의존적으로 결합되어 있다. 가계도를 활용하면 가족의 경계나 가족체계 내 하위체계 간 융합이 어떻게 새로운 환경의 변화에 폐쇄적이 되게 하는지를 알 수 있다.

보웬(1978)과 기타 많은 사람들이 지적한 대로 이인관계는 불안정한 경향이 있다. 긴장 상황이 되면 두 사람은 제삼자를 끌어들여 동맹관계를 형성함으로써 체계를 안정화시킨다. 그렇기 때문에 정서체계의 기본 단위는 삼각관계가 되기 쉽다. 앞으로 살펴보게 되겠지만, 가계도는 임상가가 가족체계 내의 주요 삼각관계와 그 패턴의 세대 간 반복과정을 찾아낼 수 있도록 해 주며 관계 패턴의 변화를 위한 전략을 세울 수 있게 해 준다(Fogarty, 1973; Guerin, Fogarty, Fay, & Kautto, 1996).

가족체계의 성원은 전체적으로 한데 묶여 기능한다. 즉, 각 가족원의 행동은 상호 보완적이거나 상호 교환적인 경향을 보인다. 그렇다고 해서 가족원이 관계에 똑같은 영향력을 갖는다는 뜻은 아니다. 다시 말하면, 남성과 여성의 관계, 부모와 자녀 관계, 젊은 세대와 노인 세대의 관계에서, 그리고 가족원이 어떤 문화나 계급 또는 인종 출신이냐에 따라서 권력의 차이가 있다(McGoldrick, 1998). 체계에 속한다는 것은 서로 영향을 주고받으며 서로의 행동에 맞물린 관계 속에 들어가게 된다는 것을 의미한다. 이러한 사실을 통해 가족은 서로 주고받고 반응하면서 상호 의존적으로 적응과 균형을 이루고 살 것으로 생각할 수 있다. 그러므로 가령 한 가족원이 책임성이 부족하더라도 누군가 다른 가족원이 과도한 책임을 짐으로써 보완하게 된다. 가계도는 상호 보완적이거나 상호 교환적인 형태로 나타나는 가족 내 특성을 정확히 읽을 수 있게 해 준다.

제 언

이 책의 전반에 걸쳐 가계도를 중심으로 가족에 대한 주장을 전개할 것이다. 그

중에는 일반적인 가계도 해석처럼 가설에 의한 것과 앞으로 더 탐구해야 할 것들에 대한 제안들이 포함되어 있다. 사실에 대한 설명보다는 가계도에 근거하여 예측할 수 있는 것들에 대한 설명이다. 가계도 해석의 원리는 일종의 안내서와 같은 것으로 가족생활이라는 복잡한 영토를 통과하는 데 독특한 지형을 밝혀 주는 지침서 정도로 받아들여야 하리라고 생각한다.

이 책에 제시된 가계도들은 저자들이 다 언급할 수 없을 만큼 많은 정보들을 포함하고 있다. 독자들이 이 가계도 해설을 일종의 출발점으로 삼아 가계도를 활용하고 해석하는 기술을 더욱 발전시킬 수 있기를 바란다.

컴퓨터를 활용하여 우리가 지금 한 번에 나타낼 수 있는 것보다 더 많은 정보를 가계도에 그려낼 수 있다고 해도 하나의 가계도에 모든 정보를 다 수용하기에는 분명 한계가 있다. 임상가들이 수집한 가족 정보들은 하나의 가계도에 모두 기록할 수 없을 정도로 많다. 머지않아 컴퓨터 데이터베이스를 활용하여 전체 가족사 중에서 원하는 특정 목적에 맞추어 선택적으로 가계도를 작성할 수 있게 될 때가 오게 될 것이다.

제2장

가계도 작성

제2장

가계도 작성

가족 정보를 수집하고 가계도를 구성하는 것은 가족과 합류하면서 가족을 평가하고 돕는 좀 더 포괄적인 과정이다. 가계도 정보는 가족원이 이야기하는 내용에 의해 수집되고 조직된다. 기본적인 가계도 정보는 의료기록의 한 부분으로서 구조화된 형식으로 수집될 수도 있다. 그런데 정보를 수집할 때는 항상 존중적인 자세로 임해야 하며 목적에 충실한 정보 수집이 되어야 한다. 가족의 역사를 공유하는 것은 단순히 기술적으로 사실을 수집하는 것이 아닌 일종의 신성한 계약과 같은 것이다. 가계도의 도식화는 모든 임상가들이 가계도 언어를 공통으로 이해할 수 있도록 하기 위하여 동일한 규칙이 일정하게 적용되어야 한다. 이 장에서는 가계도의 도표 영역을 설명하기로 한다. 이어서 여러 장에 걸쳐 시각적인 도표의 이면에 담겨 있는 패턴을 구체적인 가족의 패턴과 문화적 패턴 그리고 문화적 이슈와 관련하여 설명할 것이다. 더불어 가계도의 임상적 의미뿐만 아니라 연구적 의미도 함께 탐색할 것이다.

가계도 정보 탐색은 가족원 한 사람을 대상으로 이루어질 수도 있고 여러 사람을 대상으로 이루어질 수도 있다. 물론 여러 사람을 대상으로 정보를 수집한다면 신뢰도가 더 높아질 것이며 각자의 관점을 비교할 수도 있고 가족원 간의 상호작용도 직접 관찰할 수 있다. 여러 명의 가족원들을 면담한다면 다양한 관점을 얻을 수 있어서 가족의 역사를 함께 찾아낼 수 있다. 그러나 그러한 경우에는 가족 역사에 대한 다양한 관점을 얻는 데 따르는 복잡성을 다룰 수 있는 능력이 필요하다.

가족의 패턴은 한 세대에서 다음 세대로 전수될 수 있기 때문에 임상가는 여러 세대에 걸쳐 반복되는 가족 패턴을 가계도를 통해 면밀히 탐색한다. 이러한 반복된 패턴은 가족의 기능이나 관계, 가족구조에서 나타난다. 그러한 패턴을 인식함으로써 가족이 불행한 패턴을 반복하지 않도록 돕고, 그것이 다음 세대에 전수되지 않도록 돕는다. 가족기능에서 중요한 사건과 변화를 탐색함으로써 기념일 반응과 같이 우연의 일치로 보였던 사건을 체계적으로 연관시켜 볼 수 있으며, 외상적 사건이 가족기능에 미친 영향을 평가하고 장래의 스트레스에 대한 취약성과 자원을 파악할 수 있게 된다. 나아가서 이 모든 것들을 사회적, 경제적, 정치적 상황에까지 확장시켜 바라볼 수 있게 된다. 임상가들은 이처럼 가계도 탐색을 통하여 과거로부터 강점을 찾아 대처능력을 강화시켜 줄 수 있고 과거의 역기능적 적응전략을 수정하도록 도울 수 있다(Walsh, 2006).

물론 여러 가족원을 만나는 일이 언제나 가능한 것은 아니기 때문에 가계도 면담은 한 사람만을 통해서 이루어지는 경우가 많다. 가계도를 하나 완성하는 데 걸리는 시간은 경우에 따라 매우 큰 차이가 난다. 기본적 정보를 수집하는 데 대략 15분 정도 사용되지만(Wright & Leahey, 1999), 여러 가족원이 참여하는 포괄적인 가족평가 면담은 한두 시간이 걸리기도 한다. 때로 가족원들이 가족의 외상적 사건을 드러내기 어려워할 경우에는 그보다 훨씬 더 긴 시간이 걸릴 수도 있다. 임상가들은 가족과 치료 작업을 진전시키면서 질문을 점차 확장시켜 가며 가계도를 완성해 가는 방법을 선호한다. 임상가가 가족사에 대하여 더 많이 알게 될수록 정보가 수정되고 확장되어 가계도는 더욱 훌륭한 도구로서 기능하게 된다. 이렇게 시간이 경과함에 따라 가계도는 가족사에 대한 더욱 정확하고 종합적인 지도로 완성된다.

가족구조의 도식화

가계도는 각 가족원이 세대 간에 이루고 있는 생물학적 · 법적 · 정서적 관계를 도표로 표시한 것이다. 즉, 사람을 네모와 원으로 표시하고 관계는 선으로 표시하여 구성한 지도와 같은 것이다. 가계도 작성은 보통 중심인물(IP)의 조부모까지 거슬러 올라가면서 작성하고 적어도 3세대가 포함되도록 한다(IP가 자녀나 손자녀를 둔 경우에는 4, 5세대까지도 그려지게 된다.). 가계도의 작성 연도는 가계도의 왼쪽 위 모퉁이에 표시한다. 대개 가계도는 현재를 중심으로 그리는데, 증상이 시작되었거나 가족에게 중요한 변화가 일어났던 과거의 어느 시점을 중심으로 가계도를 작성하여 활용하기도 한다. 가족사에서 특정 시기의 가계도를 그려 보는 것은 매우 유용한데 당시의 가족원들의 나이와 그 시기에 함께 살았던 가족원들 그리고 그 당시의 관계 양상을 그리도록 한다. 혹시 그 사람의 생애주기 중 특정 날짜를 선택하였으면 죽음, 나이, 중요한 사건과 같은 다른 정보들도 그 시간대에 맞추어 작성한다(제8장에서 프로이트의 생활주기별로 제시된 가계도를 보면 당시 상황에 맞도록 가족원들의 나이가 다르게 나타나 있다.).

이제부터 전형적인 가계도 구성틀을 활용하여 가계도를 확장시켜 가는 것을 예를 들어 살펴보겠다. 가족원들의 생물학적, 법적 관계는 선으로 나타낸다. 결혼한 두 사람은 남편은 왼쪽에, 아내는 오른쪽에 두고 선으로 연결한다. 그 선 위에 부부가 결혼한 날짜를 m과 함께 표시한다. [가계도 2-1]은 호세 로드리게스와 그의 부모를 그린 것이다. 호세가 중심인물(IP)이라는 것을 그가 남자임을 나타내는 네모 부호 안에 선을 하나 더 추가하여 표시한다. 호세와 부모의 관계는 결혼선 아래에 수직선으로 표시한다. 그의 나이(27)는 네모 안에 써 넣고 출생 연도(1980)는 네모의 위쪽 왼편에 써 넣는다. 자녀들은 태어난 순서에 따라 왼쪽으로부터 오른쪽으로 부모의 결혼관계선과 수직으로 연결한다. 기본적인 가족구조가 완성되면 가족에 대한 정보를 점차 추가해 가는데 특별히 인구학적 요소, 기능, 관계, 중요한 가족사건 중심으로 그린다.

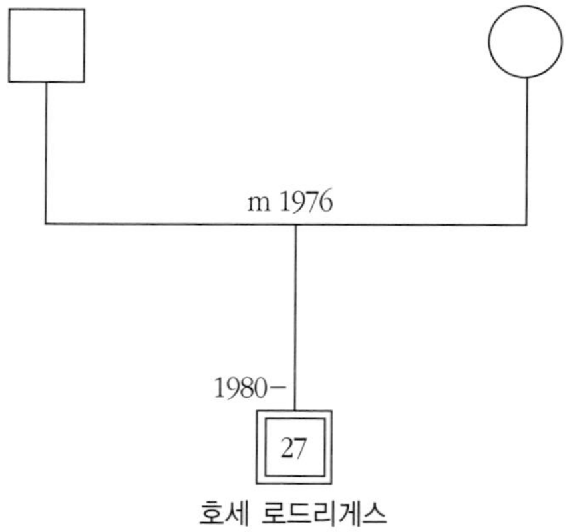

[가계도 2-1] 호세 로드리게스와 부모(2007)

[가계도 2-2]에는 호세와 그의 부모에 관한 더 많은 정보들이 나타나 있다. 형제들은 호세보다 부호가 좀 더 작은 크기로 더 위쪽에 그려져 있다. 이 가계도처럼 IP를 다른 형제들보다 조금 더 크게, 좀 더 낮은 위치에 그리는 것이 전형적인 가계도 모양이다. 형제들의 배우자들은 형제들보다 더 작고 좀 더 낮게 그린다. 그렇게 하면 이 가계도에서 보는 것처럼 형제들의 출생순위가 더 분명하게 구별된다. 이렇게 하면 가족의 구조에 출생순위와 성별, 형제간의 연령 차이 등이 명확하게 나타나게 되고 그와 관련된 가설을 발전시킬 수 있게 된다. 가끔 특정 가족에 대한 가설 설정이 쉽지 않을 때는 가계도상에 나타난 패턴이 가족의 역사를 이해하는 기초를 제공해 준다(맨 왼쪽 끝에 있는 작은 까만 원 모양은 1978년에 카멜라가 유산한 것을 표시한 것이다.). 호세에게는 위로 고등학교를 나와 건설 현장에서 일하는 형 피터가 있고 아래로는 법학공부를 하는 데이비드와 간호사인 마리아라는 쌍둥이 동생이 있는 것을 알 수 있다. 두 개의 선이 부모의 선으로부터 한 점에서 시작되는 것은 쌍둥이를 의미한다. 일란성 쌍둥이일 경우에는 호세의 조카들처럼 두 사람 사이에 연결되는 선이 추가된다. 나이 터울로 볼 때 호세와 피터는 한 살 차이며 쌍둥이 동생들은 네 살이 어리므로 호세와 형이 단짝이 되고 쌍둥이 남매들이 또 하나의 단짝이 되어 자랐을 것으로 보이지만 세 남자 형제들이 여동생을 소외시켰을 가능성도 생각해 볼 수 있다. 이 외에도 다른 요인들이 동맹관계

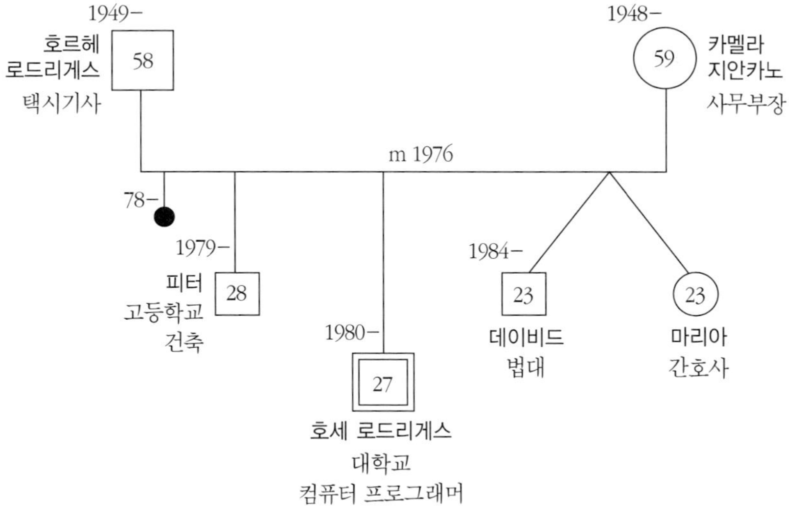

[가계도 2-2] 로드리게스의 핵가족(2007)

형성에 영향을 끼쳤을 수도 있다. 즉, 삼형제 중 위의 두 형이 한 사람은 스포츠를 좋아하고 다른 한 사람은 공부에만 관심이 있었다면 이것이 형제들의 동맹관계에 영향을 주게 된다.

또한 호세가 컴퓨터 프로그램으로 학사학위를 취득했고 호세의 어머니 카멜라는 59세로서 사무직의 관리자인 데 비해 호세의 아버지는 58세로 택시기사인 것을 볼 수 있다. 여기서 어떤 가족 역동이 있어서 동생들이 더 나은 교육을 받게 되었는지, 그리고 형제간의 교육과 직업적 차이가 가족관계에 어떤 영향을 주는지 궁금하게 된다.

[가계도 2-3]을 보면 위로는 아버지의 원가족이 제시되었고 아래로는 다음 세대가 그려져 있다. 조부모는 사망하였으므로 × 표시가 네모와 원 안쪽에 되어 있다. 그리고 출생일과 사망일이 —선으로 연결되어 도식의 위쪽에 표시되어 있다. 현재의 나이나 사망 당시의 나이가 개인의 네모와 원 안에 표시된다. 3세대 이상의 가계도에서는 윗세대가 모두 사망하였을 경우 일반적으로 ×표를 하지 않는다. 갑작스러운 죽음이나 외상적 죽음만 × 표시를 한다. 이 가계도에서 아버지

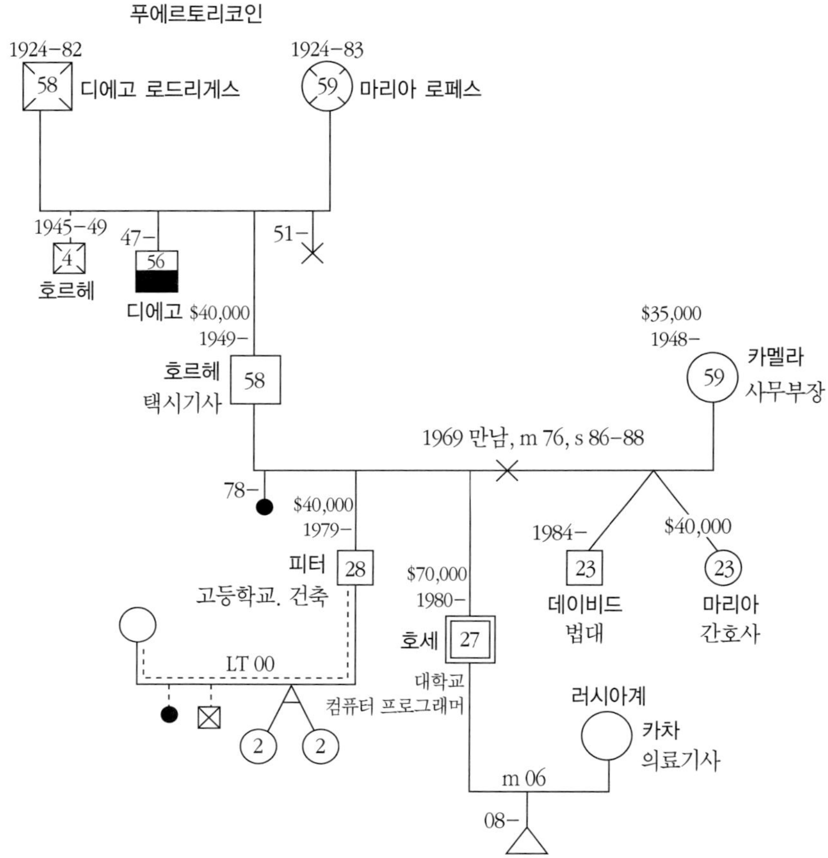

[가계도 2-3] 호세 로드리게스와 아버지의 가족(2007)

호르헤를 다른 형제들과 구별 짓기 위해 형제들보다 더 낮은 위치로 내려서 그렸다. 또한 호세가 카차라는 러시아 여성과 결혼하여 임신 중인 것도 가계도에 나타나 있다(삼각형 표시). 호세의 형 피터가 일란성 쌍둥이 딸을 낳은 것과 그의 아내와 2000년부터 동거 중이고(LT 00으로 표시) 한 아이를 유산하였으며 그 후 쌍둥이 출산 전에 아들을 사산한 것을 알 수 있다. 가족들의 이름 짓는 방식과 출생순서는 관계에 관해 많은 것들을 알게 해 준다. 둘째 아들 디에고는 조부의 이름을 따서 지었으며 심한 알코올 문제가 있고 현재 가족들에게 큰 문젯거리가 되고 있다는 것을 알 수 있다. 할머니 또한 1951년에 마지막 아이를 낙태한 것을 볼 수 있다. 아마도 할머니는 큰아들을 잃고 매우 상심하여 막내 아이도 잃을지 모른다는 두려움을 가졌을 수도 있었을 것 같다.

가계도에는 핵가족 성원들의 수입을 포함시킬 수도 있다. 현재까지는 호세가 경제적으로 가장 성공한 것으로 보인다. 호세가 형보다 수입이 많은 것은 두 사람의 관계를 멀게 할 수도 있다. 마지막으로 호르헤와 카멜라는 1969년에 만났고 1986년부터 1988년까지 별거했다는 것을 알 수 있다. 결혼, 별거, 이혼, 동거 날짜, 부부가 만난 날짜 등은 부부의 결혼선 위에 적는다. 결혼선 위에 표시된 사선은 한 줄은 별거, 두 줄은 이혼, 교차해서 그린 사선(×처럼 나타남)은 별거나 이혼 후 재결합을 나타낸다.

[가계도 2-4]는 호세 어머니의 원가족을 그린 것이다. 카멜라는 이탈리아 가족 출신으로 첫아이가 유산되고 쌍동이가 사산된 가정에서 태어났다. 이 상실 후에 부모들은 딸아이를 입양하였고(점선과 실선으로 연결됨) 같은 해에 카멜라가 태어났다. 그 외에 카멜라의 친동생인 아들이 카멜라가 3세 때 태어났고, 1960년에 부부는 아들 하나를 위탁 양육하였다(점선 표시). 그 직후 카멜라가 12세 때 부부는 별거하였고, 아버지는 1979년에 사망할 때까지 다른 여성과 동거관계로 살았다.

가계도에는 카멜라의 남동생이 동성애자인 것과 흑인 남성과 성적 관계를 가진 것, 그리고 카차의 부모가 러시아 출신의 유대인으로서 미국에 이민 온 가정인 것이 나타나 있다.

호세의 현재 호소문제는 극심한 공황불안(free-floating anxiety)이다. 그의 가계도를 살펴보고 그의 불안에 대한 가설을 세울 수 있다. 그의 첫아이가 태어나면서 바로 불안이 발생하였다는 것은 그다지 놀랄 일은 아니다. 가계도상으로 3세대에 걸쳐 첫아이를 잃은 것을 볼 수 있다. 그의 아버지의 큰형은 4세 때 죽었고 그의 외할머니는 첫 세 아이를 모두 잃었다. 그의 부모는 그의 형이 태어나기 전에 첫아이가 유산되었고 그의 형도 쌍둥이가 태어나기 전에 유산과 사산을 경험했다. 그러나 그 외에도 다른 요인들이 작용할 수도 있다. 호세의 아버지는 그의 죽은 형의 이름을 갖게 되었고 이제 58세가 되었다. 그리고 이 나이는 그의 아버지가 사망한 나이와 같은 나이이다. 우연의 일치처럼 호세의 어머니 카멜라는 59세로 할

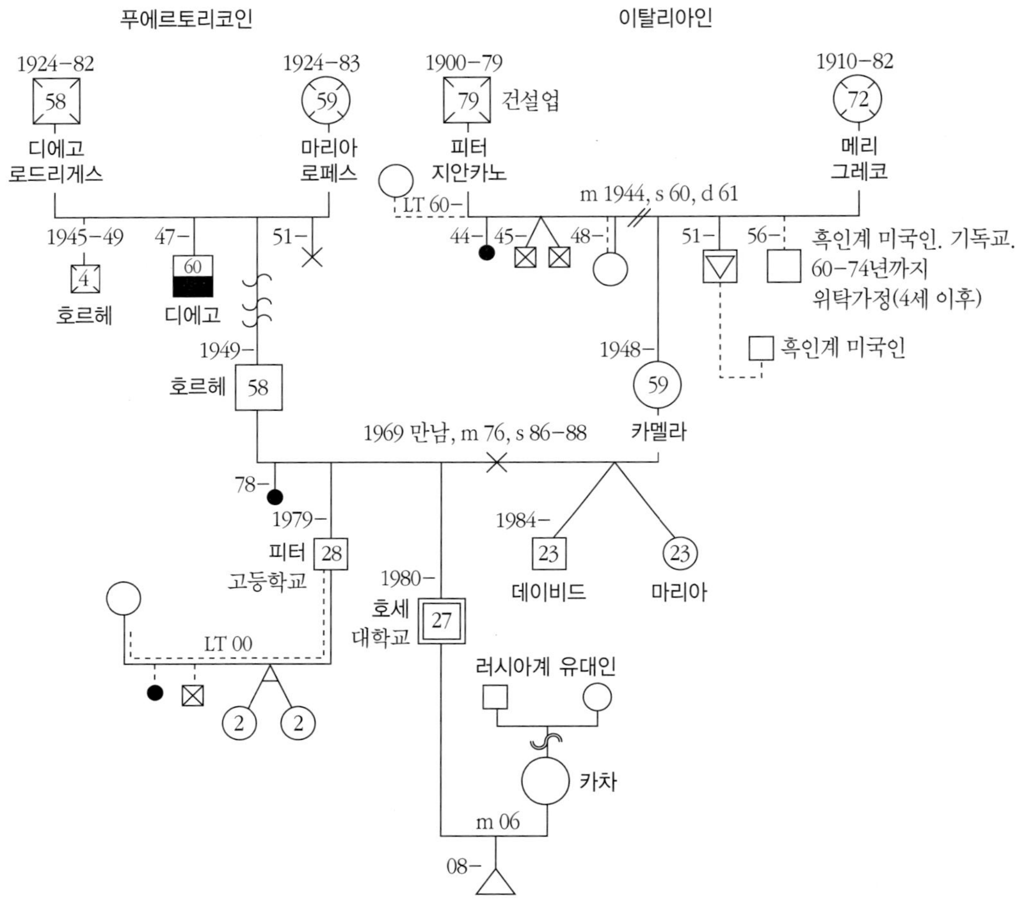

[가계도 2–4] 호세 로드리게스와 어머니의 가족

머니가 사망했던 나이와 같다. 이러한 점들이 호르헤의 불안을 유발시켰고 그 불안은 그와 밀착된 관계인 호세에게 전달되었을 것이라고 생각해 볼 수 있다.

가족 경험과 관계를 나타내는 부호

가족의 경험과 관계를 나타낼 수 있는 다양한 부호들이 많다. 로드리게스 가족의 가계도([색채 가계도 1])를 보면 이러한 부호들이 많이 나타나 있다. 예를 들면,

호세의 아버지는 이민자로서 하나 이상의 문화를 경험한 사람인 것을 알 수 있다. 그의 부호 위에 있는 물결 모양의 단선 표시는 그가 1967년부터 1969년까지 2년간 베트남에 있었음을 나타낸다. 그리고 단선 아래의 복선은 베트남에서 돌아온 후 미국으로 이민 와 살았다는 것을 나타낸다. 그를 나타내는 부호의 오른쪽 아래에 있는 'SL' 표시는 그가 흡연자이며 이민자로서 영어 사용에 어려움이 있음을 나타낸다(그의 며느리 카차도 같은 문제를 가지고 있다.). 그의 형의 부호 옆에 있는 'O' 표시는 형이 비만이라는 것을 나타내 주는 것이다. 여기서 그의 형과 아버지 사이에 두 개의 사선이 있는 선이 연결되어 있어 1966년부터 1981년까지 오랫동안 두 사람의 관계가 단절되어 있었다는 것을 알 수 있다. 그러나 단절선 사이에 원이 그려진 것으로 보아 아버지가 사망하기 1년 전에는 단절관계가 해소된 것으로 보인다.

이 가계도를 통해서 호세가 형과 경쟁관계일 가능성을 가정할 수 있는데, 이는 그의 어머니가 사랑했던 외조부의 사망 3개월 후에 형이 태어났고 어머니가 그에게 매우 밀착되었기 때문이다. 카멜라는 자신의 두 아들 피터와 호세처럼 어린 시절에 언니와 갈등적 관계에 있었다. 피터는 운동을 좋아했고 잘생겼으나 호세는 키가 작고 생김새나 성격에 있어서도 피터에 못 미치는 편이었다. 이 외에도 여러 부호들이 가족원 간의 관계의 성격을 나타내는 데 활용될 수 있다.

배우자가 많은 부부관계의 가계도 작성

배우자가 많은 부부관계는 매우 복잡해서 가계도상에 다 표시해 넣기가 아주 어렵다. [가계도 2-5]는 헨리 8세 왕의 아내들의 가계도로서 이렇게 복잡한 관계를 어떻게 가계도에 나타내는지를 볼 수 있다.

배우자 모두가 사망한 경우라면 가능하면 각각의 결혼을 왼쪽에서 오른쪽으로 순서대로 나열하도록 하는 것이 원칙이다. 그러나 현재의 가족원들을 그리기 위해서는 가장 최근의 부부관계를 가장 가까운 위치에 그린다. 헨리 8세의 경우 모

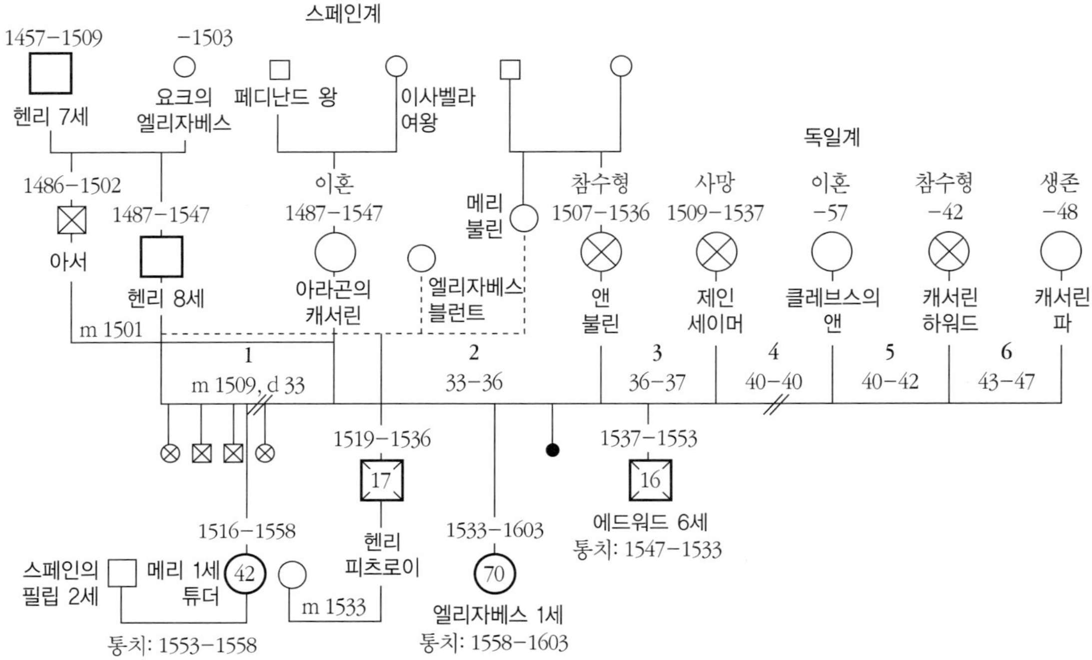

[가계도 2-5] 헨리 8세와 그의 아내들

두가 사망했기 때문에 아내들은 왼쪽에서 오른쪽으로 순서대로 그려져 있다. 아라곤의 캐서린, 앤 불린, 제인 세이머, 클레브스의 앤, 캐서린 하워드, 마지막으로 캐서린 파의 순서로 그린다. 결혼 날짜와 이혼 날짜를 적으면 순서가 더 확실해진다. 그러나 각 배우자에게 여러 명의 배우자가 있었을 경우(그리고 이전의 결혼에서 자녀가 있었을 경우) 관계망은 더욱 어렵고 복잡해진다. 이런 것은 헨리 8세의 많은 혼외관계 중 두 경우에서 볼 수 있다(점선 표시). 헨리 8세는 엘리자베스 블런트와의 사이에서 아들을 낳았고 메리 불린에게서 또 다른 아들을 낳았는데, 메리 불린은 둘째 부인 앤 불린의 여동생이었다. 헨리의 첫 아내의 경우는 더욱 복잡한데, 아라곤의 캐서린은 헨리의 형인 아서와 이미 결혼한 여자였다.

이런 문제를 해결하기 위해 초점을 두고자 하는 관계를 중앙에 놓고 각 배우자의 다른 배우자를 그 옆에 그려 넣는다([가계도 2-6]). 이런 상황은 그 배우자에게

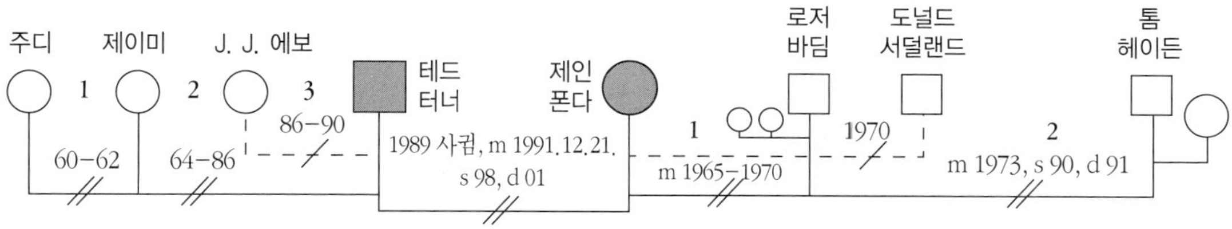

[가계도 2-6] 남편(테드 터너), 아내(제인 폰다)와 각각의 배우자들

또 다른 배우자가 있었을 경우 더욱 복잡해진다. 이전의 배우자에게 다른 배우자가 있었으면 그 관계를 표시하도록 첫 결혼선 약간 위에 두 번째 선을 그릴 필요가 있다. 즉, 로저 바딤과 톰 헤이든의 관계선처럼 그리면 된다.

제인 폰다의 아버지의 가계도([가계도 2-7])는 더욱더 복잡하다. 각 배우자는 여러 번 결혼했던 사람들이다. 헨리의 첫 아내인 마거릿 설리번은 헨리와 결혼하기 전에 이미 한 번 결혼했던 적이 있다. 그리고 후에 다시 재혼했다. 폰다의 두 번째 부인 프랜시스 세이머는 조지 브로코와 이전에 결혼한 적이 있었고, 그는 또 그전에 클레어 부스와 결혼했던 적이 있었다. 그리고 클레어 부스는 헨리 루스와 나중에 결혼한다. 이 가계도에 나타나지 않은 것은 헨리 폰다와 그의 아내 프랜시스 세이머가 그의 전 아내인 마거릿 설리번과 그녀의 다음 남편인 리랜드 헤이워드(폰다의 에이전트)와 캘리포니아에서 매우 가까이 살았다는 사실이다. 이 두 가족은 그 후 코네티컷으로 이사를 가서도 바로 이웃에 살았는데 결혼연대기에는 이러한 전체적인 내용이 나타나지 않는다.

가계도에서는 가능하면 각각의 결혼에서 낳은 자녀들을 정확한 출생순서대로 그려 두는 것이 바람직하다(왼쪽부터 나이순으로). 자녀들이 많다면 [가계도 2-7]에 나타난 대로 다른 방법을 대안으로 쓸 수 있다. 이러한 방법은 공간을 절약하기 위해 사용될 수 있다. 예를 들면, 제인과 피터 폰다에게 아마도 이복자매였을 에이미는 피터보다 훨씬 나이가 어리지만 피터의 왼쪽에 그려져 있다. 제인과 피터의 또 다른 의붓자매인 팬은 제인보다 다섯 살이 많고 다섯 살 이후부터 대학 입학 때까지 함께 살았는데, 가장 나이가 많은 자녀임에도 불구하고 이 역시 출생순

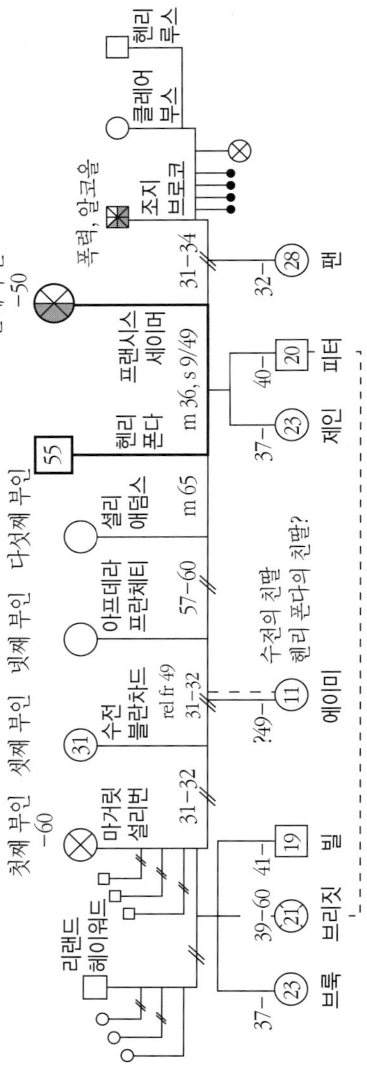

[가계도 2-7] 헨리 폰다의 결혼관계(1960)

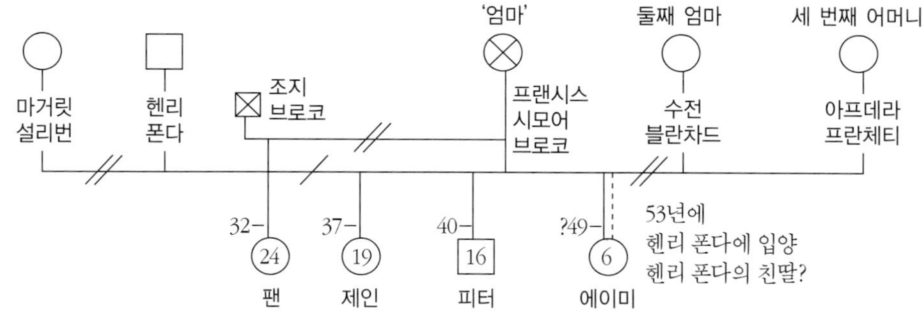

[가계도 2-8] 출생순서별로 본 폰다의 자녀들(1956)

위대로 그려지지 않았다. 이에 대한 대안으로 폰다의 형제들을 출생순위대로 가계도에 그려 볼 수 있는데([가계도 2-8]) 이렇게 하면 형제들을 서로 연관 지어 적절하게 이해할 수 있게 된다. 그렇지만 이렇게 하면 브로코가 재혼한 아내인 클레어 부스 루스는 그림에서 빠지게 된다. 복합가족을 그릴 때는 얼마나 정확하고 구체적으로 나타낼 것인지를 선택하고 결정해야 하는 문제가 따른다. 관계에 대한 데이터가 많이 담겨 있는 컴퓨터를 사용할 때도 어떤 가계도에 어떤 사람을 포함시킬 것인지의 선택문제가 따른다.

부부 사이에 혼외관계가 연루되어 있거나 법적 결혼이 아닌 동거관계일 경우에는 결혼한 부부와 마찬가지로 관계선을 실선이 아닌 점선으로 그린다([가계도 2-6]의 제인 폰다와 도널드 서덜랜드처럼). 만약에 두 사람의 관계가 지속적인 관계였다면 [가계도 2-9]의 조디 포스터의 어머니인 브랜디와 그녀의 파트너였던 조세핀의 관계를 표시한 것처럼 점선과 실선을 함께 그려 넣어 그 관계가 합법적인 관계는 아니었음을 나타낸다. 만약에 배우자가 각기 동성의 파트너와 관계를 맺고 있었다면 누가 누구와 연결되어 있는지를 명확하게 하기 위해 다른 모양의 관계선으로 그려 넣을 필요가 있다. 굉장히 많은 파트너가 있었던 경우에는 가장 중요한 관계의 경우에만 선별적으로 그려 넣을 필요가 있다.

[가계도 2-9]는 조디 포스터 가족의 가계도다. 그녀의 아버지 루시어스는 5명(세 아내와 두 명의 동거녀)의 배우자와의 사이에서 자녀를 낳았다. 그들 사이에서

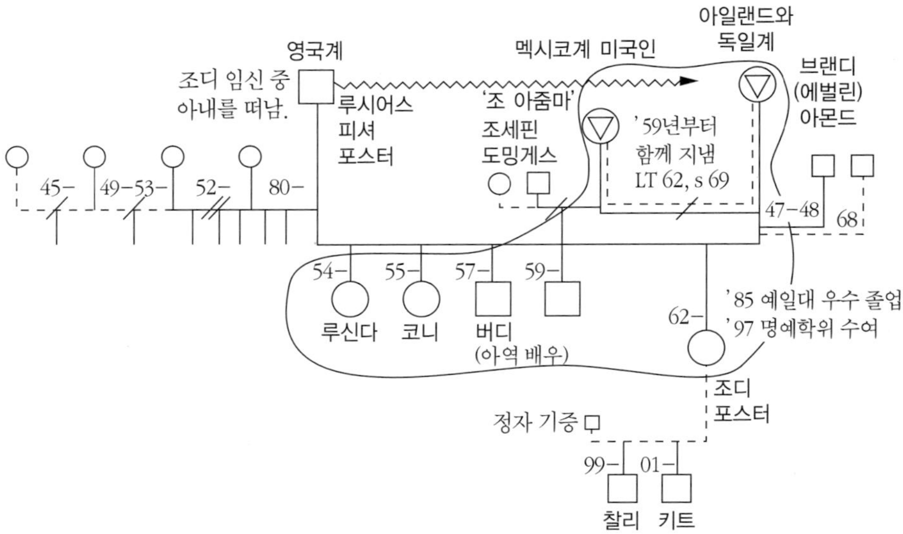

[가계도 2-9] 조디 포스터 가족

태어난 자녀들의 수만 표시하고 성별은 표시하지 않은 이유는 여기서 초점 두고자 하는 바가 아니기 때문이다. 가족 패턴을 탐색하는 데 부부관계의 구체적인 연대기를 기록하는 것은 매우 중요하다. 이것은 컴퓨터 소프트웨어를 사용하면 훨씬 작업이 수월해지는데 부부연대기를 전부 도표로 만들어 놓고 몇 가지 정보만 나타나게 하는 것이다. 예를 들면, 조디는 부모가 별거한 지 3년 후에 임신되었고 그녀가 태어나자마자 부모는 이혼하였다.

조디의 어머니는 조 도밍게스와 1959년부터 깊은 관계를 맺고 있었다. 이 커플은 1962년부터 함께 살기 시작했다(LT 62). 가족에서 조의 특별한 위치 때문에 생물학적인 아버지의 선 위로 브랜디와 조 사이에 커플을 나타내는 선을 그려 나타내었다. '조 아줌마'는 수년 동안 경제적, 물질적, 정서적 지원을 해 주었고 아이들에게 안식처가 되어 주었다. 브랜디와 조는 1969년에 헤어졌다. 조의 남편은 그가 함께 여생을 보냈던 여성과 함께 작은 모양으로 약간 높은 위치에 그렸다. 그는 조와 절대로 이혼하지 않았는데 그 때문에 다시 정식으로 결혼을 할 수 없었다. 그래서 그의 다른 여자와의 관계는 점선으로 그렸다.

한부모의 입양은 [색채 가계도 2]와 같이 그릴 수 있다. 이 가계도는 미아 패로 가족의 가계도인데 친자녀로 쌍둥이 아들인 매튜와 사샤 그리고 셋째 아들 플레처를 두고 있다. 두 번째 남편인 앤드리 프레빈과의 결혼생활 중에는 순이, 라크, 데이지라는 다른 인종의 자녀들을 입양하였다. 미아는 우디 앨런과의 동거기간 중에 세 자녀(모세스, 딜런/엘리자베스/말론, 탬)를 입양하였다. 이 중에 첫 두 아이는 우디와 함께 입양하였다. 두 사람 사이의 친자녀인 사첼(지금은 시머스)이라는 아들이 출생했다. 나중에 가서 미아는 그녀 혼자서 새디어스, 프랭키 민, 아이사이어, 캘리의 네 자녀를 더 입양하였다. 각자의 문화적 배경은 성장 역사에서 중요한 부분이 되므로 가능한 한 모두 제시한다. 이 가계도는 매우 복잡하기 때문에 색깔로 구분하여 부호화하는 것이 좋을 것이다(이름은 청색, 장애는 빨간색, 지역과 문화유산은 녹색, 기타 다른 정보들은 다른 색으로 표시하는 방식으로).

함께 살고 있는 상황이 매우 복잡할 때는 동거 상황을 여러 개의 곡선을 활용하여 그린다. 이것은 여러 핵가족이 연결되어 자녀들이 여러 가구와 함께 시간을 보내게 되는 경우에 특히 중요하다. [가계도 2-10]에서 볼 수 있듯이 재키 부비에 케네디는 부모가 별거하자 여동생 리와 함께 어머니와 외조모 그리고 외증조모와 함께 살면서 뉴욕에서 학창 시절을 보냈다(그러나 외증조모는 무뚝뚝한 편으로 주로 혼자 이층에서 대부분의 시간을 보냈다. 더구나 조부모들은 별거한 적은 없었지만 식사 시간 중에도 서로 말을 하지 않고 지냈다.). 여름이 되면 재키와 리는 아버지의 확대가족과 함께 롱아일랜드에서 많은 가족들과 함께 보냈지만 아버지는 아주 가끔씩만 모습을 나타냈다.

'기능적인 가족'이 생물학적 가족이나 법적 가족과 다를 때는 아이들이 조부모나 비공식적인 입양가족에서 양육될 때와 같이 기능적인 구조를 볼 수 있도록 가계도를 별도로 그리는 것이 유용하다(Watts Jones, 1998 참조). 아이들이 생물학적 가정, 위탁가정, 입양가정 등 여러 형태의 가정에서 살았을 때는 아동이 살았던 여러 가족들을 따로따로 그리는 것이 유용하다.

[색채 가계도 3]은 루이 암스트롱이 1901년에 태어나서부터 1918년까지 살았던 가족의 변화를 보여 준다. 루이 암스트롱은 지금까지 가장 위대한 재즈음악가

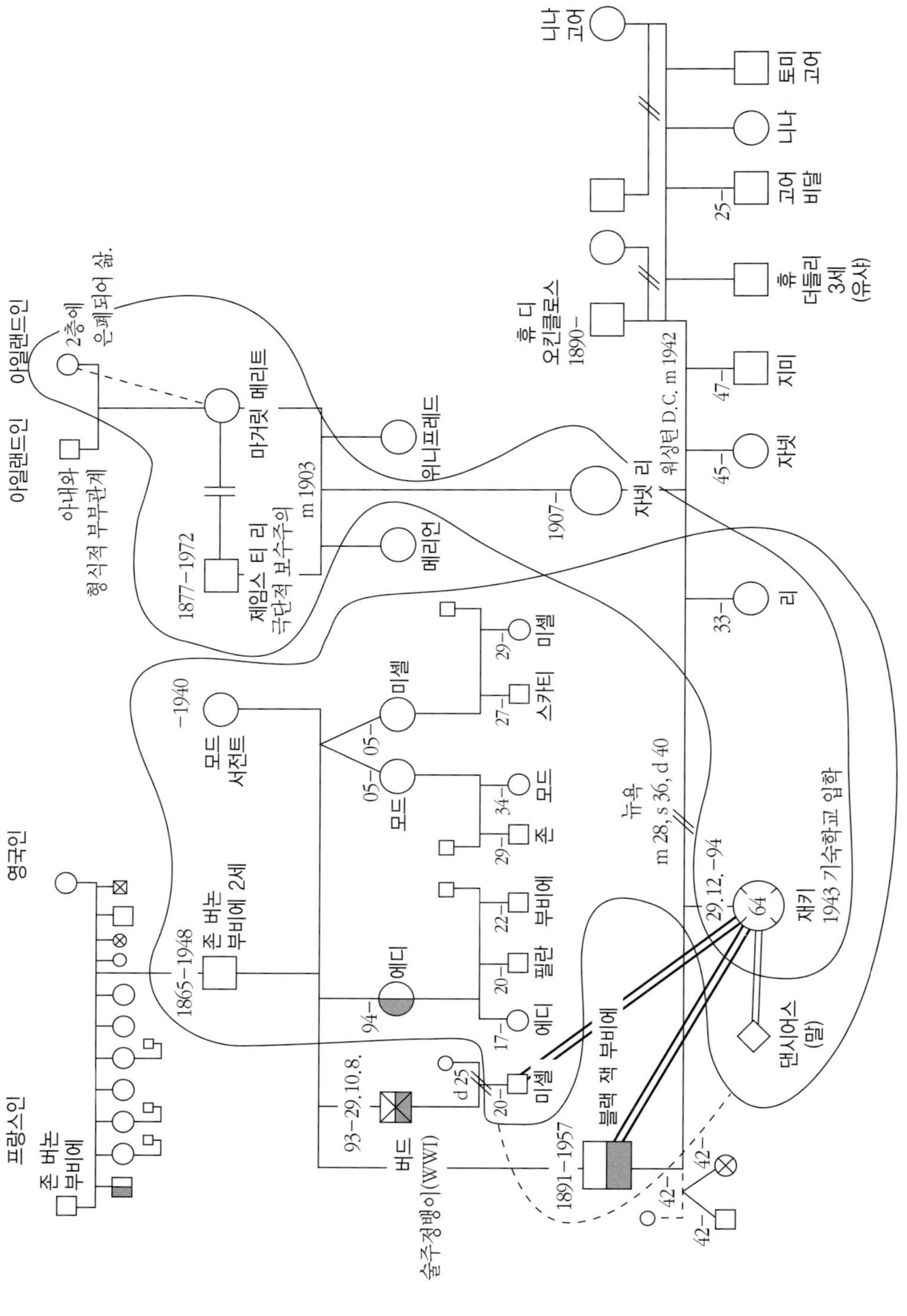

[가계도 2-10] 재키 부비에 케네디 가족

로서 뛰어난 창의성과 빼어난 기술로 유명하다. 그는 뉴올리언스에서 가난하고 변화가 많은 어린 시절을 보냈다. 운 좋게도 그는 비교적 이른 나이에 그의 재능을 키워 줄 사람을 만나서 뛰어난 지적 능력을 발휘하여 자신의 재능을 개발할 수 있었다. 루이는 그가 태어난 직후 아버지가 어머니와 별거하고 곧바로 다른 여성과 살았기 때문에 조모인 조세핀 암스트롱에게 보내져 양육되었다. 그러나 그다음 해에 그의 부모가 재결합해 살면서 1903년에 동생인 비어트리스가 태어났다. 루이는 1905년까지 조모와 함께 살다가 부모가 별거하면서 어머니와 마마 루시라고 불린 여동생과 함께 살았다. 그 후로 두 남매는 수년 동안 어거니의 여러 남자들과 함께 살았다. 1912년 11세가 되었을 때, 루이는 명절날 총기문제로 체포되어 뉴올리언스 부랑청소년 수용소로 보내졌다. 그는 1914년까지 2, 3년 정도 그곳에서 지내다가 아버지에게 보내졌고 아버지의 집에서 이복형제들과 함께 살았다. 그러나 곧바로 그의 어머니에게로 돌아가게 되어 1918년까지 어머니와 함

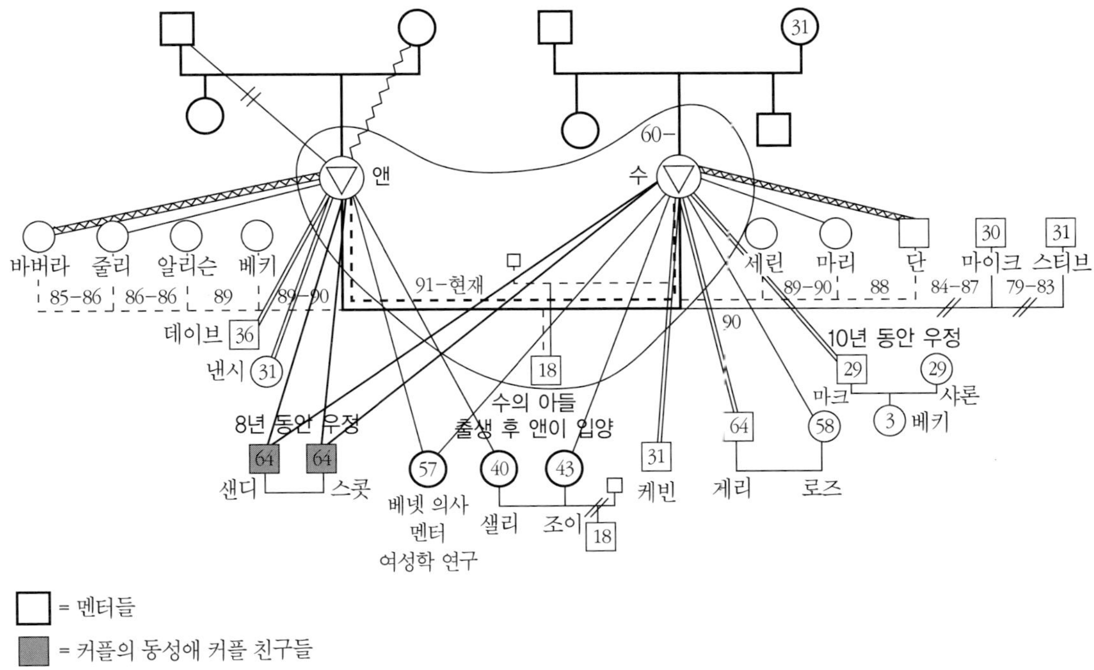

[가계도 2-11] 정자 기증자와 여성 동성애가족의 사회적 관계망

께 살다가 17세가 되던 해에 시카고로 가서 킹올리버밴드와 함께 일했다.

[가계도 2-11]은 레즈비언 커플 중 한쪽의 아이를 함께 키우는 가정의 가계도다. 수는 앤에 의해 입양되었는데, 여기에 인공수정을 통해 정자를 제공받아 임신된 아이를 가계도에 표시하는 법이 제시되어 있다. 아주 작은 사각형은 아이의 생물학적 아버지로서 정자 제공자를 나타낸다. 부모들의 이전 관계도 가계도상에 나타낼 수 있다. 수는 앤과의 동거 전에 결혼하고 이혼한 적이 여러 번 있다. 앤에게도 동거했던 여성들이 여러 명 있었다. 버크와 페이버(Burke & Faber, 1997)는 가계도상에 입양을 표시하기 위해 격자가계도를 활용할 것을 제시하였는데, 이는 레즈비언 커플의 사회적 지지망이나 장기간의 유대관계 그리고 연결망을 그리는 데 유용하다. 격자가계도는 역사적 영향, 중요한 정서적 · 사회적 관계, 친밀관계 등을 구별하여 나타낼 수 있게 해 준다. 여기에 제시된 이 가계도는 버크와 페이버가 제안한 방식대로 그린 것이다.

알 수 없는 정보

가계도를 작성할 때 정보는 항상 충분하지가 않다. 그러나 부족한 정보 자체는 가족 비밀이나 정서 단절 등을 고려하게 하는 단서가 되기도 한다. 지극히 일부분의 정보만을 알아냈을 경우에는 그것을 가계도에 포함시켜 넣는다. 예를 들어, 지그문트 프로이트의 가족에 대하여 제8장에서 논의하겠지만 그의 아버지는 결혼을 세 번 하였다. 우리는 그가 첫 아내와의 사이에서 네 아이들이 있었고 그중 두 아이는 어려서 사망하였다고 알고 있지만 그들에 대한 정보나 두 번째 아내인 레베카에 대한 정보는 전혀 알려져 있지 않다. 이처럼 어느 누구도 그 자녀들이나 아내에 대해 전혀 언급하지 않았다는 것은 뭔가 온당하지 않은 이유가 있었을 것임을 의심해 볼 수 있다. 왜냐하면 특히 지그문트의 아버지나 아버지 쪽 형들은 그 사람들에 대해 알고 있었을 것이기 때문이다.

가계도에서 가족 패턴의 탐색

때로는 정보의 종류별로 가계도를 별도로 그려 보는 것도 유용하다. 이를테면 인구사회적인 기본 정보에 대한 가계도, 가족의 재능이나 역기능의 패턴, 가족의 지역사회 관계망, 가족사에 나타난 증상의 시작점과 같은 요점만을 간단하게 표시한 가계도 등을 다양하게 그려 보는 것도 유용하다.

인구학적 정보: '사실' 수집

핵가족과 확대가족을 탐색할 때 우선 관심을 가져야 할 것은 각 가족원에 대한 '사실'적인 정보를 얻는 것이다. 사실이란 가족에 관한 생생한 통계자료이며 일반적으로 공적인 기록문서에 나타나 있는 객관적 자료를 말한다. 인구학적 정보는 민족적 배경, 연령, 출생과 사망 일자, 소재지, 소득, 직업 그리고 교육 수준을 포함한다. 이러한 정보들은 정해진 위치에 기재한다. 현재 연령이나 사망 연령(부호 안에), 출생일(왼쪽 위), 사망일(오른쪽 위), 소득(출생일과 사망일 위), 기타 인구학적 정보는 개인을 나타내는 부호 근처의 비어 있는 공간에 표시한다.

[색채 가계도 4]를 보면 폰다 가족의 인구학적 정보의 위치를 알 수 있다. 폰다 가족의 가계도에 모두 다 포함되어 있지는 않지만 가족원과 관련된 정보들에는 다음과 같은 것들이 있다.

- 출생, 결혼, 별거, 이혼, 질병, 사망(원인 포함) 등의 날짜
- 출생순위
- 인종적, 계층적, 종교적 배경
- 교육, 소득 혹은 결혼에 의한 계층의 변화
- 현재 종교(활동)와 종교적 변동 상황

- 직업과 학력
- 현주소
- 현재의 관계 상황(친밀, 갈등, 단절)

임상가는 가족 내에서 일어난 일에 대한 정보를 많이 얻게 되면서 생활사 중에서 몇 가지 불일치를 발견할 수 있다. 임상가는 가계도를 활용하여 시간의 경과에 따른 가족의 진화과정을 탐색하게 되고 가족에 대하여 역사적 관점을 확장시켜 간다. 가족원들은 가족의 이야기에 흥미를 가지고 탐색하기 시작하며 그들의 관점을 확장시켜 가게 된다. 가족원들은 친척을 만나서 이야기를 하거나 가족의 족보를 참조하거나 그 지역 역사를 찾아보기도 하고, 의료기록이나 가문에 관련된 기록이나 공공문서 기록을 통해 가족에 대하여 더 많은 것을 알게 되기도 한다.

기능 패턴

가족의 기능이란 가족원 각자의 의료, 정서, 행동에 관한 비교적 객관적인 정보를 말한다. 가족원들이 흔히 '문제가 좀 있다'고 표현하는 상습적 결근이나 음주벽과 같은 객관적 증상을 탐색함으로써 개인의 기능을 평가할 수 있다. 크게 성공한 경우도 포함시켜야 하며, 수집된 정보는 가계도에 각자의 부호 옆에 기입한다. 컴퓨터 프로그램을 활용하면 선택에 따라 정보가 나타나게도 할 수 있고 숨길 수도 있어서 가계도를 너무 복잡하게 그리지 않고도 가족원 각자의 개인적 기능에 대하여 상세하게 첨부할 수 있다. 또한 각 개인의 부호 옆에 전체적인 기능 수준을 표시할 수도 있고 가족연대기를 활용하여 시간의 경과에 따른 기능의 변화를 추적할 수도 있을 것이다.

중독은 네모와 원의 아래 반을 검게 칠하여 나타낸다. 중독에서 회복 중일 때는 아래 부분의 반만 검게 채워 나타낸다. 치료 중이거나 AA와 같은 금주모임이나 교회, 자조집단이나 치료기관 등에 참여하고 있다면 선을 밖으로 연결하여 직사각형에 치료자나 그 기관을 표시한다.

[색채 가계도 5]를 보면 폰다 가족의 기능에 대한 정보가 나타나 있는데, 테드 터너와 피터 폰다에게 연결된 직사각형은 치료자와의 관계를 나타낸다. 치료 날짜도 표시할 수 있다. 알코올이나 약물 남용이 의심되는 경우에는 피터 폰다처럼 부호 아래쪽 반을 사선으로 표시할 수 있다. 피터의 경우 수년 동안 약물을 사용한 것을 인정하기는 했지만 자신은 결코 중독자가 아니었다고 밝혔다(Fonda, 1998). 컴퓨터를 활용하면 마리화나 상용이나 주말 음주파티와 같은 중독문제를 추적하여 물질중독의 추이를 탐색 · 기록해 둘 수 있다.

심각한 정신질환이나 신체질환은 부호의 왼쪽 반을 검게 칠하여 나타낸다. 일반적으로 어떤 질병인가는 부호 옆에 기록한다. 컴퓨터 프로그램이 개발되면 신체적, 심리적 질병 상황을 상세하게 저장해 두고 진단이나 가족 패턴의 탐색이 필요할 때 자유자재로 활용할 수 있게 될 것이다. 한 사람에게 중독문제와 정신질환이 모두 있는 경우에는 제인과 피터의 외조부인 유진 포드 시모어처럼 부호의 3/4을 채운다. 정신질환은 있으나 중독에서 회복된 경우에는 왼쪽 반을 채우고, 오른쪽 아래는 사선으로 채운다.

가족원들의 기능은 여러 세대에 걸쳐 반복될 수 있다. 이런 경우에 그것이 적응적이든 아니든 기능방식이나 문제를 다루는 방식은 한 세대에서 다음 세대로 전수된다. 이러한 전수방식은 반드시 직선적으로 일어난다고 할 수는 없다. 알코올중독자였던 아버지의 자녀가 술을 한 방울도 마시지 않았지만 그다음 세대의 자녀가 다시 음주를 하게 되는 경우도 있다.

가족의 현재 문제가 이전 세대에도 일어났던 경우가 종종 있다. 알코올중독, 근친상간, 신체 증상, 폭력, 자살 등 많은 증상 패턴은 세대를 넘어 가족 내에 전수되는 경향이 있다. 이때 그 패턴의 반복에 주목함으로써 현재 가족의 적응방식을 파악하고 순환적 과정에 개입할 수 있을 것이다. 구체적인 예로 [색채 가계도 5]의 폰다의 가계도를 살펴보자. 제인은 그녀의 어머니가 성형수술을 했으며 어머니도 자기 자신과 마찬가지로 신체 이미지 문제로 똑같은 고민을 하고 있었다고 회고

했다(Fonda, 2006). 마거릿 설리번의 딸 브리짓 헤이워드는 어머니가 자살한 지 1년 뒤에 역시 자살했다. 여러 가지 예를 보았을 때, 가족 내에 자살자가 한 명 생기면 가족들이 자살을 하나의 선택행동으로 받아들이는 경향이 있는 것으로 보인다. 따라서 이러한 가족에 대해서는 자살 예방을 위해 특별한 노력을 기울여야 한다.

알코올중독이나 근친 성학대와 같은 문제를 가진 가족도 마찬가지다. 예를 들면, 테드 터너([색채 가계도 6])는 1991년 53세에 위기를 맞는다. 즉, 테드의 아버지가 같은 나이에 자신의 머리를 쏘아 자살을 하였고, 그때 사용한 총은 아버지가 테드에게 사격술을 가르쳤던 바로 그 총이었다. 테드는 아버지처럼 일에 몰입하며 살았고 음주를 심하게 했다. 그러나 테드는 안간힘을 다하여 아버지의 행동 패턴을 반복하지 않기 위해 노력했다. 따라서 그 나이는 그에게 삶을 전환시킨 중요한 시기가 되었다. 바로 그 해에 테드는 제인 폰다와 결혼했으며 두 사람은 술을 중단하였다. 테드는 강박적으로 일에 몰입하여 결국 벼랑 끝에 섰던 자신의 아버지처럼 살지 않고 오히려 자신의 삶을 확장시키는 방향으로 노력을 하였다.

임상가는 실패의 유형뿐만 아니라 성공과 힘, 회복의 유형도 여러 세대에 걸쳐서 탐색할 수 있다(Walsh, 1995, 2006). 모든 가족을 평가할 때는 가족의 문제뿐만 아니라 문제에서의 회복도 평가해야 한다. 이 책에 나오는 가계도 중에서 가장 놀라운 가족으로 헵번 가족([색채 가계도 17])을 들 수 있다. 이 가족에서 자살과 우울의 외상이 반복되는 것을 볼 수 있지만 강한 여성들 스스로 힘과 탄력성을 가지고 있는 것도 볼 수 있다. 폰다와 터너 가족은 상실, 자살, 침묵, 정신질환의 외상적 경험을 극복하여 고통을 생산적인 방향으로 재생시킴으로써 삶을 변형시키고 생존하는 놀라운 능력을 보여 주고 있다. 또한 청각장애를 갖고 있는 벨 가족([가계도 6-2])은 장애에도 불구하고 소리를 자원으로 삼아 발명품으로 완결시킨 가족이다. 프리다 칼로의 가계도([색채 가계도 9])에서는 문화적 차이와 파괴적 상처, 상실, 외상, 신체적 장애를 초월적인 힘과 창의적인 에너지로 전환시킨 것을 볼 수 있다. 또 다른 가족에서도 탁월한 창의성과 탄력성을 찾아볼 수 있는데, 블랙웰 가족([가계도 2-12])은 강하고 성공적인 여성들의 놀라운 유형을 보여 주고 있

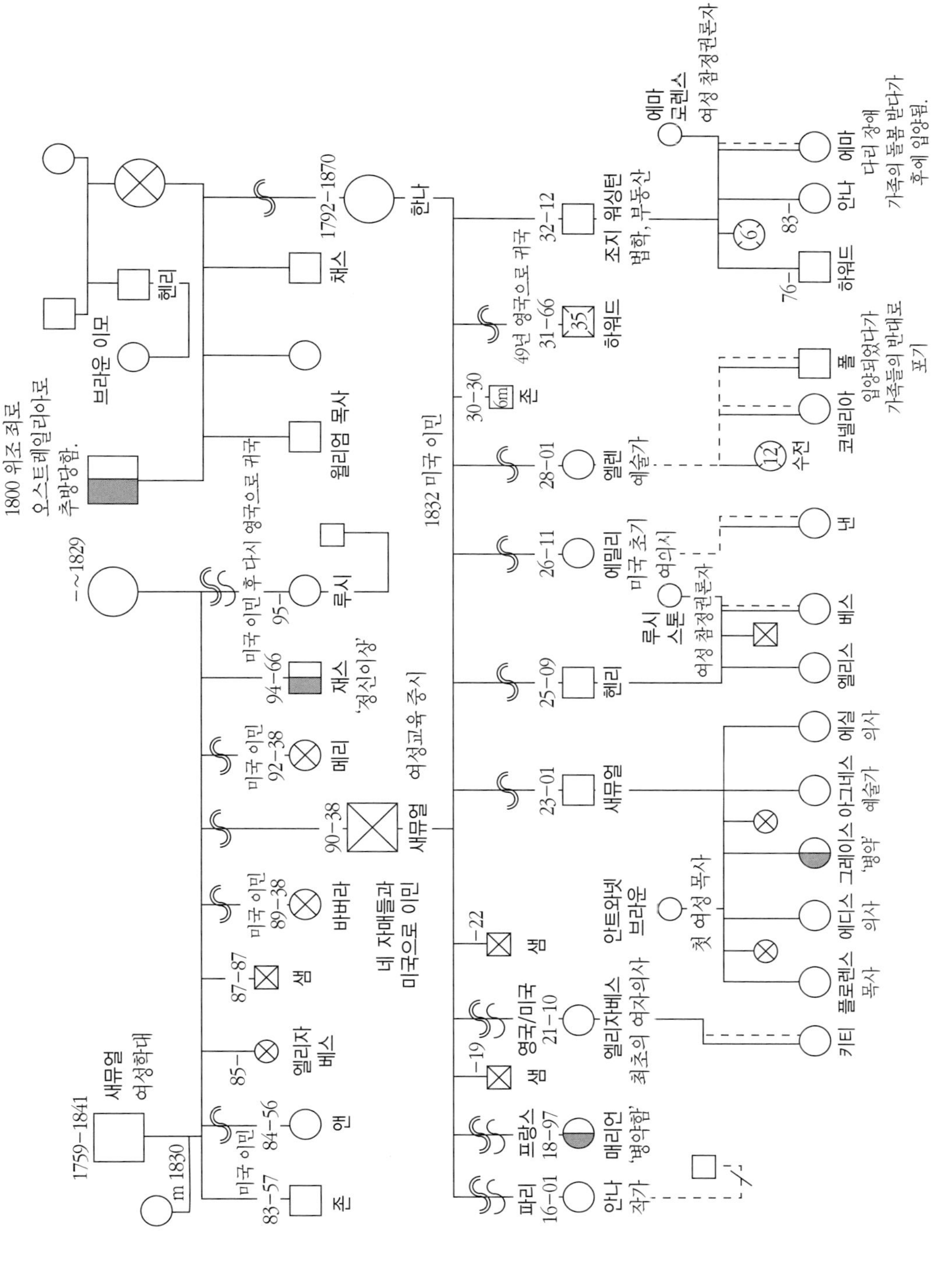

[가계도 2-12] 블랙웰 가족

다. 여성들도 동등한 교육을 받을 수 있다는 신념을 가진 부모는 미국 최초의 여의사와 여성 목사를 배출했고, 그 외에도 이 가족의 많은 여성들은 의사, 목사, 예술가 그리고 여성 참정권자로서 성공적으로 성장하였다. 새뮤얼과 한나의 다섯 딸들 중에 안나는 작가였으며 엘리자베스는 미국 최초의 의사였다. 엘렌은 성공한 예술가였으며 에밀리도 여의사로 활동하였다. 둘째 딸 매리언은 늘 몸이 아팠다. 이들의 남동생 새뮤얼은 미국 최초의 여자 목사인 안트와넷 브라운과 결혼하였다. 두 사람도 역시 다섯 딸들을 낳았다. 에디스와 에실은 의사가 되었고, 플로렌스는 성공적인 목사가 되었으며, 아그네스는 예술가였다. 셋째 딸 그레이스는 항상 병약했다. 새뮤얼과 한나의 세 아들들은 안트와넷 브라운, 루시 스톤(초기 여성 참정권론자로서 중요한 활약을 했던 여성), 에마 로렌스(루시의 사촌으로서 같은 여성 참정권을 위해 활동)와 같은 비범한 여성들과 결혼하였다. 그다음 세대에서는 모두 16명의 자녀들이 있었는데(3명이 유아기에 사망) 그중 7명은 결혼하지 않은 딸들에 의해 입양된 자녀들이었다. 유일하게 아들로서 입양된 폴은 가족의 인정을 받지 못해 파양되었다. 이와 같은 가정을 보면 이 가족에 잠재되어 있는 성차로 인한 억압과 힘의 기제에 대한 의문이 생기지 않을 수가 없다. 블랙웰 가족의 딸들이 결혼하지 않은 사실을 보면 매우 흥미롭다. 유일하게 안나 하나만이 '멋지고 부유하며 교육 수준이 높은 매력적인' 남성과 약혼을 했지만 가족들은 강하게 결혼을 반대하였다(Hays, 1967, pp. 52-53). 매리언이 남동생의 친구였던 젊은 남자와 사랑에 빠졌을 때, 엘리자베스는 '너희들 두 사람은 내가 볼 때 너무나 안 어울린다'며 자신이 언니의 특별한 친구로서 대신해 주겠다는 제안과 함께 두 사람의 관계를 말리는 편지를 보낸 적이 있다(Hays, 1967, p. 53).

다음으로 자주 나타나는 기능 패턴은 한 세대의 성공 뒤에 다음 세대에서는 실패가 나타나는 것이다. 이 패턴은 자녀들이 부모의 명성에 걸맞게 살아야 한다는 압력에 저항하는 유명인의 가정에서 자주 볼 수 있다. 애덤스 가족은 그러한 현상의 대표적인 예다. 즉, 존 애덤스의 자녀 중 한 명을 제외한 다른 모든 자녀는 심각한 문제를 가지고 있었다([가계도 2-13]). 다음 세대에 성공한 아들 존 퀸시 애덤스의 첫 두 아들들은 모두 심각한 문제를 가지고 있었다. 4세대에서 찰스 애덤스는

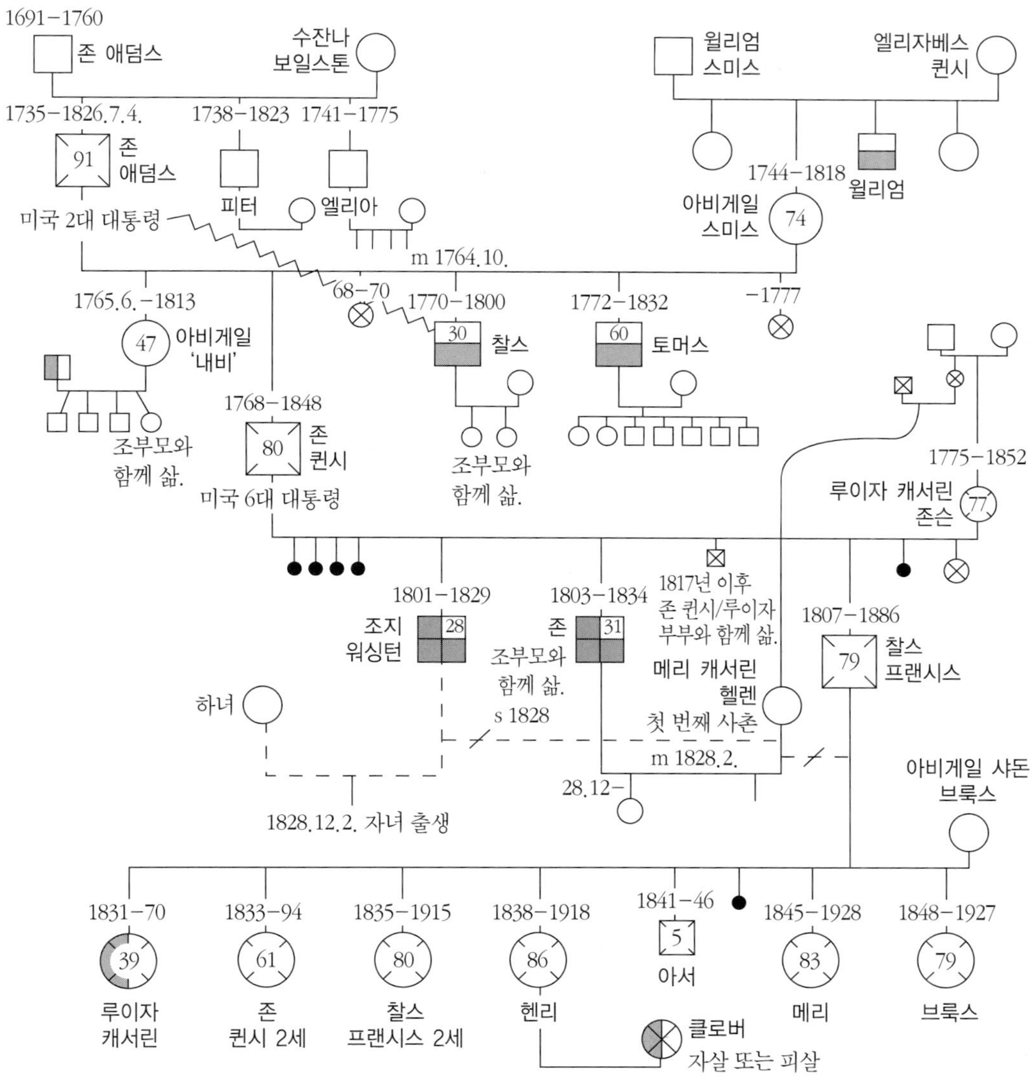

[가계도 2-13] 애덤스 가족

유일하게 성공한 자녀였으며 그의 자녀 한 명을 제외한 다른 자녀는 모두 비교적 기능적인 수준이 될 수 있었다.

많은 사람들이 자신들의 인생이 가족환경에 의해 운명적으로 결정지어져 그 길을 따를 수밖에 없을 거라고 믿을 수도 있다. 예를 들어, 마틴 루서 킹([가계도 5-6]) 자신도 "물론 나는 종교적이다. 나는 교회에서 성장하였다. 나의 아버지는 목사였고 할아버지도 목사였으며 증조할아버지도 목사였다. 나의 동생도 목사이고 삼촌도 목사다. 그래서 나는 그다지 선택권이 없었다." (Carson, 2001, p. 1)라고 말했다.

특정 패턴의 기능이 세대를 넘어서 반복될 수도 있다. 그 좋은 예가 카를 구스타프 융([색채 가계도 7])이다. 그의 가계도를 훑어 보면 압도적으로 목사가 많다는 사실을 알 수 있다. 융의 아버지, 친삼촌 두 명, 외삼촌 여섯 명 전부와 외할아버지, 외조부의 세 형제들이 모두 목사였다. 다음으로 융은 윗사람들의 발자취를 따라 의사가 된 것으로 보인다. 그가 이름을 물려받은 그의 친조부와 증조부는 둘 다 의사였다. 그리고 융 자신은 젊어서부터 초자연성에 대하여 깊이 매료되었는데 이 역시 다른 가족의 유형을 따른 것이었다. 그의 어머니와 외조부, 외삼촌 등의 몇몇 가족은 초자연적인 것에 대한 믿음을 가지고 있었다. 특히 사촌 헬레나 프라이스베르크는 자신이 영매라고 주장하였고 융도 젊었을 때 그들의 영적 의식에 참석한 적이 있었다. 따라서 융이 종교나 초자연적인 현상에 조예가 깊은 의사가 된 것은 전혀 놀라운 일이 아니며 가족에 널리 퍼져 있는 패턴의 영향을 받은 것임을 알 수 있다.

가족관계와 역할

가족관계를 나타내는 것은 가계도 작성에서 가장 추론이 필요한 부분이다. 가족관계의 경우 가족이 보고하는 내용과 치료자의 직접적 관찰에 의하여 가족원 간의 관계 특성을 표시하는데 가족원 두 사람 사이의 다양한 관계를 각기 다른 선으로 나타낸다. 가족관계를 기술할 때 빈번하게 사용되는 '융합'이나 '갈등'이라는 용어는 조작적으로 정의하기가 쉽지 않다. 또한 다양한 임상가들의 관점에 따라 다른 의미로 받아들여지기도 한다. 하지만 부호화된 관계선은 임상에서 매우 유용하게 활용된다. 물론 가족관계는 시간의 흐름에 따라 변한다. 그러므로 가계도의 관계적 측면은 가장 주관적이면서 유동적이다. 또한 갈등관계는 그 이면에 연결을 의미하며 심한 갈등은 융합된 관계의 반영이라고 볼 수 있다. 단절에도 강한 갈등이나 말없는 거리 두기가 포함된다. 지배적 관계나 어느 한 사람에게 많은 양의 에너지를 집중하는 관계는 초점 대상이 된 사람의 방향으로 진한 직선 모양의 화살표를 그린다. 적대적이면서 의존적인 관계나 양가감정이 내재된 관계는 가계도에 표현하기가 더욱 어렵다. 신체적 학대를 포함하는 관계는 지그재그 선의 끝에 진하게 채워진 화살촉을 그려 선을 그린다. 성학대를 나타내기 위해서는 같은 지그재그 선과 진한 색의 화살표를 그리되, 지그재그 선 바깥쪽에 직선을 그려 신체학대와 구별 짓는다. 정서적 학대는 지그재그 선과 화살표만을 그려 나타낸다. 관계 패턴은 참으로 복합적이어서 각기 별개의 가계도를 그려 활용하는 것이 유용할 때가 많다. 이는 컴퓨터를 활용하면 용이하다. 컴퓨터를 활용하면 변화된 시기별로 관계 패턴을 나타내기 좋고, 이는 가족과정을 탐색하는 데 매우 중요한 도구가 될 것이다. 특히 단절이 시작된 시기와 끝난 시기를 표시해 두면 단절이 질병이나 역기능과 같은 다른 패턴으로 어떻게 여파를 일으키는지를 파악할 수 있게 된다.

관계 질문

가족 탐색을 시작할 때 할 수 있는 관계 질문은 다음과 같다.

- 현재 서로 말을 하지 않고 지내는 가족원이 있는가? 과거의 어느 시기에 서로 말을 하지 않고 지낸 적이 있는 가족원이 있었는가? 현재 또는 과거에 심각한 갈등을 겪은 가족원이 있는가?
- 가족원 중에 두 사람 사이가 매우 가깝다고 생각되는 사이가 있는가?
- 도움이 필요할 때 누가 나서서 돕는가?
- 가족원 중 신뢰할 수 있는 사람은 누구인가?
- 모든 부부는 나름대로 부부관계에서 어려움을 갖고 있다. 부부 사이에 어떤

문제와 갈등을 경험했는가? 부모와 형제들의 결혼생활은 어떠한가?

- 부부는 각자 자녀들과는 어떻게 지내는가? 가족 중에 자녀양육에 특별한 어려움을 갖고 있는 사람이 있는가?
- 가족관계상 힘의 역동은 어떠한가? 가족원 중 누가 누구에게 위협을 당하는 일이 있는가? 가족원 중에 누가 더 영향력을 가지고 있어서 가족관계에 개입을 하는가? 이 부분은 가족 내에서 더 독단적이거나 정서적 힘을 가지고 있거나 하는 경우도 포함되지만, 그 외에도 성별이나 인종, 피부색, 사회경제적 지위, 성적 지향 등에 의해 가족 내에서 특별히 더 영향력을 갖는 경우까지 포함된다.

임상가들은 가족관계에 대해 가능한 한 다양한 견해를 탐색하여 얻어내야 한다. 예를 들어, 남편에게 "어머니와 형이 얼마나 가까웠다고 생각하십니까?"라고 묻고는 곧이어 그 관계에 대한 아내의 견해를 물어볼 수 있다. 이렇게 질문하는 목적은 가족관계에 대한 다양한 견해를 드러냄으로써 가족에 대한 다양한 인식을 활용하고 가계도 작성을 더욱 풍부하게 하여 임상가나 가족 모두에게 도움이 되도록 하기 위함이다.

가족원 간의 관계를 탐색하면서 임상가는 가족 역할상 상호 보완적 관계를 알 수 있게 된다. 역할구조를 밝힐 수 있는 질문은 다음과 같다.

- 가족원 중 주로 누가 보살피는 역할을 하는가? 문제를 일으키는 사람은 누구인가? 가족 중 '자주 아픈' 사람은 누구인가? '나쁜' 사람은 누구인가? '화를 잘 내는' 사람은 누구인가? '이기적인' 사람은? 강한 사람은? 약한 사람은? 지배적인 사람은? 순종적인 사람은? 성공한 사람은? 실패한 사람은?

가족원이 부르는 명칭이나 별명은 특히 유익하다. 때로 가족들 사이에서만 통하는 독특한 별칭은 그 사람의 가족 내에서의 위치를 엿볼 수 있게 해 준다. 예를 들면, 폭군, 만능엄마, 스타, 배신자, 애기 등과 같은 별칭은 체계 내의 정서적 패

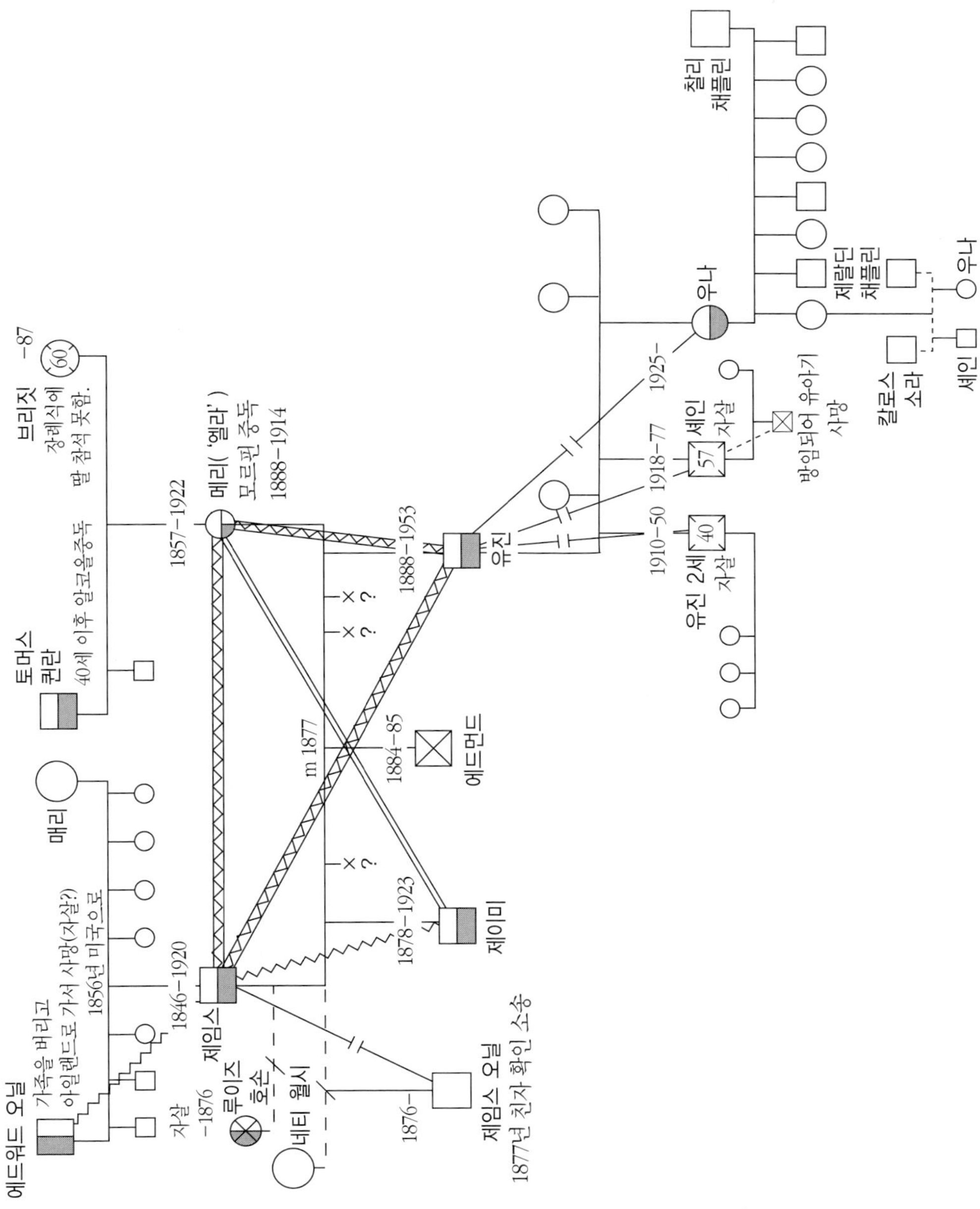

[가계도 2-14] 오닐 가족의 반복적인 패턴

턴을 파악하는 데 좋은 실마리를 제공한다.

때때로 다른 가족원이 현재 가족원을 어떻게 보고 있는지 물어볼 필요가 있다. 예를 들면, "당신의 형이 당신 부부의 관계를 어떻게 본다고 생각합니까?" "당신이 13세 때, 즉 지금 당신의 아들 나이만 했을 때 당신 아버지는 당신을 어떻게 보았습니까?" 와 같이 다른 가족원에게 어떻게 보일 것인가에 대해서 물어보는 것도 때로는 유용하다. 다시 말하지만, 다양한 관점에 대하여 질문을 하게 되면 가족들은 자기 자신을 바라보는 관점이 풍부해지면서 새로운 정보를 더 많이 제공하게 된다.

관계 패턴에서 친밀, 거리 두기, 갈등, 그 밖의 패턴들은 세대를 넘어 반복될 수도 있다. 여러 세대를 포함한 가계도를 작성하게 되면 그렇지 않았을 경우에는 발견할 수 없었을 복잡한 관계 패턴이 나타나게 된다. 이러한 패턴을 인식하게 되면 가족이 다음 세대에서는 같은 관계 패턴을 반복하지 않도록 도울 수 있다. 한 예로 아버지와 아들이 부정적인 갈등관계를 갖고 어머니와 아들은 동맹관계를 맺는 가족 패턴이 세대 간에 반복되는 것을 들 수 있다. 이러한 세대 간에 반복되는 양상을 미리 예견하게 됨으로써 아들은 이 패턴의 변화를 위해 부모와의 관계를 의식적으로 변화시키려는 시도를 할 수 있게 될 것이다.

극작가 유진 오닐의 가족([가계도 2-14])은 아버지와 자녀 간의 소원한 관계에 관한 다세대 패턴을 보여 준다. 유진의 할아버지는 그의 가족을 버리고 아일랜드로 돌아가서 자살했다. 유진과 그의 형 제이미는 아버지 제임스에게 정서적으로나 경제적으로 의존하였으면서도 아버지와 소원한 관계를 유지하였고, 어머니가 약물중독이 된 책임을 서로 전가하였다. 다음 세대를 보면 극작가 오닐은 딸 우나가 찰리 채플린과 결혼한 후부터는 딸을 만나지도 않았고 딸의 이름조차 언급하지 않았다. 그는 손자가 방임으로 사망한 후에도 자기 아들에게도 똑같이 했다. 오닐은 그의 장남 유진 2세가 12세가 될 때까지 돌아보지 않았으며, 아들이 40세에 자살하기까지 두 사람은 소원하게 지냈다.

가계도에 사회환경적 요인 더하기

기본적인 가계도가 작성되면 가족환경 맥락을 살펴보는 것이 중요하다. 즉, 직장과 친구 관계를 포함하여 문화적, 종교적, 사회경제적, 그리고 지역사회 가치와 지역사회와의 관계 맥락을 살펴본다. 이러한 환경요인들은 매우 복잡해서 하나의 도표에 모두 옮길 수 없겠지만 사회환경적 맥락에 관한 기본적인 정보는 필수적이다. 컴퓨터 작업이 가능하게 되면 이러한 영역을 탐색하고 기록해 두고 필요할 때마다 활용하는 것이 훨씬 쉬워질 것이다. 어쨌든 가족의 중요한 친구관계, 직장관계, 종교생활, 문화유산 등 가족의 사회환경적 요소들을 항상 잘 표시해 두어야 한다.

이 외에 사회환경적 영향이 개인에게 어떤 영향을 끼치고 있는지를 개방적 질문을 통하여 탐색함으로써 '사회정의에 대한 신념'에서부터 '쇼핑' '음악' '사회계층'에 이르기까지 광범위한 영역에 대한 답을 얻을 수 있다. 생물학적인 관계나 법적 관계가 아닌 가족원도 가계도상에 표시하여 가족 내에서 어떤 중요한 역할을 하는지를 탐색하는 것도 중요하다. 이러한 요소들은 AA와 같은 금주모임이나 건강 관련 기관, 종교기관 등과 같이 직사각형으로 표시한다. 가족원 간의 관계선과 마찬가지로 이들 기관과의 관계도 선으로 표시한다. 로드리게스 가족의 가계도([색채 가계도 8])와 같은 사회 맥락에 대한 가계도는 가족관계의 연결 지점이나 긴장 지점을 잘 나타내 준다. 이 가정의 경우 직장과 휴일을 보내는 방식이 동질감을 형성하는 강력한 요소가 되고 있는 반면에 스포츠와 교육은 두 형제에게 긴장을 유발하는 요소가 되고 있다. 호세의 아내가 가진 유대교 신앙은 시어머니와의 관계에서 심각한 문제가 되고 있으며, 이것은 그녀와 남편 사이에 가톨릭 교회와 심령주의 종교 간 갈등으로 반복되고 있는 것을 볼 수 있다.

이러한 연관성은 가족원들이 공유하고 있는 가치에 대한 자각을 돕고 갈등의 요인과 연결시켜 볼 수 있도록 해 주어 임상 개입에 있어서 중요한 역할을 한다.

- 사회단체 활동: 종교적, 사업적, 정치적, 또는 지역사회 복지시설 등; 친목단체; 직업적, 군사적, 자조모임, 체육, 합창단, TV, 인터넷, 취미 동호회 등
- 신체적/심리적/영적 활동: 신체활동, 명상, 요가
- 지지체계(가족을 지원하거나 가족이 지원하고 있는 체계): 이웃, 관리인, 회계사, 변호사, 의사/대체의학, 간병인, 미용사, 신앙의 대상, 자녀들, 애완동물
- 사업과 행정 기관: 법체계, 정치체계, 복지체계, 사회서비스, 신용카드회사, 보험회사
- 가치와 기호: 교육, 음식, 스포츠, 음악, 예술, 야외활동, 주식시장

문화가계도: 인종, 민족, 종교, 영성, 이주

가계도는 항상 클라이언트의 문제를 문화적 배경과 함께 사회문화적 맥락 차원에서 고려할 수 있도록 정보가 제시되어 있어야 한다('문화가계도'에 관한 참고문헌 참조). 이러한 관점에서 본다면 모든 가계도는 문화가계도라고 할 수도 있다. 미국의 상황에서는 클라이언트가 자신의 문화적 역사로부터 단절되어 있는 경우들을 자주 볼 수 있다. 가계도를 작성할 때 형제관계 패턴이나 갑작스러운 상실, 다세대 전수된 삼각관계 등 가족 맥락에 대한 질문을 함으로써 자기 자신을 이해할 수 있도록 해 주는 것과 마찬가지로, 클라이언트는 사회계층, 성별, 민족, 인종, 종교적 맥락 안에서 자신을 볼 수 있게 됨으로써 자신에 대해 이해할 수 있게 된다.

가계도는 혈연관계와 지연관계를 문화, 계층, 인종, 성별, 종교, 가족과정, 이민사와 연관 지어 맥락화할 수 있도록 해 준다. 사람들에게 그들의 민족적 정체성에 대하여 질문하는 것은 그들에게 문화적 주제와 문화적 연속성 그리고 문화적 정체성을 더욱 분명하게 자각하게 하는 역할을 한다. 가계도는 그 자체가 치료적 개입이 되기도 할 뿐만 아니라 가족 패턴과 맥락을 평가하는 데 유용한 실용적이며 실제적인 도구다. 가계도는 임상가들에게 우리 사회 속에서 증가하고 있는 다양한 가족의 형태와 패턴 속에서 개인의 맥락을 바로 개념화할 수 있게 해 준다.

가계도의 특성상 가계도 작성과정에서 각 가족원의 각기 다른 관점을 수집하는 것이 권장되기는 하지만 클라이언트의 관점이 가장 중요하므로 클라이언트가 이야기하도록 해 준다. 임상가들은 가족체계를 문화적 · 역사적으로 검토하고 이전 생애주기에서의 전환기 상황을 평가함으로써 현재의 문제를 가족의 지리적, 이민사, 가족과정 등에 나타난 가족의 진화 패턴의 맥락에 비추어 보게 된다.

[색채 가계도 10]은 프리다 칼로와 디에고 리베라의 문화가계도다. 이 가계도는 복잡하게 얽힌 문화적 유산 속에서 살고 있는 미주지역 사람들의 전형적인 모습을 보여 준다(유사한 가계도는 [색채 가계도 12]의 영국 왕실가족의 문화적 유산에서도 볼 수 있다.). 칼로는 이러한 유산을 매우 강하고 중요하게 여기고 있었던 것 같다. 그녀는 [색채 가계도 9]와 같은 예술적으로 표현된 가계도를 통해 자신의 가족원들의 죽음과 단절 등을 표현하고 있다. 이 가계도를 통해서 그녀의 조부모가 문화적으로 혼합된 가족임을 알 수 있다. 또한 어려서 죽은 아들이 있었으며, 어머니 마틸드가 아버지의 청혼을 허락한 시점에 앞서 가족으로부터 추방되어 수녀원에 보내진 언니가 있었음을 짐작할 수 있다.

영성, 종교 및 친목 조직

세계역사를 볼 때 종교적, 영적 자원은 가족이 고난에 대처하는 일차적 자원이 되어 왔다. 그럼에도 불구하고 치료자들은 임상평가에서 자주 이 영역을 무시해 버리는 경향이 있다. 그러나 종교생활과 종교적 신념(그리고 신념의 변화)은 가족과정에서 중요한 부분을 차지한다. 종교적 신념이 클라이언트가 질병이나 스트레스에 적절하게 대처하거나 중독에서 회복할 때 강력한 영향력을 발휘한다는 것은 잘 알려져 있다. 또한 영적 신념은 가족원을 결속시키기도 하고 소외시키기도 한다. 조지 워싱턴([가계도 5-3])은 14세 때까지 20권이나 될 정도의 많은 분량의 일기와 편지를 썼는데, 그 자신은 규범적으로는 기독교인이었는데도 그리스도에 대한 언급을 한 번도 하지 않았다. 그는 초기에 나라의 기틀을 잡았던 역할을 했던 대부분의 사람들과 마찬가지로 프리메이슨 클럽에 깊이 관여하고 있었다. 이 클럽은 조지 워싱턴이 정부를 수립하고 혁명을 주도해 가는 데 중요한 신념과 틀을 제공해 주었던 배경이 되었다(Johnson, 2005, pp. 10-11). 이런 종류의 비밀 남성 사교클럽은 종교적, 정치적, 사회적으로 사업관계나 우정관계 그리고 가족관계에 강한 영향을 주는 지지 기반이 된다. 말할 필요도 없이 2004년의 대통령 선거에 출마한 양쪽 후보자들은 각기 종교적 색채를 달리하는 엘리트 비밀 사교클럽인 예일 대학교의 스컬앤본즈(Skull and Bones) 클럽의 회원이었다. 이 클럽의 회원들은 죽을 때까지 비밀엄수를 약속한다. 거기에는 종교적인 부분도 포함된다. 조지 부시의 가족은 적어도 12명이 예일 대학교에 진학했으며 거의 모두가 이 클럽의 회원들이었다. 그의 부모 세대의 4명의 남자들과 사위, 그리고 조부와 증조부, 그의 두 딸 중 한 명도 이 클럽의 회원이었다. 다세대에 걸쳐 여러 회원이 있었던 부시 가족과 가까웠던 많은 지인들은 정치적, 재정적, 전시산업, CIA 등의 조직으로 연결되어 있었다. [색채 가계도 11]에서처럼 이 클럽은 가족의 사회적 관계망뿐만 아니라 가족관계에도 영향을 주었다. 즉, 사업상으로나 정치적인 관계 외에도 조지 W. H.의 대부가 되거나 조지 W.의 삼촌관계를 형성하고 있었다. 이러한 가족체계의 경우는 위에서 언급한 비밀클럽의 회원 신분과 연관된 권력과 특권을 이해해야만 임상적으로 적절한 평가를 할 수 있다.

이보다 덜 은밀한 종교적 공동체도 은연중에 가족에게 미치는 영향이 크다. 그래서 가족원이 소속되어 있는 친목회는 모두 가계도상에 표시되어야 한다. 이러한 집단은 가치관과 행동에 영향을 주기도 하고 자원이 되기도 한다. 이 외에도 가계도 탐색에서 고려해야 할 종교적 이슈로는 개종이나 탈퇴, 추방, 종교의 차이에서 기인한 가족갈등이다. 빌 클린턴의 부모는 종교에는 별로 관심이 없었던 것으로 보인다. 그런데 그는 9세 때 절친한 친구들과 함께 세례를 받은 후 신앙생활을 열심히 했다. 자서전에서 그는 메이슨 계열의 청소년 조직인 디몰레이(DeMolay)에 가입했지만 탈퇴를 결정했다. "조지 워싱턴, 벤저민 프랭클린 등으로 거슬러 올라가는 미국의 명사들의 뒤에 줄서는 것은…… 아마도 20대 시절의 나는 반항적인 면이 있었기 때문이었던 것 같다. 게다가 나는 비밀을 갖기 위해 따로 비밀클럽에 들어갈 필요가 없었다. 나는 이미 아버지의 알코올 문제와 학대문제라는 나만의 진짜 비밀을 가지고 있었다."(Clinton, 2005, p. 45) 클린턴과 부시는 각기 다른 이유로, 삶의 각기 다른 시기에 기독교인으로 개종하였다.

개종 때문에 소외되고 여러 가지 의미 있는 경험을 한 사람으로는 메릴린 먼로를 들 수 있다. 그녀는 아서 밀러와 결혼하면서 남편의 가족 중 어느 누구도 별 관심을 두지 않았는데도 유대교로 개종하였고 죽을 때까지 유대교인으로 살았다(Zimroth, 2002). 먼로가 밀러와 이혼한 후에도 다시 바꾸지 않고 유대인으로서 종교적 정체성을 유지하였던 것은 아마도 그것이 그녀에게 인생의 지침이 되기도 했지만 가족과 문화와 관련해서 '운명적인 역사적 인물' '이방인'으로서의 자아 정체감을 주었기 때문일지도 모른다는 주장도 있다(Zimroth, 2002). 개인이 원래의 집단으로부터 거리 두기를 하는 것의 의미와 종교적·영적 공동체에 연루되는 것과 같은 독특한 기능은 충분히 탐색할 만한 가치가 있다. 제8장에서는 에릭 에릭슨이 반쪽 유대인으로서의 뿌리를 거부했던 사실에 대하여 탐색하게 될 것이다.

사회경제적 지위와 가계도

교육, 직업, 가족원들의 경제적 지위와 같은 정보들은 가계도에서 임상적 지표로서 중요하다. 왜냐하면 이와 같은 정보들은 위기 상황에서 자원이 되기도 하고 스트레스 요인이 되기도 하기 때문이다. 가계도표에 약간의 창의성을 더하면 가족의 사회경제적 지위를 그림으로 표시하여 시간의 경과에 따라서 어떻게 발전되는지를 나타낼 수 있다.

[가계도 2-15]는 4세대에 걸친 가족의 계층 변화를 보여 주고 있다. 양쪽 가계 모두 신분상승이 이루어지고 있다고 보이지만 2세대를 보면 빈곤층에서 노동자 계층으로 신분이 상승되지 못한 자녀들이 양쪽 가계에 하나씩 있음을 볼 수 있다. 그들이 부모 중 한 사람이 일찍 사망한 가족의 막내들이라는 점은 흥미롭다. 그다음 세대를 보면 적어도 여섯 자녀들 모두가 중산층으로 상승한 것으로 보인다. 그

러나 두 딸들이 노동자계층의 남자들과 결혼함으로써 중산층 지위가 흔들리게 된다. 그녀들은 모두 남편이 노동자였다. 4세대에서는 3세대의 자녀 중 중상위층으로 상승한 두 자녀의 지위가 위협받고 있는 것을 볼 수 있다. 노동자 신분의 여성과 결혼한 아들은 자신의 지위로 아내를 끌어올릴 수 있었는데, 중상위층 남자들과 결혼한 두 딸들은 이혼의 결과 지위가 낮아졌고 그들의 자녀들은 중상위층의 위치를 유지할 수 없게 되었다. 이러한 패턴은 어머니 쪽의 3세대의 장녀에게서 반복되고 있다. 그녀가 어려서 장애인이 된 이탈리아 출신의 남편과 결혼함으로써 그녀의 자녀들은 부모를 따라 노동자 지위로 되돌아가 버렸다. 일반적으로 여성들은 이혼을 하게 되면 지위가 낮아지나 남성들은 그렇지 않다. 이 가족도 전혀 예외가 아니다. 이렇게 경제문제나 갑작스러운 상실과 분리는 가족원에게 장기간에 걸쳐 영향을 줄 수 있다. 이러한 유형들이 가계도에 제시되는 것은 매우 중요하다.

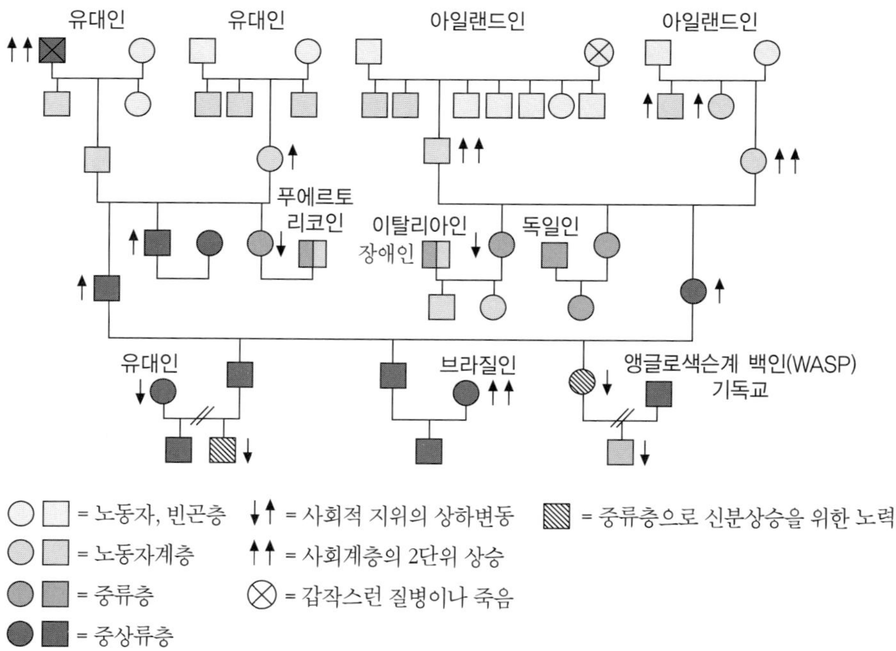

[가계도 2-15] 사회경제적 계층 가계도

종교적/영적 가계도

종교나 적어도 종교생활은 20세기와 21세기에 걸쳐 미국에서 가족의 세대 간에 많은 변화를 보였던 부분이다. 따라서 종교에 관련된 부분도 가계도에 나타내기가 어려울 수 있다. 왜냐면 각 가족원의 생애주기를 통하여 영적 생활에 우여곡절이 있을 수 있기 때문이다. 더구나 개종이 있었던 시점은 다른 생애주기 사건과 우연의 일치가 있을 수 있고 그것은 또한 가족평가에서 중요한 의미를 더해 줄 수 있다. 호지(Hodge, 2005a, 2005b)는 임상에서 활용할 수 있는 몇 가지 영적 평가 도구를 개발하였다. 그에는 영적 생활지도(개인의 시간대별 영적 생활주기를 탐색한 것)에서부터 영적 가계도(세대 간에 일어나는 유형을 도표화한 것), 영적 생태도와 생태그램(클라이언트의 현재적, 역사적 영적 관계를 표시한 것)이 포함되는데 모두 다 하나의 지도에 그리기 쉽게 되어 있다.

아래에 제시한 질문들은 임상적 경험과 영적 가계도에 관한 문헌에서 얻은 질문들이다(주제별 참고문헌의 '종교/영성' 참조). 이 질문들은 임상가들이 클라이언트에게 영성과 종교에 대한 질문을 하는 데 도움이 될 것이다. 클라이언트의 응답 내용을 도표화하는 것은 치료자나 클라이언트 모두에게 창의력이 요구된다.

영적 질문

- 당신의 일상생활에서 종교나 영성은 어떤 의미를 가지고 있습니까? 위험이나 위기에 처했을 때는 어떻습니까?
- 당신은 성장과정에서 어떤 종교적, 영적 의식이나 신념을 가지고 자랐습니까? 당신은 그것을 바꾼 적이 있습니까? 무엇이 또는 누가 당신의 영성에 대한 생각을 변화시키는 데 영향을 주었습니까?
- 당신의 종교적/영적 신념은 당신과 다른 가족원과의 사이에 유대감을 줍니까? 아니면 갈등의 요인이 되고 있습니까?
- 당신의 종교적/영적 관점을 이해하고 함께하는 사람은 누구입니까?

- 당신은 정기적으로 종교 행사나 예배에 참석하고 있습니까?
- 당신의 소망의 근원은 무엇입니까?
- 당신의 신(하나님)에 대한 신념은 무엇입니까?
- 양심에 어긋나는 일을 범했을 때 당신은 어떻게 처리합니까?
- 당신은 삶의 사건들과 관련하여 영감을 느껴 본 적이 있습니까?
- 당신의 종교에서 성역할에 대한 생각은 무엇입니까? 민족성에 대해서는 어떻습니까? 성적 지향에 대해서는 어떻게 가르칩니까? 이러한 신념들은 당신과 당신의 확대가족에게 어떤 영향을 주었습니까?
- 당신의 종교생활에서 음악, 기도, 명상, 독서, 집회참여, 선행 등은 어떤 역할을 합니까?
- 당신의 가족 중 종교에 관하여 서로 심각한 갈등을 경험했거나 종교에 대한 환멸을 느낀 사람이 있습니까?
- 당신이나 당신의 가족 중 종교를 개종한 사람이 있습니까? 그렇다면 가족들의 반응은 어떠했습니까?
- 이미 죽은 친구들이나 친척들과 영적 경험을 가진 적이 있습니까? 당신은 영혼이나 유령, 천사 또는 악령과 만나 본 적이 있습니까? 당신 자신이 영적 존재를 직접 느껴 본 적이 있습니까?

지역사회 관계망 가계도

다음은 가족원들의 지역사회와의 관계를 탐색하기 위한 질문들이다.

지역사회 관계망 질문

- 당신 가족들이 소속된 지역사회기관에는 어떤 것들이 있습니까?
- 당신이나 가족원들은 현재 어떤 곳에서 사회활동을 합니까? (과거에는?)
- 당신이나 가족들은 학교와 어떤 관계를 맺고 있습니까? 직장, 시민단체는? 종

교기관과는? 남성단체나 여성단체 등과의 관계는 어떻습니까?

- 당신이 소속되기를 원했지만 소외되거나 소외감을 느꼈던 단체가 있었습니까?
- 당신이나 당신의 가족이 같은 단체에 소속되어 있는데 서로 지위가 달랐던 단체 중 특별히 의미 있었던 단체가 있었습니까?
- 당신이나 가족들이 서로 다른 집단에 속해서 다른 입장에 처했던 일이 있습니까? 예를 들면, 가족들과 입장이 다른 정당을 지지했거나, 가족 중에 혼자만 피부색이 달랐거나, 유일하게 대학에 진학한 사람이었거나, 가족이 그 지역사회의 사람들과 다른 곳 출신이었던 경험을 한 적이 있습니까?

가족원들이 지역사회에서 맺는 관계 영역은 매우 다양하기 때문에 가계도에 그 패턴을 명확하게 그림으로 제시하는 일은 어려운 일이다. 그러나 클라이언트의 지역사회 맥락을 포함시키는 것은 가족 평가나 개입에서 매우 중요하다(Rigazio-DiGilio et al., 2005). 관계 영역에 대한 탐색은 한 번에 다 이루어질 수 없어서 기껏해야 몇 가지 정도밖에 수집되지 않는다. 그러나 가족의 지역사회 관계망과 자원 그리고 관련된 문제를 도표로 나타내는 것은 매우 가치 있는 일이다. 리가지오-디질리오 등(Rigazio-DiGilio et al., 2005)의 말대로 지역사회 맥락을 도식화하지 않고서는 클라이언트에게 그것이 문제에 미치는 영향을 이해하고 해결을 위한 중요한 자원으로 이해할 수 있도록 돕기는 어렵다.

보다 범위가 큰 사회 맥락(성적 가계도, 문화가계도, 종교적/영적 가계도, 지역사회 가계도, 생태도 등) 차원에서 문제를 이해할 수 있도록 확대된 가계도가 필요하다는 이야기는 많았지만 현실적으로 가계도로 작성하기는 매우 어렵다. 그 이유는 아주 간단한 가계도를 그린다 해도 각기 다른 사람들과 관련된 사람들이 적지 않고(적어도 10명) 각 사람의 인생과정에서, 경우에 따라서는 90년 이상을 살게 되는 인생에서 변화의 영역들도 그만큼 많기 때문이다. 이미 언급했듯이, 어떤 가계도라 해도 정확성과 복잡성 사이에서 어느 정도의 타협은 필요하다. 그래서 가족원이 많은 가족의 성적인 역사를 가계도에 표시하다 보면 금방 지치게 된다. 그렇지만 몇 개의 간단한 도식을 가지고 한눈에 분명하게 이해될 수 있도록 나타낼 수 있는 방법은 없다.

문화에 대해서도 마찬가지다. 복잡성을 어느 정도 인정한다 하여도 민족성과 같은 한 가지 문화적 영역도 한번에 다 제시하기는 어렵다. 더구나 여러 나라에서 자라서 다양한 언어를 사용하고 있는 가족들이 복합적 문화 맥락에 이민 와 있을 때 계층이나 종교와 같은 여러 영역을 가계도에 표시하는 일은 더욱 어렵다. 한 사람의 민족성에 관하여도 엄청나게 복잡한데 모든 가족의 민족성을 언급하는 것은 더 말할 것도 없다. 골프황제 타이거 우즈를 예로 들면, 그에게는 1/4은 흑인계 미국인, 1/4은 중국계, 1/4은 타이계, 1/8은 네델란드계, 1/8은 미국 인디언계의 혈통이 흐르고 있다. 이를 하나의 도표에 그려 넣는 것은 어렵다. 이제 그는 스웨덴 여성과 결혼했으니 그들의 자녀들은 더욱더 민족적 혈통이 복잡하게 혼합된 셈이다.

따라서 복잡성을 한 도표의 형식에 한꺼번에 모두 도식화할 수가 없을 것이라는 지점에 이르게 된다. 그래서 우리는 특정 영역의 도표에서 개인과 가족의 역사를 조명할 때 그 외의 사람들은 한쪽에 잠시 제쳐두어야 하는 결정을 해야 한다. 그러나 가계도를 이해하기 쉽게 그리는 것이 어렵다고 해서 가계도 도식에서 이런 중요한 이슈들을 무시해도 된다는 뜻은 아니다.

모든 문헌들은 가계도를 맥락적으로 확장하여 단순한 도표로서의 의미 이상으로 활용할 것을 강조하고 있다. 기본적으로 가계도는 인생의 다양한 영역에 대한 맥락적 질문을 위한 기본틀로써 활용되어야 한다. 컴퓨터 작업은 이러한 작업에 크게 도움이 된다. 왜냐하면 반복적으로 복잡하게 변화되는 것을 바로 파악할 수 있게 해 주고 가족의 교육과 문화의 일시적인 면뿐만 아니라 그 역사성도 볼 수 있으며 한두 개의 영역을 동시에 보도록 해 주기도 하기 때문이다.

가계도에 나타내기 어려운 이슈

체계이론에서 가계도 도식을 매우 중요시하고는 있지만 어떤 가계도 패턴은 표시하기가 매우 어려운 것들도 있다. 다음과 같은 것들이 바로 그 예다.

- 동일한 가족사업에 함께 참여하는 가족원들: 여러 명의 가족원들이 CEO나 관리자로서 집행부에 소속되어 있거나, 전담 근로자 또는 시간제 근로자로서 함께 가족사업에 참여하고 있다면 가족 내의 관계와 조직 내의 관계를 동시에 연관지어 나타내기가 지극히 어렵다.
- 의료체계에 가족원들이 관련되어 있을 때: 가족원들이 모두 각기 다른 시간대에 다양한 업무에 관련되어 있을 때, 그리고 각기 다른 지위관계에서 의료 업무에 종사하고 있을 때, 그러한 관계를 도식화하는 것은 어렵다.
- 가계도상의 문화적 이슈들: 이민 사유, 명절, 특별한 행사, 권력에 대한 가치, 가족 신화와 규칙 등과 같은 다양한 이슈들(Congress의 권장사항, 1994)은 문화가계도에 그리는 것이 매우 복잡하다.
- 가족 비밀: 비밀을 누구는 알고 있고 누구는 모르고 있는지를 표시하는 것은 쉽다. 그러나 대체로 하나의 비밀이 있으면 또 다른 비밀도 연달아 있게 된다. 특정 비밀이 어떻게 유지되고 공유되었는지를 표시하는 것은 어떤 가계도로도 어려운 일이다(컴퓨터 작업이 그러한 비밀을 찾아내고 가족관계 내에서 비밀이 끼친 영향을 볼 수 있게 해 준다고 해도 어렵다.).
- 독특한 가족관계: 아부, 권력의 불평등, 삼각관계, 회피적 유형, 지나친 개입, 과다기능/과소기능, 과다 책임성/과소 책임성, 희생양, 의존성/독립성, 융합/개별성/고립과 같이 가족관계에서의 미묘한 분위기
- 우정관계 패턴: 우정관계 패턴도 가계도에 그려 넣는 일이 어렵다. 가족원들의 의미 있는 친구관계를 덧붙이는 것은 쉽다. 그러나 그 가족의 부모의 친구관계에 대해 질문을 하게 되면 더욱 복잡해진다. 만약에 남편의 어머니가 '가장 친한 친구'로 지냈던 사람과 한두 해가 지난 후에 심각한 단절이 있었고 다른 가족원이나 친구들까지도 휘말리는 사건이 벌어졌다면 어떻게 할 것인가? 부모가 부부모임에서 친구들을 많이 사귀고 있지만 그중에 오직 몇몇 부부하고만 진정한 친밀관계를 맺고 있다면? 만약에 부부가 이혼을 하게 되면 이 관계

망은 어떻게 될 것인가? 가계도는 금방 혼란스럽고 그리기 힘들게 된다.

- **직장 동료들과의 관계:** 똑같은 문제가 직장 동료와의 관계를 그릴 때 생겨난다. 전 생애에 걸친 관계망을 표시하는 것은 매우 복잡한 일이 될 것이다. 거기다가 형제들과 부모까지 더하게 되면 가계도 그림은 매우 빽빽하게 될 것이다. 그러나 이러한 관계들은 가족사에서 위기에 처했을 때 주요 스트레스 요인이 되기도 하고 자원이 되기도 한다.
- **영적 가계도:** 그동안 부부와 가족의 영적 생활사에 대한 연구보고가 다수 있었다(주제별 참고문헌의 '종교/영성' 참조). 어떤 사람은 종교적 환상이나 종교적 경험의 정도, 종교집단에의 연루 정도를 나타내기 위해 비둘기, 경전, 다른 종교적 상징을 사용하여 표시하고 있다. 실용적 입장에서 그래픽 미술가나 환상적인 그림을 만들어 내는 컴퓨터조차 개인의 영적 생활사를 추적하는 것만으로도 금방 용량이 초과되는 것을 볼 수 있는데, 하물며 전체 가족에 대한 것을 표시하는 것은 더 말할 것도 없을 것이다. 그럼에도 중요한 종교적 · 영적 생활과 영적 경험 그리고 영적 변화를 가계도에 표시하는 일은 필수적이며 클라이언트의 영적 · 종교적 가치와 역사를 평가하는 것은 효과적인 임상을 위해서 중요하다. 이 외에도 호지(2001)는 클라이언트가 체험한 천사나 성인, 귀신, 악령 그리고 망자들에 대한 경험이 있었는지, 어떤 경험을 하였는지에 대한 흥미로운 면담 질문을 소개하고 있다. 그러한 경험은 개인의 고통의 근원이나 희망의 근원을 이해하는 데 매우 중요하다. 그리고 이러한 관계를 가계도에 표시할 수 있는 방법을 개발해야 할 책임도 부정할 수 없다.
- **지역사회 관계망 가계도:** 지역사회 집단이나 정부조직 등과의 관계는 매우 복잡해서 도식화하기가 아주 어렵다. 이것은 리가지오-디질리오 등(2005)이 지적한 것처럼 가계도 질문에서 매우 중요한 부분이다. 평가와 개입에서 보다 확장된 맥락을 고려해 넣지 않는다면 인간 문제의 요인을 소홀히 하는 것이 되며 클라이언트의 문제의 본질을 흐리게 하는 결과를 가져오게 된다.
- **의료적 · 심리적 스트레스 요인의 추적:** 이 부분도 개별 가족원의 의료적, 심리적 역사에 내재된 복잡성 때문에 정확하게 도식화하는 것이 매우 어렵다. 그럼에

도 불구하고 가계도는 어떤 건강보호기관에서도 환자평가에 유용한 매우 실용적인 도구가 되고 있다. 증상을 가진 사람(IP)과 관련된 모든 가족원들의 건강에 관한 역사의 큰 맥락을 알아두는 것은 건강문제 해결을 위한 자원으로서, 그리고 질병으로 인한 스트레스의 영향과도 연관 지어 볼 수 있기에 꼭 필요하다. 그리고 가족원들은 보호자로서 자원이 되기도 한다. 이전 세대의 질병에 대한 대처방식은 질병의 고통에 대처하는 방법의 모델이 되기도 하고, 반대로 환자의 두려움을 증폭시켜 이전의 부정적 질병 각본을 재생시키기도 한다.

- 생태도: 가계도를 맥락화하려는 고전적인 시도 중 하나로 생태도를 들 수 있다. 하트먼(Hartman, 1995)은 열네 가지 확장된 맥락체계(사회복지, 건강보호, 확대가족, 여가 등)를 제시하면서 그 연결선을 다섯 가지 유형(짙은, 연한, 갈등적, 가족원을 향한 에너지 방향선, 체계를 향한 에너지 방향선)으로 나타냈다. 이미 언급한 대로, 규모가 작은 가족이라 해도 가계도 그림은 금방 혼잡해진다. 거기에 사회적 맥락체계를 더하면 도표화하는 것은 매우 힘들어진다.

하나의 도표에 가족이 관련된 모든 맥락을 도식화하는 것이 불가능할 정도로 복잡한데도 우리는 컴퓨터를 활용하여 놀라운 3차원의 지도를 만들고 상상할 수도 없는 방식으로 복잡한 패턴을 추적하는 작업을 할 수 있는 새로운 시대에 들어서고 있다. 우리는 특정 영역의 매우 세세한 부분까지 확대하여 탐색할 수도 있고 지구상의 모든 사람들의 DNA 패턴을 연구하고 비교할 수 있는 것처럼 수천 개의 가계도 패턴을 동시에 비교할 수도 있게 될 것이다. 또한 장기간에 걸쳐 이루어진 친구나 가족, 지역사회 공동체의 확장된 사회적 관계망의 영향을 검증하는 것도 가능하게 될 것이다. 무엇보다도 신나는 일은 개인의 능력에서부터 가족 패턴의 독특성에 이르기까지 복잡성을 검증하는 일이 처음으로 가능하게 될 것이라는 점이다. 즉, 우리는 엄청난 수의 가족들에게 반복적으로 형성된 가족 패턴에 관한 우리의 가설과 직관을 검증할 수 있게 될 것이고, 우리가 인간관계와 건강성, 가능성, 창의성과의 관계에서 놓쳤을 수도 있는 연관성에 대하여 새롭게 발견할 수도 있게 될 것이다.

제3장

가계도를 위한 면담

가족 정보망

호소문제와 핵가족에 대한 질문

현재 상황

가족 맥락으로의 확장

가계도 작성 시 가족의 저항을 다루는 방법

종교적, 문화적 역사

면담자 자신에게 잠재된 문제

문화적 신념과 경험에 대한 질문

문화와 사회적 지위에 관한 민감한 질문

비공식적 친족관계망

가족과정 탐색

개인의 기능에 관한 민감한 질문

가계도 정보를 조직화하기 위한 주요 순위 결정

간단한 가계도 면담에서 다루어야 할 필수요소

제3장

가계도를 위한 면담

가계도 작성을 위한 면담은 잠깐이면 될 수도 있고 작성목적에 따라서는 수시간에서 수개월 또는 수년이 걸리기도 한다. 이 장에서는 가계도에 정보를 적어 넣는 것에 대하여 이해하기 쉽게 설명하려고 한다. 수집된 가계도 정보는 실천 현장의 특성에 적합하게 수정될 수 있다. 라이트와 리헤이(Wright & Leahey, 1999, p. 261)의 제안대로 가계도 면담을 할 때 '증상은 가족사건'이라는 간결한 입장을 받아들인다면 어떤 분야에서 일을 하든지 문제를 바라보는 관점을 변화시킬 수 있을 것이다. 또 우리 사회의 분열이나 가족과 지역사회의 단절이 우리가 당면하는 많은 문제에 영향을 주고 있다는 점이다. 따라서 가계도를 통한 관계의 소통은 치료를 위한 첫 단계가 될 수 있다.

우리는 가계도 면담이 상담 분야는 물론 사회복지 서비스 분야나 교육 영역에서도 통합되어 활용되기를 바란다. 라이트와 리헤이(1999, p. 265)는 가계도에 필요한 기본 정보를 얻는 데 단 2분밖에 안 걸린다고 주장한다. 기본적인 정보에는 나이, 직업, 교육, 민족성, 종교적 배경, 이주 날짜, 현재 가족원이나 IP와 가장 가까운 관계의 가족원의 건강 상태, 임상적으로 중요한 의미를 갖는 관계와 가족자원 등과 같은 기본적인 인구학적 정보들이 포함된다.

이 장에서는 가계도 질문을 위한 상세한 틀이 제공되겠지만 면담을 어떻게 진행할 것인가의 방법론을 제시하지는 않는다. 면담을 진행하는 방식은 면담의 목적이나 상황, 기대하는 반응이 무엇인가에 따라 다르다. 이 장에서는 질문의 구조를 생각할 수 있도록 틀을 제공한다. 가계도 질문에 대한 안내서는 『세계 유명인의 가족비밀(*You Can Go Home Again: Understanding Family Relationships*)』(남순현 외 공역, McGoldrick, 1995)에 실려 있다. 이 책에는 가계도 면담을 뒷받침해 주는 가족체계와 관계에 대한 기초이론이 제시되어 있다.

가족 정보망

가족에 관한 정보를 수집하는 과정은 가족과 가족을 둘러싼 광범위한 맥락에 관한 중요한 정보를 파악하는 과정으로, 마치 넓은 바다에 '정보망'이라는 그물을 펼쳐서 점차 좁혀가는 것과 같다. 그물을 던져야 할 방향은 다음과 같다.

- 제시된 문제 자체에서 좀 더 넓은 맥락으로
- 핵가족에서 확대가족과 더 넓은 사회체계까지
- 현재의 가족 상황에서 가족사건의 역사적 연대기까지
- 쉽고 무난한 질문에서 어렵고 불안을 유발할 수 있는 질문까지
- 기능과 관계에 관한 눈에 보이는 사실로부터 가족 패턴에 대한 평가와 가설을 세우기까지

호소문제와 핵가족에 대한 질문

가정의학 분야에서는 환자의 첫 면담에서 가장 기초적인 인구학적 정보를 포함한 가계도 정보를 탐색한다. 가족치료에서는 초기에 개별 가족원이 가지고 오는 특정 문제로부터 출발하여 가족에 관한 기본적인 정보를 탐색함으로써 문제를 충분히 이해하려고 한다. 일반적으로 가족이 호소하는 문제와 그 문제가 핵가족에게 미치는 영향에 대하여 탐색하는 동안 기본적인 정보는 자연스럽게 얻어진다. 의료 및 정신보건 기관에서 기본 정보 탐색은 핵가족과 문제가 발생한 상황에서부터 시작된다.

- 동거하고 있는 사람들은 누구인가?
- 동거하는 사람들끼리의 관계는?
- 동거하지 않는 다른 가족들은 어디에 사는가?

핵가족의 구조를 파악하기 위해 각 가족원들의 이름, 연령, 성별 그리고 직업에 대하여 질문하는데 문제에 관한 질문을 하는 중에 그 밖의 중요한 정보들을 얻게 된다.

- 문제를 알고 있는 가족원은 누구인가?
- 각 가족은 문제를 어떻게 보고 있으며, 그 문제에 대해 어떻게 반응했는가?
- 가족 내 유사한 문제를 가진 사람은 없는가?
- 그런 상황에서 누가 어떤 해결책을 시도하였는가?
- 언제 문제가 시작되었는가? 누가 가장 먼저 알았는가? 문제를 심각하게 받아들인 사람은 누구이며, 누가 가장 낮은 관심을 보였는가?
- 문제가 일어나기 전에 가족관계는 어떠했는가? 그리고 그 후에는 어떻게 달라졌는가?

이 문제가 시작되기 전에 다른 문제가 있었는가? 이 문제가 시작된 이후에 다른 문제들은 어떻게 달라졌는가?

- 문제가 점점 나은 쪽으로 변화되었는가, 아니면 더 나빠졌는가? 어떤 식으로 변화했는가?

이 외에도 지금까지 문제를 해결하기 위해 어떤 도움을 받으려고 노력하였는지, 즉 이전의 치료 경험이나 상담 경험, 입원 경험에 대하여 물을 수 있고 현재 이 문제를 의뢰한 사람에 대하여 물어볼 수 있다.

현재 상황

다음으로 정보망을 가족의 현재 상황으로 넓혀간다. 질문방식은 현재 가지고 온 문제와 문제에 관련되어 있는 사람들에 관한 질문으로부터 자연스럽게 시작될 수 있도록 한다.

- 최근 가족 내에서 무슨 일이 일어났는가?
- 최근 가족 내 어떤 변화가 있었는가? (왕래했던 인물, 질병, 직업상의 문제 등)

최근에 일어난 생활주기상의 변화에 관해서뿐만 아니라 앞으로 일어날 것이라고 예견되는 변화(출산, 결혼, 이혼, 사망, 가족원들의 독립 등)에 관해서도 질문하는 것이 중요하다.

가족 맥락으로의 확장

가족 내의 모든 성인 가족원에 관련된 확대가족과 사회적 관계망, 문화적 배경에 대하여 질문함으로써 보다 확장된 가족 맥락을 탐색한다. 이를 위해서 "현재 이 문제에 관해서 좀 더 깊이 이해하기 위해 여러분의 배경에 관해 몇 가지 묻고 싶습니다만……" 이라고 말하면서 진행할 수 있을 것이다. 대체로 어머니 쪽에서부터 시작하여 양가의 가족에 대하여 각각 질문한다.

- 먼저 어머니부터 시작해 볼까요? 어머니는 가족에서 몇 남매 중 몇째로 태어나셨지요?
- 언제 어디에서 태어나셨나요?
- 아직 살아 계세요?
- 돌아가셨으면 언제 돌아가셨지요? 혹시 돌아가신 원인이 어떻게 되나요?
- 살아계시면 지금 어디에서 사시나요?
- 무엇을 하시나요?
- 학교는 어디까지 다니셨을까요?
- 어머니는 아버지를 언제 어떻게 만나셨는지 알고 계세요? 결혼하신 게 몇 년도지요?
- 그전에 혹시 결혼하신 적이 있나요? 그렇다면 언제지요? 그분과는 별거/이혼/사별하신 건가요? 언제 그렇게 되었나요?
- 당신의 아버지와의 관계 외에 다른 관계에서 출생한 자녀가 있나요?
- 어머니는 어떻게 생기셨나요?
- 어머니의 건강은 어떠세요?
- 당신과 어머니의 관계는 어떤가요? 어머니와 다른 사람들의 관계는 어떤가요?

이와 같은 방식으로 아버지에 관해서도 질문을 한다. 그다음에 각각의 원가족에 대하여 질문할 수도 있다. 정보를 얻는 목표는 IP의 조부모, 부모, 삼촌, 이모, 고모, 형제, 배우자, 자녀들을 포함하여 적어도 3~4세대에 관한 정보를 얻는 것이다.

가계도 작성 시 가족의 저항을 다루는 방법

가족원이 확대가족에 대한 질문에 부정적으로 반응하거나 무슨 상관이냐고 불평한다면 질문을 핵가족 상황으로 되돌리고, 다른 가족 관계나 경험이 현재의 상황과 서로 연관성이 있다는 것을 알게 될 때 다시 시도하는 것이 좋다. 가계도 작성에 대한 가족의 저항을 다루는 가계도 면담의 실례로는 〈미해결된 상실의 유산(The Legacy of Unresolved Loss)〉[1]이라는 비디오테이프를 참조할 수 있다. 가계도 작성은 부드럽게 배려하면서 끈기 있게 접근하면 결국 정보를 얻을 수 있고 가족에게 그 연관성을 보여 줄 수 있다.

종교적, 문화적 역사

제시된 문제와 현재의 관계를 연관 지어 볼 수 있도록 하기 위해서는 가족의 민족성, 사회경제적, 정치적 그리고 종교적 배경에 대하여 이해하는 것이 필수적이다. 질문이 확대가족에게 확장되는 시점이 민족성 부분을 탐색할 적당한 시점이다. 민족성과 함께 가족 이민사를 탐색하는 것은 가족들에게 문화적 맥락을 고려할 수 있게 해 주며, 치료자에게는 그러한 사실들이 가족의 삶의 태도와 행동에 어떤 영향을 주었는지 탐색하는 기회가 된다. 가족이 문제해결 방식이나 건강 유지, 치유와 관련해서 문화적 · 종교적으로 어떤 전통을 가지고 있는지, 그리고 현재 가족원들은 그러한 전통적 가치에 대하여 어떤 입장을 취하고 있는지에 대해서 아는 것은 중요하다. 또한 전문가들과의 관계에 있어서 가족들이 가지고 있는 문화적 기대는 임상적 반응 수준과 밀접한 관계가 있으므로 매우 중요하다.

1) 역자 주: 이 비디오는 맥골드릭 박사가 운영하는 다문화가족연구소(Multicultural Family Institue)에서 제작 · 판매하고 있으며 www.Multicultural-Family.org에서 구할 수 있다.

또한 가족원 간의 사회계층적 배경의 차이나 가족과 전문가 간의 계층적 배경의 차이는 불편함을 만들어 낼 수 있으므로 면담할 때 이 부분에 대하여 유의해서 다룰 필요가 있다. 사회계층에 대한 질문에는 가족의 현재 수입뿐만 아니라 문화적 배경, 교육, 종교, 소속된 지역사회 내 사회적 지위 등이 포함된다. 가족에게 영향을 미치는 문화적, 종교적 요인을 확인하고 나면 가족이 문제 상황에서 벗어나지 못하고 있는 요인을 찾아내기 위해 보다 민감한 질문을 할 수 있다. 예를 들면, 문화적으로 허용되는 가치로서 가족을 위해 여성만이 자신의 욕구를 희생하는 것을 당연시하는 태도에 관련된 질문을 하는 것이다(McGoldrick, Giodano, & Garcia-Preto, 2005).

면담자 자신에게 잠재된 문제

면담하는 사람들은 회기가 진행됨에 따라 가족원들과의 관계에서 어려움을 경험할 수 있다. 면담자들은 언제나 이러한 것에 대한 자기평가를 해야 하는데, 이러한 어려움은 문화적 차이나 사회계층, 성별, 나이, 인종, 성적 지향 또는 종교적, 영적, 기타 가치관의 문제와 관련이 있을 수 있다. 임상가들은 가족과 삼각관계를 형성할 수도 있고 의뢰기관이나 다른 치료자 또는 치료기관과 같은 다른 체계와 가족 사이에서 삼각관계에 얽히게 될 수도 있다. 임상가들은 자기 자신의 생애주기 단계나 자신의 문화적 배경에 대해서 항상 유의하면서 그것이 가족을 돕는 데 있어 자원이 되고 있는지 장애가 되고 있는지를 살펴야 한다.

문화적 신념과 경험에 대한 질문

면담자는 면담을 할 때 언제나 가족의 신념에 충분히 일치가 되도록 해야 한다. 그렇게 함으로써 바람직한 개입방법을 찾아낼 수 있기 때문이다. 문제에 대한 가족의 문화적 신념은 무엇인가? 가능한 해결책에 대해 가족이 가지고 있는 문화적 신념은 무엇인가? 면담자는 이러한 신념들을 가족 평가와 개입에서 어떻게 활용할 것인가?

다음의 질문들은 캔 하디와 트레이시 라즐로피(1995), 덕 슈닝거(출판 준비 중) 등 동료치료자들과 함께 오랜 시간에 걸쳐 개발한 것들이다. 물론 이 질문들을 해야 할 시점과 방법은 전적으로 면담 상황에 따라 다르다.

문화가계도 질문

- 당신은 어떤 집단에 속해 있습니까? (민족, 종교적 전통, 국가, 인종집단, 사업, 전문직, 지역사회, 기타 다른 집단)
- 당신과 당신의 가족은 언제, 어떻게 해서 이 나라에 오게 되었습니까? 이 지역사회에는 언제 어떻게 오게 되었습니까? 그 당시에 가족들의 나이는 어땠습니까? 당신과 가족들이 이 나라에 왔을 때 당신들은 안전하다고 느꼈습니까? 영주권을 가지고 있습니까? 당신과 가족들은 지역사회에서 당신들의 위치가 안전하다고 느꼈습니까?
- 당신과 가족들은 집에서 어떤 언어를 사용했습니까? 지역사회에서는? 원가족에서는 어땠습니까?
- 당신의 인종이나 민족 집단은 어떤 외상적 경험을 가지고 있습니까? 다른 인종(민족)집단에게 저지른 상처에 대한 부담을 지고 있다면 무엇입니까? 당신이 속한 집단이 저지른 상처 때문에 받고 있는 영향은 무엇입니까? 또는 당신의 집단에 반대함으로써 얻은 상처에서 받은 영향은 무엇입니까?
- 당신의 조상들이 당한 잘못된 일로 당신이 받은 상처는 무엇입니까? 당신의 조상이 저지른 나쁜 일에 당신은 어떻게 공모하였습니까?
- 당신은 당신 집단의 죄와 자신의 슬픔, 또는 조상들이 저지른 해로운 일에 가담한 것에 대하여 어떤 주장을 할 수 있습니까? 어떤 보상이 필요할 것 같습니까?
- 이 나라에 와서 가족들이 받았던 가장 심한 스트레스 사건은 무엇입니까?

- 당신의 문화권에서 가족들은 도움이 필요할 때 누구에게 요청합니까?
- 남성 역할과 여성 역할에 대한 당신의 문화적 가치는 무엇입니까? 교육에 대해서는? 직업과 성공에 대해서는? 가족의 결속에 대해서는? 가족의 돌봄에 대한 것은? 종교생활은? 시간이 지나면서 이러한 가치들은 변화했습니까?
- 당신은 여전히 조국에 있는 가족원들과 접촉을 하고 있습니까?
- 이민으로 인해 가족원들의 교육이나 사회적 지위에 변화가 있었습니까?
- 당신의 조국의 문화에 대하여 어떻게 느낍니까? 당신은 보편적인 이 나라의 문화에 소속감을 느낍니까?

이러한 질문들은 그들이 물려받은 가치관을 통해서 자신의 힘을 회복할 수 있도록 도우며 그들의 문화적 가치에 적합한 장기적 목표를 세우고 노력하면서 인생을 변화시킬 수 있는 능력을 재확인시켜 주는 안내자 역할을 하게 된다. 이러한 질문들은 가족에게 그들의 문화적 맥락에서 자신의 위치를 찾게 해 주고 현재의 심한 스트레스 상황에서 강점을 향해 움직일 수 있도록 해 준다.

다음의 질문에 대하여 답을 하면서 가족들은 그들의 유산 속에 내재되어 있었던 강점을 느낄 수 있게 될 것이다.

문화적 유산과 연관성을 강화시켜 주는 질문

- 이민에 대해서 꿈이 있었지만 실천에 옮기지 못했던 당신의 할아버지는 당신이 현재 아이들과의 사이에서 경험하고 있는 문제에 대해서 어떻게 생각할까요?
- 당신의 조상들은 살아남아서 수백 년 동안 노예로 살았습니다. 당신은 그들에게 있던 위대한 힘과 용기를 가지고 여기 이 자리에 있습니다. 조상들로부터 당신의 문제를 다루는 데 도움이 될 만한 힘을 찾아낸다면 무엇이 있을까요?
- 당신의 증조할머니는 21세의 나이에 이민을 오셨고 낮은 임금의 공장에서 일하시면서 여섯 아이들을 키우신 매우 대단한 힘을 가지신 분이었습니다. 증조할머니가 외증손녀인 당신에게 가진 꿈은 무엇이었을까요? 그분이 살아계신

다면 당신의 현재 문제에 관하여 당신이 어떻게 하시기를 바랄 것이라고 생각하십니까?

- 당신의 아버지는 알코올중독으로 돌아가셨습니다. 그러나 이 나라에 왔을 때 18세였던 그는 미래에 대한 다른 꿈을 가지고 있었습니다. 그분이 어떤 생각을 가지고 있었을까요? 아버지는 뒤에 남겨두고 온 부모에 대해서 어떤 생각을 했을까요? 당신은 아버지가 당신에게 뭘 바랄 것이라고 생각하십니까?
- 당신은 동포들의 모임에 가서 자원봉사를 하실 수 있습니까?
- 당신이 살고 있는 곳에 혹시 동포들의 권익옹호를 위한 정치집단이 있을까요?
- 부부가 서로 다른 민족 출신이라는 사실이 두 분이 갈등을 다루는 방식에 영향을 주고 있을 수도 있다는 것에 대해서 어떻게 생각하세요?

이러한 문화적 임상평가 질문들 속에는 클라이언트를 만날 때 그들이 속한 역사와 현재의 사회문화적 환경과 미래를 연결 지어 바라보라는 의미가 담겨 있다.

사람들에게 민족성과 관련하여 생각하도록 질문을 하는 것은 그들의 역사에 담겨 있는 문화적 연속성과 단절을 인식하도록 하며 그들의 가족 내에 있는 문화적 정체성의 주제를 깨달을 수 있게 해 준다. 이 일련의 질문은 다른 가계도 탐색과 마찬가지로 개인을 보다 넓은 역사적, 사회학적 맥락에 연결시켜 주는 효과가 있어서 그 자체가 치료적 개입이 된다. 가계도를 활용하여 정보를 역사적, 사회문화적 차원에서 평가하는 것은 클라이언트와 협력하여 클라이언트 중심으로 치료적 과정을 진행하는 것이다. 그 과정에는 본질적으로 다른 가족원들의 다양한 관점을 격려하면서 이야기하는 것, 클라이언트의 관점을 존중하는 것이 포함된다. 가족체계를 문화적 · 역사적으로 점검하고 이전의 생애주기의 전환점에서의 상황을 평가함으로써 임상가는 현재의 문제를 가족의 지리적 변화와 이민사적 변화 그리고 문화적 변화 등의 진화적 맥락에 놓고 바라보게 된다. 그 내용들은 다음과 같다.

- 사회문화적, 사회정치적, 사회경제적 요인들: 가족의 기능에 장해가 되는 사회문화

적 요인(사회적 지위, 민족성, 인종, 재정, 교육 수준, 고용능력, 법적 지위 등)이 있는가? 재정, 교육, 지역사회 적응에 관한 가족의 사회적 위치는 어떠한가? 정치적 역사는 어떠한가? 그것은 가족에게 고통을 주었는가, 아니면 갈등요소가 되는가?

- **재정**: 현재 살고 있는 가족의 연간 수입과 부채를 출생과 사망 날짜 바로 위에 적는다(특히 신용카드 빚은 매우 흔히 볼 수 있는 문제다.). 예상되는 유산이나 다른 가족원들에 대한 경제적 책임(확실한 것 또는 예상되는 것) 부분은 가계도의 한쪽에 적는다. 소외계층에 속한 가족 중에서 노동자계층을 '벗어난' 첫 번째 사람의 경우 다른 가족원들로부터 특별히 압박감을 느끼는 일이 자주 있다. 질투, 분노, 또는 다른 사람을 도우라는 압박도 중요한 요소다. 상류층 가족들은 자신의 재산을 전부 잃고 나면 수치심을 갖거나 다른 확대가족들과 갈등관계에 있을 수 있다. 그리고 지속적으로 자신들의 필요를 충족시키는 데 어려움이 있어 긴장과 스트레스를 경험하게 된다.
- **문화적 유산**: 가족원들의 민족적, 인종적 배경이 무엇이고, 인종차별 의식이 그들에게 미친 영향은 무엇인가? 가족들은 소수민족 집단의 거주지나 소외계층민들이 살고 있는 고립된 장소에서 살고 있는가? 그들의 영적/종교적 가치는 민족의 유산으로 지지받고 있는가 혹은 무시되고 있는가?
- **신념체계, 종교적, 영적 가치관**: 가족이 가장 중요하게 생각하는 신념은 무엇인가? 가족이 갖고 있는 일반적 세계관은 무엇이며 그들에게 있는 독특한 신화, 규칙, 영적 신념 또는 가족 비밀은 무엇인가? 가족의 종교적 신념과 신앙생활의 역사는 어떠한가? 신념의 변천사는 어떠한가? 가족 내, 가족과 가족 사이, 가족과 지역사회 사이에 존재하는 종교적 차이에서 받는 영향은 무엇인가? 가족원 중 누군가 종교를 바꾼 사람이 있는가? 다른 가족원들은 이러한 변화에 대하여 어떻게 반응했는가?
- **가족의 언어능력과 가족원의 문화적 순응**: 가족원이 적응하는 속도는 각기 다르다. 가족에 의해 보존되고 있는 유산은 얼마나 되는가? 가족이 배운 언어 수준은 어느 정도인가? 본국에서의 언어능력과 지식 수준은 그들의 문화보존 수

준과 관계가 있다. 자녀들은 성장과정에 가족 내에서 어떤 언어를 사용하였는가? 가족 내에 언어능력과 문화적 적응 수준에 차이가 있어서 갈등이나 권력의 불균형, 역할 전환 등이 있었는가? 특히 자녀들이 부모의 통역자 역할을 할 수밖에 없을 때 이러한 현상이 일어날 수 있다.

- 지역사회와의 관계: 가족의 친구관계는 어떻게 유지되고 있는가? 친구나 이웃, 종교기관, 학교, 의사, 지역사회 단체, 기타 치료자를 포함한 건강 관련 기관이나 사회복지기관에 대한 접근성은 어떠한가? 가족이 자신의 민족집단에서 이탈되어 있을 때 적응 스트레스는 더욱 심해질 수 있으며 이민 후 수세대가 지났을지라도 그 적응 스트레스는 여전히 심각할 수 있다. 치료자는 지역사회에 있는 소수민족의 지지망을 파악하고 있어야 하며, 필요할 때는 가족을 방문하거나 편지를 통해서 비공식적 지지망에 연결될 수 있도록 격려하거나 새로운 사회적 지지망을 만들 수 있도록 도와야 한다.
- 이민사: 가족의 이민 사유는 무엇인가? 무엇을 찾아서 이민을 했는가?(생존, 모험, 부) 그들이 남겨두고 온 것들은 무엇인가?(종교적, 정치적 박해, 빈곤) 치료자들은 그들의 가족사에 있는 다른 스트레스에도 초점을 두지만 이민으로 인한 스트레스와 민족적 정체성 갈등에도 초점을 맞출 필요가 있다(Hernandez & McGoldrick, 2005). 그러한 요인들을 평가하는 것은 가족의 역기능이 문화적 스트레스가 심해서 생긴 '정상적' 반응인지 혹은 가족생활의 전환기에 나타날 수 있는 스트레스 이상의 치료가 필요한 수준인지를 결정할 수 있는 매우 중요한 부분이다. 이민으로 인한 스트레스는 때때로 '묻혀 버리거나' 잊혀져 버리기도 한다. 이민 이전의 문화적 유산은 억압되거나 망각될 수 있다. 그러나 가족이 새로운 환경에 적응하려고 할 때 아주 미묘하게 가족의 사고방식에 영향을 줄 수도 있다. 많은 이민자 집단들이 그들의 민족적 유산을 버리도록 강요받았으며, 그렇게 해서 그들은 그들의 정체성의 한 부분을 상실하였다. 이러한 감춰진 역사의 영향은 그것이 감추어짐으로써 더욱 강력하게 작용할 수도 있다. 가족들이 이민과정을 시작하기도 전에 그들의 사회에서 외상을 경험했거나 엄청난 피해를 경험했던 가족들은 모험심에서나 경제적

이유로 이민을 시도했던 사람들보다 새로운 삶에 적응하는 데 훨씬 큰 어려움을 겪을 수 있다. 이민가족과 관련하여 탐색이 필요한 구체적 영역은 다음과 같다.

- 이민 전 역사: 본국의 정치적 · 경제적 상황은 어떠했는가?
- 이민사: 이민 자체가 외상적 경험이었는가, 본국의 문화 상실 이외에 다른 손실도 경험하였는가?
- 이민 후의 역사와 문화적 충격: 가족은 이 나라에 와서 어떤 경험을 하였는가? 언어문제나 이민자격 문제나 빈곤문제가 있었는가? 사회적 신분의 상실이나 직업의 상실이 있었는가? 문화적 가치 면에서 충격은 얼마나 경험하였는가? 지지적 사회에서 살았는가, 적대적 사회에서 살았는가?
- 이민과 생활주기: 이민 당시 가족원들의 나이는 어떠했는가? 본국에 남아 있는 가족원의 나이는 어떠했는가? 이민 당시 가족원들의 나이로 인한 영향은 어떠했는가? 자녀들 중 부모보다 빨리 언어를 배운 자녀나 가족의 자원이 부족한 이유로 자녀들이 어른 역할을 해야 했던 자녀가 있었는가? 부모들이 자녀들보다 새로운 문화에 적응하는 것이 더 쉽지 않아서 이민 당시의 가족생활주기에서 부모의 위계가 자녀들과 뒤바뀌는 일이 있었는가? 조부모들은 새로운 언어를 배울 수 없어서 제한된 삶을 살았는가? 가족생활주기는 가족의 적응에 어떤 영향을 주었는가?

문화와 사회적 지위에 관한 민감한 질문

문화적 질문 중에는 질문하기 곤란한 것들이 많아서 상당한 임상적 기술이 필요하지만 매우 중요한 질문들이다. 예를 들어, 흑인계 미국인 가정에서 피부색이 가족관계에 중요한 영향을 미치지 않는다고 말하기는 실제로 불가능한 일일 것이다(Boyd-Franklin, 2006). 인종적 편견이라는 맥락을 배제한다고 해도 흑인계 미국인들은 일찍부터 노예 역사와 함께 존재해 왔기 때문에 흑인계 미국인의 문화에서는 피부색과 관련하여 인종적 편견이 내재화된 경향이 있다. 그리고 이러한 유해요소는 가족 내에 삼각관계를 발생시킬 확률이 매우 높다. 백인 가족의 경우에는 가족원 중에서 다른 인종의 배우자를 선택하려는 사람이 생겼을 때 사회적 지위가 인종에 의해 영향을 받는다는 생각이 비로소 표면화되기도 한다. 그러나 미국 사회의 인종적 분포의 불균형은 성별이나 사회적 지위의 불균형과 마찬가지로 미국 사회 전반에 걸쳐 일어나고 있는 현상이다. 인종적 편견, 백인우월주의, 반유대주의, 성차별주의, 사회계급의 차이, 동성애혐오증 등이 미국의 가족에게 미치는 영향은 적다고 할 수 없으며 모든 가족평가에서 다루어야 할 부분이다.

비공식적 친족관계망

정보망은 가족의 생물학적 · 법적 구조를 넘어 관습법, 동거관계, 자연유산, 낙태, 사산, 위탁아동 및 입양아동, 그리고 가족에게 중요한 지지체계가 되는 비공식적 관계망에 있는 사람을 모두 포함한다. 현재나 과거에 가족기능에 중요한 영향을 준 친구, 대부나 대모, 교사, 이웃, 친구의 부모, 목사, 보육사, 의사 등에 관해 질문하고 그 정보를 가계도에 기록한다. 가족 외부의 지지체계를 탐색하기 위해 할 수 있는 질문은 다음과 같다.

- 경제적, 정서적, 신체적, 종교적 도움이 필요할 때 누구에게 요청하는가?
- 가족 외부인은 가족 내에서 어떤 역할을 하는가? 외부인으로서 당신의 삶에서 중요한 사람은 누구인가?
- 지역사회와 어떤 관계를 갖고 있는가?
- 당신이 잘 따랐던 유모나 보육사, 베이비시터가 있는가? 그 사람은 어떻게 되었는가?
- 가족 이외의 사람이 동거한 적이 있는가? 있다면 언제이며 지금 그들은 어디서 살고 있는가?

- 가족 중 의사나 다른 전문가 또는 기관의 도움을 받은 사람이 있는가?

이 외에도 내담자에 따라서 특별한 질문을 할 수 있다. 예를 들어, 동성애자들에게는 다음과 같이 질문할 수 있다(Burke & Faber, 1997; Laird, 1996; Scrivner & Eldridge, 1995; Shernoff, 1984; Slater, 1995).

- 당신의 성적 성향에 관해 누구에게 처음 말했는가?
- 가계도상의 누구에게 당신이 동성애자라고 했는가?
- 당신은 누구에게 동성애 사실을 밝히고 싶은가?
- 특별히 쉽게 밝힐 수 있는 사람은 누구이며 특별히 어려움을 느끼는 사람은 누구인가?

가족과정 탐색

출생, 사망, 생애 변천사를 둘러싼 변동 상황을 탐색하게 되면 가족의 적응양식에 대한 가설을 세우는 데 도움이 된다. 갑작스러운 죽음이나 중요한 가족원의 죽음은 특히 중요하다. 그러한 변화가 가족에게 영향을 준 적응이나 고착의 특별한 패턴을 찾아 상실이나 중대한 변화 후에 경험했던 가족의 과거 적응 패턴을 평가하고 현재의 위기 상황을 극복하도록 돕는 데 매우 중요하다. 가족의 과거와 그에 대한 관점은 가족규칙, 기대, 조직 유형, 힘, 자원, 탄력성을 찾아낼 수 있는 중요한 실마리를 제공한다(Walsh, 1998).

특정한 문제에 관한 역사도 상세히 조사해야 한다. 즉, 문제가 일어나기 전, 문제가 시작된 당시, 처음 원조를 요청했을 때, 현재 시점 등 각각의 시점에서 가족이 어떻게 변화해 왔는지를 파악하는 것이 무엇보다 중요하다. 이 각각의 시점에 따라 가계도를 작성할 수 있다(컴퓨터를 활용하면 긴장이나 증상 발생에 관한 각각의 주요한 시기에 맞추어 상세한 가계도를 작성하는 것을 훨씬 수월하게 할 수 있다.).

문제가 앞으로 어떻게 전개될 것 같은지에 대한 전망을 가족에게 물어보는 것도 유용하다. 가족을 역사적 관점에서 보게 되면 과거와 현재 그리고 미래를 연결하면서 변화에 적응하는 가족의 유연성을 관찰할 수 있다. 다음과 같은 질문을 할 수 있다.

- 문제가 이대로 계속된다면 가족 내에 어떤 일이 일어날 것인가?
- 만약 문제가 사라진다면 어떻게 될까?
- 가족들은 미래에 어떤 변화가 일어날 수 있으리라고 생각하는가?

개인의 기능에 관한 민감한 질문

핵가족과 확대가족의 가계도를 작성하는 동안, 임상가는 가족원 각자의 기능, 관계, 역할에 관하여 질문과 평가를 하게 되는데 매우 민감하면서도 판단력이 필요한 부분이다. 이러한 문제에 대한 질문은 가족의 불편한 감정을 건드릴 수가 있는 민감한 부분이므로 매우 조심스럽게 접근해야 한다.

개인의 기능을 질문할 때는 상당한 임상적 기술이 필요하다. 가족원은 어떤 부분에서는 기능적이지만 다른 부분에서는 그렇지 못할 수 있고, 역기능에 대해서 드러내지 않으려고 할 수도 있다. 기능의 실제적인 수준을 알아내기 위해 매우 조심스럽게 질문해야 할 때도 많다. 심각한 질병을 가진 가족원이 뛰어난 적응력을 가지고 있을 수도 있고, 스트레스가 없어 보이는 가족원이 매우 약한 모습을 보일 수도 있다. 개인의 기능에 대한 질문은 가족원의 입장에서 대답하기 어렵고 고통스러울 수도 있으므로 민감성을 가지고 요령 있게 접근해야 한다. 알코올이나 도박과 같은 문제의 심각도는 클라이언트의 방어적 반응 때문에도 평가하기가 어렵지만 가족원들이 문제를 노출시키는 것을 두렵게 느끼기 때문에도 평가하기가 어렵다. 그러므로 가족에게 질문에 답하는 것이 어려운 일임을 미리 얘기해 주면서 가족이 논의하고 싶지 않은 문제가 있다면 그에 대하여 알려 달라고 말해 둔다. 현재의 문제를 다루는 데 필요한 질문에 가족이 방어를 한다면 얼마만큼 압박감을 줄 것인지를 판단하고, 가족들이 서로 수치심이나 곤혹감을 느낄 수 있는 문제에 대하여 질문을 할 때는 가족을 개별적으로 만나는 것이 훨씬 도움이 될 수 있다.

면담에서 가족원을 위험에 빠뜨릴 수 있는 질문을 할 때는 특별히 주의를 기울여야 한다. 예를 들어, 폭력이 있다고 의심되는 경우에는 아내가 자유롭게 응답할 수 있는 질문이 아니기 때문에 남편이 있는 자리에서 남편의 행동에 관해 물어보지 않아야 한다. 임상가가 잘못 질문하여 내담자를 위험에 빠뜨리지 않도록 주의해야 한다. 개인의 기능에 관한 질문은 다음과 같다.

심각한 문제

- 가족 중 심각한 의료적 · 정서적 문제를 가진 사람이 있는가? 우울증, 불안, 공포, 통제력을 상실한 사람은 없는가? 신체적 · 성적 학대가 있었는가?
- 그 밖의 다른 걱정거리가 있는가? 그 문제는 언제 시작되었는가? 그 문제로 도움을 요청하였는가? 그렇다면 언제였고, 어떻게 되었으며, 지금 그 문제의 상태는 어떠한가?

직업

- 최근 직업을 바꾸거나 실직한 사람이 있는가?
- 현재의 직업을 좋아하는가?
- 가족 중에 직업을 가지고 있는 사람이 또 있는가? 그 사람은 그 일을 좋아하는가?

경제 상황

- 가족원들의 소득은 각각 어느 정도인가? 소득 때문에 가족관계의 불균형이 발생하는가? 그렇다면 가족은 그러한 불균형을 어떻게 다루고 있는가? 가족의 경제 상황이 친척과 어떻게 비교되는가?

- 받을 수 있는 유산이 있는가? 재정원조나 보호를 필요로 하는 가족원이 있는가?
- 특별한 지출이 있었는가? 빚이 많은가? 신용카드 빚은 어느 정도인가?
- 누가 재정을 관리하는가? 어떻게 지출을 결정하는가? 그 방식은 원가족에서 해 왔던 것과 다른가?
- 가족원 중 도박이나 과소비 문제를 가진 사람이 있는가?

약물과 알코올

- 가족원 중 정기적으로 약을 복용하는 사람이 있는가? 어떤 종류의 약물이며 왜 복용하고 있는가? 누가 처방했는가? 그 의사와 가족은 어떤 관계인가?
- 알코올이나 약물 문제를 가진 가족원이 있다고 생각하는가? 다른 가족원도 그렇게 생각한 적이 있었는가? 어떤 약물인가? 언제부터인가? 가족은 그 문제에 어떻게 대응했는가?
- 약물의 영향으로 그 사람의 행동은 어떻게 변화했는가? 다른 가족원들의 행동은 어떻게 변했는가?
- 가족원 중 이제까지 알코올이나 약물로 인한 범법행위를 하여 제재를 받은 사람이 있는가?

법적인 문제

- 구속된 적이 있는 가족이 있는가? 언제, 무엇 때문이었는가? 그 결과는 어떠했는가? 현재는 법적으로 어떤 상태인가?
- 운전면허 정지처분을 받은 적이 있는 사람이 있는가?

신체적 · 성적 학대

- 가족 내에서 위협을 느낀 적이 있는가? 가족원들로부터 맞은 적이 있는 사람이 있는가? 가족원을 협박하거나 때리겠다고 위협한 적이 있는가? 이 외에도 가족 내에서 다른 식으로 위협을 당한 적이 있는가?

- 가족이나 외부인으로부터 성추행을 당한 적이 있는가? 누가 그렇게 했는가? 미국에서는 신체적 학대가 여성의 건강문제 1위로 꼽히기 때문에(McGoldrick, Broken Nose, & Potenza, 1998) 가족 내 권력관계에 관련된 질문은 세심한 주의가 필요하며 매우 중요한 부분이다. 전 생애주기에 걸쳐 볼 때 약 25%의 여성들이 친밀관계에 있는 남편이나 파트너로부터 강간과 신체폭력을 당하고 있다고 추정된다(Tjaden & Thoennes, 2005). 부부관계에서의 학대는 여러 차원에서 이야기될 수 있다. 경제적, 정서적, 신체적 차원에서의 권력과 경계 문제는 부부를 둘러싼 환경, 즉 직장이나 친구, 종교, 원가족, 자녀, 성적, 잡다한 일, 여가활동, 아동양육 등과 관련된 모든 관계에 연결되어 있다. 이렇게 광범위하게 뿌리 깊이 얽혀 있는 학대문제를 임상가가 다룰 때는 세심하면서도 철저하게 다루어야 한다. 왜냐하면 가정 내 학대문제는 부인하거나 축소되는 경향이 있기 때문이다.

학대의 평가에서 가계도와 함께 권력과 통제 피라미드([그림 3-1] 참조)는 부부나 가족관계에서 발생하는 다양한 영역의 신체폭력이나 심리적 학대를 평가하는 매우 유용한 도구가 되고 있다. 부부를 따로 면담하면서 각자에게 피라미드를 제시하며 다양한 차원의 권력문제를 생각해 보도록 도울 수 있다. 다음과 같은 질문을 할 수 있다.

- 의사결정은 누가 하는가?
- 돈관리는 누가 하는가?
- 갈등이 있을 때 어떤 방식으로 해결하는가?
- 부부관계에서 폭력이나 위협에 대한 배우자의 태도는 어떠한가?

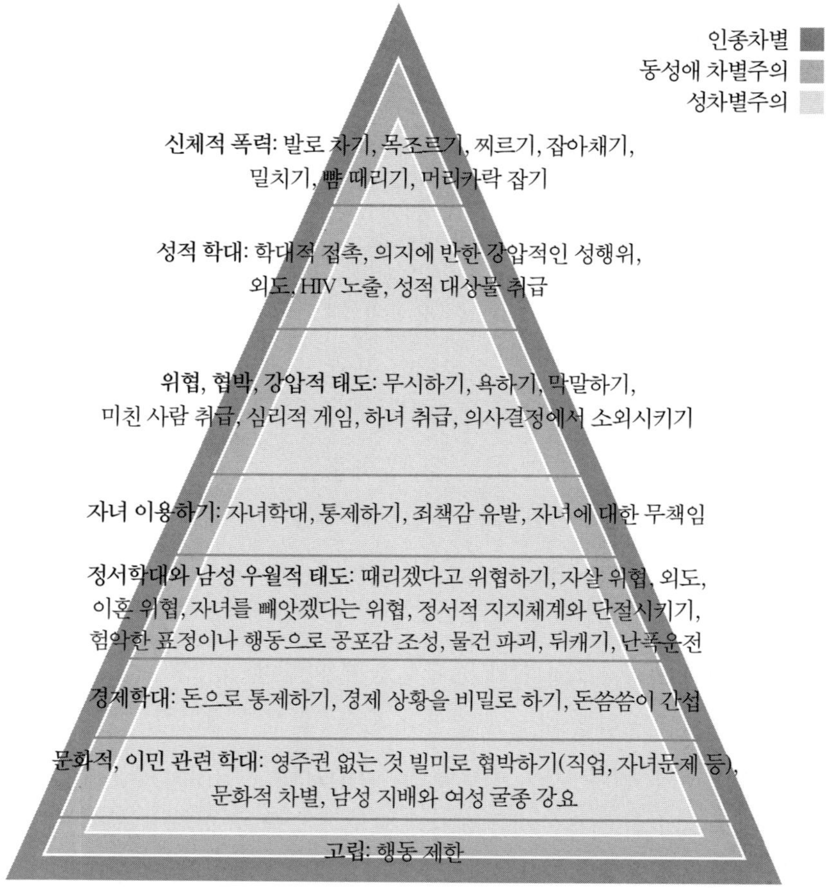

[그림 3-1] 권력과 통제 피라미드

둘루스 가정폭력 개입 프로그램에서 재구성(www.duluth-model.org)
Don Coyhis of the Wellbriety Movement(www.whitebison.org)

가계도 정보를 조직화하기 위한 주요 순위 결정

가계도 평가에서 가장 어려운 일 중의 하나는 가족의 어떤 정보를 가계도에 기입할지를 결정하는 것이다. 왜냐하면 가계도 면담에서 알아낸 모든 것을 다 넣을 수는 없기 때문이다. 가계도의 기본 패턴을 알고 있으면서 다음과 같은 점에 유의하여 자료를 정리하도록 한다.

- 가족 전체에 그리고 세대를 통하여 증상이나 관계나 기능의 반복되는 유형, 삼각관계, 연합, 정서적 단절, 갈등, 과다기능과 과소기능 등은 가계도를 해석할 때 중요하다.
- 우연의 일치, 예를 들어 한 가족원이 사망한 날 또는 그 기념일에 즈음하여 다른 가족원에게 증상이 시작되는 경우, 또는 한 가족원의 증상이 시작된 연령과 다른 가족원에게 증상이 나타나기 시작한 연령의 우연의 일치
- 변화의 영향과 갑작스러운 생활주기의 변화, 특히 가족의 중대한 사건과 때를 같이하여 나타난 가족 기능이나 관계의 변화, 부적절한 가족생활주기의 변화 (예기치 않은 출생, 결혼, 사망) 등

패턴을 잘 예측하고 있으면 어떤 정보가 빠졌는지를 바로 알아챌 수 있다. 주요 가족원이나 사건 그리고 정보의 불일치는 종종 가족의 정서적 문제를 암시하기도 한다. 임상가는 이 외에도 가족원들이 여러 가지 스트레스 사건과 연관되어 있는지를 면밀하게 살펴야 한다.

간단한 가계도 면담에서 다루어야 할 필수요소

가계도 면담을 간단하게 진행할 때 초점을 두어야 할 가장 필수적인 정보들은 나이, 직업, 학업 수준, 종교, 민족적 배경, 이주 날짜 현재 가족원들의 건강 상태 등이다. 이 외에도 반드시 놓치지 않고 해야 할 질문은 '당신의 현재 가족 외에 다른 사람 중에서 중요한 자원이 되고 있는 사람은 누구인가? 누가 스트레스 요인이 되고 있는가? 누가 당신을 치료자에게 의뢰했는가? 당신의 가족을 돕는 일에 연관된 다른 전문가들이 있는가?' 와 같은 것들이다. 라이트와 리헤이(1999)는 임상가

가 임상 맥락에서 모든 가족원들에게 빼놓지 않고 항상 질문해야 할 적어도 세 가지 주요 질문을 제시하였다. 이러한 질문에는 다음과 같은 것이 포함되어 있다.

- 가족원들에게 가장 절박한 관심사는 무엇인가?
- 가족원들이 함께 나눌 수 있는 정보와 서로 간에 비밀로 지키고 싶어 하는 정보는 무엇인가?
- 가족원들에게 가장 큰 사랑의 근원은 누구였으며, 가족에게 감화력을 끼친 사람은 누구였는가?
- 가족원들이 당면하고 있는 가장 큰 어려움은 무엇인가?
- 임상가로부터 답을 얻고자 하는 가족원들의 질문은 무엇인가?

라이트와 리헤이(1999)는 임상가가 매번 면담 중에 관찰한 자원과 강점을 적어도 두 개 정도 가족에게 칭찬해 줄 것을 권하고 있다. 이것은 매우 좋은 생각으로, 특히 단 한 번 일어난 것보다는 반복적으로 일어나는 패턴을 관찰하였을 때 더욱 그렇다. 그러한 칭찬에는 다음과 같은 것이 포함된다.

- 당신의 가족은 지금 말씀하신 문제를 직면하려는 용기를 진정으로 가지고 계신 것 같습니다. 특히나 이러한 어려움을 인정하는 데 가족들의 저항이 있었다는 것을 생각한다면 더욱 진정한 용기를 가지고 있는 것 같습니다.
- 당신의 가족은 지금까지 힘들여 싸워 왔던 이 모든 문제(성적 학대, 폭력, 중독, 정신장애)에 대하여 잘 극복해 온 생존자들입니다.
- 당신은 지금껏 싸우면서 살아왔던 분노와 절망에도 불구하고 참으로 따뜻하고 인정이 많은 분입니다.

면담을 마무리하기 전 가족들에게 고통스러운 스트레스를 주는 문제가 있거나 명료화가 필요한 문제가 있는 경우 클라이언트에게 요약하여 말하여 주는 것이 중요하다. 어떤 경우에도 면담자가 개인이나 가족과 함께 나누었던 이야기에 대하여 확인하는 것은 중요하다. 우리는 일반적으로 클라이언트에게 작성한 가계도를 복사해 주면서 그것이 정확한지를 검토해 보도록 제안한다. 이것은 그 자체로서 중요한 개입이 되기도 한다. 왜냐하면 가계도가 클라이언트에게 자신의 가족 내에 있는 패턴을 볼 수 있도록 해 주고 작성된 그림을 수정할 수 있는 통제권을 클라이언트에게 주는 셈이 되기 때문이다. 가족들은 가계도에 표시된 '사실적인 정보들'을 일단 보는 것만으로도 가족을 체계적 차원에서 보기 시작하게 된다. 처음 시작 때보다 클라이언트가 맥락에 대하여 더 이해하고 연결되도록 해 주는 것이 가계도 면담의 목표다. 우리는 사람들이 자신의 고통스러운 경험을 관계와 연관 짓고 현재와 과거를 연결 지어 인식함으로써 장래 그들의 고통을 해결할 수 있을 것이라는 희망을 갖게 되기를 기대한다.

제4장

시간과 공간적 차원의 가족 패턴 탐색

중대한 생활사건

가족연대기

중대사의 우연의 일치

중대한 생활 변화나 외상적 사건

기념일 반응

역사적 시점에서의 가족 위치: 사회, 경제, 정치적 사건

복잡한 가계도

복합가정과 근친결혼: 중복적으로 연결된 가족

복합가정에서 양육된 아동

손실된 정보

불일치한 정보

윤리적 가계도

직업 관련 가계도

성적 가계도

제4장

시간과 공간적 차원의 가족 패턴 탐색

가족의 문화적 환경과 가족생활주기의 관계를 탐색하는 것은 가계도 작성의 중요한 부분이다. 이러한 과정을 시간과 공간적 차원의 가족 탐색이라고 할 수 있다.

중대한 생활사건

생애주기상의 변화와 예측 가능한 생애 전환기적 사건들을 가계도로 탐색하는 것은 중요하다. 그러한 변화와 사건들에는 가족생활상 변동, 직업의 변화, 가족원의 전·출입, 인간관계의 변화, 이사나 이민, 상실이나 성공 등이 포함된다. 이런 생활사에 대한 정보를 통하여 가족을 역사적 관점에서 볼 수 있게 되고 가족 역사가 각 개인에게 어떤 영향을 주었는지를 알 수 있게 된다. 여기에는 가족의 출생이나 사망과 같은 가족원의 인구학적 사항 외에 연애, 결혼, 별거, 이혼, 이사, 직업상 변화 등도 포함된다. 이러한 것들은 가계도 소프트웨어가 개발되면 탐색이

용이해질 것이다. 또한 출생이나 질병, 사망, 법적 문제, 승진, 기타 중요한 사건들이나 가족원들의 전·출입 등을 연대순으로 배열하는 것도 가능하게 될 것이다. 그러한 소프트웨어가 개발되기 전까지는 가족의 중요한 사건들을 탐색하기 위해 각각 별도의 연대기를 그려 중요한 생활사를 기록해 두어야 한다.

- 출생: 특정 가족원이 태어났을 때 다른 가족원들은 어떻게 반응하였는가? 세례식에는 누가 참석하였는가? 어떻게 이름 지었는가? 이름 짓는 것을 억지로 따라야만 했는가?
- 사망: 특정 가족원이 사망하였을 때 가족원들의 감정반응은 어떠하였는가? 누가 힘들어했고 누가 덜 힘들어했는가? 장례식에는 누가 참석하였는가? 꼭 참석해야 할 사람으로서 참석하지 않은 사람은 누구였는가? 유언장이 공개된 이후로 가족관계에 갈등이나 단절이 있었는가?
- 이민: 가족은 이 나라에 언제, 왜 이주해 왔는가? 몇 세대를 이 나라에서 살았는가? 가족은 어떤 경로를 통하여 이 나라에 이주하였는가? 그리고 새로운 환경에 어떻게 적응하였는가? 생존을 위한 대처전략은 무엇이었는가? 이민 1세대 중 누가 언어를 습득하였는가? 언어 습득이 가족관계에 끼친 영향은 무엇인가?

가족연대기

가계도와 함께 가족연대기(또는 중요한 가족사건 목록)는 매우 유용하다. 가족에게 중요한 의미가 있는 날짜를 시간대순으로 기록하는 것은 가족 패턴을 탐색하는 아주 좋은 방법이다. 가능한 가족원들을 모두 다 포함시켜 인구학적 정보를 체계적으로 연대순으로 기록하는 것은 매우 가치 있다. 이것을 특정 시기의 가계도와 함께 살펴보게 되면 그 시기에 무슨 일이 있었으며, 누구랑 함께 살았고, 나이가 어땠고, 그때 경험했던 스트레스 상황은 무엇이었는지 등이 분명하게 떠오르게 된다. 최근에 가족역사 평가에 유용한 두 가지 공헌이 이루어졌는데 그중 하나가 인간게놈 프로젝트다. 이로 인해 많은 질병의 원인이 유전적으로 어떻게 전달되고 합성되는지를 확인할 수 있게 되었고, 국가적 차원의 예방대책을 수립하여 체계적으로 개입하는 것이 가능하게 되었다(Wattendorf & Hadley, 2005). 가족의 질병 역사에 관한 정확한 정보수집이 가족원의 질병예방과 건강문제 개선에 도움이 된다는 것은 자명한 일이다.

때로 중요한 시기를 중심으로 특별한 연대기를 작성해 두면 유익하다. 특별히

테드 터너의 주요 사건에 대한 간략한 연대기

1944	테드 6세에 기숙학교로 보냄. 버림받은 느낌을 갖고 반항행동, 추방됨.
1947	가족이 서배너로 이사. 테드 9세에 애틀랜타의 군대학교에 보내짐.
1953	테드의 누이 메리 진은 12세에 뇌염, 결핵성 피부염 진단. 뇌손상과 심한 발작. 아버지와 아들이 그 비명소리를 참을 수 없어 엄마가 집 뒤 별채에 격리 간호.
1957	부모의 별거. 누이 돌보는 문제로 갈등. 엄마는 딸의 시설 입소 반대. 누이는 심한 고통으로 뒤틀림. 어머니 혼자 누이를 돌봄. 알코올중독자이며 학대적인 아버지가 테드를 혼자 돌봄.
1960	(12월 15일) 누이가 19세로 사망. 아버지와 테드는 수년 동안 보지 못함.
1961	(7월) 테드의 딸 로라 리가 태어남. 항해 중이어서 딸의 출산에 가 보지 못함.
1961	(7월) 테드의 아버지 에드 터너 알코올 치료를 위해 실버힐 정신과 병원에 입원
1961	(9월) 에드 터너가 수백만 달러의 거래에 성공하여 남부에서 가장 큰 옥외광고회사로 발전함.
1962	(12월) 에드 터너가 알코올 회복 프로그램에 다시 들어감.
1963	(1월) 에드 터너가 알코올 회복 프로그램 떠남.
1963	(3월 5일) 에드 터너 53세 때 아들 테드와 수년간 다툼 끝에 테드가 24세 되던 해에 아들 테드에게 사격술 가르쳤던 권총으로 머리를 쏴아 자살함.
1991	테드 터너 53세에 우울증에 시달림. 아버지와 같은 나이에 비극적으로 죽을 것 같은 불안을 느낌. 그 대신에 가족 패턴을 변화시키려는 노력을 함. 치료와 약을 복용하여 안정됨. 제인 폰다와 결혼. 제인 폰다의 어머니는 42세 생일 날 제인이 17세였을 때 자살함.

증상이 시작된 시기를 중심으로 같은 시기에 일어난 사건과 연관시켜 볼 수도 있고, 동일한 생활주기에 다른 가족원에게 일어난 사건들과 연관시켜 볼 필요도 있다(Barth, 1993; Huygen, 1982). 그리고 이전 세대에서 생활주기상 같은 시점이나 부모의 연령대와 같은 연령에서 주요 스트레스가 발생하였는지를 탐색한다.

개인의 연대표를 만들어 두면 특정 가족원의 기능, 변화 상황, 증상 등을 가족이라는 맥락 안에서 탐색하는 데 유용하다. 일반적으로 날짜와 함께 일어난 일들을 목차별로 기록한다. 가족이 날짜를 잘 알지 못하면 대략적인 날짜를 받아 기록하며 '?' 표를 덧붙인다(예: ? 84 또는 ~84). 아래 연대기는 제2장에서 논의되었던 테드 터너의 가계도([색채 가계도 6])에 나타난 주요 날짜를 연대기로 제시한 것이다. 연대기의 모든 항목들은 가계도에 나타나 있지만 연대기를 보면 가족사건의 패턴이 시간대별로 명확하게 탐색된다. 반면에 가족의 구조는 가계도가 아니면 한눈에 파악하기가 힘들다.

가족연대기는 가족의 인구학적 정보, 기능, 관계 그리고 중대한 사건에 대한 정보의 폭과 깊이에 따라 연대기의 길이와 세부사항이 달라지기도 하고 특수한 가족평가 목적에 따라 다르게 작성되기도 한다.

가계도 평가에서 생활 사건과 변화가 가족기능에 얼마나 상호 연관되어 있는가를 이해하는 것은 필수적이다. 가계도에는 가족 역사에서 중대한 날짜들이 기록되어 있어서 우연의 일치로 보이는 생활사건과 함께 가족기능의 변화도 탐색할 수 있다. 때로 가족 역사에서 같은 시점에서 일어난 사건들이 서로 관련이 없는 것처럼 보이지만 체계적으로 상호 연관되어 있으며 가족의 기능에 깊은 영향을 주고 있는 것을 알게 되기도 한다.

특히 가족기능의 장기적인 변화를 중대한 가족 생활사건들과 연관 지어 탐색하는 것은 유용하다. 가계도를 통하여 가족이 경험하는 엄청난 스트레스, 외상사건으로 인한 충격의 영향, 기념일 반응, 사회적 · 경제적 · 정치적 사건을 주의 깊게 검토함으로써 가족이 받는 변화 영향과 함께 장래 변화에 대한 취약성도 평가할 수 있다.

중대사의 우연의 일치

가족의 중대사 중 몇 가지가 동일한 시기에 일어났을 때는 상세하게 탐색하는 것이 좋다. 특히 가계도에서 같은 날짜에 일어난 사건들을 유의해서 살펴보면 드러나지 않고 숨겨져 있던 관계 패턴이나 정서적 패턴, 체계적 패턴을 파악할 수 있다. 이러한 '우연의 일치'가 보이는 시기는 가족의 역사에서 특히 긴장이 높았던 시기인 경우가 많고, 그렇지 않더라도 그 이후에 가족에게 정서적인 영향을 남겨 줄 만큼 매우 중요한 시기였음을 알게 된다. 여기에서 중요하게 인식해야 할 점은 한 사건이 다른 사건의 '원인'이 되는 것이 아니라 사건들이 서로 연관되어 가족 패턴의 발달에 영향을 준다는 점이다. 엘리자베스 여왕은 1992년을 '공포의 한 해'라고 말한 적이 있다. 이는 왕실에 아들 앤드류와 사라 퍼거슨의 별거, 앤 공주와 마크 필립 대위의 이혼, 찰스와 다이애나 부부에 대한 지속적인 소문, 그리고 6천만 달러의 피해를 입었던 윈저 성의 화재([색채 가계도 12]) 등과 같은 많은 고통스러운 사건들이 있었기 때문이다. 특별히 심각한 스트레스 상황의 가족을 탐색할 때는 가족에게 영향을 주는 보이지 않는 스트레스 요인과 함께 가족원 간의 정서적 반응도 살펴야 한다. 심각한 장기적 스트레스는 신체증상으로 나타나기도 한다. 연설을 한 날, 여왕은 독감에 걸려 있었고 목소리가 거의 잠겨 있었다. 아마도 우연의 일치일 수도 있겠지만 스트레스로 인한 신체적 증상일 수도 있다. 또한 여왕이 그해 수개월 동안 불면증에 시달렸다는 보도도 있었다. 여왕의 말대로 왕실 가족의 스트레스는 국가적인 스트레스와 복합되어 나타났다. 그 시기에 수개월에 걸쳐서 혼란과 불확실성이 전 세계에 확산되어 영국은 3년간 심각한 불황을 겪고 수백만 명의 실직과 기록적인 개인 파산을 가져왔으며 수많은 주택들이 빚으로 회수되었다.

이 외에도 기념일 반응이나 생활주기의 같은 전환점에서 사건이 발생하는 반복적 우연의 일치를 찾아볼 수 있다. 베이트슨의 가계도([가계도 4-1])에서는 흥미로운 우연의 일치를 찾아볼 수 있다. 첫째, 그레고리의 부모는 그의 외조부가 사망

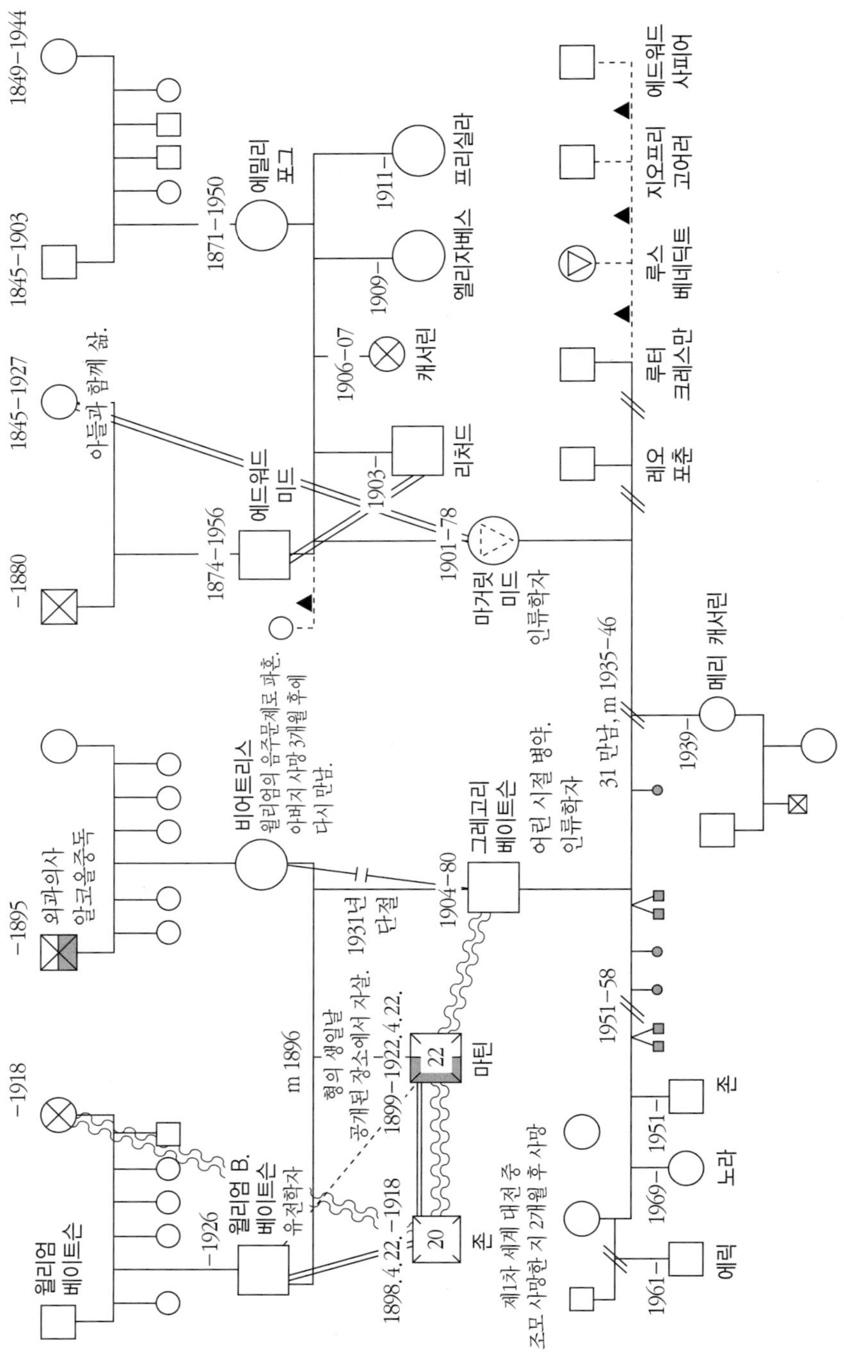

[가계도 4-1] 베이트슨 가족

한 직후에 결혼했다. 둘째, 차남인 마틴은 4년 전 제1차 세계 대전 당시에 죽은 그의 형 존의 생일날 자살하였다. 마지막으로 그레고리는 어머니와의 관계를 단절한 후에 마거릿 미드와 만났다.

체계적 관점에서 보면 이러한 사건들은 단순한 우연의 일치가 아닐 가능성이 있다. 그레고리의 부모의 약혼은 윌리엄 베이트슨의 음주문제를 이유로 그레고리의 어머니 비어트리스에 의해 파혼되었다. 이것은 비어트리스 아버지의 알코올중독에 대한 감정반사라고 생각된다. 그러나 알코올 중독자인 아버지가 사망한 지 3개월 후에 비어트리스는 신문광고를 통해 윌리엄 베이트슨을 찾아 재회하여 결혼했다. 다음 세대를 보면 그레고리는 어머니와 소원해진 직후 마거릿과 만나 사랑하게 되었다. 당시 마거릿은 둘째 남편과 멀리 떨어진 곳에서 인류학 연구를 하고 있었다. 이 가족의 자녀들은 부모로부터의 단절이나 부모의 사망 후에만 배우자와 연결된다는 점에서 비슷한 패턴을 가지고 있음을 조망해 볼 수 있다.

영국의 유명한 유전학자 그레고리 베이트슨은 세 아들 중 막내였는데, 어린 시절 병약하고 성적도 좋지 않아서 가장 기대를 받지 못하는 아들이었다. 장남인 존이 가장 촉망받는 아들이었고 한 살 차이 나는 마틴과 매우 친밀했다. 네 살 아래인 그레고리는 둘과는 떨어져서 외톨이로 성장했다. 제1차 세계 대전 중 존이 20세에 전사를 하였고, 며칠 후 어머니는 마틴에게 "이제 내게는 너희 둘만 남았다. 너는 존이 죽음으로써 내가 잃어버린 용기와 힘을 되찾을 수 있도록 해 주렴." (Lipset, 1980, p. 71)이라는 편지를 보냈다.

존이 죽자 마틴과 아버지 사이에 불화가 시작되었다. 그때 할머니는 존이 죽기 두 달 전에 사망하였다(또 다른 우연의 일치). 아버지는 시인이었던 둘째 아들 마틴에게 동물학자가 되라고 압력을 주기 시작했다. 이 때문에 두 사람의 관계는 악화되었다. 게다가 마틴은 호감을 느끼던 여성에게 실연당한 후 존의 생일인 4월 22일에 트라팔가 광장에서 권총 자살을 하였다. 이 일은 1922년에 "런던에서 가장 극적으로 계획된 자살" (Lipset, 1980, p. 93)로 일컬어졌다. 마틴이 그의 형의 생일날 자살을 선택한 것은 기념일 반응의 한 예인데, 이에 대해서는 다시 논의될 것이다. 그는 부모에게 자신이 결코 형의 대체물이 될 수 없다는 메시지를 남기고 싶었던 것일까?

중대한 생활 변화나 외상적 사건

중대한 생활 변화나 외상적 사건은 가족체계와 그 성원들에게 심각한 충격을 줄 수 있으므로 가족에게 끼친 상실의 영향에 특별한 관심을 기울일 필요가 있다(주제별 참고문헌의 '상실' 부분 참조). 가족들은 그 어떤 변화보다도 상실 후에 재적응하는 데 어려움을 갖는다. 베이트슨 가족을 보면 두 형제의 죽음은 서로 깊게 연합되어 막내인 그레고리에게 큰 영향을 주었다. 베이트슨의 전기작가에 따르면, "그레고리는 전혀 관심을 받지 못하고 자랐다. 그는 마치 물려받은 헌옷처럼 자기 자신으로서 삶을 살지 못하는 청소년 시절을 보냈다. 일부는 존인 것처럼, 일부는 마틴인 것처럼 살았다. 두 형이 죽음으로써 어쩔 수 없이 그레고리 혼자 아버지가 강요한 자연과학 분야의 지적 유산을 물려받아야만 했고, 가족의 중심 인물이 되었다." (Lipset, 1980, p. 90) 그의 어머니와 가족에 대한 내면의 감정반응에도 불구하고 그는 이 상황에 놀랄 만한 적응능력을 보여 주었다. 그는 다양한 방면에서 부모의 기대 이상의 성취를 보여 주었고 전 시대에 걸쳐 가장 위대한 체계론적 사고를 하는 사람 중의 한 사람이 되었다.

케네디가는 [색채 가계도 13]에 나타난 것처럼 외상과 상실을 많이 경험한 가족이다. 이 가계에는 젊은 사람들의 죽음과 비극적 사건이 많았다. 케네디가에서는 아홉 자녀 중 네 명과 배우자 한 명, 약혼자 한 명이 중년이 되기 전에 사망했다. 존은 저격당하기 전에도 생명을 잃을 뻔한 사고를 세 번이나 당했고, 로즈메리는 20대에 뇌수술을 받았으며, 캐슬린은 전쟁으로 첫 남편을 잃고 난 직후에 재혼을 위해 어머니와 단절하고 비행기를 탔다가 약혼자와 함께 사고로 죽었다. 테드는 비행기 사고로 척추가 부러진 일이 있었고(존이 피격된 지 7개월이 지난 후), 그 후에 채퍼퀴딕에서 일어난 자동차 사고로 동승자였던 메리 조 코페치니가 익사한 사고를 당했다(로버트가 죽은 지 12개월 후). 손자들 중 두 명이 자동차 사고를 일으켜 피해자들 중 한 명은 영구 장애인이 되었고 또 한 명은 중상을 입었다.

중대한 생활사건은 체계 전체에 걸쳐 여러 가지 방식으로 가족에 영향을 준다. 케네디가의 경우 존과 로버트의 암살로 인해 가족들은 큰 충격을 받았다. 앞서 언급한 것 외에도 잭이 암살된 후에 팻은 남편과 별거하였다. 29명의 손자손녀 중 한 명은 다친 다리로 비행기를 운전하다가 죽었고, 한 명은 약물 과다 복용으로 사망했다. 그리고 또 한 명은 암으로 다리를 절단했고, 한 명은 스키 사고로 죽었으며, 두 명은 강간으로 고소당했고, 최소한 네 명은 약물 불법소지로 체포되거나 약물남용으로 정신과 치료를 받은 적이 있다. 여섯 명의 장남 중 다섯 명이 연루되었다는 점을 볼 때, 이 가정에서는 아들이 중시되며 장남으로서 압박감이 컸을 것이라는 짐작을 해 볼 수 있다.

이러한 외상의 패턴은 로즈 케네디의 원가족([색채 가계도 13])에서도 찾아볼 수 있는 특징이다. 그녀의 아버지 형제는 12남매였는데 그중 셋만이 건강하게 살아남았다. 장남과 두 딸은 어렸을 때 사망했다. 그 외 다섯 명의 형제는 심각한 알코올 문제가 있었고, 또 다른 아들 하나는 말라리아로 뇌손상을 입어 겨우 기능을 할 수 있을 정도였다. 외가에는 아홉 명의 형제가 있는데 두 아들이 유년기에 질병으로 사망했고, 한 명은 어린 시절 기차사고로 다리를 잃었으며, 두 명은 알코올중독으로 매우 젊은 나이에 일찍 사망했다. 무엇보다도 비극적인 사건은 로즈의 어머니 조시가 8살 때 그녀의 목전에서 여동생이 친구와 함께 익사한 사건이었다. 이렇게 불행하고 고통스러운 가족 상실이 있게 되면, 특히 조시의 경우 자녀를 제대로 보호하지 못한 데 대한 죄책감과 자기비난의 감정을 갖게 되는 것은 당연하다.

테드 케네디도 1963년에 존을 잃고 1968년에는 로버트를 잃고 난 후에 두 번의 생명의 위협을 받는 충격적 사건을 경험하였다. 전체적으로 보면 그 사건들이 서로 연관성이 없을 수도 있다. 하지만 스트레스가 강한 생활사건을 경험하게 되면 사고를 당할 가능성이 더 높아진다는 연구 결과도 있다(Holmes & Masuda, 1974; Holmes & Rahe, 1967). 우연의 일치로 볼 수도 있겠지만, 존 케네디가 11월 22일에 암살되었는데 바로 그 날짜에 그의 부모의 증조부모가 함께 사망했다는 것은 좀 섬뜩한 생각이 들게 한다.

루스벨트 가족([가계도 4-2])도 엘리너의 성장에서 중요한 시기에 많은 상실을 경험했던 또 다른 예다. 엘리너가 태어난 때는 아버지의 가정에 여러 가지 어려움이 있었던 시기였다. 그녀의 친할머니는 몇 달 전 밸런타인데이에 사망했고, 같은 날 밤 같은 집에서 시어도어 루스벨트의 아내 앨리스는 딸 앨리스를 출산하다 사망했다. 앨리스와 엘리너는 같은 해에 비슷하게 상실 이후에 태어났다. 두 사람은 자신들의 초기 외상에 다르게 반응하면서 자랐다. 앨리스는 후에 엘리너가 '모범생'으로 자랐고 자신은 과시욕이 많은 아이로 자랐다고 말했다(Donn, 2001, p. 56). 앨리스는 계모에 의해 양육되면서 어머니에 대한 이야기를 금지당하며 성장하였고, 엘리너에게 적개심을 가졌던 것으로 보인다. 앨리스는 엘리너가 사촌인 프랭

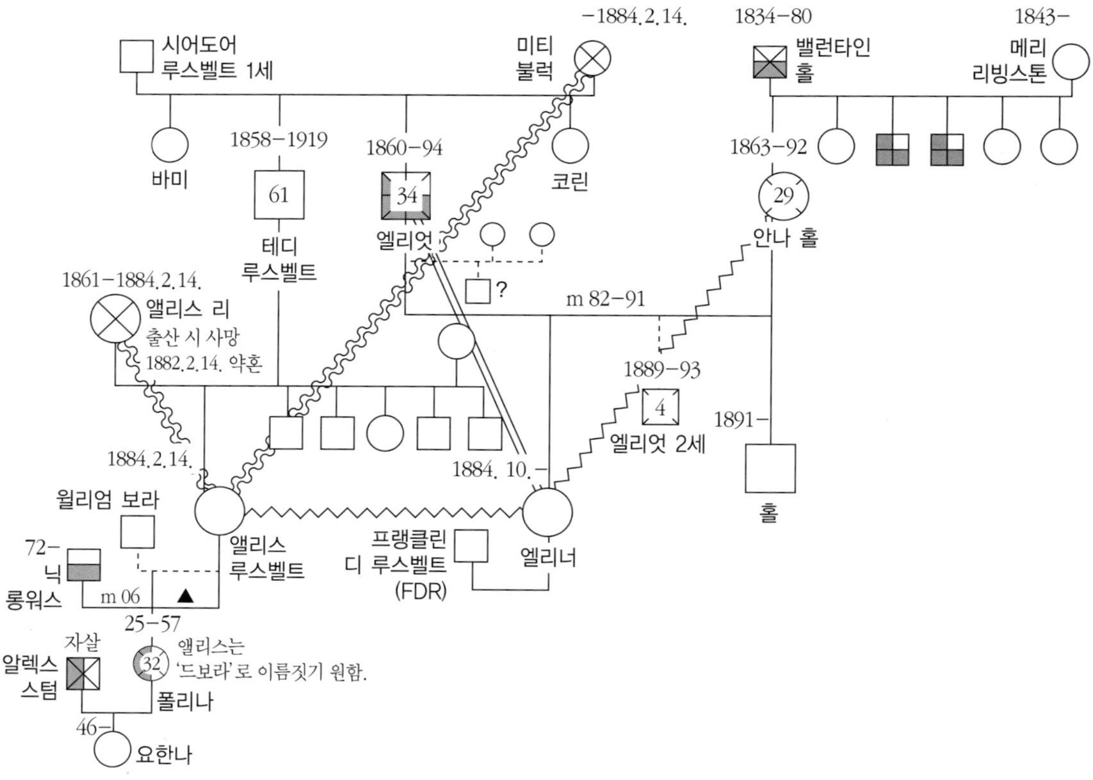

[가계도 4-2] 시어도어 루스벨트 가족의 많은 외상적 상실

루스벨트 가족의 연대기 일부

1880 (2월 14일) 시어도어 루스벨트(TR), 앨리스 리에게 청혼.
(그녀가 처음 거절하였을 때 절망으로 자살을 시도하였다는 말이 있다.)
1884 (2월 14일) 앨리스는 딸을 낳고 앨리스라고 이름 지음.
1884 (2월 14일) 앨리스 리 루스벨트 23세에 사망.
1884 (2월 14일) TR의 어머니 미티 불럭 루스벨트도 같은 집에서 사망.
1884 (2월 16일) 엘리스 리 루스벨트와 미티 불럭 루스벨트의 합동장례식(TR은 26세).
1884 (여름) TR, 슬픔을 감춘 채 대통령선거 유세를 위해 서부로 출발, 그동안 TR의 누나 바미가 앨리스를 돌봄.
1884 (10월) 엘리너 루스벨트가 앨리스의 삼촌에게서 태어남.
1889 엘리너의 남동생 태어남.
1891 엘리너의 막내 남동생 홀 태어남.
1891 엘리엇 루스벨트가 뉴욕으로 떠남.
가족과 단절되어 다른 여성과 살면서 자녀를 낳은 것으로 추측됨.
1891 엘리너의 어머니 안나 홀 사망(엘리너 7세).
1893 엘리너의 남동생 엘리엇 사망(엘리너 9세).
1894 엘리너 아버지가 알코올중독으로 사망(엘리너 10세).
1894 엘리너가 외할머니 집에서 통제 불능의 두 삼촌들과 생활. 돌보는 사람 없음.
1904 엘리너와 프랭클린 결혼.
1906 TR, 대통령직 수행상 문제 나타남.
1906 (1월) 특별한 아들 테디가 하버드 대학교 입학에 실패함.
1906 (2월 17일) 앨리스 22세로 34세의 상원의원 닉 롱워스와 결혼(TR은 48세).
1907 앨리스의 결혼생활이 불행함. 두 사람은 거의 별거 상태.
남편의 심각한 알코올 문제와 여자문제 나타남.
남편은 보수적 공화당이지만 아버지는 공화당으로부터 탈퇴를 고려하고 있었음.
1919 TR, 61세로 사망.
1923 (2월 14일) 앨리스가 41세 생일 이틀 지난 후에 딸을 낳음.
'드보라'로 이름 짓고 싶어 했지만 닉의 반대로 앨리스와 윌리엄이 좋아했던 성서의 인물인 성 바울을 따라 폴리나로 지음.

1946	폴리나 딸 요한나 출산.
1952	(11월) 폴리나의 남편 알렉스 스텀 자살.
1957	(1월 27일) 폴리나, 31세로 자살.

클린 루스벨트와 결혼하자 마음 깊이 원망을 갖게 되었다. 엘리너는 초기 성장기에 아버지의 음주와 입원, 강제적인 분리의 경험을 하면서 마치 고아가 된 것처럼 깊은 상처를 입었다. 어린 시절에 그녀는 할머니의 집에서 통제 불능의 두 삼촌들과 함께 자랐다. 엘리너는 7세 때 어머니가, 9세 때 남동생이, 그리고 10세 때 아버지가 사망하였다.

이처럼 가계도에 비극적인 사건이 많으면 그 사건들이 이후 엘리너의 성장 · 발달에 영향을 미쳤을 것이라고 짐작하게 된다. 때로 상실의 시기에 태어난 아이는 성장하여 기능장애를 일으키기 쉬운데, 특히 조부모의 죽음으로 인하여 특별히 부모의 주목을 받게 되면 더욱 그렇다. 반대로 엘리너의 경우 이러한 경험은 그녀의 성장 잠재력의 밑거름이 되어 타인의 불행에 더 민감하게 반응하는 사람이 될 수 있도록 해 준 것 같다. 엘리너는 자신이 청소년기를 고립되어 초라하게 지냈는데 가족 상실에 대한 보상심리로 자신만의 가족을 갖고자 하는 강한 소망을 가지고 있었다고 회고한 적이 있다. 프랭클린 루스벨트를 만나서 그러한 꿈은 실현되었다. 그녀가 경험한 상실과 고립감은 결과적으로 그녀에게 타인에 대한 이타적인 삶을 살도록 하는 비범한 힘이 되었을 것이라고 짐작해 볼 수 있다.

가족사건이 미치는 영향을 탐색할 때에는 규범적 기대와 연관 지어 생각해야 하고(Carter & McGoldrick, 2005b; Walsh, 2003) 사건이 발생한 시점에서의 가족의 나이와 가족구조가 고려되어야 한다. 예를 들면, 부모의 상실이라는 주요한 사건이 아동에게 어떤 영향을 미치는가는 그들의 정서와 인지 발달 수준에 달려 있다. 또한 맏이인가 막내인가에 따라 경험 자체는 달라진다. 장녀였던 엘리너 루스벨트가 부모의 사망 후 동생에 대한 강한 책임감을 가졌던 것과 같은 것이다. 피터 폰다는 막내 아이로서 어머니의 자살에 매우 감정적 반응을 보였지만 누나인 제인은 완벽하게 자기 억제를 하고 어른스러운 태도로 반응했다.

가족에게 특히 고통스러운 경험은 어린 자녀들의 죽음이다. 많은 유명인사들의 가계도를 접하면서 그들이 태어나기 전후에 형제들의 죽음이 있었다는 사실이 많았다는 것을 알게 되었다. 베토벤, 다이애나 왕비, 벤저민 프랭클린, 지그문트 프로이트, 헨리 포드, 토머스 제퍼슨, 카를 구스타프 융, 라이트 형제, 프리다 칼로, 프란츠 카프카, 구스타프 말러, 유진 오닐, 디에고 리베라, 해리 스택 설리번이 바로 그 예다. 이에 대해 그것은 단지 옛날에는 아동의 사망률이 높았기 때문이었을 것이라고 할 수도 있고, 아동의 사망으로 인해서 부모가 살아 있는 자녀를 특별한 존재로 취급했기 때문이라고 생각할 수도 있다. 또는 상실한 자녀와 가장 가까운 자녀는 가족들의 상실을 보상하고자 하는 마음이 강하게 형성되기 때문이라고 볼 수도 있다. 자녀들의 '특별함'은 가족구조 내에서 그들이 위치한 특별한 자리에 의해 영향을 받는다는 것을 감안하면 어떤 경우가 되었든 모든 형제들이 상실에 대하여 똑같은 영향을 받는다고 말할 수는 없다.

마지막으로 '좋은' 사건 역시 가족에게 강한 영향을 줄 수 있다. 실제로 우리가 연구한 많은 가정에서 명성을 얻은 가족원이 있으면 다른 가족원에게 큰 영향을 미치는 경우도 상당히 많았다. 사생활이 없어질 뿐만 아니라 다음 세대의 자녀는 행동의 제약을 받아야 하는 힘든 유산을 물려받게 된다. 프로이트의 아들 마틴은 이에 대하여 다음과 같이 말했다. "이 길에서 꼭 성공해야겠다는 야심을 가진 적도 없다. 빛나는 영예를 후광으로 받는 것만으로도 충분하다. 천재의 아들은 아무리 해도 '천재의 아들' 그 이상은 될 수 없다. 아버지의 명성과 분리시켜 인간으로서의 성취에 대한 인정을 받을 수 있는 기회는 아무리 노력해도 거의 불가능에 가깝다."(Wallechinsky & Wallace, 1975, p. 948) 그렇다고 해서 유명인사의 자녀들이 전부 노력하는 것을 포기하는 것은 아니다.

케네디가의 젊은 세대의 여섯 장남 중 약물문제나 행동문제를 갖지 않은 유일한 아들인 스티븐 스미스는 그의 삼촌을 잃은 경험에 대하여 이렇게 말했다. "나는 나의 인생에서 아주 가까운 누군가를 빼앗겨 버릴 수도 있다는 끔찍하고도 강력한 경험을 한 셈이다. 이것을 알고 난 후 어떻게 살아야 할 것인가를 생각하게 되었다. 그래서 나에게 허락된 시간을 잘 활용하여 최선을 다하여 살기 위해 노력하게 되었다." (Andrews, 1998, p. 167)

기념일 반응

우연의 일치로서 기념일 반응을 생각해 볼 수 있다. 그것은 가족원이 중대한 사건이나 충격적인 사건이 일어났던 날짜에 지나치게 민감해지는 것을 말한다. 예를 들어, 해마다 부모나 형제가 사망한 시기쯤 되면 그 연관성을 의식하지 못한 채 우울해지는 가족원이 있을 수 있다. 이것은 죽은 형의 생일에 자살한 마틴 베이트슨의 경우에서 볼 수 있다. 그는 기념일이 되자 자신도 의식하지 못하는 사이에 고뇌와 상실감이 악화되어 자살을 했을 수 있다.

한 사건의 기념일에 다른 사건이 일어나게 되면 그 두 가지 사건에 대한 의미부여가 더욱 심화된다. 토머스 제퍼슨과 존 애덤스 모두 미국독립선언 제50회 기념일인 1826년 7월 4일에 죽었다는 것 또한 흥미롭다. 마치 두 사람 모두가 기념일이 될 때까지 죽음을 지연시켰던 것처럼 보인다. 기념일에 사망사건이 일어나게 되면 가족에게는 기념일에 대한 의미가 더욱 심화되어 받아들여지게 된다.

기념일 반응에 관하여 기록을 가장 잘 남긴 사람으로서 정신과 의사인 동시에 내과의사로 유명한 조지 엥겔(1975)이 있다. 그는 쌍둥이 형이 심장마비로 죽은 후에 자신의 기념일 반응에 대해 자세히 묘사했다. [가계도 4-3]에 나타난 것처럼 엥겔 자신도 형의 1주기 하루 전에 심장마비를 일으킨 것을 보면 시간적인 관련성이 분명히 존재하는 것 같다. 이것은 기일에 대한 스트레스로도 생각된다. 엥겔은 또 다른 종류의 기념일 반응을 경험했다고 보고하고 있는데, 이것은 날짜가 아닌 연령에 관한 반응이다. 엥겔의 아버지는 58세에 심장마비로 사망했다. 엥겔은 이 연령이 가까워지자 불안이 증가하는 것을 자각하게 되었다. 그는 자기도 그 나이에 죽지 않을까 하는 두려움 때문에 아버지가 사망한 연령을 계속 틀리게 기억하곤 했다. 이러한 경험을 계기로 그는 가족의 기념일 반응의 심리적 배경과 가족의

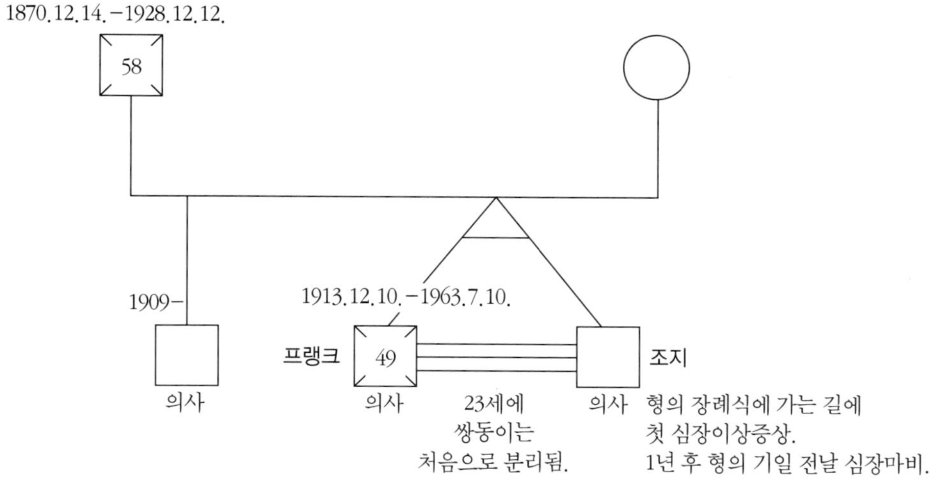

[가계도 4-3] 조지 엥겔의 기념일 반응

중요한 사건의 발생일을 잊어버리는 것과 같은, 정서적 부담을 피하기 위해 일어나는 행동에 대한 연구를 하게 되었다. 흥미롭게도 캐서린 헵번의 전기에 나타난 오빠의 자살([색채 가계도 17]) 날짜와 상황 설명이 지난 80년 동안 계속해서 매번 다르게 서술되고 있다(Mann, 2006).

다시 말하면, 외상사건은 다음 세대에서 가족생활주기상 기념일 반응이라는 반복적 유형을 만들 수 있다. 가족원은 생활주기상의 어떤 시점에 이르면 이전 세대의 그 시점에서 일어난 사건과 같은 사건이 일어나리라고 예상하게 된다. 예를 들어, 어떤 남성이 원가족에서 그의 아버지와의 관계로부터 단절되어 분리되었다면 성인이 된 자신의 아들에게도 그와 같은 일이 일어날 것이라고 예상할 수 있다는 것이다. 자신이 아버지와 단절되었다면 그 아들도 그럴 수 있다고 예견할 수 있다. 또한 두 세대에 걸쳐서 결혼 직후에 사망하는 일이 발생하게 되면 다음 세대는 그에 대하여 매우 불안한 반응을 하게 되고, 같은 사건이 반복해서 일어나는데 대한 두려움을 의식적 · 무의식적으로 갖게 되는 경우도 있다.

이상과 같이 시간뿐만 아니라 날짜, 연령, 가족생활주기의 시기가 일치하는지를 가계도에서 탐색하는 것이 중요하다. 우연의 일치는 사건의 연관성이나 가족의 기능에 미치는 영향에 대하여 많은 시사점을 준다. 이와 같은 점을 알게 되면 가족에게 기념일 반응에 대하여 미리 경고해 줄 수 있을 것이다.

역사적 시점에서의 가족 위치: 사회, 경제, 정치적 사건

물론 가족사건은 진공 상태에서 저절로 일어나지 않는다. 가족발달은 그 역사적 상황, 즉 가족의 행복에 영향을 주는 사회적, 경제적, 정치적 사건과 연관 지어 생각해야 한다. 여기에는 전쟁, 이민, 경제공황 등이 포함된다. 가계도상에 나타나는 가족사건을 그것이 일어났던 상황과 연관시키는 것은 중요하다(Cohler, Hosteler, & Boxer, 1998; Elder, 1977, 1986, 1992).

중요한 가족사건과 함께 역사적 시점과 연관 지어 가족의 발달과정을 고려해야 한다. 예를 들면, 1929년의 자살은 당시의 주식시장 붕괴와 관련되었을 수 있을 것이라는 가설을 생각해 볼 수 있다. 1941년의 부부에 대해서는 제2차 세계 대전에 참전한 것이 부부관계에 어떤 영향을 주었는지를 고려해야 한다. 또한 1960년대와 1970년대의 부부관계는 참전 여부에 상관없이 베트남전쟁이 준 영향을 고려해야 할 것이다.

케네디가의 비극적 사건 중 상당 부분은 가족이 중요한 역할을 했던 역사적, 정치적 시대 배경에서 일어났다. 사적인 측면에서 존 F. 케네디와 그의 동생 로버트의 죽음은 가족들에게 엄청난 상실이었지만 이 두 지도자들의 비극적 암살사건은 전 국민에게도 큰 상실이 되었다. 이러한 개인적이며 사적인 경험과 베트남 전쟁 시기의 공적인 역사적 경험은 상실에 대한 가족들의 적응과정에 깊은 영향을 주었고 다음 세대의 약물문제나 무모한 행동, 반항적 행동과 같은 문제행동으로 나타났다.

프리다 칼로([색채 가계도 10])를 이해하기 위해서는 그녀가 멕시코 혁명의 시기에 국경 근처에서 태어났다는 사실을 고려해야 한다. 실제로 그녀는 혁명이 일어나기 3년 전에 태어났는데도 자신의 생일이 혁명이 일어났던 1910년이라고 말하

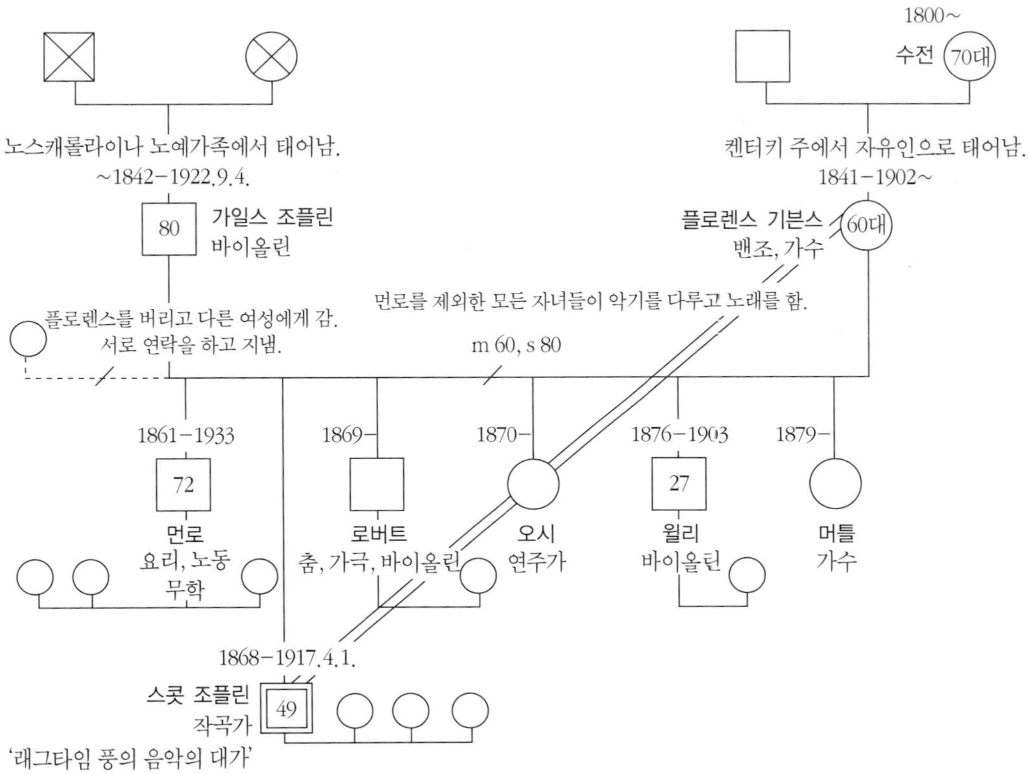

[가계도 4-4] 스콧 조플린 가족

고 다닐 정도로 혁명과 자신을 매우 동일시했다. 그녀의 일생은 그녀의 작품에도 나타나 있듯이 그 시대와 문화의 사회정치적 투쟁과 깊은 관련이 있다.

스콧 조플린([가계도 4-4])은 최초의 흑인계 미국인 작곡가였는데 노예제도가 종식된(1968) 이후 태어난 첫 세대다. 조플린의 가계도를 보면 그의 부모와 형제들이 모두 음악적 재능이 뛰어난 것으로 보이는데 여러 형제들 중에서 왜 스콧만이 유명한 사람이 되었는지 궁금하게 된다. 스콧이 재능이 매우 뛰어나기도 했지만 그가 특별히 성공적이었던 데는 가족 패턴이 기여하고 있다. 가계도를 보면 그가 장남인 형이 태어난 지 7년 후에 태어난 것을 알 수 있다. 그리고 스콧 바로 다음으로 두 동생들이 이어서 태어났다. 그다음 동생들은 여섯 살과 세 살 터울이다. 그의 형 먼로는 1861년에 태어났고 여섯 남매들 중 유일하게 학교교육을 받지 못하고 음악가가 되지도 못했다. 먼로와 스콧의 출생 사이에 노예해방전쟁이 일어났고, 스콧은 전쟁 후 태어난 첫 아이었다. 이것은 그의 출생을 가족이 특별한 의미를 가지고 받아들였을 것이라고 생각할 수 있게 하는 점이다(그들이 살았던 텍사스에서는 1870년까지도 노예제도의 종식이 받아들여지지 않았던 것 같다.). 그러나 두 아이들의 출생 사이에 다른 자녀가 임신되었을 수도 있었을 것이라는 생각도 가능하다(이에 대한 정보는 충분하지 않다.). 조플린의 어머니 플로렌스 기븐스가 만약 먼로와 스콧 사이에 여러 아이들을 잃었다면 스콧이 여러 아이를 상실한 이후에 태어난 첫아이이므로 그녀의 마음에 특별한 위치를 차지하였을 것이라는 점은 명백하다. 그녀는 아들이 어렸을 때도 피아노를 칠 수 있도록 배려해 주었으며 남편이 그녀를 떠나 다른 여성에게 갔을 때조차 아들을 위해 피아노를 어떻게든 마련해 주었다. 스콧은 부모와의 관계에서 삼각관계에 얽혀 있었고 아버지는 아내가 아들에게 '지나치게 몰입하는 것' 때문에 화를 내고 결국 별거에까지 이르렀을 것으로 생각해 볼 수 있다(Haskins, 1978, p. 54). 어떤 경우가 되었든 스콧 조플린은 어렸을 때부터 자신이 '특별한 사람'이라는 자각을 하면서 자랐으며, 형이 학교를 전혀 다닐 수 없는 상황에서도 상당한 교육을 받았고 다른 형제들과 함께 음악공부를 할 수 있었다. 16세가 되었을 때 조플린은 '더 킹 오브 래그타임(The King of Ragtime)'이라는 재즈음악 연주단을 조직하여 25세까지 활동하였다.

이민도 가족에게 영향을 주는 커다란 사건이므로('이민'에 관한 주제별 참고문헌 참조) 형제관계를 평가할 때 가족의 이민시기를 고려하는 것이 중요하다. 자녀양육 시기에 이민을 한 가족에서는 자녀가 이민 전에 태어났는지 혹은 이민 후에 태어났는지에 따라 상황이 달라질 수도 있다. 이민 후에 태어난 자녀는 훨씬 더 좋은 환경에서 양육될 수도 있고 오히려 커다란 스트레스 속에서 자랄 수도 있다.

마리아 칼라스([가계도 4-5])는 가족이 이민한 후에 태어나 여러 가지 복합적 스트레스 속에서 자란 첫 자녀의 예가 된다. 이민은 그녀의 가족에게 커다란 영향을 미쳤던 것 같다. 마리아의 부모인 요르고스와 에반젤리카는 그리스인으로 결혼을 반대하던 아버지가 1916년에 갑작스럽게 사망한 지 2주 후에 결혼하였다. 아버지

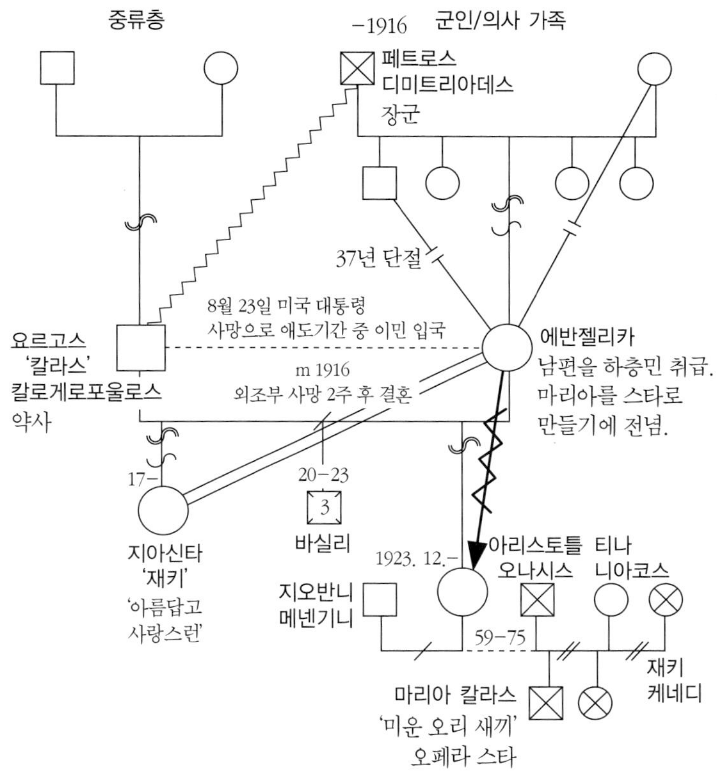

연대기

1917 부모의 결혼: 결혼을 반대했던 외조부가 사망한 뒤 외조모가 에반젤리카에게 요르고스와 결혼하라고 재촉함.
1920 오빠 바실리 출생.
1923 봄에 바실리가 뇌막염으로 사망.
1923 봄에 에반젤리카 임신.
1923 요르고스는 몰래 미국 이민 신청.
1923 미국 대통령 하딩의 애도기간 중 가족이 미국 이민 입국.
1923 요르고스는 약사자격증을 얻기 전까지 그리스어 강사로 최소의 수입 유지.
약사자격증을 취득한 후 교통사고를 당하기 전까지 문제없이 생활함.
1923 12월에 마리아 태어남. 에반젤리카는 딸이 태어난 것에 실망하여 딸을 보지 않음.
1929 마리아가 자동차에 치임. 이후 항상 자동차에 대한 불안을 느낌.
1929 마리아가 초등학교 입학. 요르고스는 약국을 잃고 다시 재건축해야 했음.
에반젤리카는 남편의 '실패'에 격분하여 자살 시도. 이후 부부관계는 끝남.
1934 마리아가 노래경연대회에서 우승함.
에반젤리카는 이때부터 마리아를 성공 티켓으로 생각하여 마리아에게 헌신함.
1936 에반젤리카가 다시 그리스로 역이민.

[가계도 4-5] 마리아 칼라스 가족

가 죽자 어머니의 말대로 조지와 바로 결혼하여 그녀가 끔찍이 사랑했던 첫딸을 낳고 이어서 두 번째로 낳은 아들을 세 살 때 뇌막염으로 잃었다. 아들을 잃고 난 직후에 마리아의 아버지는 갑작스럽게 미국 이민을 결정하였고, 그들이 미국에 도착하였을 때는 우연히도 하딩 대통령이 사망하여 온 국민들이 애도 중이었다. 아버지는 처음에 바로 약사로서 직장을 얻지 못했고, 영어를 알지 못해서 생계문제로 많은 어려움을 겪었다. 이런 와중에 이민 온 지 5개월 만에 마리아가 태어났다. 어머니는 마리아가 딸인 것에 매우 실망하여 돌아보지 않으려 했으며 부부는 수년 동안 아이의 이름조차 지어 주지 않고 지냈다. 아버지는 약사로서 직업을 갖기 위해 여러 해 동안 애를 쓰다가 우울증을 앓게 되었는데, 이때 마리아는 초등학교에 들어갈 때였다. 몇 해가 지나고 마리아의 언니는 이 우울이 가족에게 준 힘든 상황을 다음과 같이 적었다.

> 나에게 대공황에 대한 기억은 무엇이었을까? 고층건물에서 사람들이 목숨을 던지는 것을 실제로 보았던가?…… 아니다. 뉴스를 통해서 세상이 미쳐가고 있다는 생각만 끝없이 반복되었고 정말 혼란스러웠다. 나는 어렸기 때문에 우리에게 무슨 일이 일어나고 있는지…… 신분상승을 꿈꾸는 가정의 자녀로서 우리는 곧 알게 되었다. 이전에는 당연시되었던 일들이 더 이상 일어날 수 없다는 것을……. 학교가 끝나고 집에 돌아온 어느 날 저녁까지는 이러한 이상한 일, 경제적인 재난이 우리에게 일어날 것이라는 생각은 꿈에도 하지 못했다. 이제 모두가 생존을 위해 싸워야 되었다. 아버지는 빚으로 무너지고 있었고…… 아버지의 새로운 사업은 더 이상 회복이 불가능하고 고향으로 돌아갈 희망은 더 이상 보이지 않았다. 우리는 맨 처음 이곳에 도착했을 때와 같은 형편없는 상태로 되돌아간 것 같다. 약국은 포기해야 할 것 같다. 더 작은 아파트를 찾아야 하고…… 엄마는 약국을 팔기로 내놓았다는 말을 듣고 약국으로 뛰어 들어가 아버지한테 경제공황의 전적인 책임이라도 있는 것처럼 비난을 퍼부었다. 그러나 아버지가 등을 돌려 나가 버렸을 때 엄마는 발작적으로 선반에서 위험한 약을 담아둔 약병을 집어들어 한 움큼 삼켜 버렸다……. 이 극단적인 행동으로 엄마와 아버지의 부부관계는 끝장이 났고, 그 후 부모님은 한 지붕 아래서 서로 이방인처럼 불편하게 살았다(Callas, 1989, pp. 42-43).

가족은 혼란 상태에 빠졌고, 결국 어머니는 자신이 아버지보다 낫다고 생각하여 남편을 미국에 남겨둔 채 딸들을 데리고 그리스로 돌아가 버렸다. 심각한 스트레스 상황에 있었던 부모로부터 방임되었던 마리아는 부모와 관계상 어려움을 극복하지 못했다. 결국에는 어머니의 '성공 티켓'이 되어 자기 자신을 위한 삶보다는 어머니의 꿈을 이루어 주기 위한 존재로 살았다.

블랙웰 가족에서는 이와 다른 유산을 찾아볼 수 있다. 블랙웰 가족의 막내이자 아홉 번째로 태어난 조지 워싱턴 블랙웰은 영국으로부터 이민 온 가족에서 이주 후 처음 태어난 막내 아이다. 그는 가족들의 도덕적 이상에 구속받지 않았고 개혁주의 운동에도 참여하지 않았다. 대신 그는 실용주의자로서 경제적으로도 성공한 사업가가 되어서 가족 전부의 재산 증식에 공헌하였다. 그는 아마도 이 새로운 나라에서 태어난 덕분에 자신의 생각대로 자유롭게 살아갈 수 있었던 것 같다(Horn, 1980, pp. 138-139).

제8장에서 더 자세히 논의되겠지만, 에릭 에릭슨은 1936년에 이민 온 직후 개명을 했다. 아마도 자신의 유대교의 전통에서 벗어나려는 행동이었을 것으로 생각된다. 30년이 지나 미국에서 아동심리치료자가 되어 유명해진 이후에도 아들에게 쓴 편지에서 이민으로 인해 겪었던 부모의 힘들었던 경험에 대하여 이렇게 적고 있다. “내가 떠났을 때…… 엄마에게는 너무나 힘든 일이었을 텐데……. 그것은…… 내가 이민자 신분이었기 때문이었다. 엄마는 이 나라에 대해서 1달러의 가치가 어떤 것인지, 미국의 아이들에게 필요한 것이 무엇인지에 대해서까지 모든 것을 잘 알고 있었다. 그리고 진정으로 생각해 볼 때 내가 정말로 너에게 유익을 끼치는 부모였는지 정말 자신이 없구나.” (Erikson Bloland, 1999, p. 54) 이런 감동적인 글은 그가 경험했던 어려움을 전부 설명해 주지는 않지만 수많은 시간이 흘렀음에도 문화에 대하여 ‘바라만 보는 것’과 효과적으로 적응해 가는 것 사이에서 이민자로서 갖는 부적절감의 깊이가 어떠한지를 보여 준다(제8장 참조).

복잡한 가계도

가계도를 작성하다 보면 매우 복잡해질 수도 있는데 모든 것들을 한 번에 잘 표현할 수 있는 방법은 없다. 흔히 대하는 문제를 어떻게 표시할 것인지 미리 계획을 세우는 것이 도움이 된다. 만약에 아버지의 세 형제들에 관한 가계도로 지면의 3/4을 채우게 되면 나중에 어머니 쪽 가계도를 그리려고 할 때 어머니가 열두 형제 중 막내일 경우 당황하게 된다. 그러므로 가계도를 그리기 전에 부모의 형제 수, 결혼 횟수를 미리 생각해 두는 것이 유익하다. 복잡한 구조를 가진 가족인지를 미리 알아내려면 다음과 같은 질문을 해 보면 된다.

- 부모는 각각 몇 번 결혼했는가?
- 부모의 형제는 몇 명이고, 부모는 몇 번째 자녀인가?

예를 들어, 제인 폰다의 원가족의 구조를 도식화한다면 기본적인 골격은 [색채 가계도 4]와 같다. 이 가계도에는 제인의 부모와 조부모가 표시되어 있다. 부모는 각각 이전에 결혼한 경험이 있었고, 아버지 헨리는 계속해서 여러 번 결혼했다. 이러한 결혼 상황은 각자의 옆에 날짜를 표시하여 순서를 알 수 있도록 그린다.

일반적으로 IP를 가계도의 중심에 두고 그와 관련된 삶들에 대한 상세한 사항을 적어 넣도록 한다. 그러므로 정보의 깊이와 범위에 따라 가계도의 복잡성은 달라진다. 예를 들어, 제인의 핵가족뿐만 아니라 어머니, 아버지, 형제들에 관련된 여러 차례의 결혼과 자살, 정신과 입원, 외상적 사건 등의 양상까지 모두 포함시킨다면 [색채 가계도 5]와 같은 모양이 된다. 이 복잡하게 가득 그려진 가계도는 다음과 같은 주요 세부사항을 나타내 주고 있다.

- 이 가정에서는 여러 번 결혼하는 것이 흔한 일이다.
- 헨리 폰다의 첫 번째와 두 번째 부인은 모두 자살했다.
- 헨리 폰다는 제인의 어머니인 둘째 부인이 자살하기 몇 달 전에 그녀와 헤어졌다. 이때 그는 이미 셋째 부인인 수전 블란차드와 연애 중이었고 8개월 뒤에 결혼하였다. 그리고 아마도 이때 그녀에게서 딸인 에이미가 임신된 것으로 보인다. 그는 1953년에 에이미를 공식적으로 입적시켰다.
- 헨리의 세 번째 결혼의 신혼여행 중 피터 폰다는 권총으로 자살을 시도하여 죽을 뻔했다.
- 헨리 폰다는 자살한 친한 친구가 두 명 있다. 피터도 마찬가지로 그의 '숨겨

둔 연인' 브리짓 헤이워드가 1960년에 자살하였는데, 그녀의 어머니 마거릿 설리번은 헨리 폰다의 첫 번째 아내였고 그녀가 자살하기 10개월 전에 역시 자살하였다.

- 1965년 피터의 가장 절친한 친구가 자살하였고, 그의 아버지가 다섯 번째 결혼을 했다. 그리고 그의 누나 팬과 제인은 둘 다 첫 결혼을 했다.

특별히 가족관계가 복잡하고 다수의 결혼이 있는 가계도를 그리는 데는 여러 가지 한계가 있다. 때로 어떤 특별한 부분을 강조하기 위해서 가계도의 배열을 다르게 재조직하기도 한다. 예를 들어, 폰다의 가계도는 제인과 피터의 부모인 헨리 폰다와 프랜시스 시모어 폰다의 결혼에 초점을 두고 배열한 것이다. 헨리는 실제로 다섯 번 결혼하였고 그의 첫 부인 마거릿 설리번은 네 번 결혼하였다. 헨리는 그녀의 두 번째 남편이었다. 마거릿의 세 번째 남편인 리랜드 헤이워드(헨리 폰다의 대행업자)는 다섯 번 결혼하였으며, 그중 한 사람과는 두 번 결혼했다. 그의 배우자들 중에도 여러 번 결혼한 사람들이 있다. 어떤 부분들은 이러한 복잡성 때문에 가계도에 표시할 수가 없다.

복잡한 가족 상황을 한 장의 가계도에 다 그리지 못하는 경우도 있다. 본래 가계도는 개괄적이기 때문에 가족 역사의 모든 변화를 상세하게 기록할 수는 없다. 예를 들면, 폰다의 가계도에는 다음의 정보가 빠져 있다.

- 프랜시스 시모어 폰다는 자살할 당시 정신병원에 있었다.
- 피터의 가까운 친구이자 헨리의 첫 아내 마거릿의 아들이었던 빌 헤이워드는 젊은 나이에 메닝거 치료센터에서 4년간 치료를 받았다. 피터는 그의 영향을 받아 수년 동안 정신질환에 대한 두려움을 갖게 되었다.
- 피터의 연인 탈리타 게티도 후에 자살했다.
- 헨리 폰다의 첫 번째 부인 마거릿 설리번은 이혼 후 세 번째 남편인 폰다의 대행업자 리랜드 헤이워드와 캘리포니아의 폰다 가족들이 살던 근처에서 살았다. 그녀는 리랜드 헤이워드와 헤어진 후 자녀들과 코네티컷 주로 이사해서

거기에서도 폰다 가족과 가까운 곳에서 살았다.

- 피터 폰다의 첫 번째 부인은 나중에 폰다의 전 대리인과 결혼했다.
- 마거릿의 딸인 제인 폰다와 브룩 헤이워드는 어릴 적부터 친한 친구였고 그들의 부모가 재결합하기를 원했다.
- 제인은 그의 어머니의 죽음을 영화잡지를 통해 알게 되었다. 피터는 어머니가 자살했다는 사실을 5년 동안 알지 못했다. 그는 그 사실을 자신이 매우 사랑한 계모가 아버지와 헤어진다는 사실을 알게 된 같은 주에 알았다. 10년이 되도록 피터는 자신의 어머니가 정신병원에서 죽었다는 사실을 모르고 살았다.
- 헨리는 피터와 제인에게 아내의 자살에 관해 한 번도 이야기한 적이 없었다.
- 헨리 폰다와 그의 장모는 제인의 어머니의 장례를 아무에게도 알리지 않고 두 사람만이 참석하여 치렀다. 헨리는 장례가 있었던 날 밤에 무대에 섰다.
- 피터는 어머니가 자살한 지 8개월 후 아버지가 신혼여행을 떠났을 때 배에 권총을 쏘아 자살을 시도하였다. 헨리는 피터에게 어머니의 죽음 때문에 충격을 받았는지 물어보지 않았고, 피터는 어머니가 심장마비로 죽었다고 들었다.
- 1957년 헨리 폰다의 네 번째 신혼여행 기간에 피터가 학교에서 자주 문제를 일으켜 기숙학교에서 퇴학당했다. 그를 네브래스카의 친척에게 보낸 것도 누나였고 정신과 치료를 받도록 해 준 것도 누나였다.
- 1965년 헨리 폰다의 다섯 번째 신혼여행 직후 피터는 약물복용으로 체포되었지만 형을 선고받지는 않았다. 헨리는 여전히 피터가 어떤 상황인지에 대하여 묻지 않았다.
- 수년 동안 피터 폰다는 1965년에 자살한 친구 스토미가 준 총을 갖고 있었다. 죽고 싶다고 느꼈지만 총을 사용하고 싶지는 않아서 1972년 결국 그 총을 치료자에게 주었다.
- 피터의 성장과정에는 주변에 아주 중요한 자원들이 여럿 있었다. 그에게 아주 인색하게 굴었다고 생각했던 누나 제인, 여러 번의 어려운 시기에 도움을 주었던 고모 해리엇과 산타클로스의 미소를 가졌던 해리엇의 남편 고모부 잭,

그의 곁에 항상 있어 주었던 첫 번째 계모인 수전 블란차드, 그리고 의붓누나 팬은 그의 대모가 되어 주었고 멀리서 지지해 주었다. 그 밖에 여러 명의 선생님과 치료자가 있었다.

폰다의 가족은 자살과 재혼으로 많은 영향을 받았고, 헤이워드와 폰다의 가족이 서로 긴밀하게 얽혀 있었다는 것은 명백하다. 아마도 피터와 제인의 연기에서 볼 수 있는 비범한 분위기와 힘은 그들이 어린 시절부터 경험한 여러 가지 불행을 극복한 데서 얻어진 것이라고 보인다. 더욱이 제인과 테드 터너([색채 가계도 6])가 발전시킨 관계는 자살과 외상적 경험에도 불구하고 완벽하지는 않았지만 자신들의 삶을 변화시키고 극복한 사람들의 숨은 힘의 결합이라고 할 수 있다.

가족에게 자살은 그 어떤 죽음보다도 가장 해롭고 매우 큰 상처를 주기 때문에 자살과 관련된 사실을 탐색하는 것은 폰다 가족을 이해하는 데에 매우 중요한 부분이다. 이와 같은 정보는 가족연대기에 작성해 두거나 가능하다면 가계도에 덧붙여 기록한다.

복합가정과 근친결혼: 중복적으로 연결된 가족

사촌이나 복합가정에서 계형제 간에 이루어지는 가족 내 근친결혼이 있는 경우 가계도 작성에 어려움이 따르게 된다. 이런 복잡한 가계도는 가계도를 여러 장 작성하거나 특별히 따로 주석을 달아 놓으면 확실히 알 수 있다. 이런 가족의 가계도도 컴퓨터 작업을 하게 되면 그다지 어렵지 않게 가계도로 다양하게 그려 두고 활용할 수 있을 것이다. 한 가족에서 두 사람이 다른 가족의 두 사람과 결혼으로 연결되는 것과 같이 가족원 간의 관계가 서로 얽혀 있으면 가계도는 혼란스러워진다(제8장의 프로이트 가족, [가계도 5-10]의 아인슈타인 가족, [색채 가계도 13]의 케네디 가족, [가계도 5-8]의 루스벨트 가족 등). 영국 왕실가족에서 이러한 예를 많이 볼 수 있는데 한 페이지에 다 그릴 수 없을 정도로 복잡하다. 세상 사람들을 '6개의 분류방식'으로 이어 보면 모두가 서로 연결된다는 말도 있듯이, 가계도를 계속 추적해 보면 폰다 가족은 애덤스 가족과 연결되고 헨리 8세와 처칠 가족과도 연결된다.

유럽 왕실의 가족들은 복잡하게 관련되어 하나의 가계도에 다 명시할 수 없을 정도다. 윈저 가족([색채 가계도 12])은 그들의 근원인 독일계 조상으로부터 분리되기 위해 1917년에 영국식 이름으로 바꾸었다. 윈저 가문은 이 책에서 논의되는 많은 가족들과 연결되어 있다. 조지 부시([색채 가계도 11]), 네루 가족([가계도 7-2]), 에드위나 몽바튼으로 연결되는 로베슨 가족([가계도 5-5]), 부비에 가족은 재키의 여동생 리 부비에 라지웰의 첫 남편 마이클 캔필드로 인해 연결된다. 이로 인해 케네디가와 연결된다. 그리고 빅토리아 여왕의 난봉꾼 아들인 에드워드 7세는 미아의 조부라고 알려져 있다. [색채 가계도 12]를 보면 빅토리아 여왕 이후 현재까지 영국 왕실의 가계도를 작성하는 것은 매우 복잡하고 어려운 일인 것을 알 수 있다. 이 외에도 알렉산데르 푸슈킨, 데이비드 니븐, 대니 케이, 노엘 카워드 등 유명한 사람들이 연결되어 있다.

복합가정에서 양육된 아동

자녀가 각기 다른 여러 가정에서 양육되거나 입양된 경우, 또는 여러 위탁가정, 친척이나 친구에게 보내져 양육된 경우도 [색채 가계도 14]처럼 가계도가 매우 복잡하다. 피터 폰다는 출생 후 성인이 될 때까지 열한 곳의 가정을 거친 것을 볼 수 있다. 이런 경우 가능한 한 전체 이동과정과 관계에 관한 정보가 가계도에 모두 포함될 수 있도록 한다. 그러나 상황에 따라서는 매우 복잡한 경우 독자 나름의 지침을 가지고 실제적인 가계도가 되도록 한다. 또는 상황을 명료하게 하기 위해서 각 자녀의 위에 연대기적 주석을 달아 놓는다. 컴퓨터 가계도 프로그램은 이러한 생애 전체를 통한 양육환경을 탐색하는 것도 용이하게 해 줄 것이다.

손실된 정보

가계도를 만들어 가는 데 가장 주요한 관심 중 하나는 손실된 정보다. 왜 자신의 아버지에 대해 아무것도 모르는가? 왜 외가 쪽 삼촌, 이모의 정보가 부족한가? 손실된 정보에서 가족의 단절, 갈등, 고통스러운 상실을 암시해 주는 것은 무엇인가? 때때로 손실된 정보를 찾아냄으로써 내담자는 잠재된 자원을 찾아내기도 하고 이해할 수 없었던 가족 이야기가 분명해지면서 새로운 선택을 할 수 있는 단계에 들어서게 된다. 예를 들면, 폰다 가족의 경우 피터, 제인, 헨리에 대한 많은 전기를 아무리 확인해 봐도 양쪽 부모의 원가족에서 최소한의 핵가족 가계도조차 만들기 어려울 정도로 정보가 빈약하다. 그들의 어머니의 경우는 그녀가 일찍 죽었고 정신질환이 있었다는 사실을 감안할 때 납득이 가지만, 그렇더라도 그녀에게 일어난 사건들은 형제들과 자녀들에게 매우 깊은 영향을 준다. 확인된 정보만으로 생각해 볼 때 프랜시스의 아버지와 그녀의 형제들 그리고 헨리의 형제들은 장례식에 참석조차 하지 않았다. 그들 중 두 사람은 자녀들의 인생에 관여한 사람들이었다. 헨리와 그의 아내들이 자녀들과 멀리 떨어져 있는 동안 헨리의 여동생 해리엇과 그녀의 남편 잭은 피터의 삶에 중요한 역할(지도자, 수호천사, 부모 역할 등)을 했지만, 다른 여동생 제이니에 대해서는 거의 언급되지 않았다. 이런 경우 피터나 제인에게 가족에 관한 이야기를 알 수 있도록 도우려면 바로 이 고모가 주된 정보 탐색 자원이 될 수 있을 것이다. 피터는 여러 세대에 걸쳐 삭제되어 버린 가족사의 진실을 알 수 없었다. 그의 글에서 그는 자라면서 뭔가 설명할 수 없는 희미한 느낌을 가졌지만 그것이 무엇인지는 알아낼 수 없었다고 했다. 그는 17세 때 해리엇 고모 집에 가서 살기로 한 것에 대하여 이렇게 적고 있다. "나는 지금까지 나의 '가족'에서 느꼈던 어두움과 침묵 그리고 덫에 걸린 듯한 느낌들에게 안녕이라고 작별인사를 하고 싶었다." (Fonda, 1998, p. 133) 접근할 수 없었던 아버지의 역사에 대해서는 이렇게 적었다. "뭔가 우리가 결코 알 수 없는 일들이 아버지에게 일어났던 것 같다. 그는 결코 누구에게도 지지 않았다. 그러나 그에게 일어난 일은 그를 조용하고 수줍은 성격으로 만들었다. 이러한 아버지의 성격은 꾸며진 모습이었고 실제 모습에 덧입혀 놓은 무대의상과 같았다. 어떤 장소에서는 그는 아무 말도 하지 않고 있는 것이 더 편하다는 것을 알고 있었다. 정서적으로 더 힘들수록 더욱 깊이 숨겼다. 나는 아버지에 대해 아는 것을 더 많이 이야기한다. 그러나 나는 결코 충분히 알 수는 없을 것이다." (p. 496) 아울러 피터는 가족 역사를 알 수 없는 어려움을 다음과 같이 말했다.

> 사생활을 알지 못하는 것은 어머니의 가족에 대해서도 마찬가지다. 외조부모에 대해 아는 것은 그들이 내가 20대 후반이 될 때까지 살아계셨다는 것이다. 외할아버지는 가벼운 알코올중독이었고, 가끔 만취가 되어 돌아오면 잔디를 뭉개고 비틀거리며 문명인들의 모순에 대해 독설을 퍼붓곤 했다. 외할머니는 우리와 함께 사는 동안 할아버지의 실수를 잘 견뎠다. 그때는 어머니가 점점 우리 곁에서 안 보이던 시기였다. 양가의 살아 계신 어른들이 들려준 이야기를 믿어도 되는지 의심스럽다. 너무나 많은 시간이 지나 버렸고, 그동안 진실이 각색되고 삭제될 기회는 너무나 많다. 나는 이제 나이가 90대인 해리엇 이모를 내 문제로 괴롭히고 싶지 않다. 누군가에게 이야기했듯이, 아버지의 자서전은 너무나 많이 삭제되어 거의 현실성이 없다……. 아버지는 너무나 수줍고 내성적이어서 자신의 중요한 사건들을 드러내 놓고 얘기할 수 없었을 것이다(p. 116).

체계적 관점에서 볼 때 피터가 가계도를 작성하고 손실된 정보를 구체적으로 탐색할 수 있도록 도울 수 있다. 물론 일부 정보는 가족혈통 가계도를 활용하여 찾아낼 수도 있고, 그러는 동안에 손실된 정보 틈 사이로 정보가 드러나게 된다. 손실된 정보는 임상적으로 초점을 두어 탐색해야 할 부분인 경우가 많다. 그것은 가족들의 이야기에서 제외된 정보이며 내담자들을 이해하는 데 핵심 부분이 되기 때문이다. 나보코프(Nabokov)의 소설에 보면 이런 글이 있다. "듣는 행위에는 실제로 세 가지 측면이 있다. 첫째는 말하는 사람에 의해서 말해지는 것, 둘째는 듣는 사람에 의해 해석되는 것, 셋째는 두 사람 모두에게 드러나지 않은 감춰진 이

야기다." (Nabokov, 1959, p. 52)

불일치한 정보

마지막으로 정보가 일치하지 않는 문제가 있다. 예를 들어, 가족원의 사망시기나 가족의 갈등관계에 관하여 서로 다르게 이야기하면 어떻게 할까? 빌 클린턴의 아버지 빌 블리드는 신비에 싸인 인물이다. 그는 자기 자신을 끊임없이 날조하면서 살았던 사람이다. 그의 생애에는 많은 불일치가 보인다([가계도 4-6]). 그의 생일 날짜조차도 의문스럽다. 그의 가족은 그가 1918년 2월 27일에 태어났다고 하고, 그의 군대기록에는 1917년 2월 21일생으로 되어 있다. 그의 아내 버지니아는 그가 슈리브 포트를 통과할 때 만났다고 말했지만, 군기록에는 그들이 만나기 두 달 전에 그가 그곳에 주둔해 있었다고 되어 있다. 그는 자신이 1935년 12월에 결혼했고 다음 해에 이혼했다는 사실이나 아들 헨리 레온 블리드를 1938년 1월

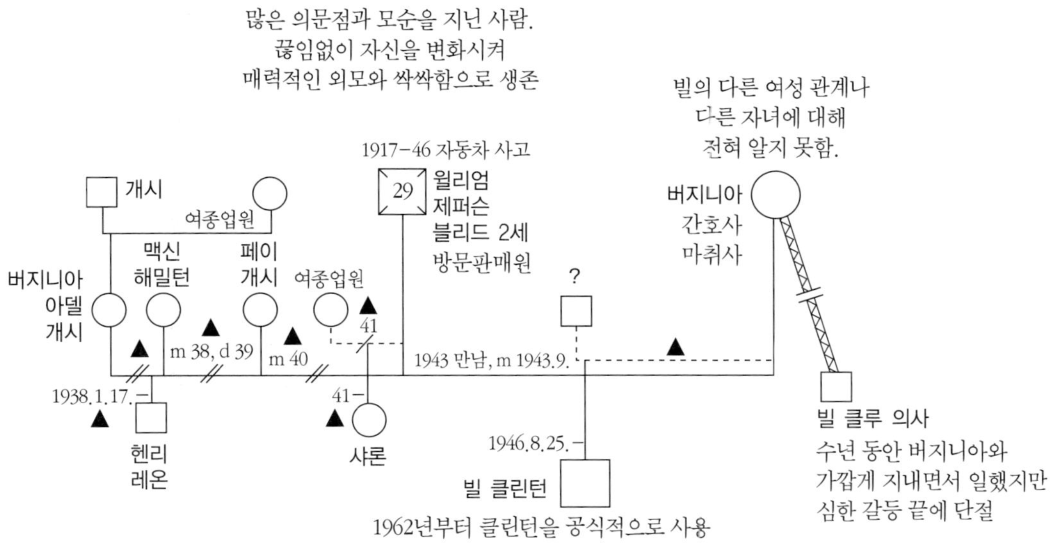

[가계도 4-6] 빌 클린턴의 아버지에 관한 불일치한 정보

17일에 출생 신고했다는 사실을 버지니아에게 말해 주지 않았다. 그녀는 그가 1938년 8월 11일에 다시 결혼해서 9개월 후에 판사의 표현대로 '심한 잔인성과 심각한 무책임성'을 이유로 두 번째 이혼을 했다는 사실도 몰랐다(Maraniss, 1995). 버지니아는 또한 그가 1940년에 첫 아내의 막내 여동생과 세 번째 결혼을 했던 사실도 몰랐다. 그 결혼은 그의 아이를 임신했다고 주장하는 네 번째 여성을 피하기 위해서였던 것이 확실하다. 캔자스 시의 호적에 보면 1941년에 또 다른 아이의 출생신고가 있었던 것으로 보인다. 그 아이는 그가 결혼했던 미주리의 식당 여종업원이 낳은 샤론 리 블리드였다. (그 외에도 그는 빌 클린턴의 친아버지가 아닐지도 모른다는 점이 제기된다. 일반적으로 추측되기는 그의 아들이라고 여겨지고 있지만 그의 어머니가 빌을 임신했을 때 그의 아버지는 이태리에서 복무 중이 아니었다는 사실에 대한 의문이 제기되고 있기 때문이다. 클린턴 자신은 블리드를 자신의 친아버지라고 믿고 있다.) 클린턴 대통령 시절의 미국의 상황처럼, 불일치에 대한 갈등은 가족 내에서 오래 지속되는 듯하다.

빌 블리드가 불일치와 모순을 감추기 위해 자신의 역사를 새로운 이야기로 날조하면서 살아왔을 뿐 아니라, 버지니아 켈리 클린턴 역시 마취 간호사로 수년간 일하면서 직장과 지역사회에서 갈등을 빚어 왔다. 그녀는 환자 2명의 사망 때문에 고소당했다. 그녀의 행위에 대한 고소와 그에 대한 반소가 있었고, 그녀는 자기 편에서 함께 일했던 사람들을 고소하기도 했다. 그녀는 수년간 이러한 행동을 계속하다가 결국 해고되었다. 시시비비를 분명하게 가려낼 수 없는 갈등으로 인해 오랫동안 소란스러운 상황이 지속되었다. 버지니아의 아버지 역시 딸의 두 번째 남편 로저 클린턴과 불법으로 주류사업을 했음에도 이를 부인했다. 그의 아내가 그의 부정을 계속하여 고발했지만 그 사실조차도 부인했다. 그들 가족은 사실에 대한 불일치와 모순이 너무나 많은데도 여전히 오랫동안 매우 가깝게 지냈다([색채 가계도 16]).

이 가족의 불일치한 정보들은 지나친 점이 있지만 일반적으로 가족 내 불일치는 흔하게 있는 일이다. 그래서 가족에게 정서적으로 의미가 있다고 생각되면 가계도상에 표시해 두어야 한다. 브래트(Bradt, 1980)는 오래전부터 정보의 출처를 색깔로 구분하여 가계도를 표시할 것을 권했다. 컴퓨터 프로그램을 활용하면 이러한 정보의 불일치를 탐색하는 일은 더 용이해질 것이다.

이처럼 불일치, 중복된 결혼으로 인한 복잡한 가족, 뒤얽힌 관계, 변화와 이동이 많은 가족, 다양한 관점 등으로 인해서 제한된 공간에 가계도를 그리는 것은 정교한 기술과 재능이 요구된다. 따라서 순발력 있는 대처와 지면 추가가 필요하다.

윤리적 가계도

폴 펠루소(Paul Peluso, 2003)는 다음과 같은 질문들을 활용하여 윤리적 가계도를 작성할 것을 제안하고 있다.

- 당신의 가족 중 누군가가 도덕적 · 윤리적으로 매우 힘든 결정을 했던 적이나 해야만 했던 적이 있습니까? 그때 어떤 경험을 했습니까? 결정의 순간을 어떻게 다루었습니까?
- 어떤 행동이 비윤리적이라고 생각되었습니까? 가족들의 도덕적 위반행동은 어떻게 나타났습니까? 도덕적, 윤리적 규칙을 가지고 가족원 간에 갈등이 있었습니까?
- 당신이 성장하면서 배운 윤리적 규칙에 관한 가치관을 바꾼 적이 있습니까?
- 당신 가족의 도덕적 기준은 사회의 법적 기준과 비교했을 때 어떻습니까? 가족원 중 이 법을 위반한 사람이 있습니까? 그랬을 때 가족원들은 그 사람에게 어떻게 반응하였습니까?
- 가족원 중에 가족의 도덕기준을 위반한 사람이 있었습니까? 그랬을 때 다른 가족원들은 그 사람에 대해서 어떻게 반응했습니까? 거칠게 반응했습니까? 관대한 태도를 취했습니까? 일관성 있게 대했습니까? 그렇지 못했습니까?
- 당신의 가족에서 윤리적 행동과 관련하여 가장 강한 가족의 가치는 정직성, 충성심, 순결성, 공평성, 존중심, 정의 등 무엇입니까?

직업 관련 가계도

깁슨(Gibson, 2005)은 초등학교 아동들에게 장래 직업에 대한 희망을 생각해 볼 수 있도록 돕기 위한 프로그램에서 가계도를 활용하였다. 깁슨은 4학년이나 5학년쯤의 아동들에게 가족의 직업 관련 가계도를 그려 보는 시도를 할 수 있으며 중학교나 고등학교 과정에서 좀 더 진보된 가계도를 계속 그려 보게 함으로써 자신의 가족의 직업과 관련된 역사를 이해하도록 돕고 자신만의 직업적 희망을 개발할 수 있다고 주장하였다. 가족과는 다른 길을 내딛은 사람은 이미 기반이 확립된 가족의 길을 걷는 것과는 매우 색다른 경험을 하게 된다. 아동들의 성장과정에서 가계도를 직업상담 도구로 활용하는 것은 자신의 직업을 가족의 직업적 유산과 연결 지어 이해해 볼 수 있게 해 줄 것이다.

성적 가계도

성적 가계도와 문화가계도를 활용하는 것은(Hardy & Laszloffy, 1995; Hof & Berman, 1986; McGoldrick, Loonan, & Wolsifer, 2006) 증상이나 두려움, 성관계상의 문제의 기능을 이해하는 데 도움이 된다. 성문제는 생활주기에 따라 관계 맥락에서 발전되고 또 관계 맥락에서 고려되어야 한다. 치료자들은 자신의 치료 작업에 영향을 주는 가치를 조명해 보기 위해 자신의 성적 가계도와 문화가계도를 그려 보는 것이 유익하다. 기본적 가계도 틀에 개인, 부부, 가족의 성적 역사와 관련된 부분만 덧붙이면 된다. 질병, 심리적 사건들, 결혼관계에 대한 정보 외에 가족의 성적 관계, 친밀관계와 관련된 것, 가족원의 성 관련 정보나 논의에 대한 회피 등과 같은 주제 등이 더해질 수 있다. 성적, 문화적 가계도를 구성하는 것은 부부에게 자신과 상대방을 성적, 문화적 맥락에서 이해하도록 도움을 주는 매우 유용한 방법이다. 또한 클라이언트에게 자신들이 어떤 가치 속에서 성장하였는지의 자각을 돕고, 이러한 가치가 그들의 성적 가치관이나 행동 그리고 불안에 어떻게 영향을 주었는지 인식할 수 있도록 돕는다.

다음은 성적 가계도를 위한 질문들이다(Hof & Berman, 1986; McGoldrick & Wolsifer, 2006에서 확장된 자료).

성적 가계도 질문

- 성, 친밀관계, 남성성, 여성성에 관하여 배우자는 그들의 가족으로부터 어떤 명시적, 암묵적 메시지를 받았을까요? 다른 가족들은 이 문제에 대하여 어떻게 말할까요?
- 성적으로 가장 개방적인 사람은 누구인가요? 정서적으로는? 신체적으로는? 누가 가장 폐쇄적인가요? 그러한 것이 다른 가족원들에게 어떤 영향을 끼쳤나요?
- 성(sexuality)이나 친밀감에 대하여 어떻게 지지받았나요? 어떤 부분이 억압되었나요? 통제된 부분은 무엇인가요? 가르침을 받은 부분은 어떤 것인가요? 이전 세대는 그들이 제시한 메시지와 다르게 행동했나요?
- 성, 친밀감, 학대, 근친강간이나 기타 다른 성학대에 대하여 당신의 가족은 비밀이 있었나요? 원치 않는 임신이나 혼외관계, 혼전 임신, 낙태, 사촌 간의 결혼 등에 관련하여 가족 비밀이 있었나요?
- 가족의 가계도와 관련하여 성이나 친밀감에 대한 질문 중 대답하기 꺼리는 질문은 무엇이었나요? 누구에게서 답을 얻을 수 있나요? 당신은 사람들에게 어떻게 접근하나요?
- 가족계획에 대하여 어떻게 생각하나요?
- 성과 관련하여 에로틱한 책이나 잡지 등에 관하여 어떻게 생각하나요?
- 포르노그래피와 같은 보다 강력한 성적 매체에 대해서는 어떻게 생각하나요? 당신은 현재 관계에서 성적 매체를 어떻게 다루나요?
- 당신이 보았던 일부일처제와 관계된 규칙은 무엇이었나요? 다른 사람에 대한 유혹이 있었나요? 그것이 옳다고 말하는 것에 대하여 어떻게 생각하나요?

- 혼외정사나 매매춘에 대하여 묵인하는 쪽입니까 혹은 문제라고 보는 쪽입니까? 당신의 현재 관계에서 이러한 이슈들은 어떻게 다루어지고 있습니까?
- 이전 세대에 친밀관계에 있었던 사람 중에 당신이 본받고 싶거나 본받고 싶지 않은 사람이 있었습니까?
- 당신 가족원이 성적 관계나 친밀관계가 민족성이나 빈곤, 성공, 성별, 성적 지향, 이민, 언어 차이, 인종 차이의 영향을 받는다는 것을 어떻게 느끼나요?
- 당신의 가족 중 민족성이나 사회적 지위, 종교적 배경이 다른 사람과 결혼한 사람이 있나요? 그 사실이 다른 가족원들에게 어떤 영향을 주었나요? 그것은 그들의 성적 관계나 친밀관계에 어떻게 영향을 주었나요?
- 당신의 종교적 배경이나 문화적 배경에서 오는 가치관이 당신의 성적 관계나 친밀성에 대한 관점에 어떤 영향을 주었나요? 그것이 어떤 차이를 나타내고 있나요?
- 가족의 문화적, 성적 규범과 동일하지 않은 성적, 문화적 패턴을 가지고 있는 사람이 있나요? 가족들은 그 사람에 대해 어떻게 반응했나요?
- 당신은 당신이 가족들에게서 받은 성과 친밀성에 관한 메시지와는 다르게 다음 세대에 전해 주기 위해 메시지를 어떻게 바꾸고 싶은가요?
- 당신 집안의 규범은 배우자의 원가족 규범과 비슷한가요 혹은 다른가요? 그러한 차이가 당신의 성적 관계나 친밀관계에 어떻게 영향을 주고 있다고 생각하나요?
- 당신은 당신 부부가 이러한 차이점들을 어떻게 다루고 있다고 생각합니까? 성적인 이슈들에 대하여 당신이 완성한 공유된 가치는 무엇입니까?
- 성적 존재인 인간으로서 편견이나 억압과 같은 요인들은 가족이나 개인의 발달에 어떤 영향을 주었습니까?
- 당신의 성에 대한 처음 경험은 무엇이었습니까? 그때는 그것에 대해서 어떻게 느꼈습니까? 지금은 그에 대하여 어떻게 느끼고 있습니까?

가계도에 원하는 만큼 성에 관한 정보들을 모두 한눈에 볼 수 있도록 도표화하는 것은 분명 매우 어려운 일이다. 보통 혼외관계에 관한 다세대 패턴은 가계도에 명확하게 그릴 수는 있다. 그러나 보다 미묘한 성문제는 특별한 상징이나 연결선으로 그려야 할 필요가 있다. 말할 것도 없이 그런 것들은 중요한 주제이며, 성적 주제들을 탐색하는 데 조직화된 가계도 형식을 사용하는 것은 성적 역사를 평가하는 데 가장 효율적인 체계를 제공해 준다.

어떤 것을 '주제'로 하든지 가계도는 창의적으로 만들어질 수 있다. 돌봄, 건강과 질병, 교육, 희망과 탄력성, 유머, 직업, 애완동물과 취미 등 무엇이라도 가능하다. 중요한 것은 개인에게 초점을 두는 것보다 시간의 경과에 따른 가족 패턴을 탐색하는 것이 역사적인 맥락에서 인간의 경험을 이해하는 데 매우 중요한 기본 틀을 제공해 준다는 점이다.

제5장

가족구조의 해석

가구의 구성

출생순위

독특한 가족 패턴

다양한 가족에서 성장하는 자녀: 위탁보호, 입양과 고아 경험

제5장

가족구조의 해석

임상가들은 관계구조, 가족구성과 출생순위, 다양한 가족 양상을 점검함으로써 가족에 대해 많은 정보를 얻는다. 이렇게 얻은 정보를 통해 임상가들은 가족관계와 역할, 그리고 가족 주제에 대한 다양한 가설을 세울 수 있다. 가계도 해석은 가족체계이론의 원리에 기초해서 이루어진다. 가족체계이론에 대해서는 보웬 이론(주제별 참고문헌의 '가계도 사정과 체계이론' 참조)과 출생순위에 관한 저서('출생순위'에 관한 주제별 참고문헌 참조), 맥골드릭(McGoldrick, 1995)과 해리엇 러너(Harriet Lerner, 1990, 1994, 1997, 2002, 2005)의 저서, 그리고 현재 문제를 가족역사와 연관 지어 접근하는 것이 중요하다고 강조하는 다른 가족이론가들의 저서를 참고하기 바란다.

가계도에서 가장 먼저 탐색해야 할 부분은 관계선이나 부호로 표시된 기본적인 구조유형이다. 도식화된 구조를 보면서 가족구성과 출생순위, 특이한 가족 형태에 근거하여 가족의 역할과 가족관계, 그리고 가족기능에 관한 가설을 세울 수 있다.

가족 패턴은 세대 간에 반복되면서 더욱 강화되는 경향이 있다. 특히 이전 세대와 비슷한 구조 속에서 살고 있는 사람들은 그 세대의 패턴을 반복하는 경향이 있다. 예를 들어, 세 자매 중 막내로 자란 어머니가 나중에 결혼을 해서 세 딸을 두게 되었을 때 막내딸과 자신을 지나치게 동일시하게 된다거나, 3세대에 걸쳐 이혼이나 분리가 반복되는 가족에서 이혼을 마치 가족의 규범처럼 받아들이게 되는 것 등이다.

가구의 구성

가계도에서 가장 먼저 살펴보아야 할 것은 가구구성이다. 즉, 전통적 핵가족, 한부모가족, 다가구가족이나 복합가족, 확대가족 혹은 외부인이 포함된 가구 형태인지를 살펴보아야 한다.

전통적 핵가족

미국의 가구구성 비율을 살펴보면, 부부와 자녀들로 이루어진 전통적 핵가족이 1970년에는 전체 가구 수 대비 40% 비율을 차지했던 반면 2003년에는 23%로 나타나 지속적인 감소 추세를 보이고 있다(Fields, 2003). 그러나 이러한 가족구조만으로는 임상가의 관심을 끌지 못한다. 극심한 스트레스나 심각한 부부문제를 경험하고 있는 가족을 만났을 때 임상가는 가족을 유지하는 데 도움이 되는 강점이나 요인, 필요한 자원의 접근 가능성 등에 대해 탐색해야만 한다. 왜냐하면 전통적 핵가족 구조는 확대가족에 비해 스트레스 상황에 대처하는 유연성이 떨어지기 때문이다. 또한 핵가족 구조에서는 부부가 각기 다른 자녀와 동맹관계를 맺거나 부모가 '증상이 있거나' '문제가 있는' 자녀에게 집중하거나 형제끼리 부모에 대항하여 동맹관계를 맺는 등의 부모-자녀 삼각관계가 형성될 가능성이 높다.

한부모가족

한부모가족은 자녀를 낳거나 입양하여 기르는 미혼부모, 부부 중 한쪽이 사망하거나 이혼, 별거, 가출로 인해 혼자서 자녀를 양육하는 가정을 말한다. 한부모가족의 가계도를 탐색할 때, 임상가는 한부모가 된 경위, 자녀양육상의 어려움, 경제적 문제, 확대가족이나 친구, 지인들과 같은 활용 가능한 자원에 대해서도 살펴보아야 한다.

이와 같은 사례는 빌 클린턴의 어머니 버지니아의 삶에서 찾아볼 수 있다([색채가계도 15]). 버지니아는 23세에 클린턴을 낳고 한부모가 되어 부모님과 함께 아이를 양육하면서 살았다. 혼자된 버지니아는 생계를 꾸려 나갈 기술이나 자원이 거의 없었다. 부모님으로부터 도움을 받게 된 것은 다행스러운 일이었지만 곧 3세대 삼각관계가 형성되었다. 버지니아는 부모와 함께 살았지만 조부모와 손자 사이에 강한 밀착관계가 형성되면서 자신이 마치 외부인이 된 것 같은 느낌을 받았다. 클린턴의 어머니는 다음과 같이 쓰고 있다(Clinton-Kelly, 1994).

> 어머니는 나에게 아이를 어떻게 양육해야 하는지에 대해 열심히 가르치려고 했다. 어머니의 마음은 이해하지만 나는 마치 심각한 열등생이 된 것 같은 느낌이 들었다……. 모든 것은 어머니의 감독하에 이루어졌다. 나는 어머니가 아이 곁에서 떨어져 있을 때만 유모차에 태우고 나갈 수 있었다(pp. 61-63).

버지니아는 그다음 해에 학교공부를 마치기 위해 빌을 부모님 곁에 두고 뉴올리언스로 가게 되었다. 그녀가 집에 돌아와서 다시 함께 살게 되었을 때 관계의 문제는 더욱 심각해졌다.

> 어머니는 점점 나를 아예 없는 사람처럼 취급했다. 나는 25세, 26세, 27세가 되어서도 여전히 부모님과 함께 살았다. 물론 빌을 돌봐 줄 부모님이 곁에 있어서 다행이었지만, 그에 대한 대가를 치러야만 했다. 어머니는 내가 마취사 수련

> 을 받는 동안 빌에게 엄청나게 집착했으며, 내가 취업을 한 이후에도 여전히 빌에 대해서는 어머니 마음대로 하려고 했다. 어머니는 빌의 옷을 입히고 밥을 먹이고 산책시키고 필요한 것을 사 주곤 했다. 사랑하는 손자를 위해서라면 비싼 것도 없었고 지나친 것도 없었다(pp. 77-78).

이런 문제는 한부모가족 구조에서 충분히 예상할 수 있는 것이므로, 가계도상에 이러한 구조가 나타날 때마다 그 전형적인 패턴에 대하여 탐색해야 한다. 또한 한쪽 부모의 상실이 가족관계 패턴이나 삼각관계에 어떤 영향을 미치는지를 연관지어 탐색하도록 해야 한다. 빌 클린턴은 이러한 아동기 삼각관계에 대하여 모르고 자란 것에 대해 다행스러워했다.

> 조부모님은 나를 헌신적으로 돌보아 주셨다. 그분들은 서로를 사랑하는 것보다 더 큰 사랑을 주셨고, 할머니는 어머니보다 나를 더 사랑해 주셨다. 천만다행으로 그때는 이런 사실을 알지 못했고 그냥 내가 사랑을 많이 받고 있다는 것만 알았다. 나중에 힘든 환경에서 자란 아이들에 대해 관심을 갖게 되었을 때에야 비로소 내가 매우 행운아라는 걸 알게 되었다. 그분들은 내가 항상 이 세상에서 가장 중요한 사람이라는 사실을 느끼면서 살도록 해 주셨다(Clinton, 2005, pp. 9-10).

클린턴은 그의 아버지 빌 블리드의 상실에 대해서 다음과 같이 쓰고 있다.

> 나는 평생 동안 내 삶의 빈 공간을 채워야만 할 것 같은 공허감을 느끼면서 살아왔다. 나는 내게 생명을 준 남자에 관한 것이라면 사진이든 신문기사든 닥치는 대로 수집했다……. 사실이야 어떻든…… 아버지는 내가 반세기를 살아오면서 그려 왔던 것보다 훨씬 더 복잡한 인생을 살았을 거라고 해도 놀라지 않을 것이다……. 아버지로 인해 나는 두 사람 몫을 살아야 한다는 생각을 하며 살았다. 특히 아버지에 대한 기억은 어린 시절의 나에게 나름대로의 삶의 기준을 갖게 하였

다. 그래서 나도 아버지처럼 젊어서 죽을지 모르니까 인생의 어떤 순간도 허비하지 않도록 최선을 다해야 했고, 어떤 큰 어려움에도 도전하고자 하는 의지를 갖고 살아가게 했다. 내가 어디를 향해 가고 있는지 혼란스러울 때조차도 나는 항상 안절부절못하고 조급한 심정이었다(Clinton, 2005, pp. 5-7).

한부모가족이 규모가 큰 다가구가족에 속해 있을 때 이를 이중핵가족이라고 하며, 자녀가 동시에 여러 가족구조와 연결되어 있는 경우에는 다중핵가족이라 부르기도 한다(Ahrons, 1998). 그러한 가족에서 자녀들은 각 가정의 다양한 환경에 대처할 수 있는 복합적 적응기술이 필요하게 된다.

재혼가족

부모가 이혼하거나 부모 중 한 명이 배우자와 사별한 후 재혼했을 때 계부모 역할을 포함하는 재혼가족이 형성된다. 이전 결혼에서 생긴 자녀들과 한 가구를 형성할 수 있으며, 때로는 각기 다른 가족구조를 형성하거나 가족원의 변동이 있을 수 있다.

재혼가족은 친권문제, 이전 가족과의 교류, 질투, 편애, 충성심 갈등, 계부모나 계형제 관계와 같은 독특한 문제를 경험한다. 임상가는 이혼과 재혼이 각 가족원에게 주는 영향에 대해 탐색해야 한다. 빌 클린턴 가족을 보면 이러한 가족 유형의 독특한 관계 패턴과 삼각관계 패턴이 잘 나타나 있다([색채 가계도 16]). 클린턴의 아버지 윌리엄 제퍼슨 블리드 2세는 버지니아 캐시디와 결혼하기 전 이미 여러 번 결혼을 했었다. 그러나 버지니아는 남편의 과거 결혼관계에 대해 수년이 지난 후에야 알게 되었다.

이와 같이 변화가 심한 가족의 가족구조와 동거 유형을 탐색하는 것은 매우 쉽지 않은 일이다. 버지니아 캐시디는 빌이 네 살 되던 1950년에 재혼을 했다. 그녀의 두 번째 남편 로저 클린턴 또한 이전에 결혼했던 경험이 있었다. 버지니아 캐시디는 클린턴과 이혼을 했지만 수개월 후에 재결합하였다. 빌 클린턴은 중년이 되어서야 블리드가 이전 결혼에서 낳은 이복형과 이복누나가 있다는 사실을 알게 되었는데, 그는 형은 만났지만 누나는 만나지 않았다(Clinton, 2005).

확대가족 관계망

가족의 정의는 인종이나 민족에 따라 매우 다양하다(McGoldrick, Giordano, & Garcia-Preto, 2005). 대모, 대부, 기타 친척을 포함하는 가족구조에서는 이러한 구조가 관계 패턴에 어떻게 영향을 주었는지를 평가하는 것이 중요하다. 고모나 이모, 삼촌, 사촌과 가사 도우미도 가족의 구성원으로 포함될 수 있다. 베이비시터나 가까운 친구, 또는 다른 가족 '외부인'들도 가족에게 중요한 영향을 미치는 비공식적 친족관계망이므로 가계도에 포함시켜야 한다. 클린턴가의 가사 도우미이자 베이비시터였던 코라 워커는 1953년부터 클린턴가에서 일했으며 그녀의 딸인 메이는 1994년 사망하기 직전까지 버지니아 클린턴이 보살폈다. 또한 빌 클린턴의 초등학교 시절부터 친구였던 빈스 포스터, 맥 맥라티, 조 퍼비스 등도 포함할 수 있는데, 이들은 50년이 지난 후 클린턴과 함께 백악관으로 들어갔다.

핵가족이 조부모와 함께 사는 경우도 있다. 이것은 버지니아 블리드 클린턴이 그랬던 것처럼 어머니의 도움과 지지를 받아야 하는 한부모가족에게는 아주 일반적인 것이다. 임상가는 3세대 가족의 세대 간에 걸쳐 있는 경계, 동맹관계, 세대 간 갈등에 대해서 탐색해야 하는데, 특히 부모 역할 수행을 둘러싼 관계상의 문제를 잘 살펴봐야 한다. 버지니아 클린턴은 항상 아버지를 존경했지만 어머니에 대해서는 너무 강하고 지배적이라고 생각했다.

임상가는 함께 살고 있는 확대가족 구성원의 역할과 관계를 탐색해야 한다. 관계문제는 가족 내 개인의 역할과 구조적 위치에 따라 다양하다. 배우자의 부모, 형제, 자매, 이모, 삼촌, 사촌은 배우자에게 침입자로 보일 수 있으며, 위탁이나 입양된 아동의 경우에는 아동의 특성이나 가족의 특성에 따라 '특별한 아이'나 '문제아'로서 가족의 삼각관계에 연루되기 쉽다. 이처럼 확대가족원이나 타인이 가족에 들어옴으로써 핵가족과 확대가족 모두에 미칠 영향에 대하여 고려하는 것은 중요하다.

출생순위

인간발달에 미치는 출생순위의 역할에 대해 항상 일치하는 것은 아니지만, 출생순위, 성별, 다른 형제자매와의 연령 차이의 중요성에 대해서는 오랜 기간 동안 관련 문헌을 통해 논의되어 왔다(참고문헌의 '출생순위' 참조). 아이의 출생시기, 형제자매의 위치, 인종, 생활환경 등 형제관계 패턴에 영향을 주는 요인들은 다양하다. 또한 가족이 해체된 특정 환경에서는 형제자매들이 서로 보호자가 되기도 하고 자원이 되기도 한다. 부모가 1962년에 이혼했을 때까지 계부의 호적에 입적되지 못했던 빌은 그의 공식적인 이름을 바꾸기로 결심했다. 어머니가 이혼하는 시기에 그가 이러한 결심을 한 이유는 알코올 중독자이며 학대적이었던 계부와 연결되고 싶어서가 아니라 그가 사랑하고 보호해 주고자 했던 의붓동생과 같은 이름을 갖기 위해서였다.

오늘날 형제관계 패턴은 크게 변화하고 있다. 일차적으로는 출산조절이 가능해졌고, 여성운동이나 여성의 사회참여 및 가족구조의 변화에 따라 출산이나 양육, 가족구조 패턴들이 달라졌기 때문이다.

형제자매에 대한 경험은 매우 다양한데, 그 중요한 요인으로 형제와 자매가 어린 시절에 함께 보낸 시간의 양을 들 수 있다. 두 아이가 나이 차이가 적고 동성일 경우 많은 시간을 함께 보내게 된다. 그들은 부모의 관심을 함께 받기도 하고 때로는 한 묶음으로 양육되기도 한다. 형제가 나이 차이가 많은 경우에는 함께 보내는 시간이 적고 공통된 경험이 적다. 그들은 가족발달 과정의 각기 다른 지점에서 서로 다른 발달단계에 분리되어 성장하면서 여러 가지 면에서 외동아이처럼 자라게 된다(Toman, 1976). 융([색채 가계도 7])은 이러한 점에서 기능적으로는 외아들로 자란 예라고 할 수 있다. 융은 형이 그가 태어나기 전에 죽었고 여동생은 9년 후에 태어났기 때문에 외아들처럼 성장했을 것이다.

오늘날 이혼과 재혼이 증가하면서 가족은 형제자매, 이복형제자매, 의붓형제자매로서 함께 살기도 하고 혹은 따로 지내면서 가끔씩 함께 만나는 일이 많아졌다. 외동이의 수도 많아져서 놀이친구들과 형제처럼 가깝게 지내며 살기도 한다. 게다가 이전 세대에 비해서 두 자녀 가족이 많아져서 가족관계도 다수의 형제들 가운데서 관계를 맺고 사는 것보다 더 강한 유대감으로 맺어져 있는 경향을 보인다. 형제가 함께 보낸 시간이 많을수록 관계도 더욱더 강하게 결속되는 경향이 있는 것은 확실하다. 형제가 많은 경우에 성별이나 나이 차이에 따라 하위집단이 형성되는 경향이 있다. 18개월 차이가 나는 형제들 사이에 이인관계가 형성될 수 있고 그들과 5년, 7년 터울로 태어난 자매들은 제2의 하위체계를 형성할 수 있다.

형제들은 서로 의지하기도 하는데, 특히 부모가 자식들을 잘 돌볼 수 없거나 양육에 필요한 욕구에 부응할 수 없을 때 더욱 그러하다. 제인과 피터 폰다는 어린 시절 스스로를 돌봐야 했다. 그들은 일찍부터 정서적으로 부모를 상실한 경험을 하면서 자랐다. 아버지는 성격적으로 거리 두기를 하는 사람이었으며 직업상 항상 먼 곳에 있었다. 어머니도 정신질환이 있었고 그 때문에 후에 자살했다. 이 남매는 어른이 되기 전에 여러 형태의 생활환경의 변화를 경험했다. 외상적 환경에 처한 형제들 사이에서 흔히 발견할 수 있는 것처럼, 그들은 고통스럽고 불안정한 세상에서 서로 깊이 의지가 되어 주며 살았다. 피터는 자신의 어린 시절에 대해 이렇게 이야기하고 있다. "아버지는 거의 대부분 집에 없었다. 그리고 어머니는 침실에 커튼을 드리운 채 지내는 시간이 많았는데, 우리는 그러한 사실조차 잊어버리거나 아예 인식하지 못한 채 지냈다. 제인과 나는 둘이 함께 뭉칠 수밖에 없었다. 우리는 방 사이의 벽에 동그랗게 작은 구멍을 뚫어 놓고 밤마다 이야기를 나누었다. 우리는 (지금도 그렇지만) 그때 비밀스러운 단어를 정해 두고 작은 구멍 사이로 비밀 이야기를 소곤소곤 나누곤 했다."(Fonda, 1998, pp. 14-15) "가족이 떠나고 뿌리째 흔들리고 가족환경이 변했을 때, 가족 간의 거리가 가깝고 먼 것에 상관없이 가장 힘들고 고통스러웠던 기억은…… 제인과 내가 부모님의 손에 억지로 끌려서 우리의 낙원에서 추방되었던 것이었다."(p. 35) "제인은 나에게 구원자와 같았다. 제인이 나를 싫어하고 나에게 함부로 할 때도 있었지만 정말 중요한

순간에는 남매로서 내 곁에 있어 줬다." (p. 39)

피터가 10세가 되어 아버지가 세 번째 신혼여행을 간 동안 권총 자살을 시도했을 때 함께 있어 준 사람은 제인이었다. 제인이 대학에 막 입학했을 때, 피터는 16세였고 보호자가 없이 학교에서 퇴학당하게 되었을 때도 제인이 달려와 주었다. 그는 "나에게는 제인뿐이에요. 누나는 내 인생의 전부입니다." (p. 54)라고 했다. 그리고 수년 뒤, "나는 세상 그 어떤 것보다도 누나의 인정이 필요했다. 제인에게 인정받고 싶은 것이 아버지에게 받고 싶은 인정보다는 좀 덜한 편이기는 했지만, 우리가 점점 서로 가까워짐에 따라 누나의 축복은 더 중요한 것이 되었다." (pp. 292-293)

제인은 50세가 되어 위기에 직면했을 때 피터에게 5일간만 자신과 함께 있어 달라고 했다. 그녀는 자신의 어린 시절에 대해 함께 이야기하고 싶어 했고, 피터가 기억하는 모든 것을 상세히 알고 싶어 했다. 그리고 그녀는 동생과 함께 어린 시절의 기억의 조각들을 끼워 맞추고 싶어 했다. 그녀는 그것이 완성되기도 전에 동생을 잃어버릴까 두려워했다(p. 474).

출생순위

출생순위는 개인이 원가족 내에서 처하게 되는 정서적 위치나 미래의 배우자와 자녀들과의 관계에도 특별한 영향을 미칠 수 있다. 맏자녀는 지나치게 책임감이 강하고 충실하며 부모처럼 행동하려 하는 반면, 막내는 어린애 같고 자유롭다. 남동생과 두 살 터울인 제인 폰다는 항상 책임감이 있고 아버지의 발자취를 따라 배우의 길을 일찍부터 택했지만 피터는 오랫동안 권위에 대항하는 반항아적인 역할을 하면서 지냈다. 종종 맏자녀는 자신을 특별하게 여기며, 가족의 안녕을 유지하고 전통을 수행하는 것에 대한 특별한 책임을 지려고 한다. 자신이 인생에서 영웅적 임무를 수행해야 할 것처럼 느끼기도 한다. 때로 맏자녀들은 동생이 생기기 전까지 부모의 사랑과 관심을 독점하다가 그것을 동생에게 빼앗겼다고 생각하여 원망하는 경우도 있다. 맏이의 경험은 막내와는 매우 다르다. 중간 자녀는 가운데 끼어서 소외된 감정을 가질 수 있다. 또는 자신만의 특별한 영역을 찾아 자신을 독특한 존재로 만들어 가려고 한다(Sulloway, 1996). 출생순위가 미래의 배우자나 친구 또는 동료와의 관계에 깊은 영향을 주는 것은 분명하지만 출생순위와 특정 성격 유형의 관계를 정확하게 설명할 만한 기준은 없다. 또한 기질, 장애, 신체적 특징, 민족성, 지능, 재능, 성별, 성적 지향 등 많은 요인들이 형제 역할에 영향을 주는 것들이다. 그 외에 자녀의 출생시기와 관련하여 가족이 경험하는 죽음, 이민, 질병, 재정적 상황의 변화 등도 형제 역할에 영향을 미치는 요소들이다.

쌍둥이

일란성 쌍둥이들은 형제간의 공유 경험이 가장 크다. 최근에는 두 명 이상의 쌍둥이가 태어나는 일이 전보다 더 흔해졌다. 50명 중 한 사람이 쌍둥이이며 8명의 임신 중 한 명이 첫 출산을 쌍둥이로 시작한다(Wright, 1995). 쌍둥이들은 다른 가족원들과는 다른 특별한 관계를 형성한다(Wright, 1995). 서로 강하게 결속된 쌍둥이들은 초자연적 직감으로 서로 교감하고 자신들만의 언어를 발달시킨다고 알려져 있다. 쌍둥이 중 한 명이 죽으면 다른 한 명은 평생 동안 죄책감을 가지고 살아간다. 남자 쌍둥이들의 인생 경험이 놀라울 정도로 비슷한 것을 발견하는 일은 자주 있다.

쌍둥이들의 중요한 문제는 각자가 개별적인 정체성을 발달시키는 것이다. 그들은 특정 출생순위가 없기 때문에 한데 묶어 취급되는 경향이 있기도 하고 서로 다른 존재로 구별되기 위해 극단적으로 다르게 행동하려 하는 경우도 있다.

형제와 자매의 역할 차이

형제와 자매들은 가족 내에서 아주 다른 역할을 한다. 자매들만 있는 가정에서의 자매들은 남자 형제들이 있는 가정의 자매들과는 다른 형제 패턴을 나타내는 경향이 있다. 실제로 연구 결과에 따르면 우리 사회에는 아들을 선호하는 경향이 있기 때문에 남자 아이들과 여자 아이들의 차별은 초기 아동기의 사회화에 있어 극단적인 차이를 보인다(Maccoby, 1990). 남녀공학에서 남자 아이들은 여자 아이들을 무시하거나 함부로 대하는 경향이 있으며, 여자 아이들의 요구가 남자 아이들에 비해 동등한 관심을 받지 못한다. 나이가 더 많은 남자 아이는 더 편애를 받고 특혜를 누린다. 나이가 어린 남자 아이는 남자 아이가 갖는 특별한 지위 때문에 누나로부터 질투와 질시의 대상이 되기도 한다.

다이애나 왕자비([가계도 5-1])의 예를 보면 특별한 가족에서 자랐는데도 사회 일반에서 보편적으로 존재하는 성차별 문제가 나타나는 것을 볼 수 있다. 그녀의 집안은 아들을 낳아야만 할아버지 잭 스펜서 백작으로부터 앨솝의 스펜서 백작 작위와 1억 4천만 달러 상당의 재산을 물려받을 수 있었는데, 다이애나는 그런 집안의 셋째 딸로 태어났다. 부모는 아들을 낳지 않으면 집을 떠나야 했기 때문에 간절하게 아들 낳기를 원했다. 다이애나가 태어나기 전에 아들이 태어났지만 장애가 있어서 태어난 지 얼마되지 않아 죽어 버렸다. 부모는 매우 실망한 나머지 다이애나가 태어났을 때 출생신고도 하지 않았다. 다이애나는 집안에서 유일하게 왕족 출신의 대부와 대모가 없는 자녀였다. 다이애나에 따르면, '나는 부모의 실망이었다. 부모님은 내가 아들이기를 바랐기 때문에 이름조차도 생각해 놓지 않으셨다." (Campbell, 1998, p. 1) 결국 왕가와 결혼할 뻔했던 조상의 이름을 부여받았을 때, 그녀는 한편으로는 부적절하다고 느끼면서도 특별한 존재로서 교양을 갖추도록 노력하게 되었다. 오빠에 대해서 아는 것이 전혀 없음에도 불구하고 어린 시절에 그녀는 자주 오빠의 무덤을 찾곤 했다. 아들을 원했지만 아들 하나를 이미 잃은 경험이 있는 집안에서 셋째 딸로 자라면서 다이애나는 남들과는 '다른' 특별한 사람이 될 필요성을 느꼈고 또 남다른 아이가 되었다. 3년 후에 남동생이 태어나면서 다이애나의 부담은 줄어들었다. 당연히 다이애나는 남동생을 좋아했으며(부모가 이혼한 후 더욱), 마치 제인과 피터 폰다의 사이가 그랬던 것처럼 서로에게 피난처가 되었다.

어린 시절에 자매는 서로 돌보아 주는 역할을 할 뿐만 아니라 남자 형제를 돌보기도 한다. 동시에 부모의 관심 대상이 되기 위해 서로 경쟁하기도 한다. 부모는

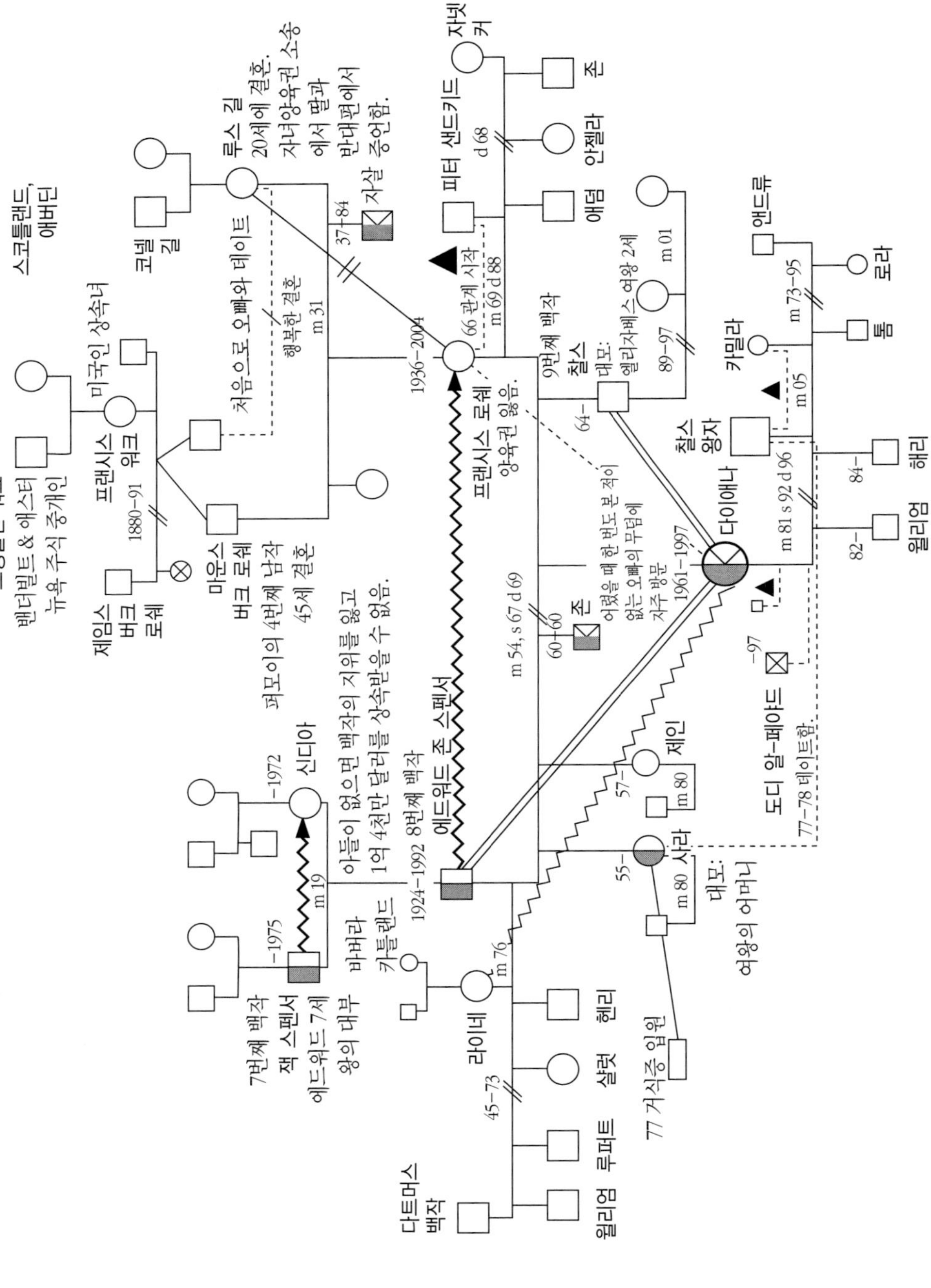

[가계도 5-1] 다이애나 왕자비 가족

아들에게 주된 관심을 기울이면서 딸들에게 보내는 것과는 다른 메시지를 전달한다. 유명한 전설적인 미국의 첫 흑인 야구선수 재키 로빈슨([가계도 5-2])의 경우를 예를 들어 설명하면 2남 1녀 중 두 아들 사이에 딸 샤론이 있었는데 딸과 아내의 출생순위가 같아서 같은 역할 유형을 보여 주고 있다.

> 우리 부부의 눈에 딸은 정말 이상적이고 완벽한 아이로 보였다. 실제로 아이를 대하는 사람들은 모두 딸이 정말 월등하다고 말했다. 아버지들은 일반적으로 아들을 좋아하는데, 딸에게는 정말 특별한 것 이상의 무엇이 있었다. 우리의 관계는 아내 레이철이 자란 가족 패턴과도 비슷한 모습을 보이고 있었다. 레이철은 2남 1녀 중 중간 자녀로 태어나서 동생을 돌보고 가족의 버팀목이 되어야 했기 때문에 항상 행복했던 것만은 아니었지만 늘 부지런하고 따뜻한 사람으로 자랐다. 냉정하게 생각해 보면 이러한 환경 때문에 샤론이 어떤 상황에서도 잘 대처할 수 있는 강인한 사람으로 자랄 수 있었을 것이다(Robinson, 1972, p. 242).

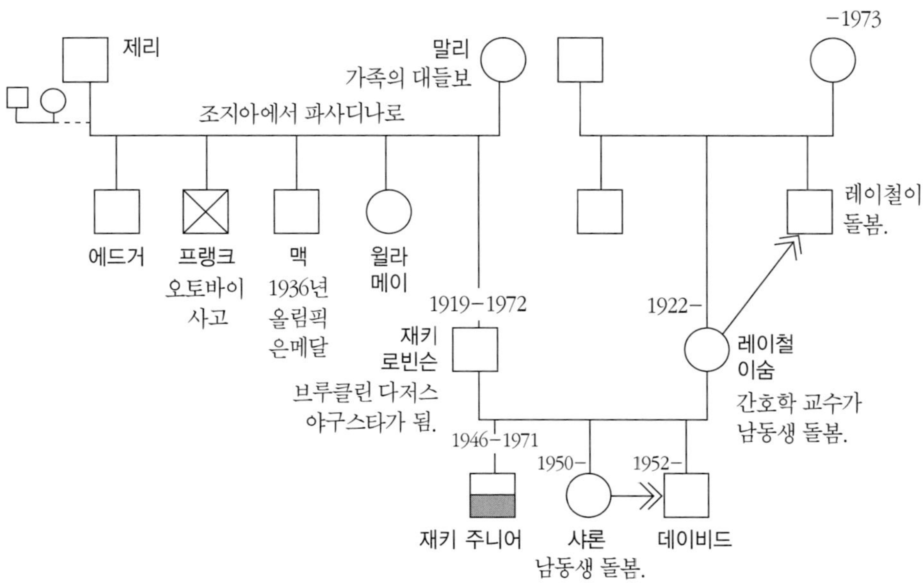

[가계도 5-2] 재키 로빈슨 가족

샤론은 어머니가 매우 역동적이고 성공적인 여성으로서 강한 여성 역할 모델을 보여 주었음에도 전형적인 딸들에게서 볼 수 있는 행동을 했다. 샤론은 나중에 다음과 같이 썼다.

> 재키 오빠는 때로 내가 울 때까지 간지럼을 태웠다. 그럼에도 불구하고 나는 오빠의 보호자 역할을 했다……. 어머니가 그러지 말라고 했으나, 나는 오빠와 동생이 강둑에서 낚시를 하고 있는 동안 물이나 먹을 것을 가져다주기 위해 뒷산을 뛰어서 오르내렸다(Robinson, 1996, p. 88).

자매관계를 이해하기 위해서는 가족 간 유대의 정도, 유대관계의 지속기간, 자매들에게 부여된 돌봄에 대한 책임감, 남성들로부터 인정과 관심을 받기 위한 경쟁심 등과 같은 여러 가지 요소가 복합적으로 연관되어 있는 점을 고려해야 한다. 또한 자매간에는 특별히 미묘한 친밀관계가 형성된다. 우리 사회는 이러한 자매관계의 중요성에 대해 일반적으로 부인해 왔다. 전해 오는 대부분의 이야기 속에는 자매가 한 남자의 관심을 얻기 위해 서로 경쟁하는 관계로 묘사되어 있는 것들이 많다(Berkinow, 1980). 신데렐라 이야기에서처럼 어머니들은 거의 언급되지 않거나 불화를 조장하는 존재로 나타나 있다. 그러나 문학작품에서 언니는 대개 나쁜 사람으로 묘사되는 반면, 막내딸은 천진스러운 아기, 아버지에 대한 충성심, 자발적인 '사랑의 대상'이 되어 준 대가로 아버지의 사랑과 부를 물려받는 사랑스러운 '아빠의 딸'로 묘사된다. 이런 부정적인 신화가 가족 내 여성들의 관계에 대한 기대에 어떤 영향을 주었는지를 탐색하는 것은 임상평가에서 중요한 부분이다. 여성들 사이의 갈등은 겉만 보고 평가해서는 안 된다. 오히려 여성들의 갈등으로 이득을 얻는 사람이 누구인지를 평가해야 한다(McGoldrick, 1989).

형제의 성역할 관계를 문화와 연관 지어 평가하는 것도 중요하다. 여러 문화권에서는 딸들을 키울 때, 이들에게 남자 형제들은 물론 타인을 돌보는 역할을 하도록 가르친다. 아일랜드계나 흑인계 미국인 가족들은 여러 가지 역사적인 이유로 아들을 과잉 보호하고 딸들은 소홀히 양육한다(Watson, 1998). 다른 문화집단에서는 그러한 특별한 역할기대가 더 적다. 백인계 가족에서는 남자 아이나 여자 아이는 동등하게 집안일을 해야 한다고 믿는다. 어떤 경우가 되었든 성별에 따른 역할이 형제관계 패턴에 어떤 영향을 주었는지를 살펴보는 것은 필수적이다.

맏아들이 자신도 모르는 사이에 권한부여를 받은 것과는 달리, 맏딸들은 자신의 책임에 대하여 양가감정과 함께 죄책감을 갖는 경우가 많다. 맏딸들은 무엇을 하든지 여전히 충분하지 못하며 가족을 위해 일하고 돌보는 노력이 부족하다고 느낀다.

맏자녀의 특성

일반적으로 맏자녀는 가족 내에서 책임감이 특히 강하고 성실하다. 그들은 어린 동생들을 지도한 경험과 책임감이 있기 때문에 좋은 지도자가 될 수 있다. 맏자녀는 축복도 받지만 부담스러운 책임도 부여받는다. 부모로서의 꿈과 새 가족의 시작을 알리는 첫 탄생이기 때문에 동생들과는 달리 커다란 관심을 받기도 하지만, 때로는 그것이 부담이 되기도 한다. 맏자녀들은 다른 사람들에 대한 책임감이 강하고 집단을 보다 나은 위치로 끌어올리기 위해 열심히 노력하는 경향이 있다.

미국의 초대 대통령인 조지 워싱턴([가계도 5-3])은 바로 이러한 예에 속한다. 워싱턴은 두 명의 이복형들이 있었지만 청소년기가 되어서야 비로소 알게 되었고, 성장기에는 장남으로 자랐다. 그중 로렌스 형은 아버지가 죽었을 때 그의 후견인이 되었다. 워싱턴의 지도력은 미국 건국의 중요한 원동력이었다. 20세에 그는 버지니아 시민군에 가입했는데 탁월한 능력을 발휘하여 23세에 버지니아 군사령관이 되었다. 그는 전쟁터에서 부하들을 이끄는 놀라운 능력을 발휘했고 탁월한 지도자로서 목표에 집중하는 능력이 뛰어났다. 마치 그가 평생 동안 동생이나 다른 가족원들을 끝까지 뒷받침해 주었던 것처럼, 부하들에게도 강한 책임감을 보여 주었고 자신의 개인적 희생을 감수하면서도 목적을 달성하는 모습을 보여 주었다.

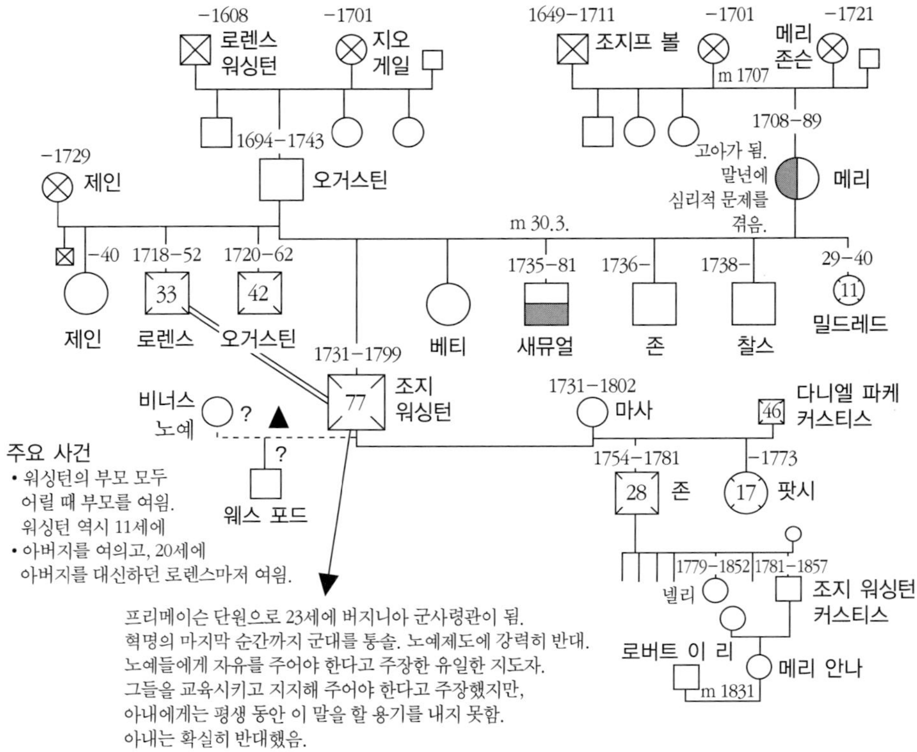

[가계도 5-3] 조지 워싱턴 가족

또 다른 전형적인 맏자녀의 예로 체 게바라([가계도 5-4])를 들 수 있다. 그는 다섯 형제 중 첫째였다. 조지 워싱턴처럼 체도 자연스럽게 지도자가 되었다. 그가 쿠바와 남아메리카에서 게릴라 혁명의 영웅이 되었다는 사실은 전혀 놀랄 만한 일이 아니다. 그는 사회주의 혁명에 대한 신념을 가지고 있었던 부모님 밑에서 큰아들로 자라면서 자연스럽게 부모의 가치관을 받아들이게 되었다. 그의 아버지 에르네스토 게바라 린치는 그 시대의 정치학에 심취했고 스페인 내전 후에는 스페인 망명자들을 도왔다. 그리고 그가 사는 지역에 공화당위원회를 설립하여 스페인 공화당의 전국 네트워크를 만들었다. 체의 어머니 세리아 게바라 또한 혁명가였다. 그녀는 보헤미안 풍으로 집을 꾸미고 많은 책과 신문으로 가득 채웠다. 그녀는 자녀들이 자유롭게 말을 할 수 있는 가족 분위기를 만들었다. 체는 정서적

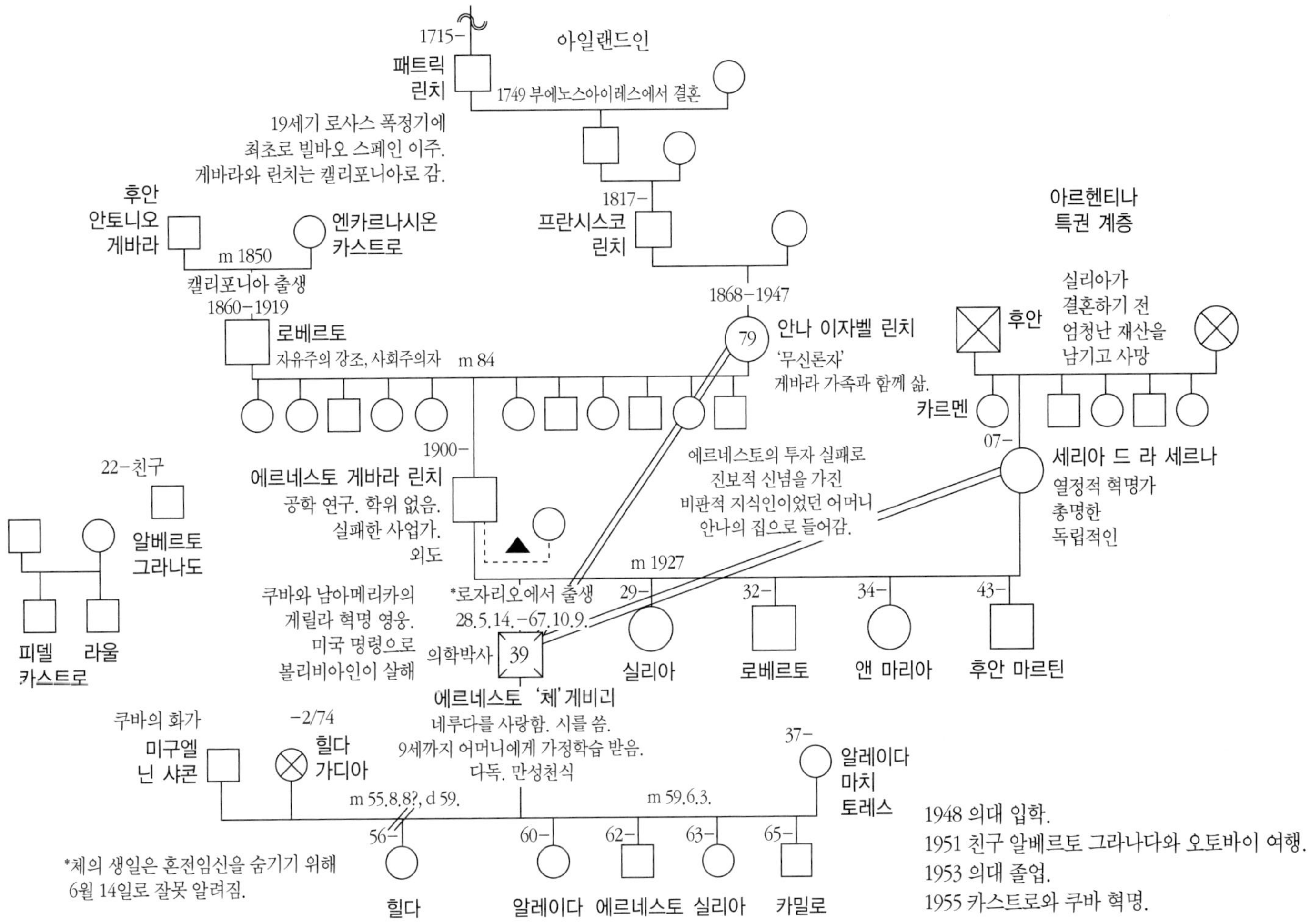

[가계도 5-4] 체 게바라 가족

으로 스페인 공화당주의에 물든 많은 사람들에 둘러싸여 자랐다. 그는 첫째 아들로서 허약하게 자랐다(그는 어렸을 때 내내 천식으로 고생했다.). 체는 특별히 어머니와 가깝게 자랐고, 집에서 어머니에게 공부를 배웠다. 어려서부터 어머니의 성품을 그대로 닮아 단호하고 자기 의사가 분명하며 급진적이고 독립적이며 다른 사람들에게 강한 직관과 충성심을 보였다(Anderson, 1997, p. 17).

맏딸도 책임감이 강하고 성실하며 잘 돌보며 남자들의 좋은 짝이 되어 지도력을 발휘한다는 점에서 맏아들과 비슷하다. 그러나 일반적으로 딸은 맏자녀로서의 특권을 갖지 못하고, 가족들도 맏딸에게 남보다 뛰어나야 한다는 기대를 부여하지는 않는다. 그래서 맏딸들은 특권이나 자기존중감 없이 맏이로서 책임만을 부여받는다. 형제들이 모두 딸들일 때, 장녀는 아들에게로 향했을 특권과 기대가 부여된다. 그 같은 예로 여성참정권 지도자였던 캐서린 헵번의 어머니를 들 수 있다. 그녀는 세 딸들 중 맏이로서 나중에 대학에 진학하면서도 두 여동생들을 함께 데리고 갔다.

가족에서 맏딸 다음에 남동생이 있을 경우, 토머스 제퍼슨([색채 가계도 18]), 존 퀸시 애덤스([가계도 2-13])처럼 남자 아이가 기능적으로 맏자녀 역할을 한다.

나이가 어린 자녀가 맏자녀 위치에 오는 경우는 형제에게 질병이나 장애가 있는 경우다. 캐서린 헵번([색채 가계도 17])은 오빠가 15세에 자살을 한 뒤 13세 때부터 줄곧 맏자녀 역할을 했다. 실제로 그녀는 더 어렸을 때부터 우울과 다양한 문제를 겪는 오빠를 돌보는 역할을 하면서 이미 맏자녀 역할을 해 왔다. 이 외에도 이러한 역할 전환에는 다양한 요소들이 영향을 주는데 가족 내에 많은 남자들의 자살과 상실을 극복한 여성들을 영웅시하는 것도 그중 하나다. 실제로 캐서린 헵번의 어머니 키트 휴턴은 13세 때 아버지가 자살을 했고, 어머니 또한 2년 후에 세상을 떠나 고아가 되었다. 그녀는 딸들이 남자에게 의존하지 않고 살아갈 수 있도록 교육에 무척 애를 썼다. 키트 휴턴은 16세 때 삼촌과 법정소송을 하면서까지 브린모어 대학에 진학했고, 두 여동생들도 대학에 진학할 때까지 부양했다.

막내의 특성

막내는 맏자녀처럼 책임감으로 인한 부담감을 느끼지 않고 응석받이가 되며 자신이 특별한 존재라는 느낌을 갖는다. 이러한 감정은 형제가 여럿 있을 때 더욱 강화된다. 열 자녀 중 막내와는 달리 두 자녀만 있는 경우 막내인 둘째는 형제간 나이 차이가 많지 않는 한 마치 쌍둥이처럼 또는 '한 쌍'처럼 자라게 된다. 막내들은 관습으로부터 자유롭고 독자적인 방식으로 일을 처리하려고 하며, 때로 창의력을 발휘하여 발명가나 혁신가가 되기도 한다. 예를 들면, 토머스 에디슨, 벤저민 프랭클린, 마리 퀴리와 폴 로베슨 등이 그러하다(이들 가족에 대한 자세한 설명은 McGoldrick, 1995; Sulloway, 1996 참조).

관심의 중심에 선 특별한 위치의 막내는 자신이 뭐든지 성취할 수 있다고 생각한다. 막내들은 부모의 관심에서 좀 더 자유롭고, 성취에서보다는 재미에서 더 만족을 추구한다. 손위 형제들보다 자신에 대한 신뢰가 더 강하고 매우 창조적이며 남들이 생각할 수 없는 것들을 시도하려고 한다. 또한 버릇없고 자기도취적이 되기도 한다. 그리고 막내들이 갖는 특권의식이 때로 좌절감과 실망을 경험하게 한다. 막내는 손위 형제들이 집을 떠난 후에 외동아이처럼 지내는 시기가 있게 되는데, 그렇게 되면 부모의 관심을 독차지하기도 하지만 때로 형제들로부터 버림받은 느낌을 갖기도 한다.

이 외에도 막내 자녀에게서 나타나는 뚜렷한 일반적 특징을 보면, 막내들은 손위 형제들의 돌봄을 받고 자라기 때문에 항상 '아기'로 취급되어 모든 사람의 관심을 받는 일에 익숙하고 타인들로부터 도움과 지지를 받기를 기대하는 경향이 있다. 막내 자녀들은 관습으로부터도 자유롭다. 막내들은 '아기'처럼 굴지 않도록 억지로 강요당하면 반항심이 생겨 사춘기에 에디슨이나 프랭클린처럼 가출하는 일도 있다.

여동생들은 보호와 애정을 많이 받으면서 자라는 경향이 있고 인생의 청사진을 약속받고 자란다. 또는 여동생은 응석받이가 될 수도 있고(오빠들이 있는 경우에는 더욱 그렇다.) 특별한 특권의식을 가질 수도 있다. 대가족일 경우에는 항상 자신의 차례가 오기를 기다리다 좌절할 수도 있다. 부모가 자녀들을 키우느라 에너지가 다 소진되어 버렸을 수 있고 주변 사람 모두가 감독자가 되려고 하거나 자신을 진지하게 다루어 주지 않는 데 대해 분노가 있을 수 있다. 외동딸이라면 막내딸은 공주처럼 자랄 수 있지만 어른들의 심부름꾼 역할을 할 수도 있다. 다 성장한 오빠들의 속이야기를 털어놓는 대상이 될 수도 있고, 부모 대신 가족 유대의 연결고리 역할을 할 수도 있다.

폴 로베슨([가계도 5-5])은 영리하고 창의력이 풍부한 막내로, 가족 내에서 다재다능한 아이였다. 인종차별적인 사회에서 흑인계 미국인이었던 그는 더욱 특별히 빛나는 존재였다. 모든 스포츠에서 뛰어났고, 파이 베타 카파(Phi Beta Kappa: 미

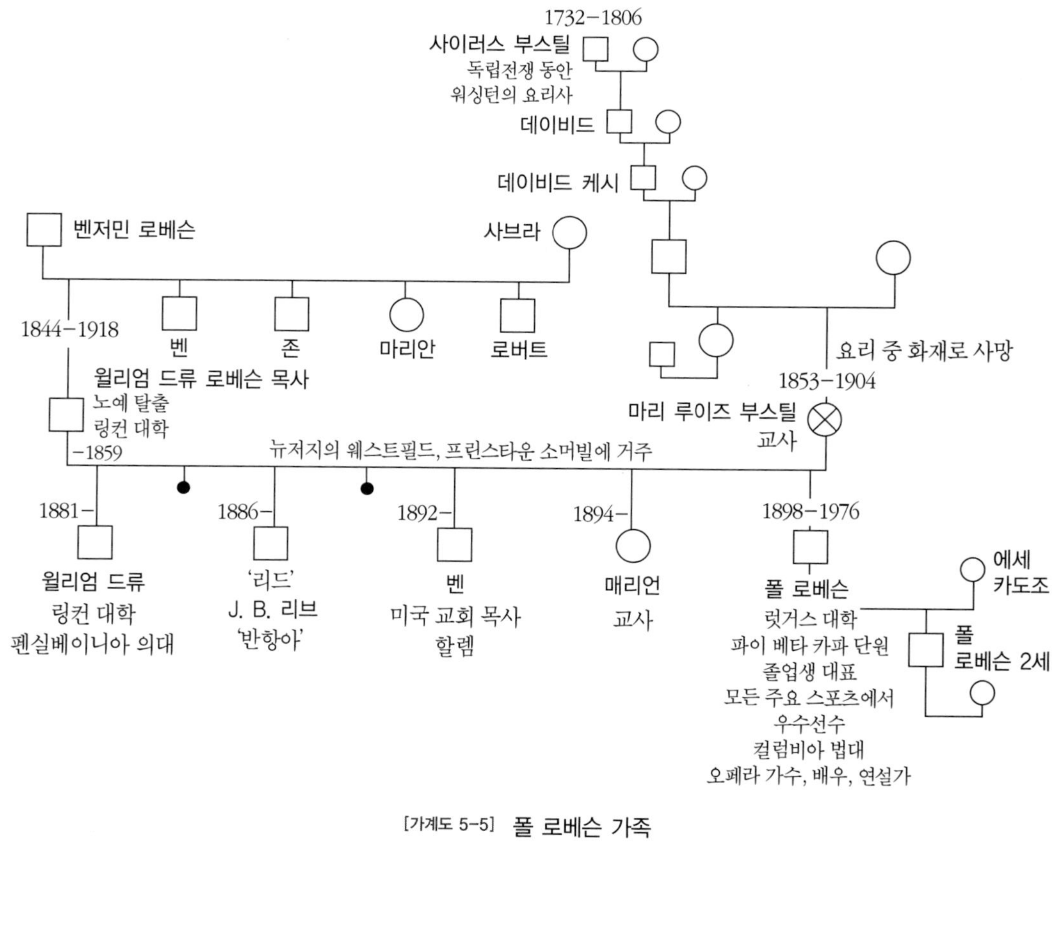

[가계도 5-5] 폴 로베슨 가족

국 성적우수 대학 졸업생으로 구성된 클럽) 회원이었으며 대학 수석 졸업생이었다. 그는 변호사, 유명 가수, 배우, 정당 대변인으로 활동했다. 로베슨은 자신의 인생에서 형제들이 얼마나 중요한 역할을 했는지를 마음 깊이 알고 있었다. 그는 가족들이 자신에게 넘치도록 풍부한 사랑을 주었으며 자신을 "하늘이 내려준 아이…… 오랫동안 기다려 온 행운을 가져다줄 아이" (Robeson, 1988, p. 16)로 대해 주었다고 회상했다. 이것은 가족들이 특히 어려운 시기를 지낼 때 막내에게 일반적으로 부여하는 역할이다.

중간 자녀의 특성

중간 자녀는 기수처럼 맨앞에 있는 것도 아니고 '아기'처럼 키워지는 막내의 위치도 아닌 '중간에 끼어 있는' 자녀다. 중간 위치의 자녀들은 가족에게 관심을 받지 못하고 자랄 수 있다. 특히 자녀들이 모두 동성으로 이루어졌을 때는 더욱 그렇게 되기 쉽다. 반대로 쉽게 감정에 의해 움직이는 손위 형제들보다 중간 자녀들은 차분하면서도 원만한 성품으로 자랄 수 있고, 막내들처럼 자기도취적이 되지 않기 때문에 최고의 협상가로 성장할 수 있다. 때로 눈에 잘 띄지 않는 의치에 있는 것이 오히려 이점이 되어 그것을 즐기면서 살 수도 있는 것이다.

마틴 루서 킹([가계도 5-6])은 다양한 역할을 수행하면서 다른 사람들과 잘 지냈던 중간 자녀였다. 그가 비폭력집단이라는 훌륭한 생각을 해낸 것도 어느 누구의 편을 들지 않고 자연스럽게 힘을 결집시키는 중간 자녀의 역할로부터 만들어진 것이었다. 좋은 지도력을 발휘하기 힘든 막내와는 달리 협력과 중재를 통해서 다수의 파벌들을 결집시키는 탁월한 협력적 지도력을 발휘할 수 있었다.

중간 자녀는 책임에 대한 압력은 덜하지만 특별히 어떤 역할을 하도록 요구받지 않기 때문에 대체로 두각을 나타내기 위해서 열심히 노력할 필요가 있다. 로베슨 가족에는 세 명의 중간 자녀가 있는데 각자가 독특한 중간 자녀의 특징을 보여주고 있다. 아버지의 이름을 물려받은 맏아들 윌리엄 드류는 아버지를 본받아 그가 졸업한 링컨 대학을 졸업한 후 의과대학에 진학했다. 둘째인 리드는 영리하기

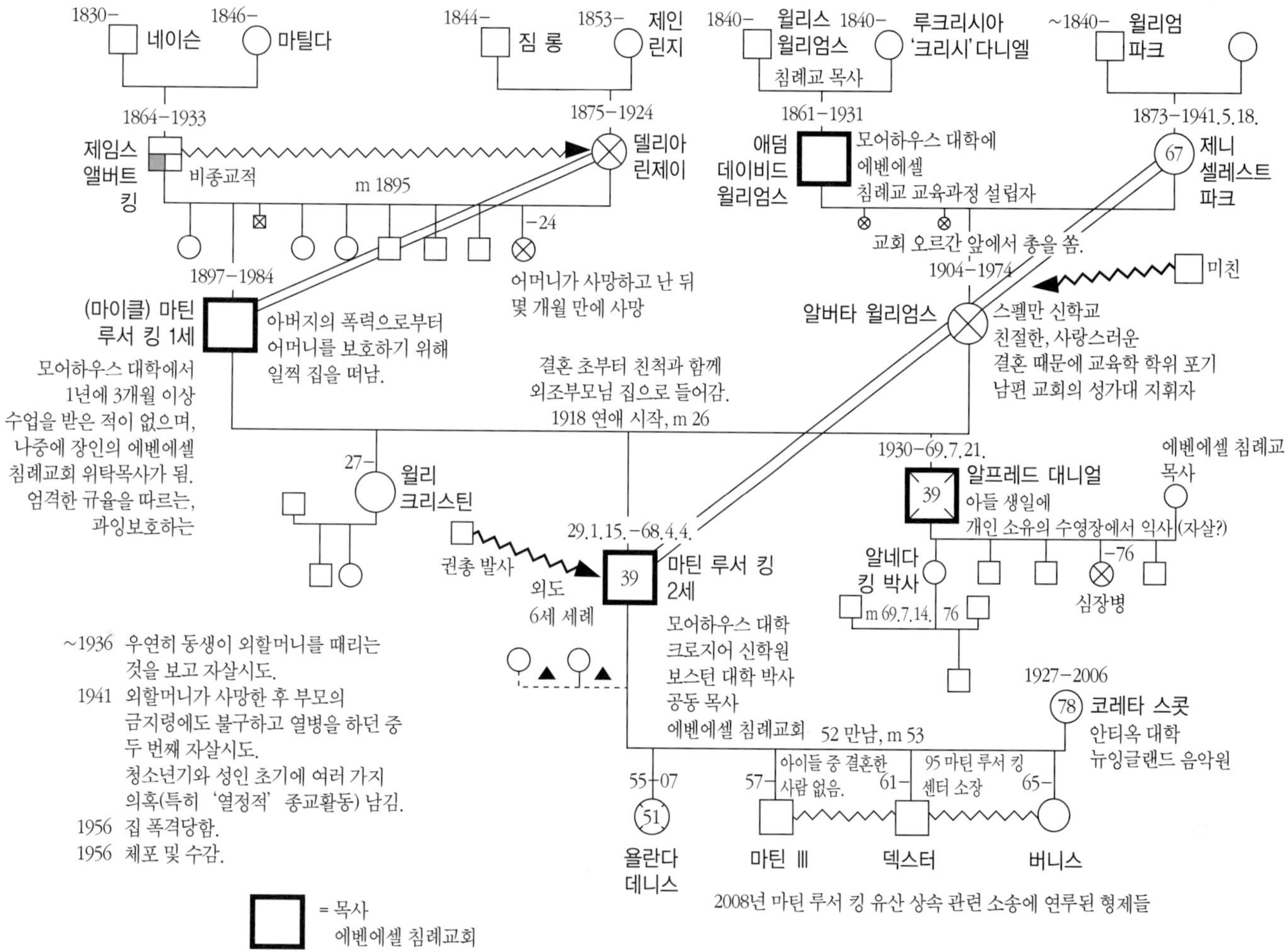

[가계도 5-6] 마틴 루서 킹 가족

는 했지만 흑인계 미국인으로서 지역사회에서 생긴 과도한 분노 때문에 적응하지 못한 '실패한' 중간 자녀가 되었다. 셋째인 벤은 훌륭한 운동선수로서 폴에게 안정적인 역할 모델이 되어 주었다. 넷째이자 막내딸인 매리언은 어머니처럼 따뜻한 성품을 가진 교사가 되었다. 벤과 매리언은 폴과 나이 차이가 많지 않아서 '신중한 태도와 강인한 성품, 그리고 원칙에 충실한 태도와 항상 헌신적인 모습으로' 폴에게 중요한 조언자가 되어 주었다(Robeson, 1988, p. 13). 다섯 살 때 어머니가 화재로 사망하는 비극적인 경험을 한 폴에게 이러한 형제들의 지지가 더욱 중요했다. 벤과 매리언은 다른 사람의 이목을 끌지 않고 조용히 살면서 사람들과 좋은 관계를 맺었는데, 이는 중간 자녀에게서 볼 수 있는 전형적인 모습이다.

폴은 위험한 상황에 대비해 자기보호용으로 작은 가방에 돌멩이를 넣고 다녔던 '거친' 둘째 형 리드를 좋아했다. 둘째 형으로부터 폴은 인종차별적인 모욕과 학대에 즉각적으로 대응하는 법을 배웠다. 폴은 아버지의 높은 기대에 맞추어 살지 않았던 둘째 형에게 특별한 감정을 가지고 있었다.

> 그는 교실에서나 설교단 그리고 강단 어디에서도 빛을 보지 못했다. 그러나 형은 사랑이 많은 사람이었던 것으로 기억한다. 회의할 때마다 형은 침착하지 못하고 반항적이며 냉소적이었고 백인들의 법에 도전적이었다. 나는 리드 형과 같은 많은 흑인들을 알고 있었다. 그리고 매일같이 그들을 보았다. 무모하게 자신만의 길을 찾으려고 안간힘을 쓰면서 외롭게 허공을 향해 주먹질을 하고 분노를 표현했지만 어깨가 처져서 살았고…… 모든 것이 달라지면 리드 형같이 분노했던 사람들도 평화롭게 살 수 있게 될 것이다. 그렇게 되면 누구도 그들에게 눈살 찌푸리는 일은 없게 될 것이다(Robeson, 1988, p. 14).

로베슨 목사는 자유분방하며 거칠었던 리드를 인정하지 않았고 나중에는 법률 문제로 그를 배척하기도 했지만, 폴은 형으로부터 스스로 일어서는 법에 대해 배울 수 있었다고 생각했다. 많은 중간 아이들처럼 리드는 다른 사람들은 감히 하려고 마음먹지 못하는 자신의 감정을 표현했을 것이다. 그는 자신의 분노를 인종차별에 대항하는 것으로 나타냈다. 로베슨의 전기를 다룬 유명한 연극에서 그는 아버지와의 사이에서 미처 다 하지 못했던 리드 형에 관한 이야기를 하고 있다. 아버지가 동생들에게 못된 본을 보여 주고 있다며 리드를 쫓아낸 날 밤을 회상하면서, 폴은 아버지와 형 벤이 함께 리드를 찾아서 집으로 데려 오는 것을 상상하며 형 리드를 다음과 같이 옹호하는 장면이 있다.

> 아버지, 화제를 돌리지 마세요……. 리드 형은 저에게 나쁜 영향을 준 게 아니에요. 형이 저에게 심한 말을 한 것은 "넌 너무 말이 많아." 정도였어요. 형이 내게 해 준 말은 당당하고 남자답게 행동하라는 것이었어요. "어떤 사람 앞에서도 비굴하게 머리 숙이지 말아라. 그리고 누가 너를 때리면 더 세게 때려 줘라." 아버지, 저는 성경 말씀을 잘 알아요. 그렇지만 리드 형도 아버지의 아들이잖아요! 아버지는 항상 제가 아버지를 닮았다고 하셨어요. 마찬가지로 아버지는 모든 아들들 속에 살아 계세요(Dean, 1989, p. 298).

이러한 감동적인 표현은 가족 내에서 각기 다른 형제들에게 다양한 역할이 어떻게 나타나는지, 그리고 가족이 모르는 사이에 단절이 얼마나 중요한 영향을 끼치는지를 잘 말해 주고 있다.

중간 자녀가 맏자녀나 막내 자녀의 특성을 나타내거나 양자가 혼합된 것 같은 특성을 보일 수 있는데, 이는 그다지 놀라운 일이 아니다. 중간 자녀는 외동아들이나 외동딸인 경우를 제외하고 가족에서 자신의 역할을 얻어내기 위해 투쟁을 해야만 한다. 중간 자녀는 맏이나 막내에게 쏟아지는 강한 정서적 영향을 피할 수 있을지 모르지만, 눈에 띄기 위해서는 많은 노력을 해야만 한다. 알프레트 아들러([가계도 5-7])도 중간 자녀의 좋은 예다. 아들러는 최초로 가족발달에서 형제구성의 중요성을 이론화했는데, 그중 많은 부분이 자신의 개인적 경험에서 나온 것이 확실하다.

> 아들러에 따르면 아이들은 가족 내에서 태어나고 자라면서 형제자매들 사이

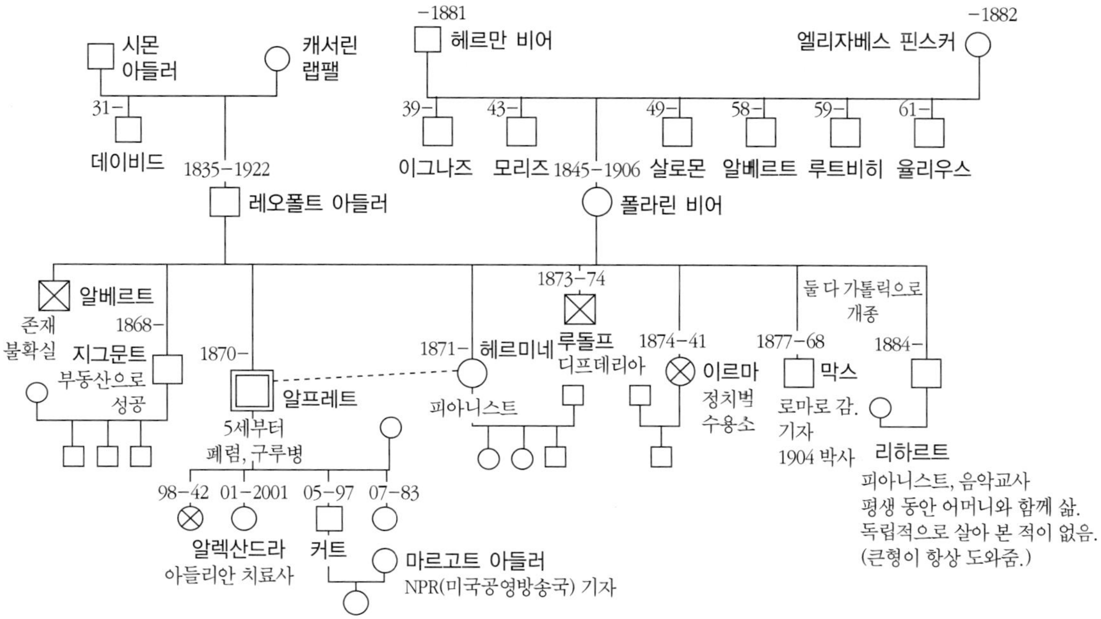

[가계도 5-7] 알프레트 아들러의 가족

에서 각자 위치에 따라 특별한 관점을 가지고 성장하게 된다. 장남의 위치는 동생들보다 더 나은 위치에서 출발한다. 장남은 더 강하고 현명하며 책임감이 강해야 한다고 배운다. 그래서 장남은 권위와 전통을 중요시하고 보수적인 태도를 갖게 된다. 한편 막내아들은 항상 아기처럼 응석받이가 되거나 겁쟁이가 될 위험이 있다. 첫째가 아버지의 직업을 물려받는 경향이 있는 반면, 막내는 예술가가 되거나 과잉보상의 결과로 엄청난 야망을 발달시키거나 온 가족의 구원자 역할을 하기 위해 애를 쓰기도 한다. 둘째는 형을 따라잡고 동생을 방어해야 하기 때문에 양쪽으로부터 계속적으로 압력을 받는다. 외동이들은 막내들보다 훨씬 멋대로 자라거나 응석받이로 자랄 가능성이 높다. 아이의 건강에 대한 부모의 지나친 관심은 외동이들을 불안이나 걱정이 많은 사람이 되게 하는 요인이 되기도 한다. 그러한 유형은 형제자매간의 거리, 아들과 딸의 수, 가족 내에서의 위치 등에 따라 달라질 수 있다. 장남이 바로 밑에 여동생을 보게 되면 자기보다 더 빠르게 성

> 숙하는 여동생에 의해 추월당할까 두려움을 갖게 될 수도 있다. 이 외에도 아들이 많은 집에 고명딸로 태어나거나 딸이 많은 집에 외동아들로 태어난 경우(아들러에 의하면 특별히 관심의 대상이 되지 못하는 상황에서) 다양한 상황이 전개될 수 있다(Ellenberger, 1970, pp. 613-614).

이것은 아들러 자신의 경험을 그대로 보여 주는 것 같다. 아들러는 태어날 때부터 구루병이 있었으며 5세 때 폐렴으로 거의 죽을 뻔했고 두 번이나 자동차에 치인 적이 있는 병약한 아이며 형의 그늘에서 자랐다. 형 지그문트는 아버지의 뒤를 이어 성공적인 사업가가 되었다. 가계도를 살펴보면 아들러가 태어난 뒤 여동생 헤르미네가 태어났고 성인이 되어서도 서로 별로 교류가 없었다. 아마도 아들러는 여동생이 자신보다 뛰어날 것에 대해 늘 두려워하면서 자랐을 것으로 추측된다. 아들러가 네 살이 되었을 때 셋째 형제인 남동생 루돌프가 바로 옆 침대에서 죽었다. 넷째 형제인 막스는 마치 '반항아로 태어난 아이'처럼 굴었다. 아들러에 대한 질투가 많았고 가족을 떠나 로마에 가서 가톨릭으로 개종했다(Sulloway, 1996). 막내 리하르트는 전형적인 막내로 응석받이로 자랐으며, 어머니가 돌아가실 때까지 함께 살면서 화가와 음악가가 되고 싶어 했지만 평생 동안 독립하지는 못했다. 가끔씩 아들러와 같이 살면서 도움을 받기도 했고 큰형 지그문트의 도움을 받기도 했다. 아들러 학파로 잘 알려진 그의 자녀들조차 형제의 중요성에 대한 아버지의 이론을 고수했지만 아버지의 형제관계에 관해서는 제대로 아는 것이 없었고, 심지어 그들의 조부모에 대해서조차도 아는 바가 거의 없었다(사적인 대화 중에서, Kurt & Alexandra Adler, 1984).

가계도 상에 나타나지 않은 정보는 항상 관심을 두어야 할 부분이다. 아들러의 경우 형제관계의 중요성에 대한 그의 확고한 신념에도 불구하고 그의 전기에는 형제들에 대한 정보가 매우 간단하게 언급되어 있다(자서전 참고문헌의 '알프레트 아들러' 참조). 그의 심리학에 관한 연구 내용이나 업적에 나타난 대단한 관심에도 불구하고 아들러 부모의 형제관계와 가족관계 패턴에 대한 정보는 매우 빈약하다. 이와 같은 사실은 프로이트나 호나이, 융의 경우도 마찬가지다. 확실히 전기작가들에게도 역사에 대한 체계적 관점이 필요하다는 것은 분명하다(McGoldrick, 1995).

외동아이의 특성

외동아이는 맏자녀의 특성인 책임감, 진지함과 함께 막내 자녀가 갖는 특별한 자녀로서의 자부심과 특권의식도 가질 수 있다. 아울러 그들은 어른들과 관계가 잘 되고 그들로부터의 사랑과 인정을 추구하며 타인의 관심을 혼자 독차지하려고 한다. 그들이 노력해야 할 주된 과업은 동년배의 다른 사람들과 '좀 더 친밀한 개인적' 관계를 잘 맺는 것이다. 외동이들은 사회적으로는 독립심이 높은데 또래관계에 대한 관심이 낮고 일찍부터 어른스러운 행동을 하는 경향이 있다. 그리고 부모의 관심과 보호가 한 자녀에게만 집중된 결과 종종 불안을 가지고 있는 경우도 있다. 외동아이들은 평생 부모와 매우 밀착된 애착관계를 형성하며 지내지만, 친구들이나 배우자와는 친밀한 관계를 유지하는 데 어려움을 경험하기도 한다.

인도의 두 번째 수상이었던 인디라 간디([가계도 7-2])는 외동아이의 예에 속한다. 그녀는 어린 시절 혼자 자라는 동안 주로 나이가 많은 사람들과 관계를 맺었고, 아버지와는 깊은 속마음을 털어놓는 절친한 친구처럼 지냈다. 그녀는 나이가 많은 사람들 사이에서는 사명감과 강한 책임감을 보여 주었으나 지도자로서 자기 생각을 남에게 털어놓지 않는 독재자와 같이 살았다. 그녀의 아버지와 할아버지의 기능도 외동아이와 같았다. 그녀의 아버지 자와할랄 네루는 바로 아래의 동생과 열한 살이나 많았고, 할아버지 모틸랄 네루도 인도의 지도자였는데 위의 형제들과 나이 차이가 많았다. 모틸랄은 태어나기 전에 아버지가 돌아가셨기 때문에 맏형이 그를 길렀다. 자와할랄의 어머니와 인디라의 어머니가 도두 병을 앓고 있었기 때문에 아버지나 딸이나 모두 외동아이처럼 독립적이었고 부녀관계를 연결시켜 주는 요인이 되기도 하였다.

출생순위와 부부관계

형제관계가 부부관계에서 발생하는 질투와 권력다툼, 경쟁에 영향을 주기도 하지만 형제관계에서 경험하는 나눔과 상호의존, 상호성도 부부관계에 영향을 준다. 일반적으로 사람들은 형제관계에서 가장 최초의 또래관계를 경험하기 때문에 부부관계에서도 출생순위와 성별에 따라 형성된 형제 유형과 비슷한 관계에서 더 편안함을 느끼기 쉽다. 일반적으로 부부는 배우자가 자신의 원가족의 성장기 형제 유형을 보완해 주는 위치에 있을 때 더 잘 적응할 수 있다. 예를 들어, 맏이는 맏이보다 막내와 결혼을 하는 것이 좋다. 아내가 여러 형제 중 맏이로 다른 형제들을 돌보면서 자랐다면 책임감이 강하고 지배적인 성향의 맏이에게 끌릴 수 있다. 그러나 시간이 지나면서 아내는 스스로 의사결정을 하는 것에 익숙하기 때문에 권위적이고 주장적인 남편에게 분노를 경험하게 된다.

모든 조건이 동등하다고 가정한다면(이런 일은 거의 일어나기 힘들기는 하지만), 출생순위에 근거해서 볼 때 여동생이 있는 남성과 오빠가 있는 여동생인 여성이 부부가 되면 이상적인 부부관계를 이룰 수 있을 것이다. 돌보는 사람과 돌봄이 필요한 사람, 지도자와 추종자와 같은 보완적 관계가 친밀하고 행복한 결혼생활을 약속하는 보증서가 될 수는 없지만 두 사람의 친숙함을 더해 줄 수는 있다.

상호 보완적인 출생순위 외에도 성별이 다른 형제가 있는 것도 부부관계에 도움을 줄 수 있다. 가장 적응하기 어려운 부부는 여자 형제가 많은 가족의 막내딸과 남자형제가 많은 가족의 막내아들의 결합일 수 있다. 그 이유는 반대의 성을 가까이에서 경험해 본 경험이 거의 없고, 막내의 특성상 대부분의 상황에서 둘 다 도움받기를 원하는 '응석받이' 역할을 해 왔기 때문이다.

맏이인 엘리너 루스벨트와 외동인 사촌 프랭클린([가계도 5-8])을 보면, 각자 강한 의지력을 가진 부부가 서로 다른 분야에서 능력을 발휘하면서 살아가는 좋은 예를 보여 주고 있다. 두 사람은 각자 다른 세상에서 지도자로 살면서 휴일에만 만났다. 결혼 초 엘리너는 프랭클린과 매우 강한 여성이었던 시어머니 사라 델라노에게 맞추며 살았다. 프랭클린의 어머니는 이 부부의 일생 동안 중요한 영향을

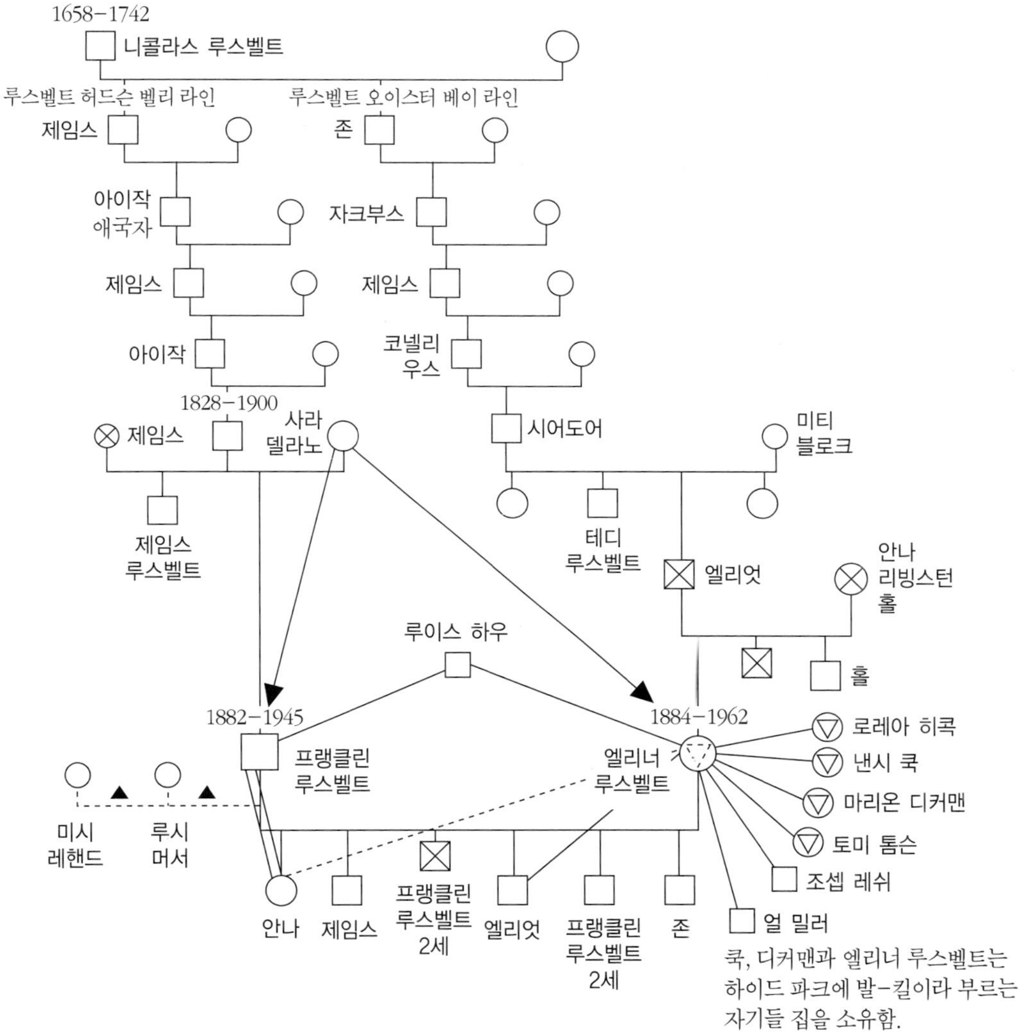

[가계도 5-8] 엘리너와 프랭클린 루스벨트

끼쳤다. 그러나 엘리너는 점차 확고한 자기 신념을 갖게 되었으며 자신만의 관심 영역을 개발했다. 그녀는 장녀로서의 결단력을 나타내기 시작했다. 엘리너가 프랭클린과 루시 머서의 부적절한 관계를 알게 되었을 때 부부관계는 위기에 처하게 되었다. 그때 프랭클린의 어머니가 둘 사이에서 중재자 역할을 하여 엘리너에게 결혼관계를 유지하는 조건으로 계약과 협상을 하도록 했다(이 계약은 루스벨트

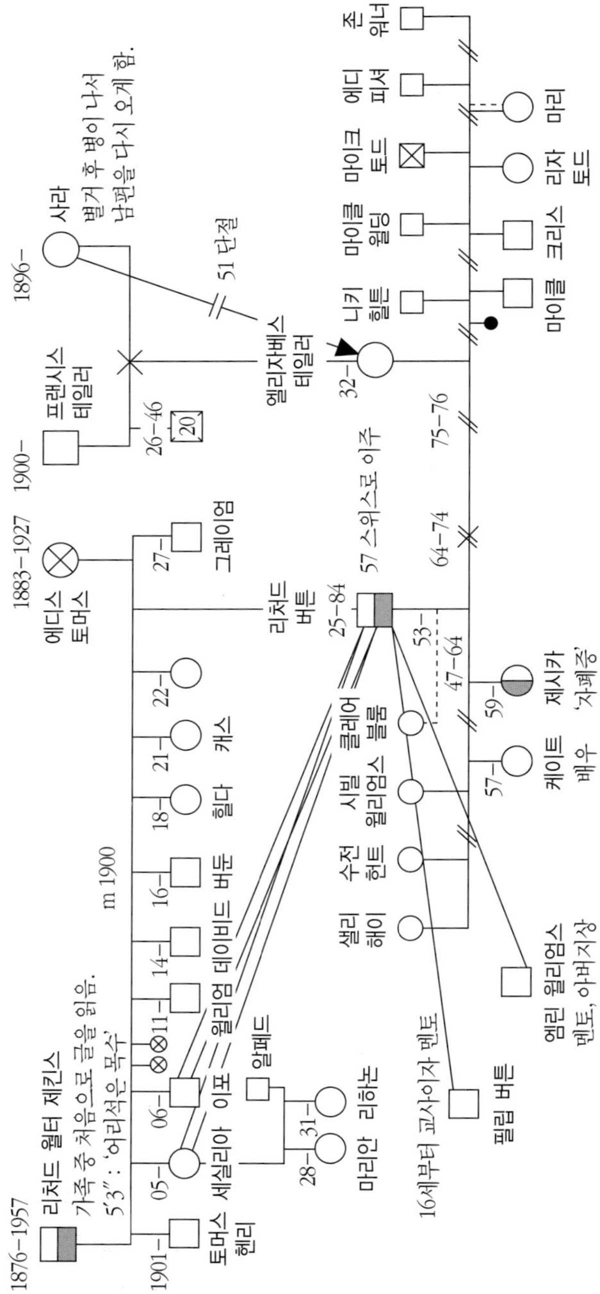

[가계도 5-9] 버튼과 테일러: 두 명의 젊은 형제자매끼리의 결혼

가 일반 사람들에게 개방하지 않은 유일한 문서다.). 맏이와 독자가 부모에게 순응하기 때문에 사라는 그들의 관계를 지킬 수 있었던 유일한 사람이 되었다.

엘리너 루스벨트는 부부관계는 유지했지만, 두 사람이 정한 기본적인 수준의 규칙만 지키면서 따로 생활을 했다. 소아마비로 인해 마비 증상이 나타난 후, 엘리너는 프랭클린의 정치인생에서 꼭 필요한 사람이 되었다. 그런데도 그녀는 자기 방식의 친밀관계를 유지하면서 자신만의 정치적 견해와 정치활동을 유지했고, 하이드파크 공원 별관에서 친구와 함께 살았다.

각자 두 번의 이혼경험이 있는 리처드 버튼과 엘리자베스 테일러([가계도 5-9]) 부부는 '어린아이'처럼 서로 경쟁적으로 자신을 돌보아 줄 사람을 찾는 막내끼리 결혼한 예다. 버튼은 13명의 아이들 중 끝에서 두 번째이지만, 남동생과 따로 양육되면서 막내처럼 자랐다. 자녀가 많은 대가족에서는 막내에 가까운 쪽에 있는 여러 자녀들이 막내와 같은 특성을 갖게 되는 경향이 있다. 엘리자베스 테일러는 두 명 중의 막내로 오빠가 있었지만 동생의 명성을 위해 자신의 욕구를 기꺼이 희생해 주었기 때문에 그녀의 특별한 위치를 더욱 견고하게 해 준 셈이 되었다. 버튼과 테일러는 서로 지나치게 많은 것을 요구하고 어린아이들처럼 유치한 사랑싸움을 많이 했던 부부로 알려져 있다.

이 외에도 부부관계와 연결시켜 생각해 볼 수 있는 형제관계 패턴은 다양하다. 외동이들은 외동이들끼리 결혼하는 경향이 있다. 그러나 두 사람이 모두 형제나 자매와 친밀한 관계를 나누어 본 경험이 없기 때문에 친밀관계를 형성하는 데 특히 어려움을 갖게 된다. 따라서 서로 융해되려고 하거나 배우자로부터 분리하려고 할 수 있다. 중간 자녀들은 여러 가지 역할을 경험해 보았기 때문에 가장 유연한 배우자가 될 수 있다.

출생순위상 상보적인 배우자를 선택한 경우에도 문제가 있을 수 있다. 이러한 독특한 가족관계를 좀 더 면밀하게 살펴보는 것은 매우 중요하다. 맏이인 마거릿 미드와 막내인 조지 베이트슨([가계도 4-1])이 그때에 속한다. 그들의 출생순위를 보면 성격 유형을 분명하게 알 수 있다. 베이트슨은 막내였지만 두 형이 모두 사망한 후 어쩔 수 없이 그들의 과업을 물려받았다. 미드와 베이트슨의 딸 캐서린은 부모의 차이점에 대해 다음과 같이 기록하고 있다.

> 마거릿의 문제 접근방식은 일찍부터 이룬 성공과 맏이로서의 경험, 그리고 동생들을 성공적으로 다루었던 수년간의 경험에 의해 강화된 것이었다. 그레고리는 막내로서 상대적으로 주변의 변화에 적응하는 능력이 거의 없었고 대신 이해받기를 원했다. 그는 의료적인 부분이나 정치적인 부분에서 문제 해결을 위해 노력하는 것을 몹시 싫어했다(Bateson, 1984, p. 176).

미드와 베이트슨의 출생순위와 문제해결 방식은 돕는 자와 도움받는 자의 관계와 같은 상호 보완적인 관계가 아닌 서로 실망하고 다투는 관계가 되어 버렸다. 남편에 비해 윗사람 역할을 했던 마거릿은 그녀가 그레고리보다 세 살이 많다는 사실에 의해 강화되었다(그녀의 어머니도 남편보다 세 살이 많았다.). 캐서린 베이트슨은 부모의 관계방식에 대하여 다음과 같이 적고 있다.

> 부부관계에서 어머니는 항상 틀을 만드는 역할을 했다. 아버지는 이런 것을 위해 노력조차 하지 않았다……. 아버지의 삶은 끝이 정해져 있거나 정리되어 있는 법이 없었다. 어머니의 삶의 방식은 한 땀 한 땀 실을 떠서 수를 놓아가는 방식이었다(p. 27).
>
> 아버지는 누구보다도 자신의 삶을 조종하려고 하는 어머니에 대해 혹평했다……. 어머니는 문제가 있으면 상상력을 발휘해 문제를 해결하기 위해 앞장섰다(p. 111).
>
> 아버지는 마거릿에게 반항하기 시작했고 가족과 특히 어머니에 대해 분노의 화살을 쏟아부었다(p. 160).
>
> 어쩌면 아버지는 그의 형 마틴이 1922년에 자살한 후 부모님의 강압적인 요구와 자신의 선택을 실현하기 위한 노력 사이에서 문제 해결에 대한 불안이나 이 세상에서 뭔가 해 보려고 노력하는 것 자체에 대한 불안이 형성되었는지 모른다(p. 176).

이와 같이 베이트슨에 대한 글을 보면 그가 막내로서 돌봄 받기를 원하면서 동시에 돌봄을 주는 사람(맏이인 마거릿)에 대해서는 반항적인 위치에 있었던 것이 잘 나타난다. 제4장에서 논의한 바와 같이 출생순위에서 오는 역할기대는 두 형의 충격적인 죽음 때문에 바뀌어 버렸다. 형들의 죽음으로 인해 18세였던 그는 가족 상실을 대체해야 하는 외아들의 위치에 놓이게 되었다. 성인 초기에 있었던 그레고리의 출생순위 변동은 비록 상보적인 출생순위의 결혼이었지만 그와 마거릿 사이에 갈등요인이 되었다.

그레고리와 마거릿 미드 사이에는 유사점이 몇 가지 있다. 그레고리는 그의 가족에서 유일하게 살아남은 자녀가 되었고 어머니와 매우 강렬한 관계 속에 있다가 결국 심각한 정서 단절 속에서 살았다. 그리고 마거릿 미드의 아버지도 6세 때 아버지가 죽은 후 어머니의 맹목적인 사랑을 받은 외동아들이었다. 그러나 베이트슨은 청소년기에 그의 어머니로부터 받은 강한 압박감 때문에 어머니와 단절한 반면, 에드워드 미드는 어린 시절부터 어머니와 매우 밀착된 관계에 있다가 결혼한 이후 평생 동안을 함께 살았다.

출생순위와 부모 역할

부모는 자신과 성별 출생순위가 같은 자녀에게 과도하게 몰입할 수 있다. 어린 시절 다섯 형제 중 맏이였던 아버지는 동생들에 비해 너무나 책임이 많아 부담스러웠고 동생들은 '나쁜 짓을 해도 벌을 받지 않는다'고 생각한다. 자녀를 낳게 되면 맏이를 응석받이로 키우고 동생들에게는 책임을 부여하는 아버지가 된다. 여동생을 질투하면서 성장했던 어머니는 막내딸과 교감하는 데 어려움을 갖기도 한다. 부모는 가족원 중 누군가를 닮았다는 이유로 특정 자녀를 그 사람과 동일시하기도 한다.

출생순위와 관련해 세대 간에 발생하는 문제는 세대 간 동일시의 정도가 강하게 일어나 부모가 자신의 성장기 가족관계 패턴을 그대로 재현하게 된다. 예를 들면, 지배적인 오빠로부터 지나친 간섭을 받고 자란 어머니는 자녀를 양육할 때 여동생을 괴롭히는 아들을 항상 비난하게 된다. 또한 부모 자신의 출생순위 경험이 자녀와 다르면 자녀의 마음을 잘못 해석할 수 있는데, 외동이였던 부모는 자녀들이 서로 다투면서 자라는 것을 정상으로 바라보기보다 증상적인 문제로 생각할 수 있다.

형제관계가 성인기 삶에 미치는 영향

형제관계는 성인기의 삶, 특히 성인 후기의 삶과 중요한 연관성을 갖는다. 부정적인 감정을 지속적으로 갖고 있으면 노부모를 부양하는 데 특별한 어려움을 경험하게 된다. 오랫동안 서로 떨어져 살아온 형제들은 서로 협력해야 될 때 너무 낯설고 익숙하지 않아서 어려움을 겪게 된다. 대개 부모와 가까이 살고 있던 딸이 부양 책임을 맡게 되는데, 이때 오랫동안 묻어 두었던 질투심과 분노가 표면화될 수 있다.

부모가 사망하면 형제들은 진정한 의미의 독립을 하게 된다. 이때 형제간의 불화는 극에 달하게 된다. 특히 형제간의 경쟁관계가 오래되었을수록 더욱 심해진다. 오랫동안 해결되지 않은 감정문제와 갈등이 강한 감정을 유발시키게 된다. 그러나 형제가 서로 좋은 관계를 맺고 있었다면 이러한 상황은 덜하게 된다. 혹은 다른 외상적 가족사건으로 인해 서로 단절되는 일도 일어날 수 있다.

형제관계 구조에 영향을 주는 그 밖의 요인

출생순위에 대한 가설을 문자 그대로 받아들이지 않는 것도 중요하다. 출생순위에 대한 가설은 사람들에 따라 잘 적용되는 경우도 있고 그렇지 않은 경우도 있다. 이는 다양한 요인에 의해 영향을 받는다. 예를 들면, 우디 앨런의 경우 여동생이 하나밖에 없는 오빠의 위치에 있었지만 확대가족의 여러 사촌들과 함께 지냈고 어머니의 다섯 자매들과의 관계도 그의 역할을 강화시킨 요인이 되었다. 실제로 그는 고등학생 시절 내내 평생 친하게 지냈던 바로 밑의 사촌여동생과 방을 쓰기도 했다. 그런 경험이 아마도 여동생을 둔 오빠로서의 관계 패턴을 특히 강화시키는 요인이 되었을 것이다.

재키 부비에 케네디 가족([가계도 2-10])의 예에서도 사촌형제 구조가 가족에게 큰 영향을 주었던 것을 볼 수 있다. 재키는 여동생과 항상 가깝게 지내기는 했지만 동시에 경쟁적인 관계에 있었다. 그리고 어머니의 재혼으로 인해 많은 이복형제와 의붓형제들과 함께 살았다. 게다가 어린 시절에는 여름이면 아버지 쪽 확대가족의 사촌들과 많은 시간을 보내며 자랐다. 그리고 그녀가 태어난 해에 사촌형제 두 명이 태어났다. 재키는 여러 사촌오빠들보다 더 특별한 사랑을 받고 자랐다. 아홉 살이나 많은 사촌오빠 미셸은 그녀의 유언장에도 등장한다. 미셸은 어머니가 알코올 중독자였던 아버지와 이혼한 이후에 가족관계에서 특별한 역할을 하게 되었는데, 아버지의 이혼은 모든 가족들에게 매우 심각한 스트레스를 주었던 사건이었다. 왜냐하면 아버지는 부비에 가문의 유일한 아들이었기 때문이었다. 그의 전 세대를 보면 12명의 자녀들 중 아들은 단 4명만이 있었고 그중에 결혼한 아들은 단 한 명뿐이었기 때문에 부계가 약화된 것을 볼 수 있다. 남매들 중 5명은 오래 살았지만 결혼을 하지는 않았다. 삼촌과 고모들은 다음 세대의 형제관계 구조에 영향을 주어 특정 자녀들에게 특별한 관심과 보호가 주어졌고 형제관계 패턴을 강화시키는 역할을 했다. 삼촌들과 이모 또는 고모들은 이루지 못한 자신들의 꿈이나 가족 유산을 다음 세대의 자녀들에게 전달하는 중요한 역할을 하기도 한다.

가족 역사에서 여러 가지 경험은 형제관계 패턴을 바꾸어 놓을 수 있다. 예를 들면, 리처드 버튼([가계도 5-9])은 어머니가 일찍 돌아가셔서 복잡한 가족 상황에서 자랐다. 어머니가 돌아가셨을 때는 그보다 열아홉 살이 더 많은 큰 누나 시스(세실리아)가 막 결혼했을 때였다. 그녀는 그에게는 물론 여동생들에게 어머니 역할을 했다. 그러나 버튼에 따르면 "시스는 정말 좋은 사람이었지만 어머니는 아니었다." (Bragg, 1990, p. 69)

형이 아버지의 역할을 대신했다. 그다음에는 필립 버튼 선생님이 역할을 대신

> 했고, 다른 엠린 윌리엄스라는 지배적인 남자가 역할을 대신했다. 그의 조카들(시스의 딸들)이 여동생 같았고 누나들은 거의 이모 같았다. 그의 이모들은 모두 엄마 같았다……. 그는 수많은 대체물들 속에서 살았다……. 복잡성, 합성품, 대체물, 진짜가 아닌 유사품처럼 그렇게 사는 것이 그의 삶의 '규범'이 되었다(Bragg, 1990).

그러므로 형제관계 구조를 탐색할 때도 가족생활의 다른 요인들을 탐색할 때와 마찬가지로 항상 다양하고 복합적인 가족관계 패턴을 살피도록 해야 한다. 기질적인 요인 때문에 또는 필요에 의해 형제들이 제 역할을 하지 않을 수 있고, 버튼의 경우처럼 형제가 아닌 다른 사람들이 형제 역할을 할 수도 있다. 많은 경험적 연구를 통해서도 형제관계 구조에 영향을 줄 수 있는 요인들이 너무 많다고 보고되고 있기 때문에 형제관계에 대한 결론을 내리기는 쉽지 않다. 형제관계 구조와 가족의 역할을 관련지어 설명하는 것은 임상적으로 매우 유용하며, 특히 특별한 관계 패턴이 발견되지 않았을 때는 더욱 그러하다. 임상에서 성인 형제들은 자주 간과되기 쉬운데, 이것은 치료에서 매우 중요한 자원이 될 수 있다.

- **가족 역사에서 형제 출생의 시기가 미치는 영향:** 때때로 가족 역사에서 중요한 시기에 자녀가 태어날 때, 가족은 그 아이의 출생순위에 더하여 특별한 기대를 부여하게 된다. 이러한 기대는 출생순위에 따르는 특성을 과장되게 하기도 하고(맏이가 지나친 책임감을 갖는 것), 그 출생순위에 따르는 일반적인 역할 특성을 바꾸어 놓기도 한다(맏이나 외동이가 중간 자녀나 막내의 역할을 하는 것). 사망이나 이주가 있을 때는 특히 심각하다. 예를 들면, 지그문트 프로이트처럼 조부모의 사망 전후에 아이가 태어나면 그 아이는 가족 내에서 특별한 역할을 맡게 된다. 프로이트는 재혼가족의 첫 자녀로 태어났을 뿐 아니라 할아버지가 돌아가신 지 3개월 후에 태어났다.
- **아이의 특성이 형제관계에 미치는 영향:** 성격이 특별한 아이는 가족 내 형제관계 패턴의 기대를 바꾸어 놓을 수 있다. 예를 들어, 특별한 재능이 있거나 그 가

족의 맏이가 아플 경우에는 맏이가 아니라도 맏자녀의 기능을 하는 수가 있다. 캐서린 헵번([색채 가계도 17])도 큰오빠 대신에 맏이 역할을 한 것을 볼 수 있다. 맏이라 할지라도 심리적 장애나 신체적 장애가 있을 경우에는 막내처럼 대할 수도 있다.

- **부모에 의해 프로그램된 자녀:** 부모들은 자녀의 출생순위에 상관없이 어떤 자녀에 대하여 특별한 기대를 가지고 책임감을 부여하거나 '아기' 역할을 하도록 할 수 있다. 가족원 중 누군가를 닮은 아이는 그 사람과 같은 사람이 되거나 같은 역할을 수행하도록 기대된다. 자녀들의 기질적 특성은 그들의 출생순위와 일치하지 않을 수 있다. 자녀들이 구조적인 출생순위에 따르는 역할을 수행하지 못할 때는 이를 주목해서 살펴보아야 한다. 어떤 자녀들은 가족들의 기대에 강하게 저항하는 것을 볼 수 있다. 맏이가 가족을 돌보는 책임과 가족의 가치 승계를 거부하거나 막내가 리더 역할을 하려고 애쓰는 경우가 이에 속한다. 물론 문화에 따라 출생순위와 성별에 따르는 역할기대는 매우 다르다. 아시아 문화권에서는 자녀의 출생순위와 성별에 따라 계층화 경향이 강한데 반해, 유대인과 백인 가족의 경우는 비교적 민주적이어서 자녀에게 책임으로부터 자유롭고 편안하게 해 주며 맏이에게 지도적 역할을 하도록 강요하지 않는다.

자녀들에게 어떤 이름을 지어 주는가 하는 것은 가족 '프로그래밍'의 중요한 신호가 된다. 예를 들면, 아버지가 존경하는 사람의 이름을 따라 지은 그레고리 베이트슨이나 막내아들이었던 그레고어 멘델 같은 경우는 자연과학자로서 크게 성공하도록 '프로그램화' 되었을 수 있다. 반면 존 퀸시 애덤스([가계도 2-13])는 아버지의 정치적인 라이벌의 이름을 따 맏아들의 이름을 조지 워싱턴 애덤스라고 지음으로써 네 세대에 걸쳐 맏아들에게 존이라는 이름을 지어 주었던 가족의 전통을 깨뜨렸다. 가족에게 붙인 이름이나 별명이 '가족 프로그래밍'에 관한 중요한 정보를 제공해 주기도 하지만 그 외에 다른 증거자료도 세심하게 살펴볼 필요가 있다. 케네디 가족([색채 가계도 13])의 역사를 예로 들면 남자들은 정치가가 되어야 하는 것으로 프로그램되었다는 것을 볼 수 있다. 잘 알려진 대로 조지프 케네디의 맏아들은 대통령 선거에 출마했으나 사망으로 인해 꿈을 이루지 못했다. 그 후 세 아들 모두 대통령 선거에 출마했고, 두 여동생의 남편은 부통령과 주지사에 출마했다. 그다음 세대에도 많은 가족원들이 정치에 출마했다는 사실은 결코 놀라운 일이 아니다.

물론 다른 시대에 살았던 사람의 이름을 따르는 것에 대하여 여러 가지 상황을 생각해 볼 수 있다. 오시 데이비스는 증조할아버지의 이름을 따라 레이포드 채트만 데이비스라고 지어졌다(Davis & Dee, 2000). 그러나 어머니가 호적에 올리면서 'R. C. Davis'라고 말했는데 담당직원이 'Ossie Davis'로 잘못 알아들었고, 이에 확인하려고 다시 물어보려 했으나 인종차별의식이 강했던 조지아 주에서 흑인인 어머니는 백인인 직원에게 아무 말도 못하고 그냥 넘어가 버렸다. 그래서 그때부터 오시라는 이름을 갖게 되었다.

- **부모의 출생순위와 자녀의 출생순위의 관계:** 가족에서 자녀의 위치가 동성 부모의 출생순위와 일치할 때 현저히 강화될 수 있다. 즉, 맏아들의 맏아들은 동생과는 달리 특별한 기대를 받게 된다. 아버지와 긴장관계에 있던 남성은 자녀와의 관계에서 같은 출생순위의 아들과 좋은 관계로 형성하기 어려울 수 있다. 이러한 현상은 출생순위에 따라 형제의 역할기능을 강하게 부여하는 문화권에서 더 자주 일어날 수 있다(McGoldrick & Watson, 2005).

독특한 가족 패턴

가끔 가계도를 탐색할 때 매우 심각한 가족의 주제나 가족문제가 있음을 암시하는 가족구조 패턴이 '드러나는' 경우가 있다. 제2장에서 예를 들었던 미국의 첫 번째 여의사 엘리자베스 블랙웰의 가계도([가계도 2-12])를 보면 적어도 세 가지 측면의 구조 양상을 찾아볼 수 있다. 첫째, 성공적인 전문직 여성이 월등하게 많다는 점이다. 둘째, 새뮤얼 블랙웰의 다섯 자매와 딸들은 모두 결혼하지 않고 독신으로 살았고, 네 번째 세대에서는 12명의 딸들 중 겨우 몇 명만이 결혼했다는 점이다. 셋째, 자녀의 입양이 많다는 점인데 독신으로 살았던 여성들도 입양을 한 것을 볼 수 있다.

이러한 양상은 유명한 여권운동가들(남성들도 여럿 있었다.)과 성공한 여성들이 있는 가족의 성역할에 대해 탐색해 보도록 한다. 이러한 가족의 규칙과 태도가 가족관계 패턴에 준 영향을 탐색하는 것은 매우 흥미로운 일이다. 호은(Horn, 1983)은 딸들에게 결혼을 부정적으로 보게 하고 결혼을 억제하도록 하는 가족 패턴에 대해 연구하기도 했다. 엘리자베스의 세 올케들 중 여성참정권자 루시 스톤과 미국 최초의 여자 목사 안트와넷 브라운은 오벌린 대학을 다닐 때 아주 친한 친구였다. 그들은 절대로 결혼하지 말고 아이만 입양해서 살자고 굳게 약속한 사이였지만 비범한 블랙웰 형제들을 만났을 때 생각을 바꾸기로 했다. 다섯 명의 블랙웰 자매들 중 네 사람은 크게 성공했다(엘리자베스와 에밀리는 의사였고, 안나는 작가였으며, 엘렌은 예술가가 되었다. 다섯째 매리언은 병약했다.). 그들의 남자 형제인 사무엘의 가족에서도 다섯 딸들 중에 둘은 내과의사, 둘은 목사, 막내는 병약한 비슷한 가족 패턴을 발견할 수 있다. 이것은 형제들이나 배우자가 양극단의 모습을 보이는 상보적인 관계 패턴에서 흔히 찾아볼 수 있는 현상이다. 가족 내 보이지 않는 깊은 어떤 힘에 의해 한 사람이 다른 사람을 대신해서 부정적인 에너지를 모두 흡수하여 병약한 존재로 살아가거나 분노를 지닌 채 살아가게 되는 반면, 다른 사람들은 창의력과 능력을 발휘하여 성공적으로 살아가는 것은 아닐까 하는 의문이 생기게 된다.

미국의 세 번째 대통령 토머스 제퍼슨 가족([색채 가계도 18])에서 노예와 백인 간, 근친 간의 결혼이 포함된 유난히 뒤얽힌 가계도를 볼 수 있다. 이러한 양상은 노예제도가 있던 시대에는 흔했던 일로, 백인 주인이 자기 소유의 노예와의 사이에 아이를 낳았어도 부모 역할하기를 거부하는 일이 많았기 때문에 흑인계 미국인들의 역사를 추적하는 데 큰 어려움이 되고 있다(Pinderhughes, 1998). 흑인계 미국인에 대한 착취와 역사상 흑인계 미국인의 가족 역사와 문화를 억제시키려는 노력의 일환으로 만들어진 단절과 갈등은 수치스러운 유산의 한 부분이 되고 있다. 이러한 역사에 직면하여 치유하고 착취의 유형을 변화시키는 것은 매우 중요하다. 이러한 인종 간 혼합된 양상을 이해하는 것은 어렵지만 꼭 해결해야 할 문제다. 핀더휴즈(Pinderhughes, 1998)는 다음과 같이 쓰고 있다.

> 미국 역사에서 흑인계 미국인에 대한 기록이 남아 있지 않은 것은 흑인이든 백인이든 모든 사람들이 흑인계 미국인들이 미국 건국 역사에 끼친 공헌에 대하여 전혀 모르는 채로 살아가게 하고 있다. 미국 역사기록에 대한 어떤 영향력도 없고 이야기의 자원도 매우 빈약한 상태에서 사실은 숨겨지거나 부정적 편견으로 왜곡되어 버렸다. 그리고 우리는 최근까지도 이러한 왜곡과 거짓, 과거에 대한 생략에 도전할 의지도 없고 또 할 수도 없는 상태로 지내왔다……. 그러나 이제 우리는 비록 고통스러울지라도 과거를 아는 것이 우리 국민을 더욱 풍성하게 하는 힘이 될 수 있다는 사실을 깨닫게 되었다. 이러한 자각은 비록 끔찍하고 충격적인 일이 될지라도 기억의 상자를 열어 진실을 찾고 곪아터진 상처가 치유되어 현재에 보다 잘 대처하고 미래를 건설해 갈 수 있는 자극제가 될 것이다(p. 170).

역사가들은 토머스 제퍼슨의 가족처럼 가족 내 서로 뒤얽힌 비밀스러운 남녀관계에 대한 진실을 밝히기를 꺼려 왔다. 수많은 백인 역사가들은 오랫동안 제퍼슨과 같은 백인 가족의 역사에서 이러한 부분을 철저하게 감추어 왔다. 최근 들어 제퍼슨과 헤밍스의 후손들이 DNA 유전자 검사를 받을 수 있게 됨으로써 역사가들은 어쩔 수 없이 인종차별적 태도에 직면할 수밖에 없게 되었다. 가계도상에 나타난 관계의 진실을 이해하려면 지금까지 알려진 역사에 대하여 조심스럽게 재검토할 필요가 있다.

실제로 제퍼슨의 장인은 그의 노예 베티 헤밍스와 오랫동안 비밀스러운 관계를 맺으면서 여섯 자녀를 두었다. 그리고 제퍼슨은 38년 동안 아내 마사 웨일스의 이복여동생이며 베티의 딸인 샐리 헤밍스와 비밀스러운 관계를 맺고 일곱 자녀를 낳았다. 제퍼슨의 딸들은 둘 다 사촌과 결혼했다. 마사는 아버지 쪽의 사촌과 결혼했고 마리아는 이종사촌과 결혼했다. 그리고 마사 제퍼슨의 첫 남편은 계모의 첫 남편의 동생이었다.

프로이트와 베르나이스 가족([가계도 8-4])에서도 흔히 볼 수 없는 가족 패턴이 나타나고 있는데 두 가족의 남매가 각기 상대방 가족의 남매와 결혼한 예를 볼 수 있다. 지그문트는 마르타 베르나이스와 결혼하였고, 그의 누이동생 안나는 마르타의 오빠 엘리와 결혼했다. 이 두 부부는 오랫동안 매우 경쟁적으로 살았다.

알베르트 아인슈타인([가계도 5-10])은 일찍부터 이중관계를 가졌던 여자와 결혼하기 위해 첫 아내와 이혼했다. 그녀는 어머니 쪽으로 첫 번째 사촌이면서 아버지 쪽으로는 두 번째 사촌이었다. 1901년에 그와 첫 번째 아내 밀레바 사이에서 첫 자녀 리설이 태어났다(그들은 1903년에 결혼했다.). 여전히 안개 속에 가려진 채 최근까지도 지난 100년 가까이 아무런 언급도 된 적이 없었다. 비밀로 하는 정보, 특히 출생과 불륜, 외상적 죽음에 대한 비밀 정보는 가족에 심각한 영향을 가중시킨다. 리설의 존재가 밝혀지면서 그녀의 존재에 관해서, 그리고 그녀의 존재가 비밀로 유지되어야만 했던 이유에 대해서 여러 가지 추측을 하게 되었다. 최근 아인슈타인에게 또 다른 자녀가 있을 가능성이 나타났다. 60대의 내과의사인 이 남자는 아인슈타인과 너무나 닮은 모습을 하고 있다. 아인슈타인의 두 번째 아내는 분명히 그를 유아기 때 버렸을 것으로 보인다.

아인슈타인과 제퍼슨 가족에서 보이는 단절과 비밀 그리고 근친 간에 이루어진 관계는 융해된 관계라고 볼 수 있을까? 프로이트 가족에 대해서도 같은 선에서 생각해 볼 필요가 있다. 프로이트의 아버지가 이전의 두 번의 결혼과 다른 문제까지 비밀로 했던 것을 볼 때, 지그문트와 안나가 한 가족의 남매와 결혼한 것은 융해의 과정으로 설명될 수 있을 것이다. 결국 지그문트와 그의 아들 마틴도 각자 처제와 부적절한 관계를 맺었던 것으로 나타났다.

제퍼슨과 프로이트/베르나이스 그리고 아인슈타인 가족의 특이한 관계 양상을 도식에서 살펴보면 이들 가족 내에 근친 간의 결혼으로 형성되었을 삼각관계를 추측해 볼 수 있고, 가족원들이 가족 외부 사람들과 결혼하는 것에 대한 가족의 기대가 어떠했을지를 짐작해 볼 수 있을 것이다. 예를 들어, 제퍼슨의 예에서 그의 아내는 임종 시 남편에게서 재혼하지 않겠다는 약속을 받아냈는데, 그는 아내와 네 자녀를 잃고 나서 자신이 남은 두 딸을 열심히 보호하면서 양육하였다. 그

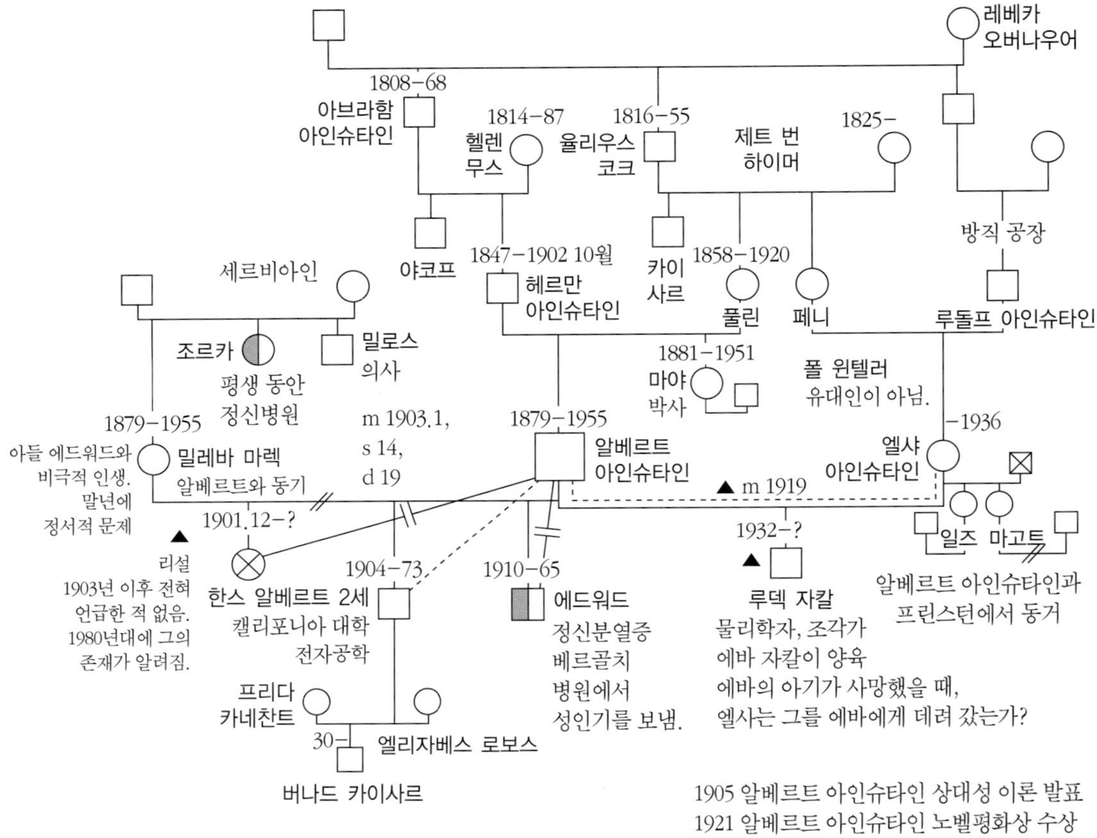

[가계도 5-10] 아인슈타인 가족

는 확실히 딸들의 근친 간 결혼에 지지적이었으며 노예들에게도 근친결혼을 장려했던 것 같다(Brodie, 1974, p. 47). 그는 딸 마사와 매우 친밀한 사이였기 때문에 사위인 토머스 만 랜돌프와 당연히 많은 관계상의 문제가 있었다. 그렇지만 처제의 아들이었던 둘째 사위 잭 엡스와는 더 친밀하게 지냈다. 실제로 처제인 엘리자베스 랜돌프는 엡스와 제퍼슨의 사랑에 대하여 심하게 질투했다.

가계도상에서 흔치 않는 가족 양상으로 주목해야 할 가족관계 패턴은 각 세대 간에 다수의 재혼이 있는 가족과 가족구조가 강한 대조를 이루고 있는 가족을 들 수 있다(예: 한쪽 배우자는 대가족 출신인데 상대방은 외동이일 때). 이러한 대조적인 가족구조는 가족 내 불균형을 암시해 주는 단서가 된다.

다양한 가족에서 성장하는 자녀: 위탁보호, 입양과 고아 경험

많은 아이들이 부모의 이혼이나 죽음, 재혼 또는 그 외 여러 가지 특별한 이유로 일시적 또는 영구적으로 가족과 다른 곳에서 성장하게 된다. 많은 임상가들은 이러한 아이들이 자란 다중가족의 맥락을 생활주기와 가계도를 활용해 충분히 탐색하지 못하고 있다. 가계도는 복합적 상황에서 생활하는 아이들의 경험을 탐색하는 데 특히 유용한 도구다. 가계도가 아니면 아이들이 살고 있는 다양한 가족 양상을 한꺼번에 구성하는 것이 매우 힘들다. 아무리 복잡하다 할지라도 임상가들이 이러한 역사에 대하여 더 명확하게 탐색할수록 아이들의 실제 경험과 그들이 살았던 복합적인 가족 형태를 더 잘 이해할 수 있다. 가계도를 활용하면 아이들이 질병이나 외상, 상실로 인해 주거환경이 갑자기 바뀌어야 될 때 경험한 여러 가지 변동 상황을 순서대로 정리할 수 있다.

미시간 주의 앤아버에서 가족치료를 하고 있는 의사 페르난도 콜론 박사는 위탁가정에서 양육되었던 아이들의 가족 역사의 중요성을 강력하게 주장했다. 그 자신도 어머니를 잃은 후 여러 위탁가정에서 자랐다. 성인이 되었을 때 자신의 가계도를 탐색하기 위해 많은 노력을 기울였고(Colon, 1973, 1998; Colon-Lopez, 2005) 아이들의 위탁가정 양육에 대하여 맥락을 고려하는 것이 중요하다는 인식을 갖는 데 기여하였다(Colon, 1978). 그는 아이들의 생활주기를 이해하기 위해서 위탁가정도 가계도상에 포함시킬 것을 강조했다. 콜론 자신도 세 번째 위탁모의 친손자녀들과 지속적으로 관계를 맺으며 함께 휴가도 보내고 서로 방문도 하면서 지냈다. 그들은 이렇게 함께하는 시간을 통해서 공통의 경험을 공유하며 살았는데, 이런 일은 흔히 있는 일인데도 위탁보호체계에서나 사회적으로도 별로 중요하게 인식되지 않고 있는 부분이다. 이러한 가계도의 가장 강력한 측면 중 하나는 복합가정의 친족관계가 풍부하며 일생 동안 지속적인 자원이 되기도 하고, 삶의 지지체제가 되기도 한다는 점이다. 중요한 것은 단지 시간을 공유하는 것에 그치는 것이 아니라 현재의 관계를 통해 힘을 얻기도 하고 미래를 더욱 풍요롭게 해 줄 수 있다는 점이다.

콜론-로페스는 자신의 이야기를 가계도와 그림을 활용하여 쓴 책을 출간했다(2005). 그는 초기 영아기부터 대부분을 위탁가정에서 자랐다. 콜론은 실제로 아동기를 거치면서 모든 유형의 형제관계를 경험하였고 이것은 성인이 되어서 여러 관계를 다루기 위해 필요한 유연성을 기르는 데 도움이 되었다. 그는 세 아이 중 막내의 위치와 맏이의 위치, 세 아이 중 중간 위치, 두 명 중 맏이의 위치와 막내의 위치, 그리고 고등학교를 졸업할 때까지 살았던 위탁가정에서는 외동아이의 특별한 위치에서 자랐다. 같은 시기에 4년씩 함께 머물렀던 위탁가정의 세 형제들은 당연히 그에게 중요한 존재들이었으며, 특히 그들은 콜론과 거의 비슷한 연령대였다. 나이와는 별개로, 그와 위탁모는 4개월 정도 같이 지냈던 지적 장애가 심한 형제 조니와 매우 특별한 관계를 경험했다. 콜론과 그의 위탁모는 조니에게 많은 애착을 가졌다. 조니가 콜론의 이름 페르난도의 발음을 익히기 위해 열심히 노력했던 일과 조니가 떠날 때 두 사람이 많이 울었던 일을 뚜렷하게 기억하고 있었다.

그 당시 위탁보호체제에서는 아이가 새 가정으로 옮겨가면 이전의 가족과 접촉을 금지하는 원칙을 따라야 했다. 그러나 콜론의 위탁모는 단절을 인정하지 않았고 과거와 연결되도록 많은 노력을 기울였다. 위탁가정에서 보호받던 초기에 위탁형제 케네스가 우울 증상을 나타낸 적이 있었다. 케네스에게는 다섯 형제가 있었는데, 위탁모는 규정을 어기고 그를 형제들에게 데리고 가서 만날 수 있게 해 주었고, 그 이후 아이는 새로운 환경에 적응하기 시작했다. 콜론은 위탁모의 손자들과도 지속적인 관계를 맺고 있었으며, 그의 생물학적 가족들과도 가까운 관계를 지속적으로 유지했다.

관계가 좋았든 그렇지 않았든, 도움이 되었든 상처를 주었든 간에 전혀 없었던 것으로 해 버릴 수는 없는 것이다. 그리고 거의 대부분이 전부 다 부정적이거나 전부 다 긍정적이거나 하지 않고 단지 일부분만이 긍정적이거나 부정적일 뿐이다. 가계도를 통하여 가족 정보를 조직화하는 것은 사람들에게 자신의 삶의 조각들을 맞추어 의미 있는 전체로 통합할 수 있도록 해 준다. 성인이 되자 콜론은 30년에 걸친 노력 끝에 푸에르토리코와 미국에 있는 자신의 가족을 찾아내어 다시 관계를 회복할 수 있었다. 아버지는 생모가 죽었다고 말했지만, 그는 어머니가 살았던 마을을 찾아가 어머니가 오랫동안 정신병원에 입원해 있다가 그가 찾아가기 몇 년 전에 죽었다는 사실을 알게 되었다. 그리고 그는 마을 사람들 대부분이 자신과 연결되어 있음을 발견했다.

콜론의 경험은 가족에서 일어날 수 있는 단절의 이면을 알 수 없던 사람들에게 놀라운 교훈을 제시해 주고 있다. 우리의 관점에서는 단절 속에는 우리와 연결되어 있는 사람이 누가 있을지 모르기 때문에 어떤 관계도 포기해서는 안 된다. 관계에 학대가 포함되었다 할지라도 단절하는 것보다는 그 사람이 그 문제를 다루어 관계가 회복되기를 원한다면 의사소통할 수 있도록 가능성을 열어 둘 필요가 있다. 콜론은 가계도를 창의적인 방식으로 활용함으로써 위탁가정의 가족과도 관계를 지속할 수 있었으며, 후에는 노력의 대가로 원가족과 충분하게 연결되는 보람 있는 결과를 얻을 수 있었다(Colon-Lopez, 2005).

생물학적 관계든, 입양이나 위탁보호든, 이혼 또는 재혼 가정의 경험이든 간에 이렇게 가족의 유대관계를 힘들게 하는 과정을 받아들인다는 것은 엄청나게 비극적인 일이다. 개인이 타고난 자연체계를 다른 관계로 바꾸는 일에 치료자들이 개입하게 되는 일은 종종 있다. 콜론 자신의 가족과정에서 보는 것처럼, 단절은 사람들을 억압시키고 희망감을 잃게 하고 살아갈 힘을 약화시킨다. 한 사람의 단절은 다른 가족원들에게도 영향을 주어 다수의 단절을 가져오게 하고 잠재 가능성이 많은 관계의 상실로까지 이어지게 된다. 가계도 작업은 연관된 많은 사람들을 자세히 살펴보는 동안 단순화된 관계를 회복시키고 상실에 대하여 밝혀냄으로써 단절을 극복할 수 있게 해 준다.

콜론의 이야기를 살펴볼 때 같은 위탁가정에서 성장하면서 맺었던 다른 사람과의 관계는 평생 동안 지속될 수 있으며, 이후의 생활주기 단계에서 관계가 다시 연결되었을 때 특별한 의미가 더해질 수 있다. 이와 같은 점은 폴윅스키(Folwarski,

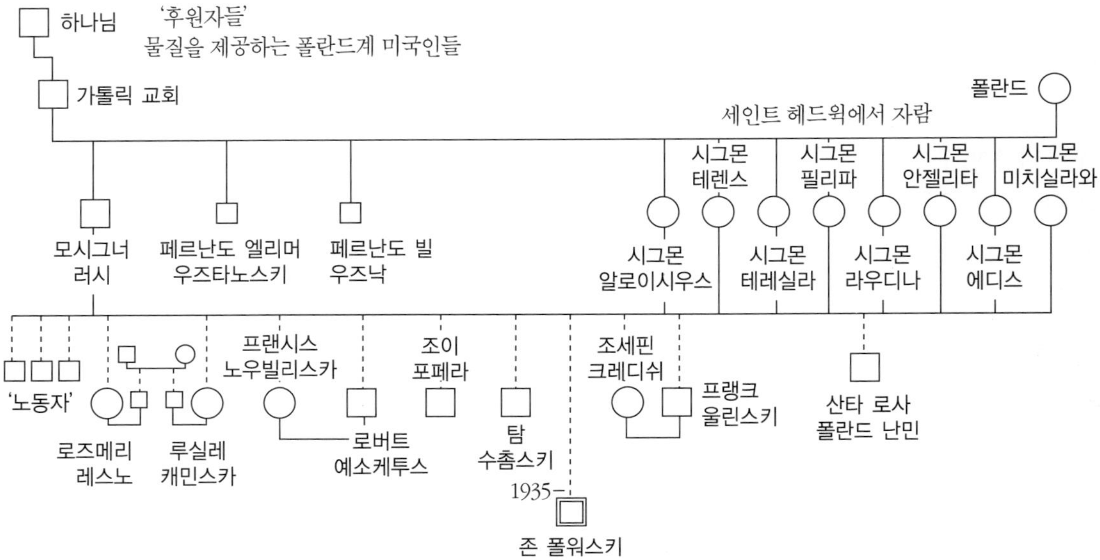

[가계도 5-11] 세인트 헤드윅 고아원 가족

1998)의 감명 깊은 고아로서의 경험담에서도 찾아볼 수 있다. 폴워스키는 자신에게는 거의 3천 명에 가까운 형제자매가 있는 셈이라고 말했다. 그는 수녀들과 신부들이 운영했던 세인트 헤드윅 고아원에서 한 세대만 해도 3천 명이나 되는 아이들과 함께 살았다. [가계도 5-11]은 폴워스키가 1937년부터 1950년까지 성장했던 가족 상황을 나타낸 것이다.

성인이 되어서 그의 여러 '형제자매'들은 함께 기억을 나누면서 선생님이자 어머니들과 다시 연결되는 경험을 하였으며, 가계도를 통하여 그들 모두에게 진정한 의미의 가족을 깨닫게 되어 가족 유대감이 강화되었다. 폴워스키는 자신의 가계도를 탐색하고 그려 보는 경험을 통해서 자신의 역사를 확인했던 것이 자신에게 강력한 의미를 주었다고 했다. 이것은 어떤 외상적 경험을 했든지에 상관없이 가계도 작업을 함으로써 삶의 복잡성에 직면하고 진실을 들여다보는 것이 얼마나 중요한지를 알게 해 주는 또 다른 좋은 예가 된다.

제6장

가족 패턴과 기능 평가

가족구조

역할

기능의 수준과 양식

탄력성 탐색

가족자원

제6장

가족 패턴과 기능 평가

가계도를 통하여 가족의 구조, 역할, 기능과 자원에 관한 균형과 불균형의 패턴을 탐색함으로써 가족의 스트레스 적응방식에 대한 가설을 이끌어 낼 수 있다. 가족체계는 항상 동질적인 것은 아니며 같은 가족 내에서도 서로 대조적인 특성을 흔히 볼 수 있다. 기능적인 가족에서는 구성원들 사이의 특성이 서로 균형을 이루고 있다. 이미 살펴본 대로, 막내와 맏이의 상보적인 결합에서 맏이는 돌보는 역할을 하고 막내는 그런 역할을 받아들이는 경향을 보인다.

임상가들은 이러한 뚜렷한 특성이나 대조를 찾아서 균형과 불균형의 패턴을 찾아낸다. 이러한 대조적이고 이질적인 특성들은 전체로서의 기능에 어떻게 작용하는가? 어떤 균형이 성공적이고 어떤 불균형이 체계 내에서 스트레스가 되고 있는가? 예를 들어, 가족에서 모든 사람들이 기능을 잘하는데 한 사람만 기능을 잘 못하고 있다면 그 사람의 역기능이 전체 체계 내에서 어떤 역할을 하고 있는지를 탐색해야 한다.

가족구조

때때로 여러 세대에 걸쳐 가족의 구조에 차이가 있는 것을 볼 수 있다. 예를 들어, 부부간의 불균형 양상이 다세대에 걸쳐 대조를 이루는 가족을 볼 수 있다. 한 사람은 대가족 출신으로 아주 많은 삼촌과 이모, 고모들이 있는 반면, 배우자는 두 자녀만 있는 가족 출신인 경우가 그 예다. 이러한 양상은 균형과 불균형을 모두 초래할 수 있다. 이러한 경우 각각의 배우자는 자신의 가족과는 다른 상대방의 경험에 매력을 느낄 수 있다. 한 사람은 핵가족에서 개인의 사생활이 보장되는 것을 좋아할 수 있고, 상대 배우자는 대가족의 다양함을 좋아할 수 있다. 그러나 한 쪽의 많은 친척관계와 다른 쪽의 매우 적은 친척관계라는 불균형은 문제를 만들어 낼 수도 있다. 한 사람은 많은 사람들 속에서 다양한 관계를 맺는 것이 익숙하지만, 상대방은 사적인 관계를 보호받을 필요성을 강하게 느낄 수 있다. 또 다른 차원의 구조적인 불균형에 관한 문제로, 한쪽 배우자가 이혼과 재혼이 빈번한 가족에서 자랐고 상대 배우자는 그런 경험이 전혀 없는 가족에서 자란 경우를 들 수 있다. 가계도에서 이러한 구조적인 대조를 발견하면 결혼에 대한 배우자 간의 기대 차이를 탐색할 필요가 있다.

역 할

잘 기능하는 가족에서 가족원들은 보호자, 의존자, 부양자, 옹호자 등의 다양한 역할을 담당하게 된다. 때로 모든 가족원들이 한 역할만을 담당하는 가계도를 볼 수 있다. 그 예로 단 한 명의 자녀를 한부모, 할머니, 할아버지 이모나 삼촌이 함께 키우는 경우를 들 수 있다. 정반대의 상황도 생길 수 있는데, 테드 케네디([색채 가계도 13])와 같이 형이 죽은 후 많은 가족들을 돌보는 역할을 감당해야 되는 경우도 있다. 자신의 세대에서 유일하게 생존한 남자였던 테드는 자신의 가족뿐만 아니라 아버지가 없는 두 집안의 가족들을 돌보는 특별한 역할을 했다. 이러한 가족을 만나게 되면 임상가는 그 가족에서 어떤 균형이나 자원이 가족의 많은 자녀들을 돌보는 데 도움이 되는지를 탐색해야 한다.

현대의 결혼생활에서는 성별에 의해서만 역할이 결정되는 경우는 드물며 서로가 역할을 분담하는 일이 적지 않다. 따라서 부모 모두가 가정의 보호양육자, 부양자, 옹호자의 역할을 하기도 한다. 그러나 이러한 균형은 저절로 쉽게 이루어지는 것은 아니다. 특별히 맞벌이가족에서는 이러한 균형을 이루면서 갈등을 경험하기도 한다.

기능의 수준과 양식

가족원에 따라서 기능을 수행하는 양식이나 수준은 다르다. 때로는 이러한 유형이 균형을 이루어 여러 가족원들이 서로 잘 적응하면서 살아간다. 이 경우에도 가계도상에 나타난 기능의 대조적인 부분과 이질적인 부분이 전체 체계의 기능에 어떤 역할을 하는지 살펴보아야 한다.

새롭게 출발하는 가족은 어떤 가족이든 세상과 관계를 맺는 방식의 차이에 대하여 서로 적응할 필요가 있다. 그 결과 자녀들을 위해 다소 상보적이면서 성장을 돕는 방식이 만들어질 수 있다. 가족 내에 어떤 균형은 가족체계에 역기능을 초래하기도 한다. 예를 들어, [가계도 6-1]에서 보는 바와 같이 알코올 중독자는 과잉기능을 하는 배우자와 상보적인 유형의 결혼을 하는 것을 볼 수 있다(Bepko & Krestan, 1985; Steinglass, Bennett, Wolin, & Reiss, 1987).

이 가족에서 술을 마시지 않는 배우자는 책임감이 낮은 배우자와 균형을 이루기 위해 과도한 책임을 질 수밖에 없다. 알코올 중독자는 필연적으로 책임을 질 수 없는 상황이 되기 때문에 배우자가 이러한 부족함을 대신 짊어지게 된다. 그렇지 않으면 아이들이 어른들의 역할을 대신해야 한다. 자발적으로 돌보는 역할을 하게 되는 배우자와 돌봄을 받는 배우자의 역할은 두 사람의 관계를 안정화시킨

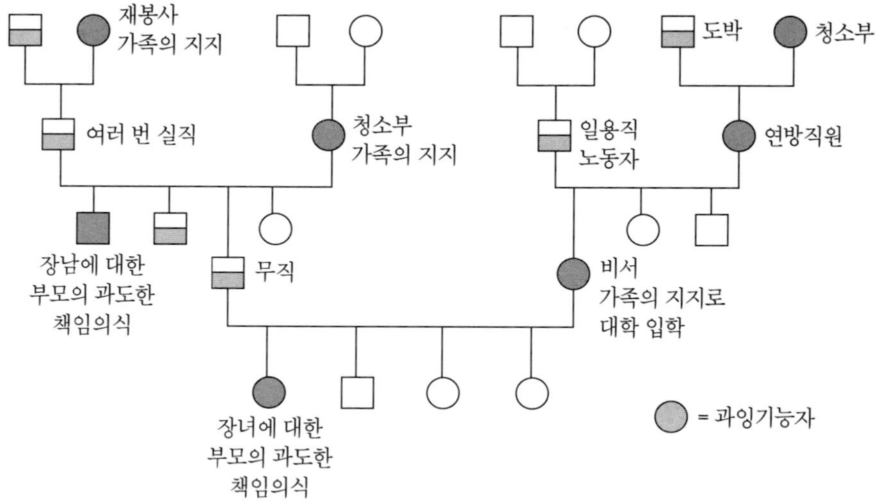

[가계도 6-1] 알코올 문제(과잉기능과 과소기능)

다. 때로 전체 가족이 한 사람의 역기능을 둘러싸고 상호보완적으로 유기적인 관계를 맺고 있는 것을 볼 수도 있다.

가끔 가족원 중 한 사람에게 역기능이 있을 경우, 가족은 공통의 문제에 대하여 보상방식을 찾기도 한다. 전화를 발명한 알렉산더 그레이엄 벨 가족([가계도 6-2])이 그 예다. 벨의 어머니와 아내는 둘 다 거의 들리지 않았다. 이 가족의 3세대 남자들, 즉 벨과 아버지와 삼촌 그리고 벨의 조부는 모두 웅변술과 발성법에 대한 전문가들이었다. 벨의 조부는 음성언어학의 고전이라고 할 수 있는 책을 저술했고, 벨의 아버지와 삼촌은 조부의 기법을 세상에 알리는 데 전념하였다. 그리고 이 가족은 발명의 재능을 타고났다. 벨이 막 10대가 되었을 때 아버지는 말하는 기계를 형과 함께 만들어 보라고 제안했다. 형제가 만든 음성발생 기계가 만들어 내는 소리는 이웃 사람들이 아기의 울음소리로 착각할 정도였다. 벨 가족에서는 여러 사람들이 난청으로 인한 언어장애 문제를 가진 가족에 대한 보상으로서 언어 관련 전문가들이 탄생하게 되었다.

가족에서 어떤 기능 패턴이 나타나는지를 분석하기 위해서는 우선 가족체계에 어떤 조화나 균형이 있는지를 살펴보아야 한다. 가족원 사이에 극단적으로 대조

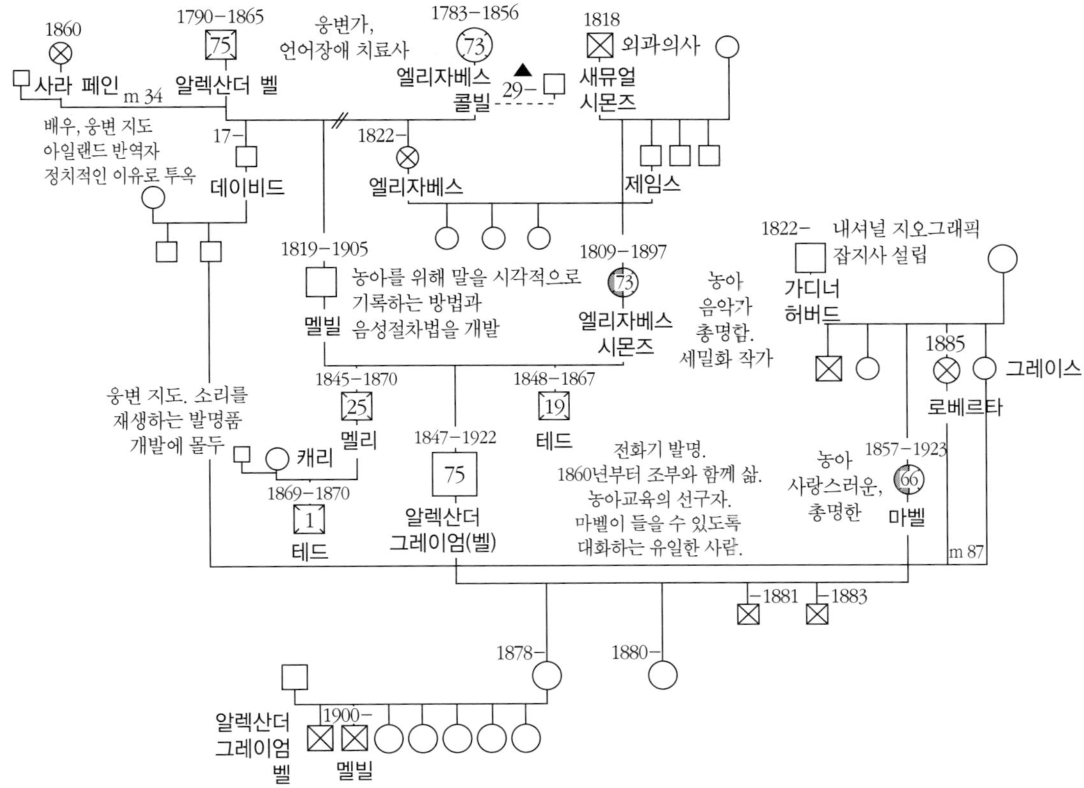

[가계도 6-2] 알렉산더 그레이엄 벨 가족

적인 것이 있다면 그것으로 체계의 안정이 유지되고 있는지, 아니면 다른 형태의 불균형이 유발되고 있는지를 생각해 보아야 한다. 체계의 붕괴는 한두 사람의 역기능으로 인해 발생하는 것은 아니며, 과잉기능을 통해 체계의 균형을 유지해 왔던 사람이 소진함으로 인해 발생할 수 있다. 만성질환자가 있는 가족의 경우 가족원들이 단기간 동안에는 역기능을 가진 사람을 잘 돌볼 수 있지간 장기화되면 그렇지 못할 때가 있다.

보살핌의 가계도

보살핌과 관련된 체계를 이해하기 위해서는 '돌봄의 가계도(caretaking genogram)'를 작성하는 것이 유용하다. 즉, 가족원 중 누가 죽기 전까지 보살핌이 필요했으며 보살피는 사람은 누구였는지를 가계도에 표시한다. 이는 굉장히 중요한 문제이기 때문에 단선에 두 개의 화살표 부호를 사용해서 가족원이 곤란에 처했을 때 가장 크게 보살핌의 책임을 맡았던 사람과 그 외 다른 보살피는 역할을 한 사람을 표시해 둔다.

한 예로 저자인 모니카의 가족([가계도 6-3])에서는 저자의 부모님과 조부모님에게 장기적인 보살핌이 필요했는데, 실질적으로 이러한 책임은 모두 여성들에게 부과되었다. 어머니는 심한 뇌졸중을 앓았던 아버지를 10년 동안이나 보살폈으며, 이모는 폐기종으로 서서히 죽어가던 남편을 20년 동안이나 돌보았다. 또한 저자의 할머니와 고모는 할아버지가 암으로 돌아가시기 전까지 돌보았다. 고

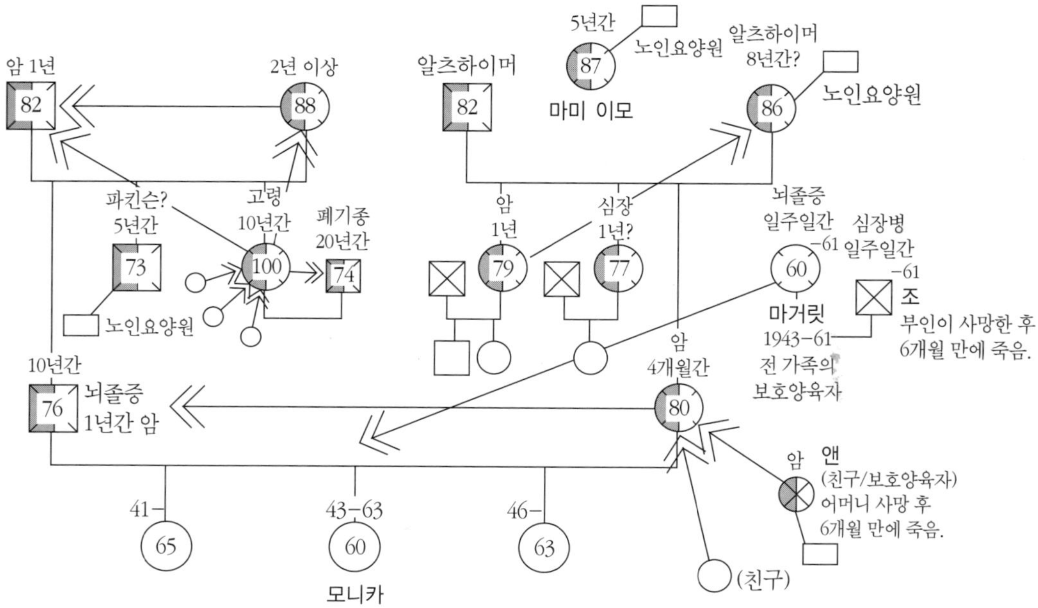

[가계도 6-3] 돌봄의 가계도

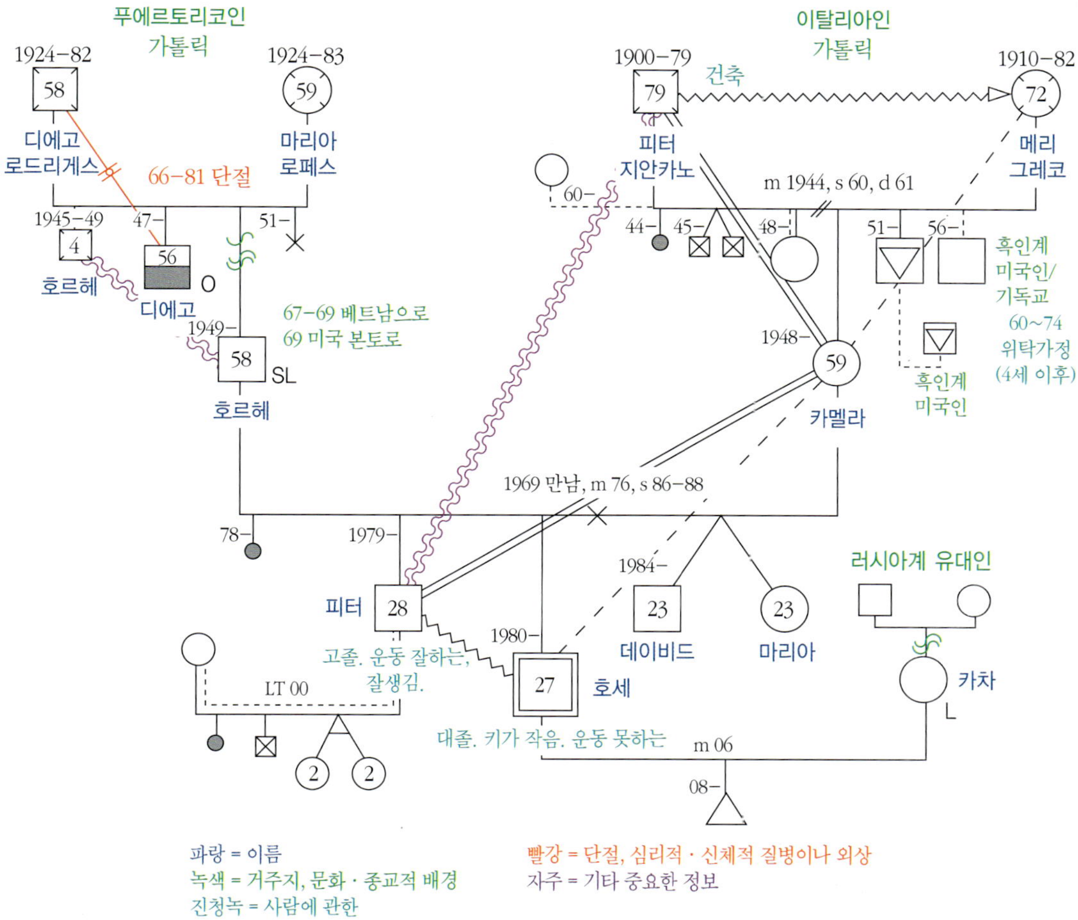

[색채 가계도 1] 로드리게스의 가족경험과 가족관계

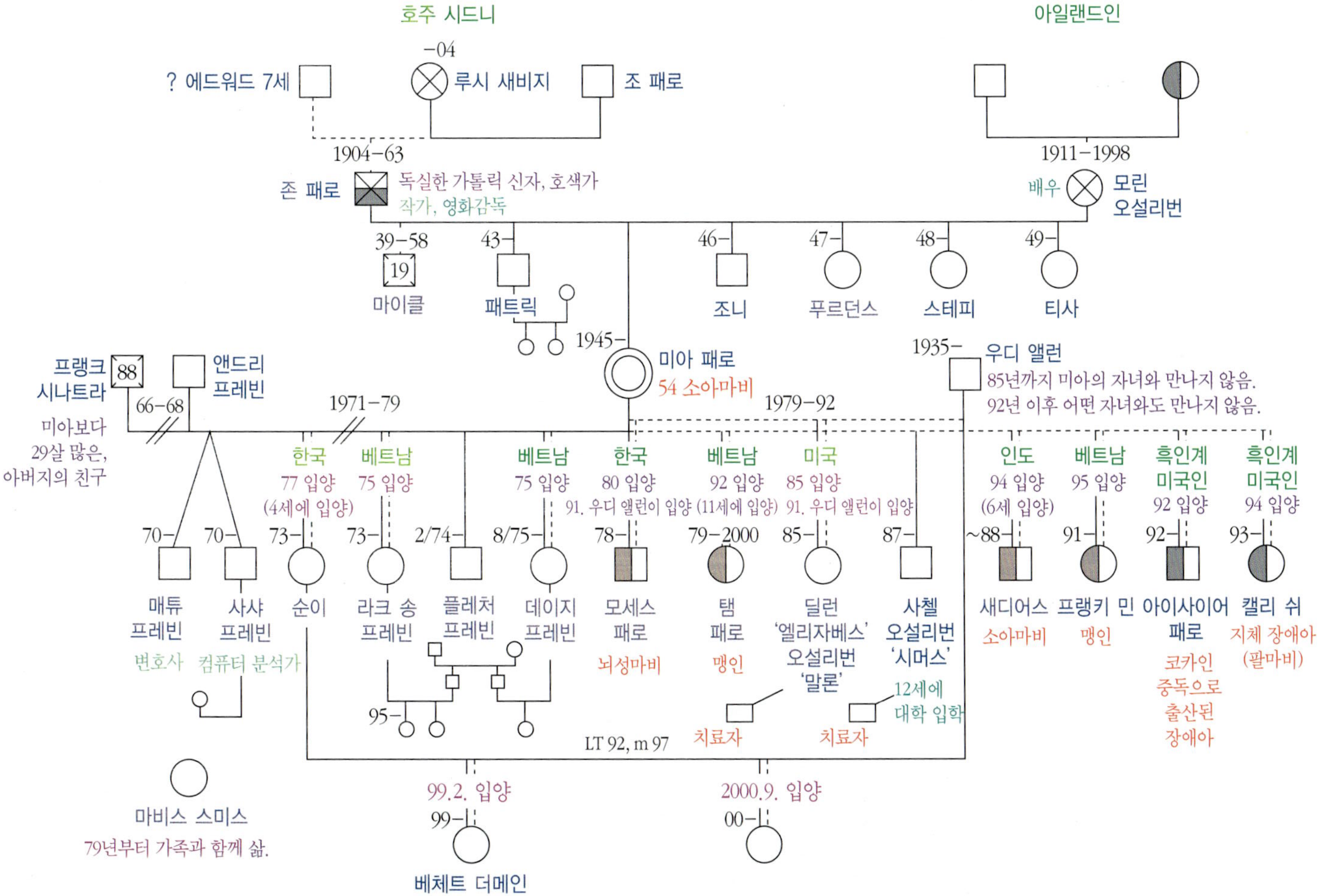

[색채 가계도 2] 미아 패로의 원자녀와 입양자녀

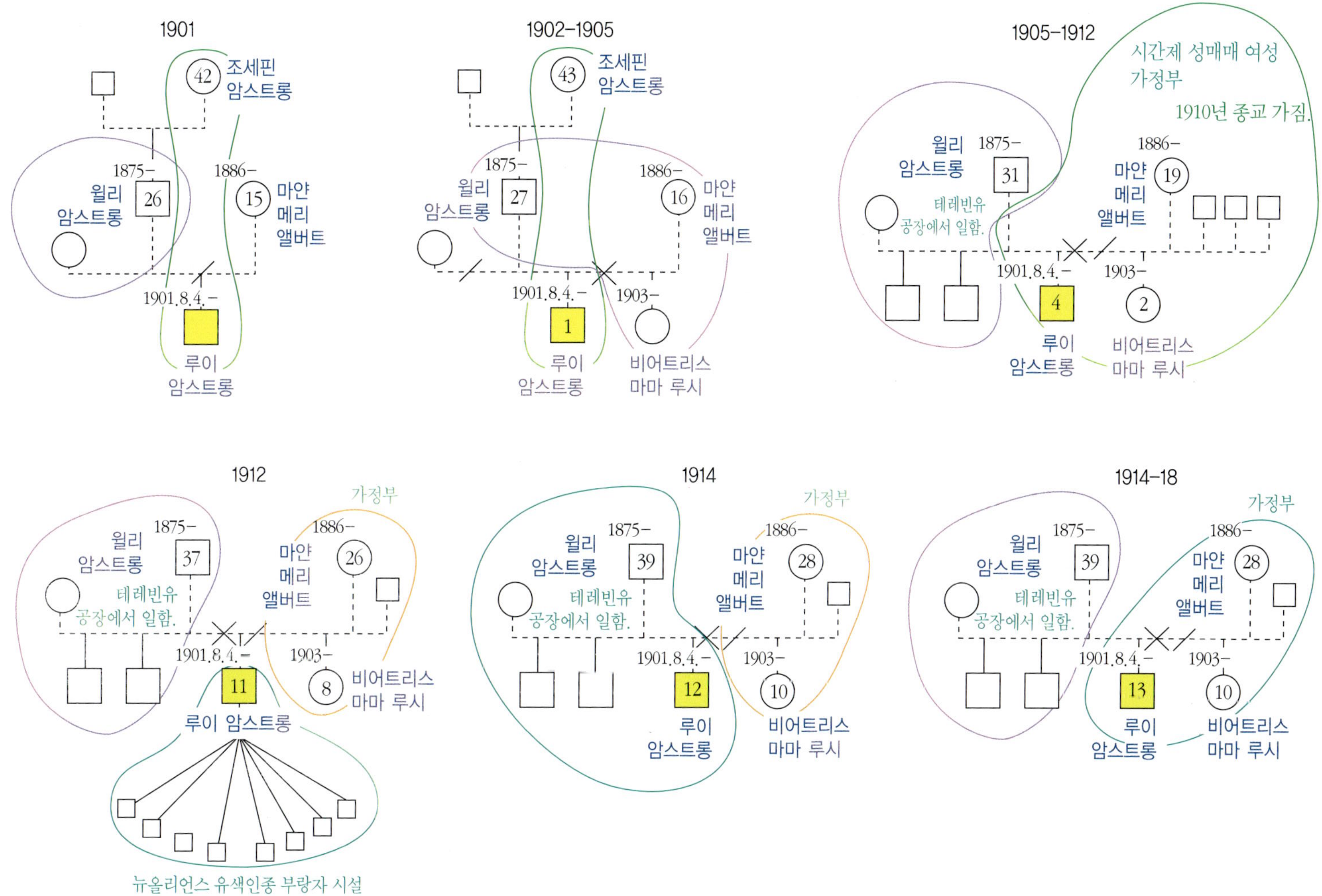

[색채 가계도 3] 루이 암스트롱의 동거 상황

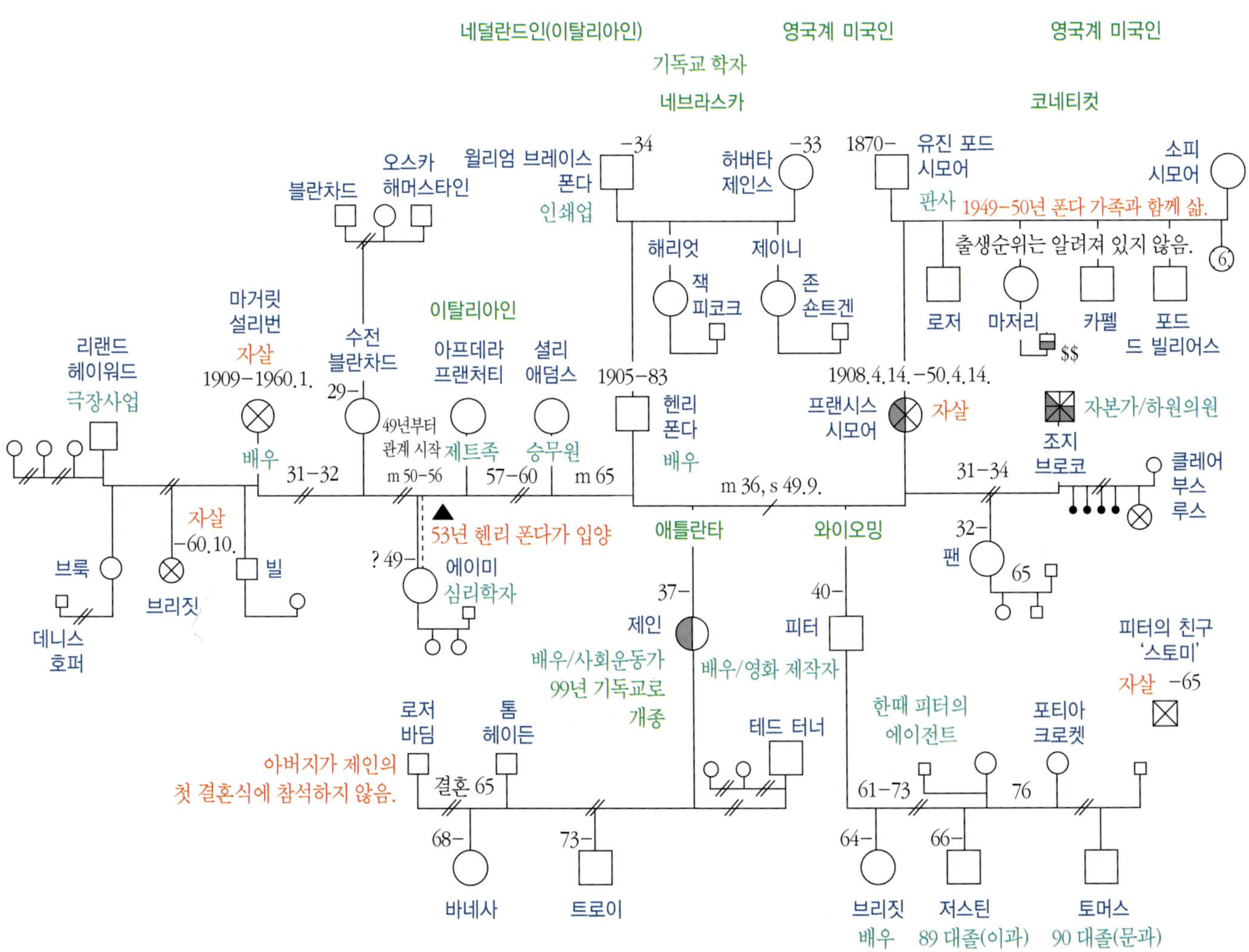

[색채 가계도 4] 폰다 가족의 인구학적 가계도

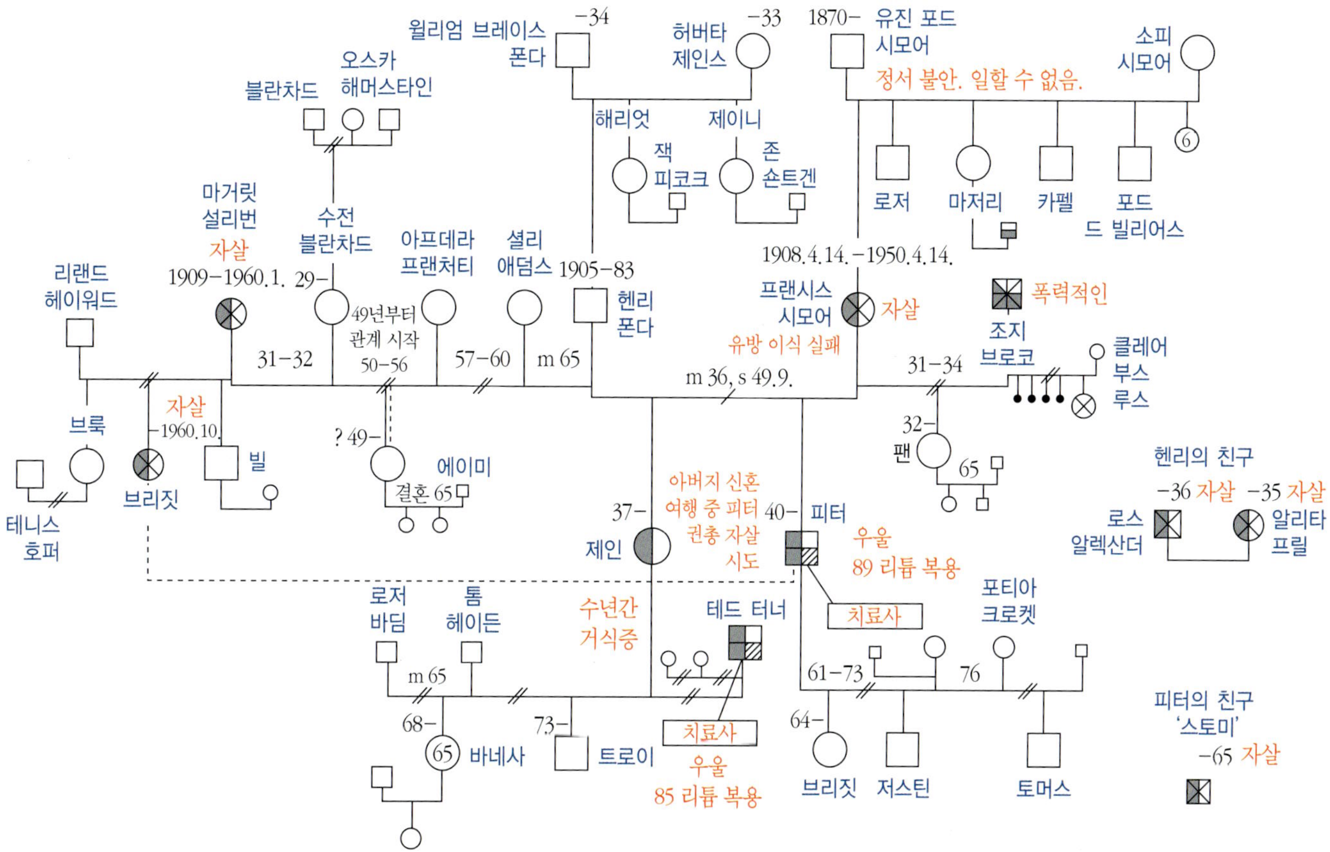

[색채 가계도 5] 폰다 가족의 기능성

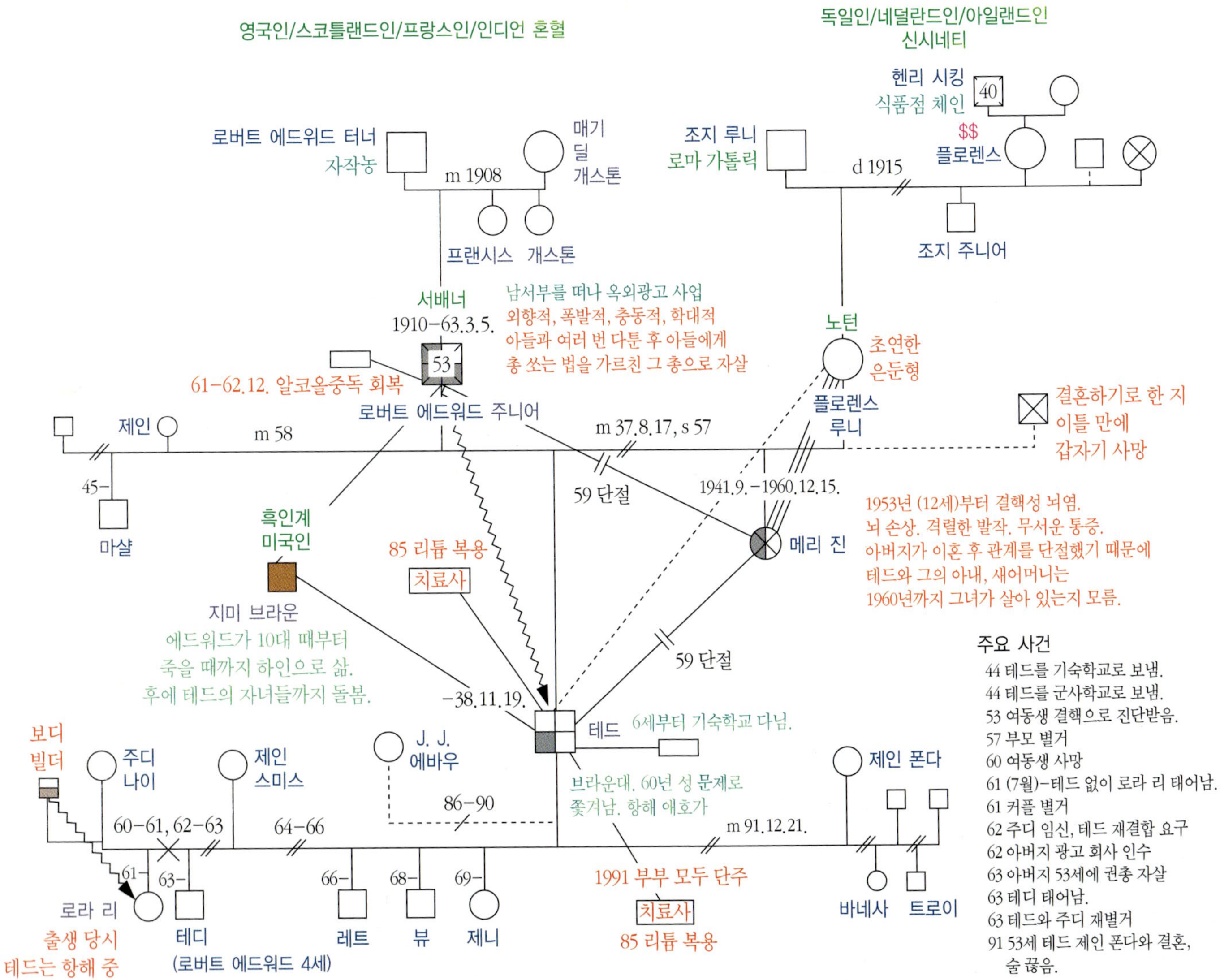

[색채 가계도 6] 터너 가족의 기능성

[색채 가계도 9] 프리다 칼로의 가계도 '나의 가족', 1951

© 프리다 칼로 박물관, 멕시코시티(그린버그, 1997)

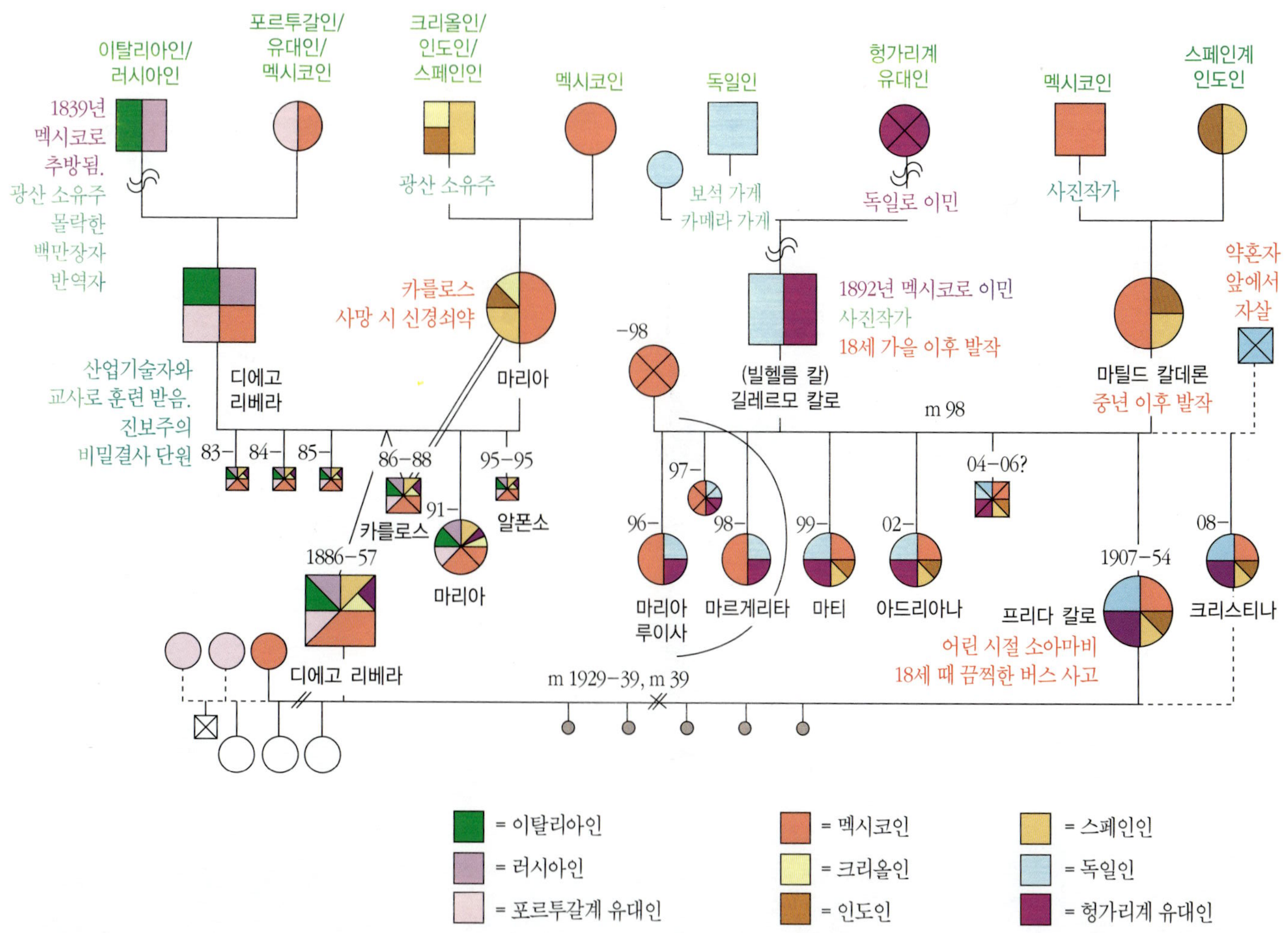

[색채 가계도 10] 문화가계도: 칼로-리베라 가족

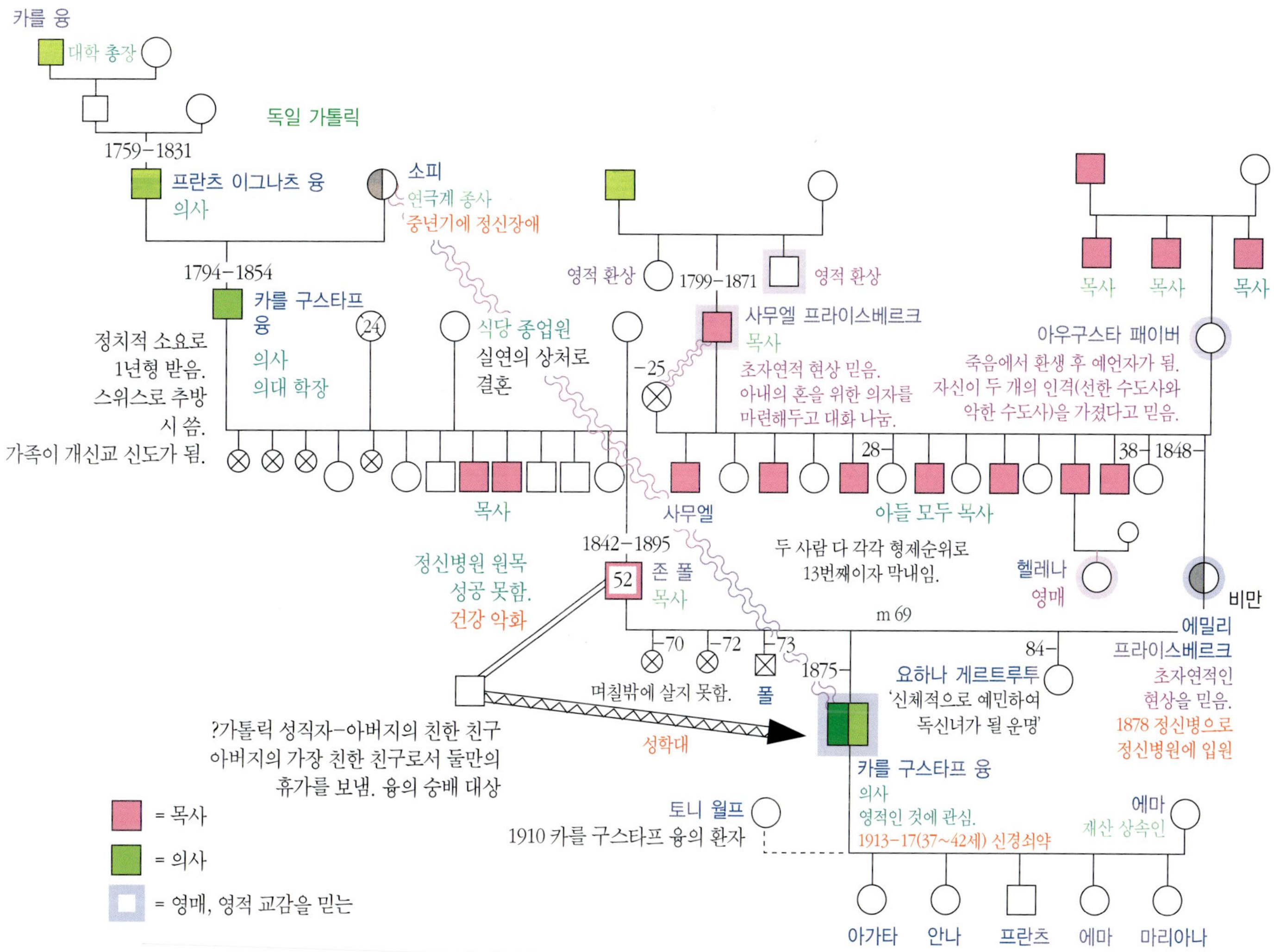

카를 융
대학 총장
독일 가톨릭
1759–1831
프란츠 이그나츠 융
의사
소피
연극계 종사
'중년기에 정신장애
1794–1854
카를 구스타프 융
의사
의대 학장
정치적 소요로 1년형 받음. 스위스로 추방 시 씀.
가족이 개신교 신도가 됨.
24
식당 종업원
실연의 상처로 결혼
목사
영적 환상
1799–1871
영적 환상
사무엘 프라이스베르크
목사
초자연적 현상 믿음.
아내의 혼을 위한 의자를 마련해두고 대화 나눔.
–25
목사
목사
목사
아우구스타 패이버
죽음에서 환생 후 예언자가 됨.
자신이 두 개의 인격(선한 수도사와 악한 수도사)을 가졌다고 믿음.
28–
38–
1848–
사무엘
아들 모두 목사
1842–1895
52
존 폴
목사
두 사람 다 각각 형제순위로 13번째이자 막내임.
헬레나
영매
비만
정신병원 원목
성공 못함.
건강 악화
m 69
에밀리 프라이스베르크
초자연적인 현상을 믿음.
1878 정신병으로 정신병원에 입원
–70
–72
–73
84–
며칠밖에 살지 못함.
폴
1875–
요하나 게르트루투
'신체적으로 예민하여 독신녀가 될 운명'
?가톨릭 성직자–아버지의 친한 친구
아버지의 가장 친한 친구로서 둘만의 휴가를 보냄. 융의 숭배 대상
성학대
카를 구스타프 융
의사
영적인 것에 관심.
1913–17(37~42세) 신경쇠약
토니 월프
1910 카를 구스타프 융의 환자
에마
재산 상속인
= 목사
= 의사
= 영매, 영적 교감을 믿는
아가타
안나
프란츠
에마
마리아나

[색채 가계도 7] 융의 가족

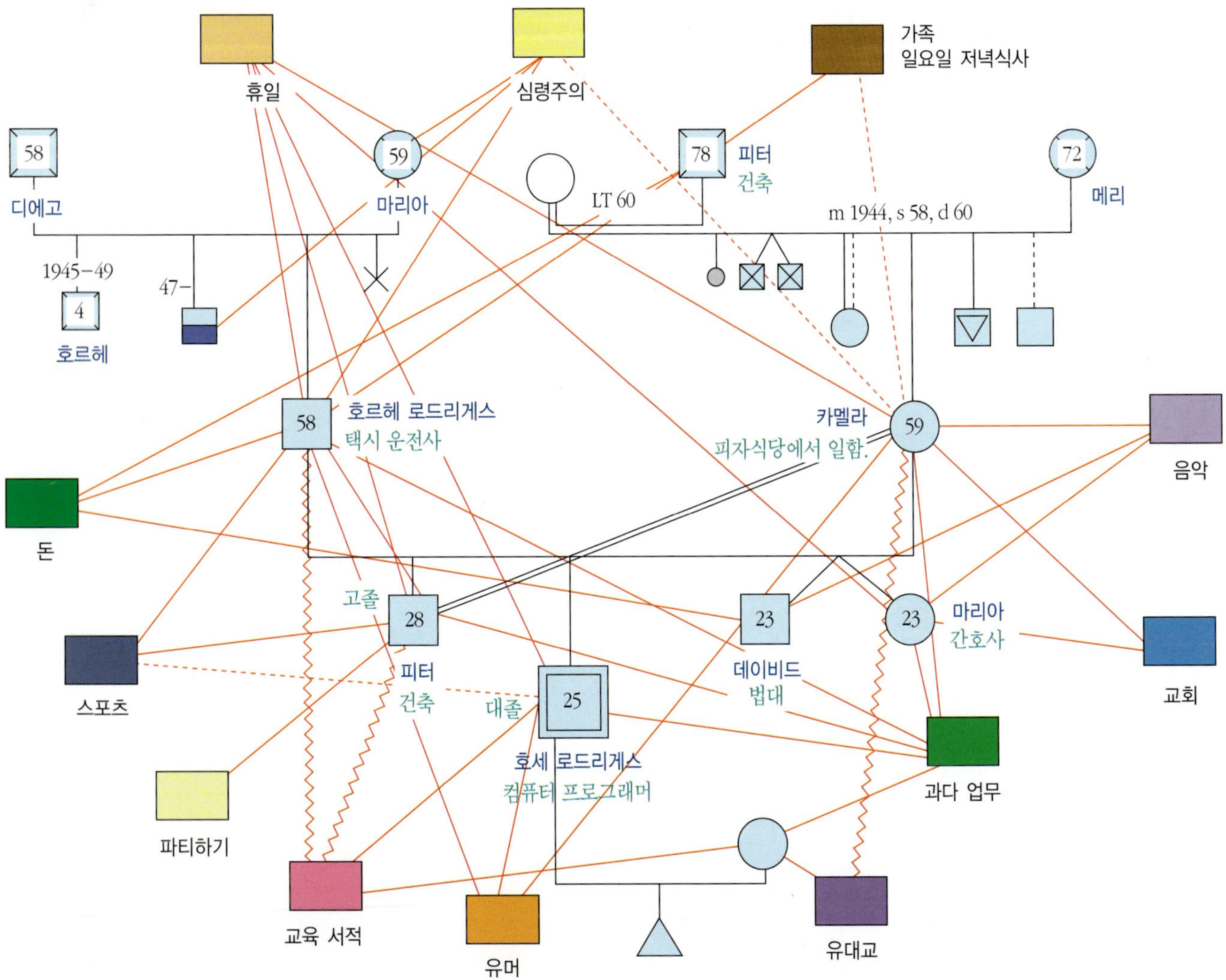

[색채 가계도 8] 로드리게스 가족의 사회환경 맥락

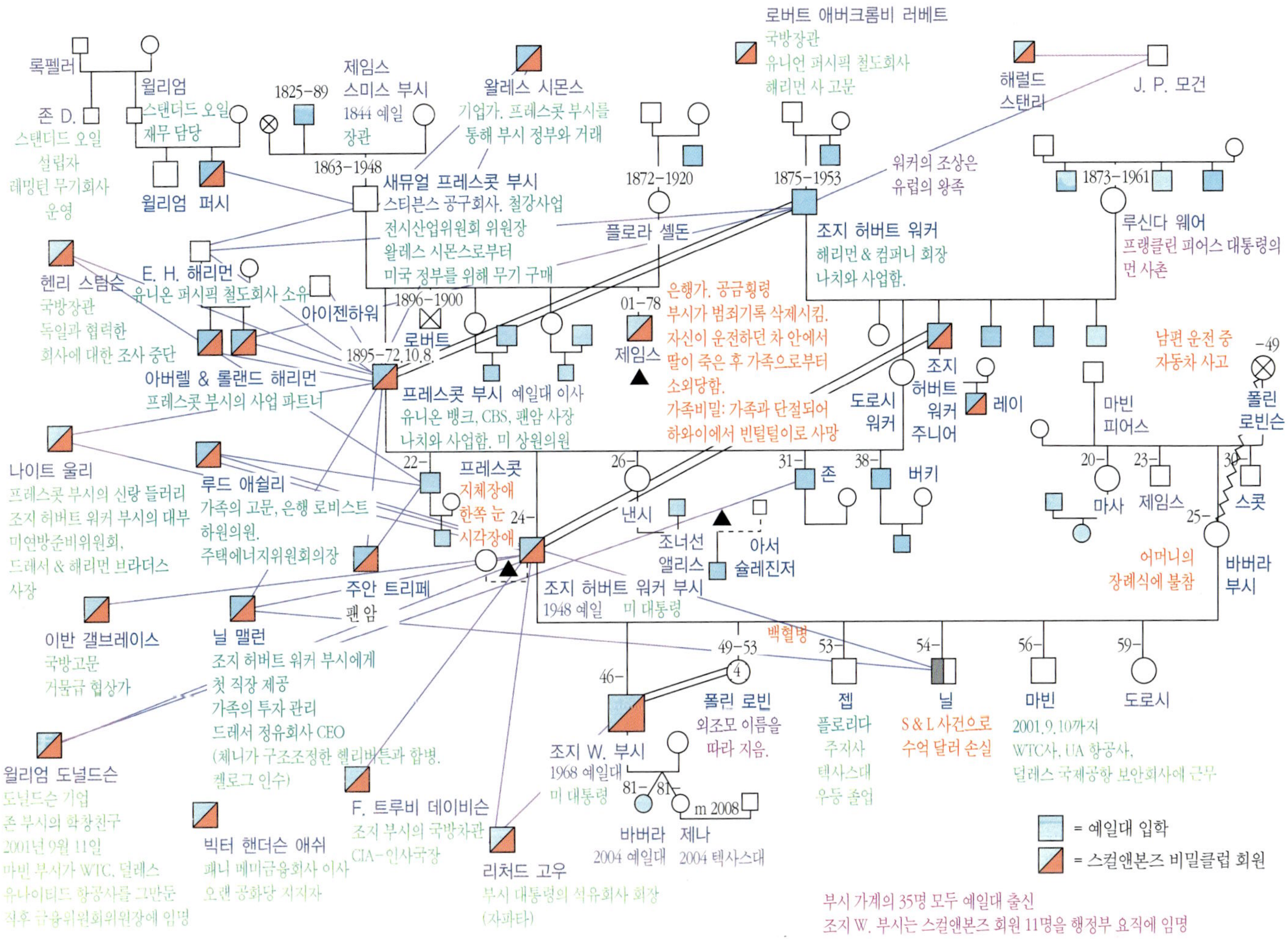

[색채 가계도 11] 조지 W. 부시

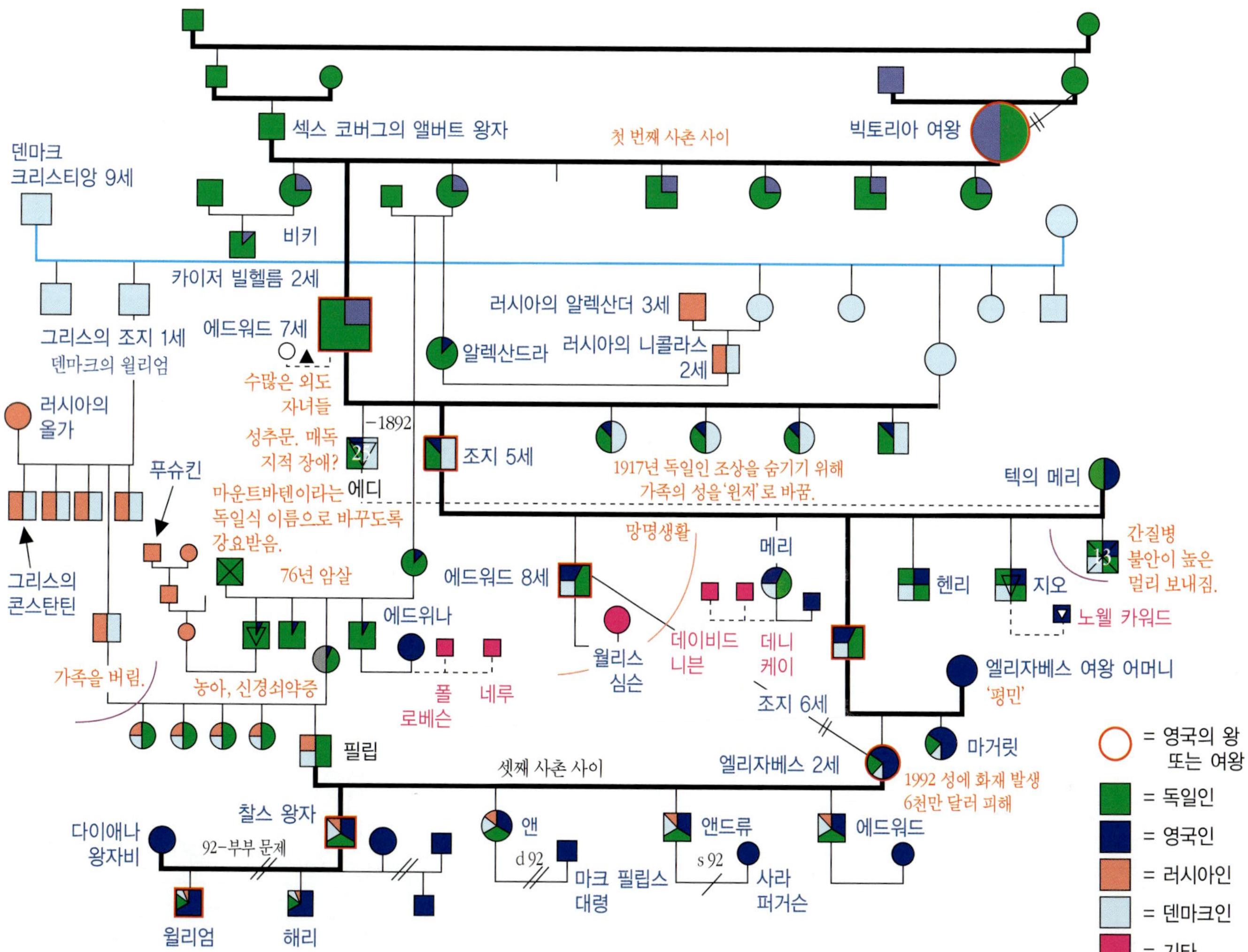

[색채 가계도 12] 영국 왕실 가족(윈저가)

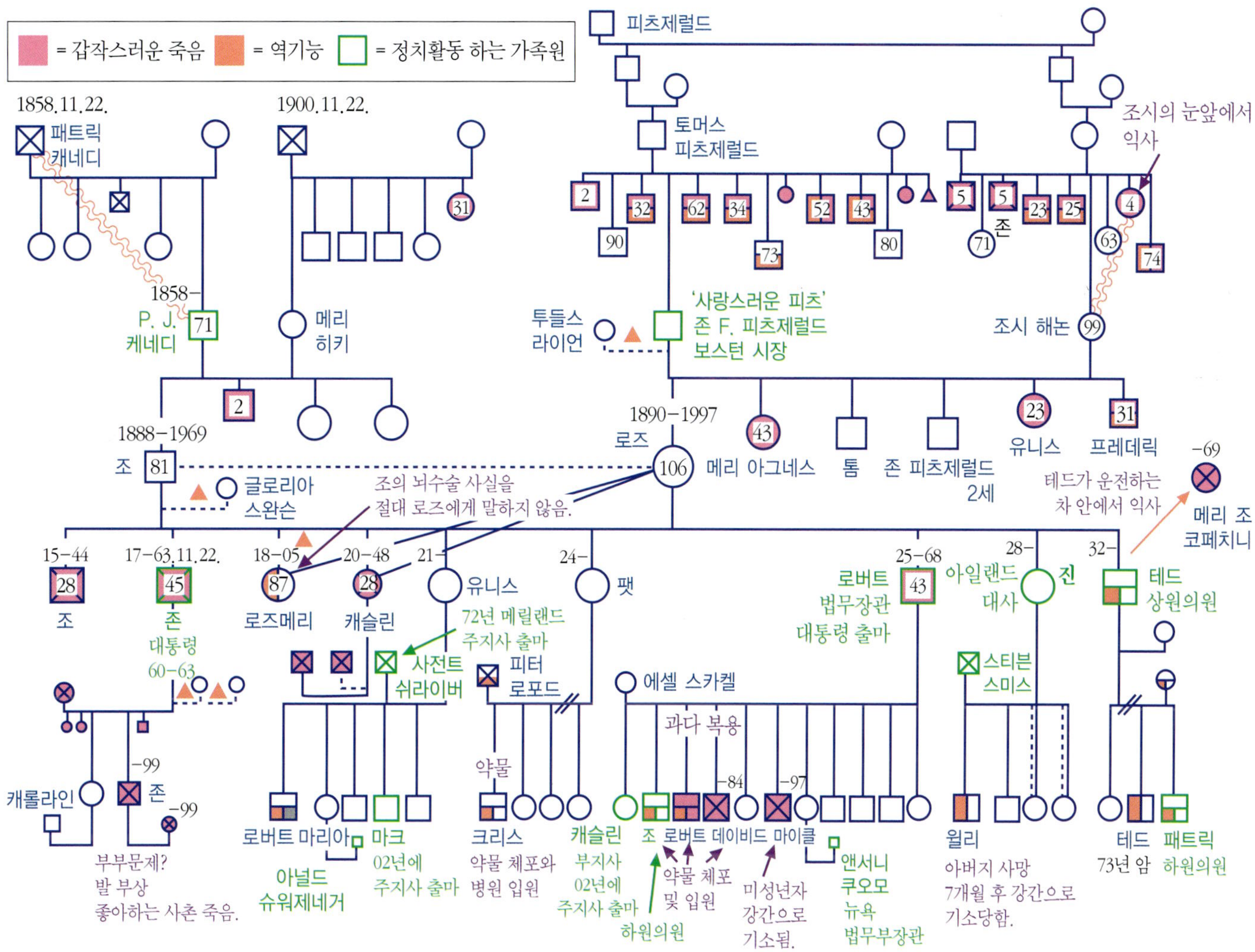

[색채 가계도 13] 케네디 가족

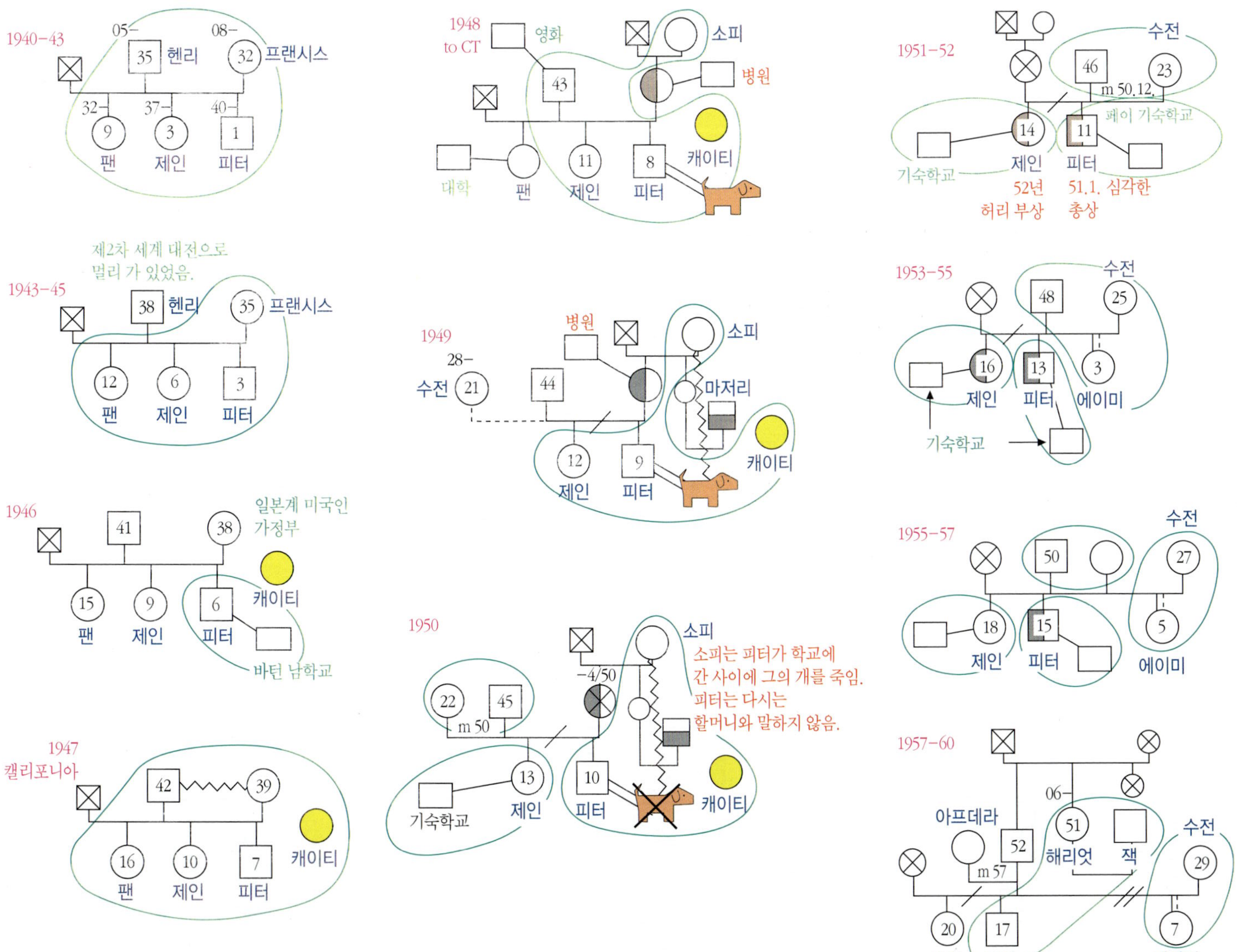

[색채 가계도 14] 성인기 이전 피터 폰다의 생활상

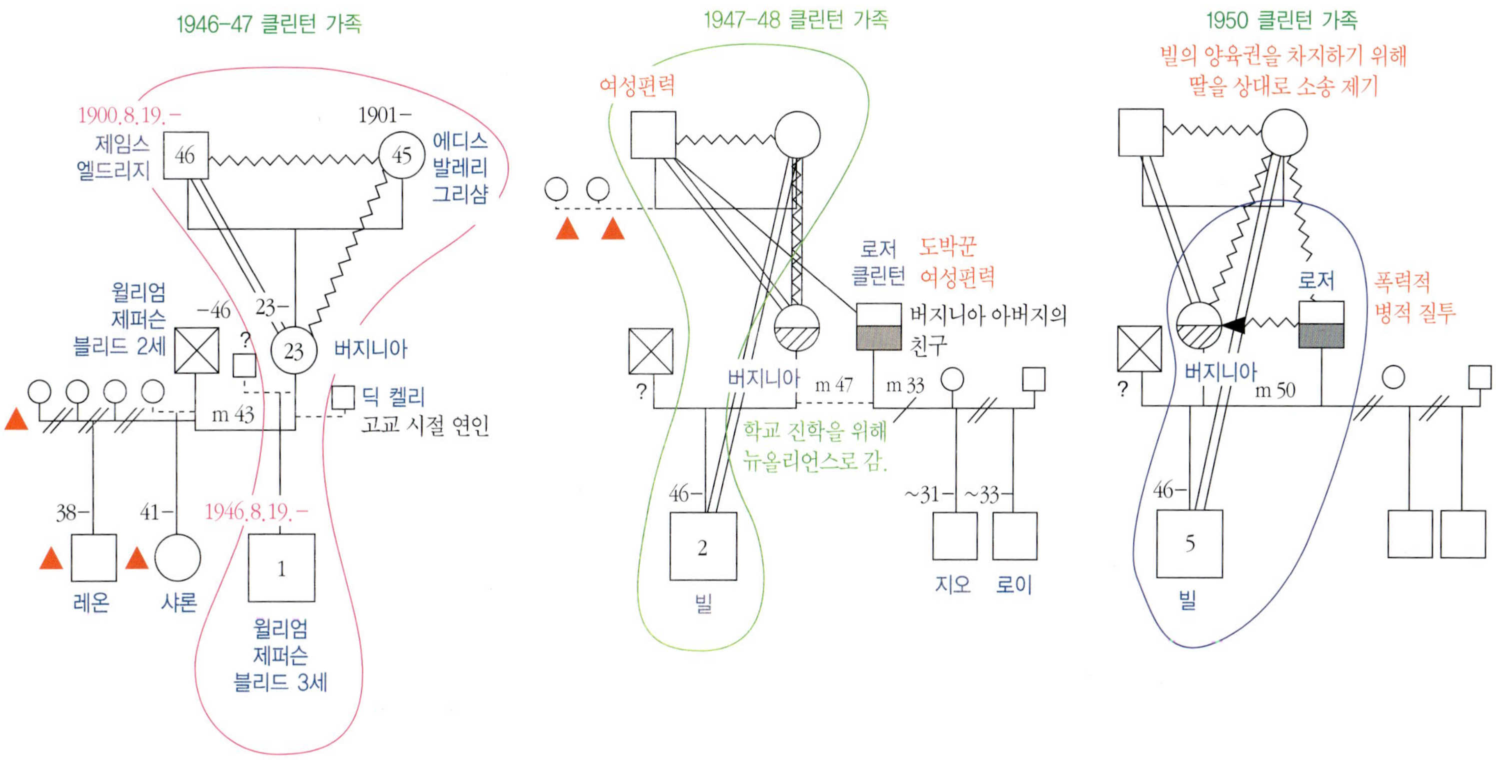

[색채 가계도 15] 빌 클린턴의 생활상 변화 양상

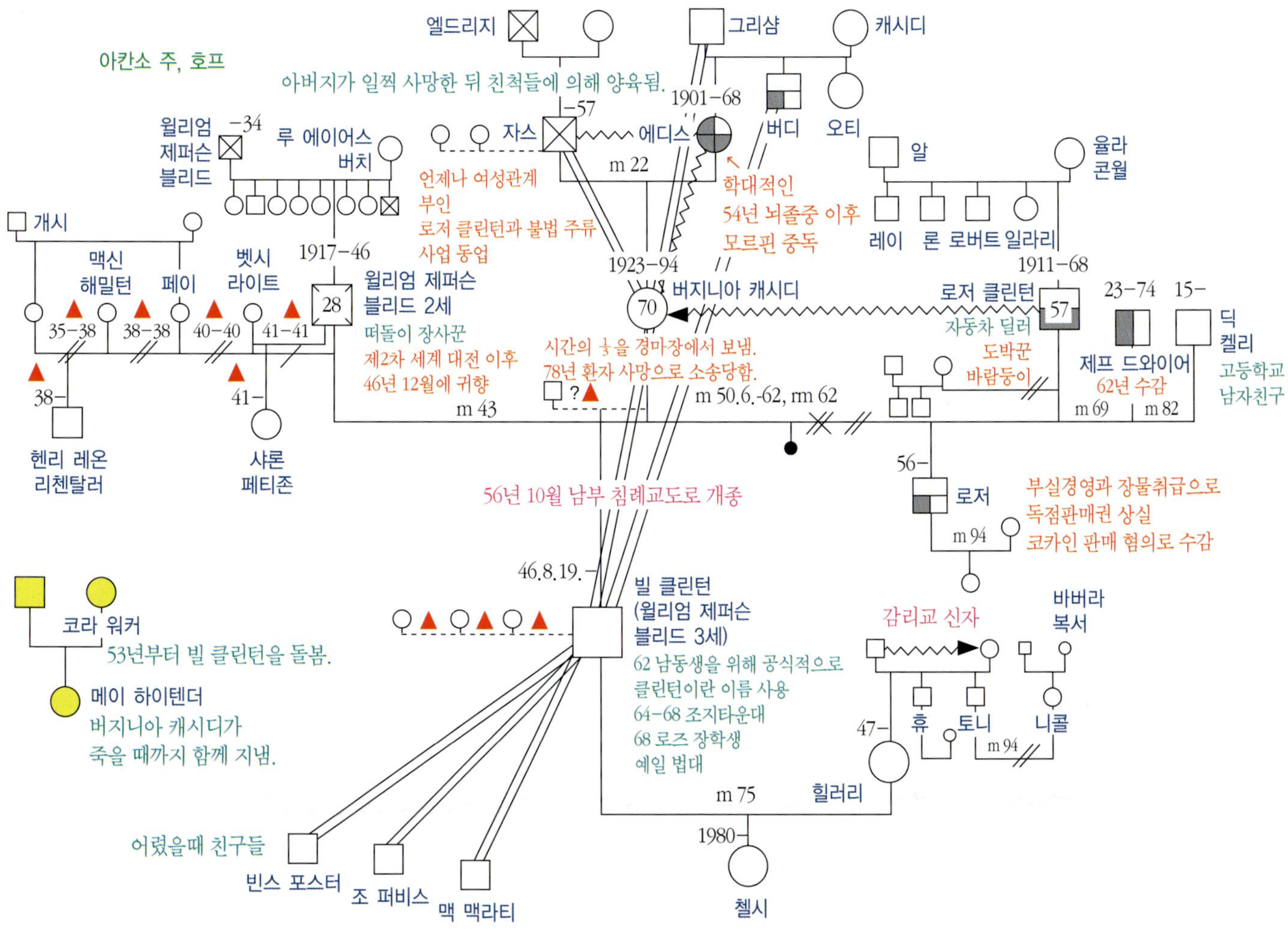

[색채 가계도 16] 빌 클린턴의 가족

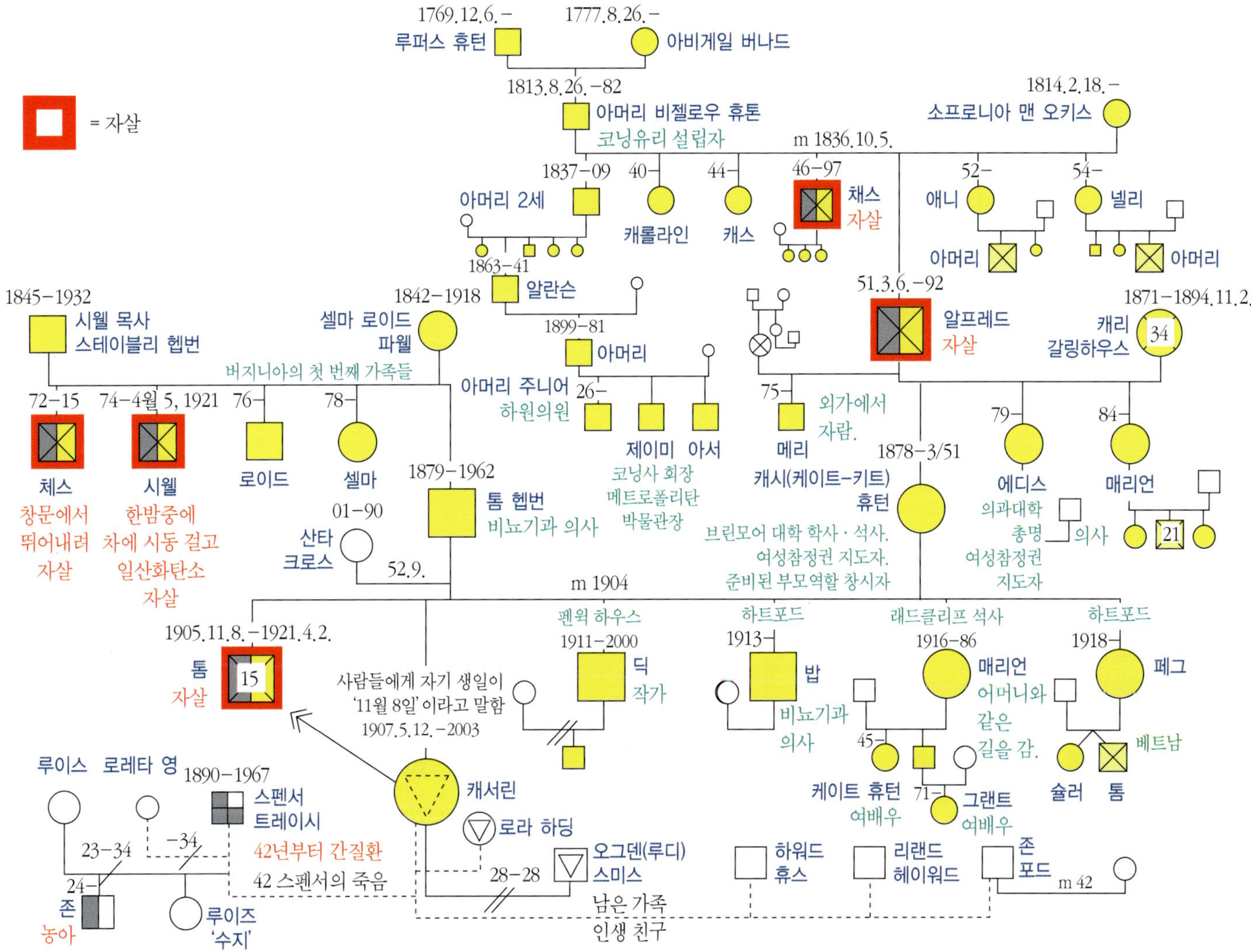

[색채 가계도 17] 헵번 가족

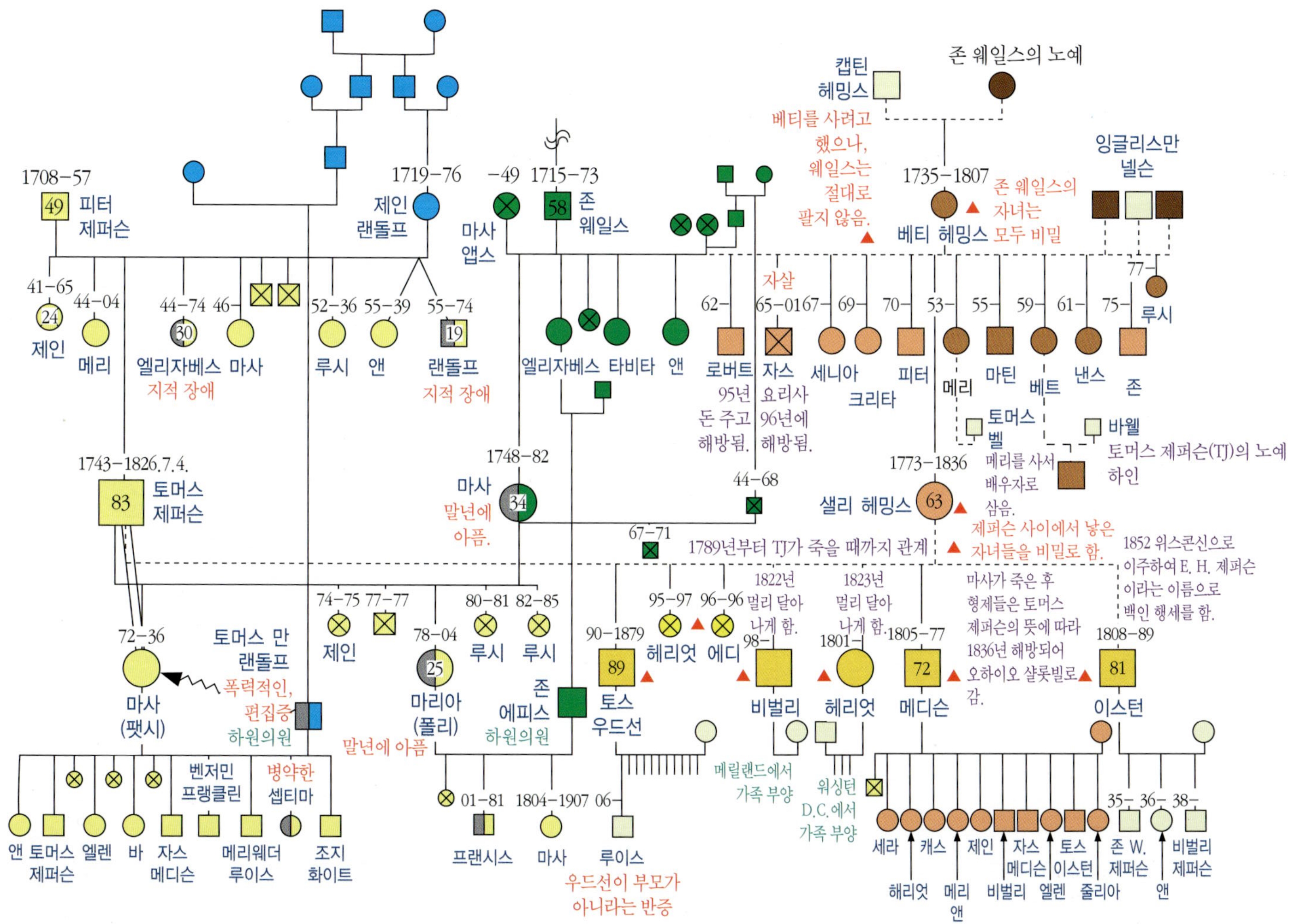

[색채 가계도 18] 제퍼슨 가족

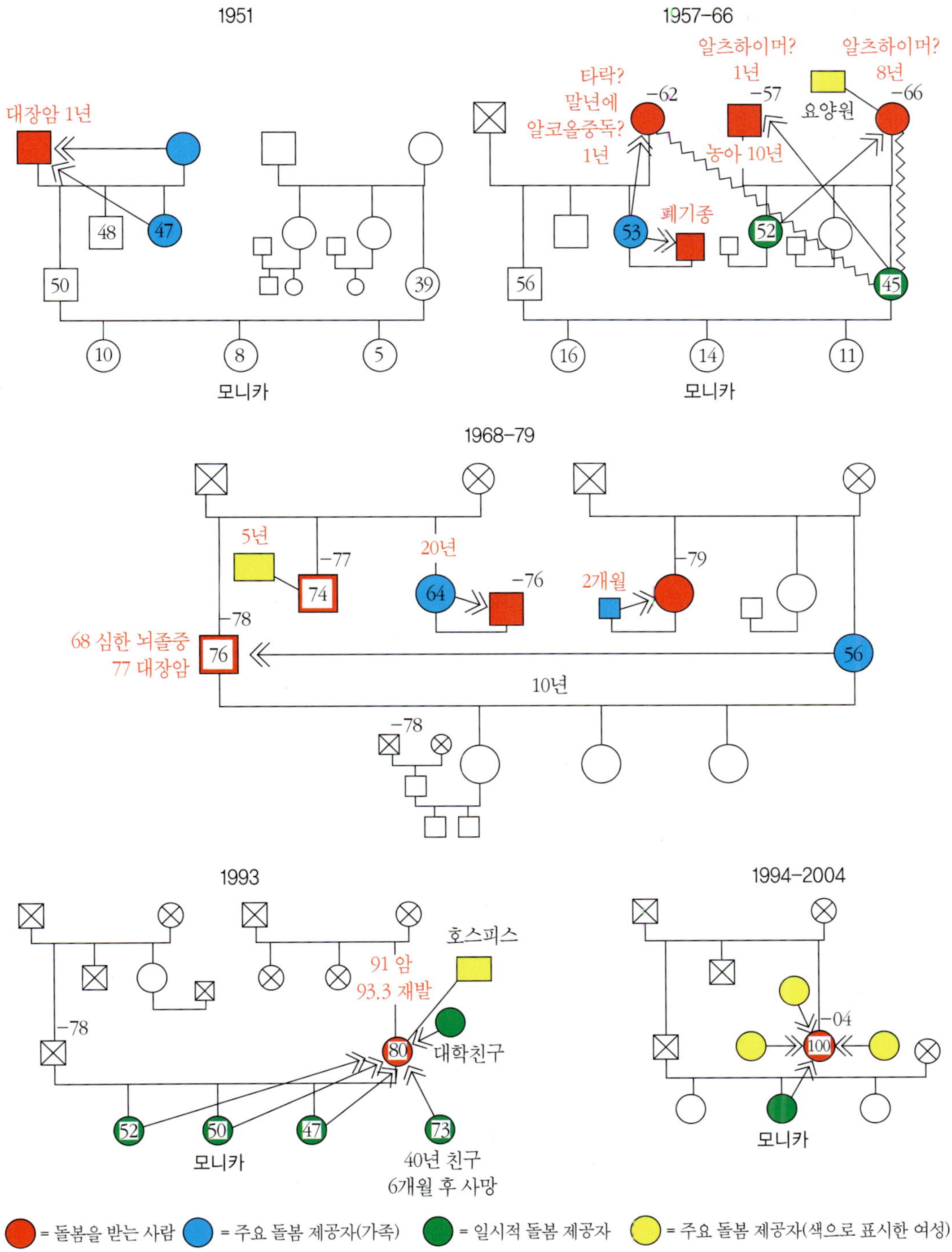

[색채 가계도 19] 시기별 돌봄 가계도

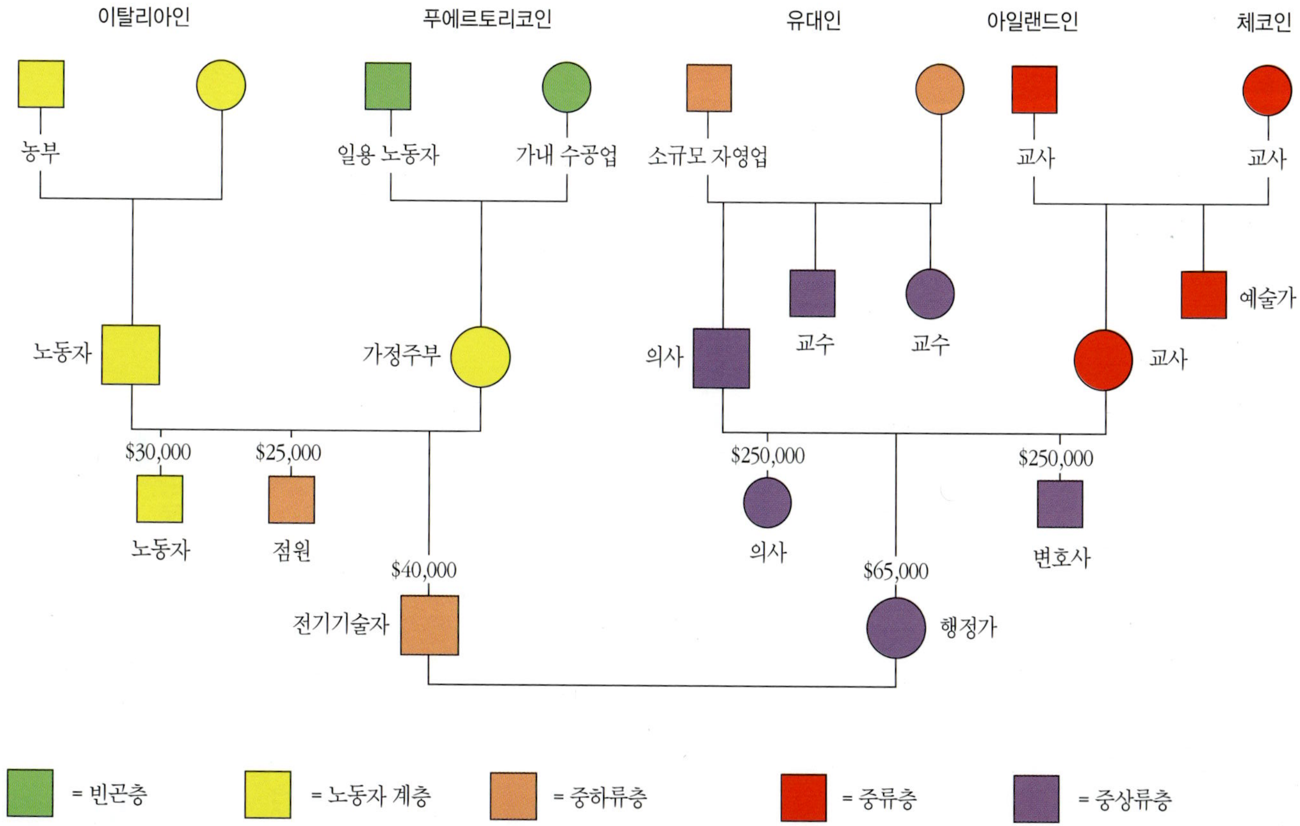

[색채 가계도 20] 직업적 배경이 다른 부부들

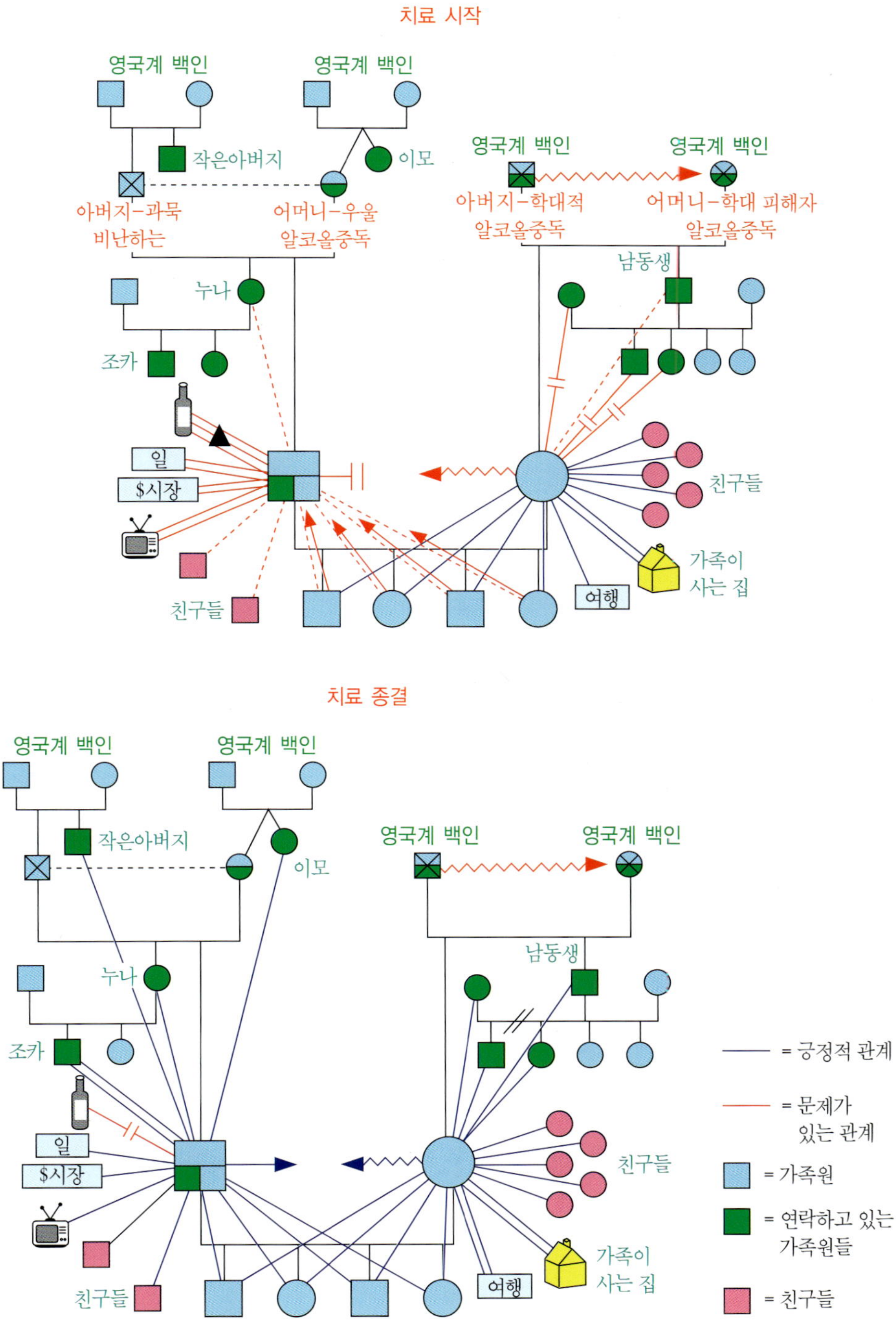

[색채 가계도 21] 치료의 시작과 종결 단계에서의 부부관계

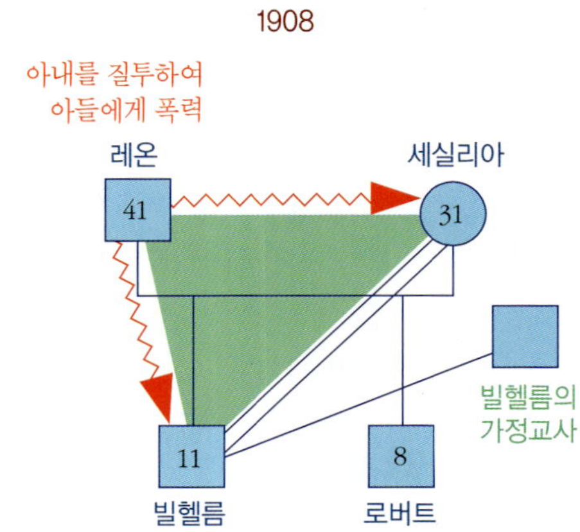

빌헬름은 어머니와 밀착되었고,
폭력적인 아버지와는 소원함.

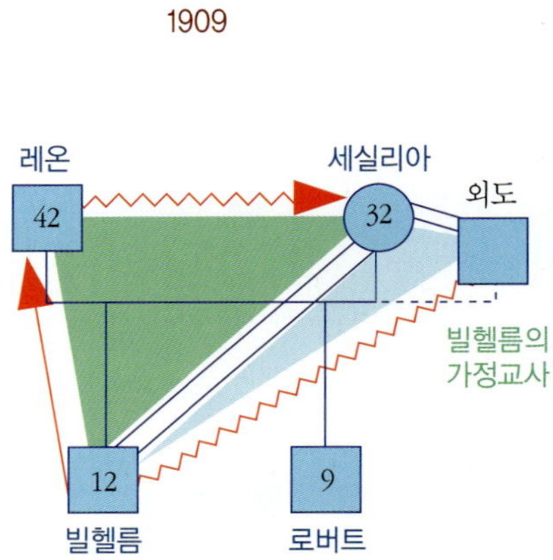

빌헬름은 자신을 보호해 주지
않은 어머니에 대한 분노로 어머니의
외도 사실을 아버지에게 폭로

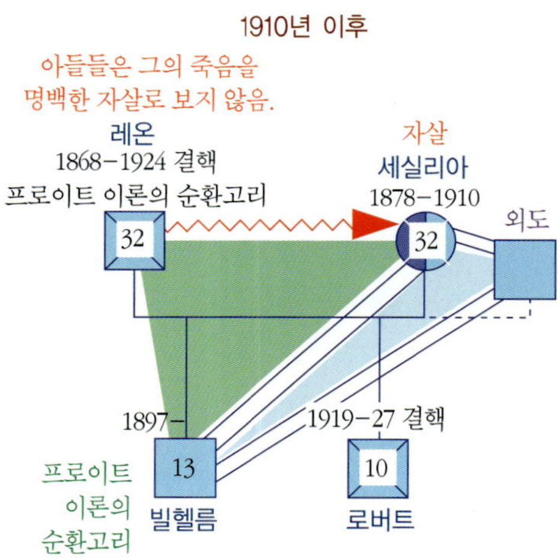

아버지가 외도 사실을 캐물으면서
폭력을 휘두르자 어머니가 자살해버림.
라이히는 남은 여생 동안 모든 신경증의
치료를 위해 죄책감으로부터 벗어나는 순수한
성적 표현을 강조하는 이론에 집중.

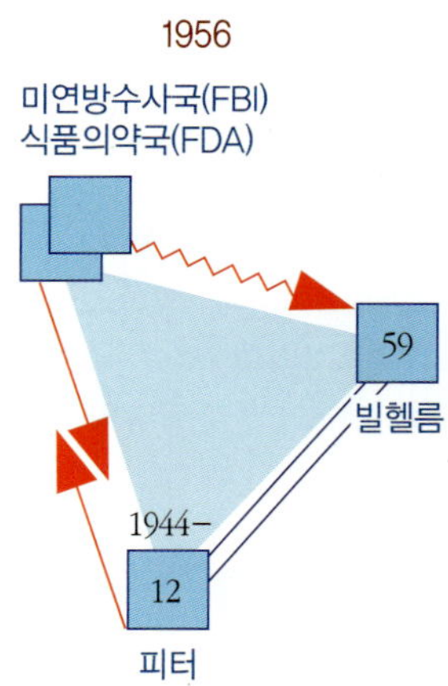

라이히의 아들 피터가 아버지와 같은 나이가
되었을 때, 미연방수사국과 식품의약국은
라이히의 이론을 박해하고 모든 저서들을
불태워 버림. 수사당국이 그를 체포하러
와서 아버지가 있는 곳을 추궁함.
피터는 아버지를 잡혀가게 한 죄책감을 가짐.
라이히는 감옥에서 죽었고 그의 책은
여전히 출판되고 있음.

[색채 가계도 22] 라이히 가족의 삼각관계

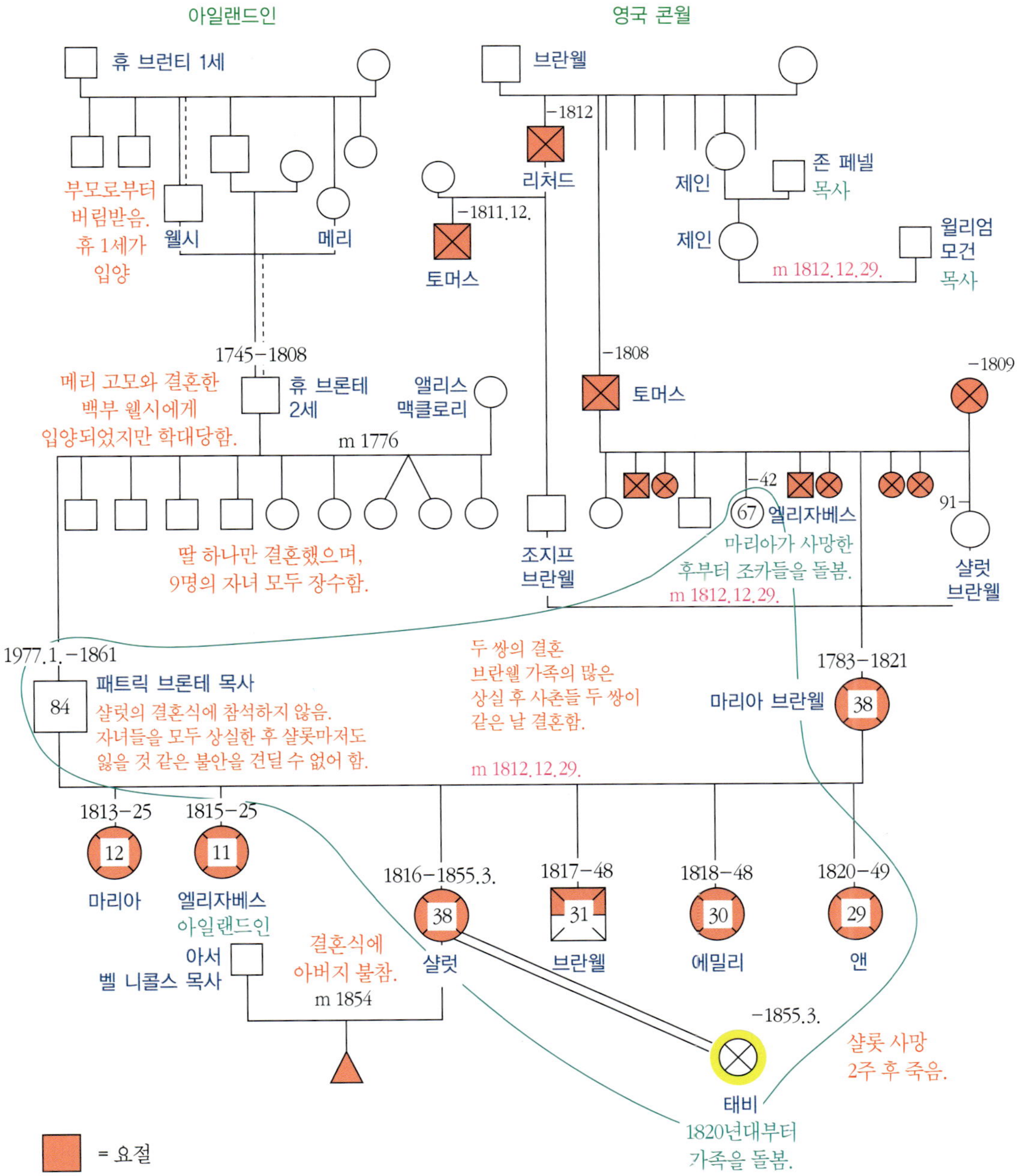

[색채 가계도 23] 브론테 가족

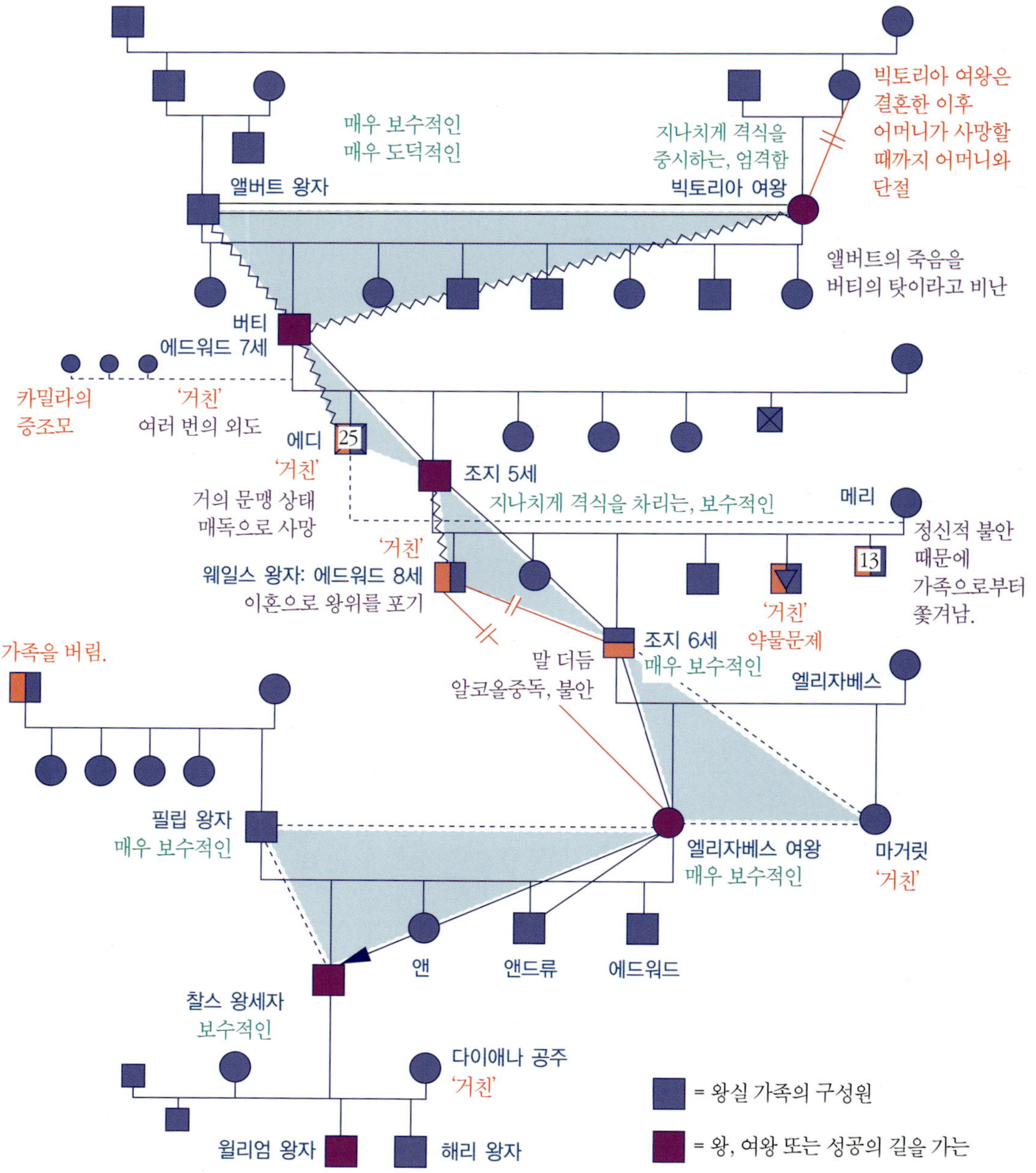

[색채 가계도 24] 영국 왕실 가족의 삼각관계(과거 세대)

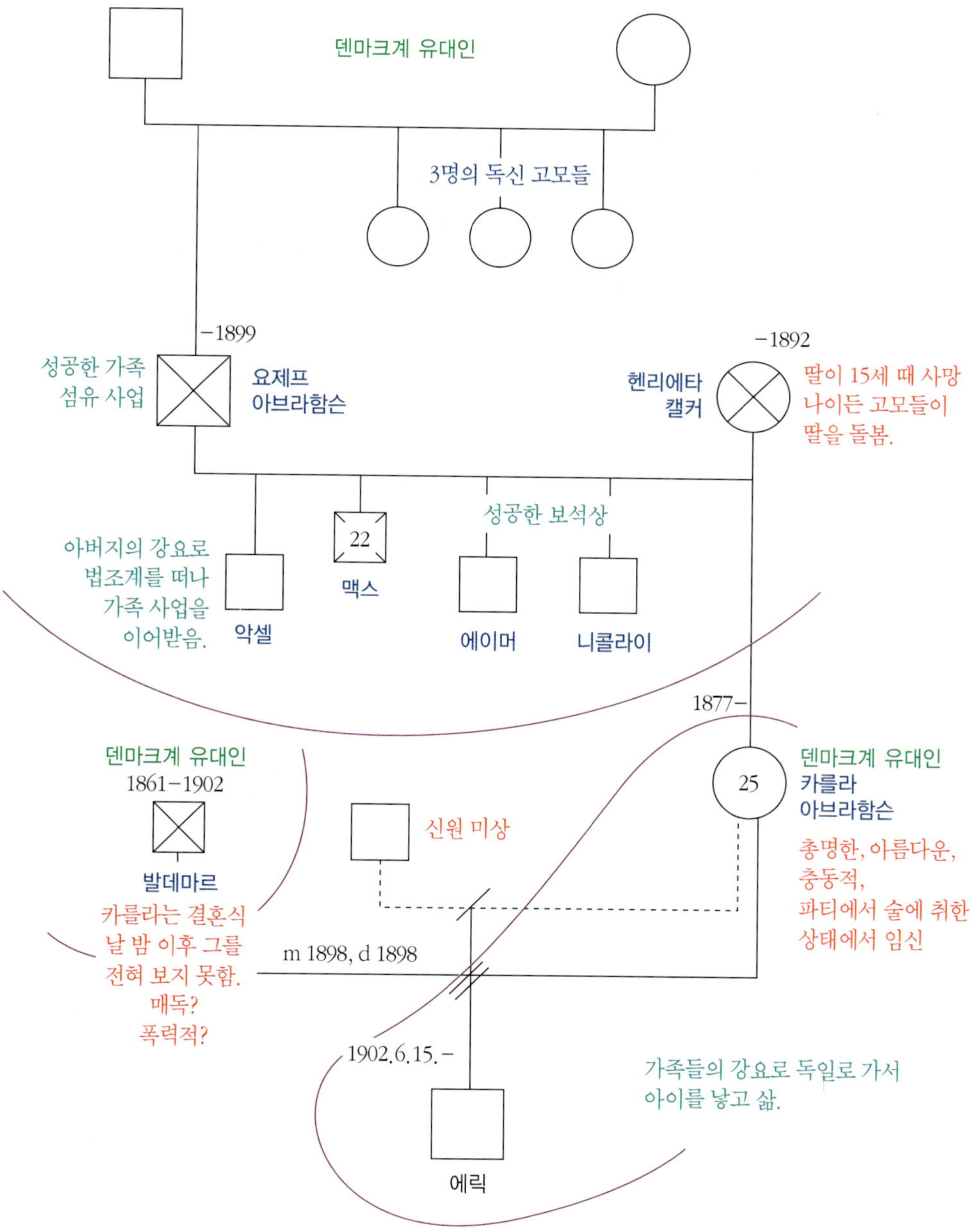

[색채 가계도 25] 에릭 에릭슨의 가족(1902, 그의 출생 연도)

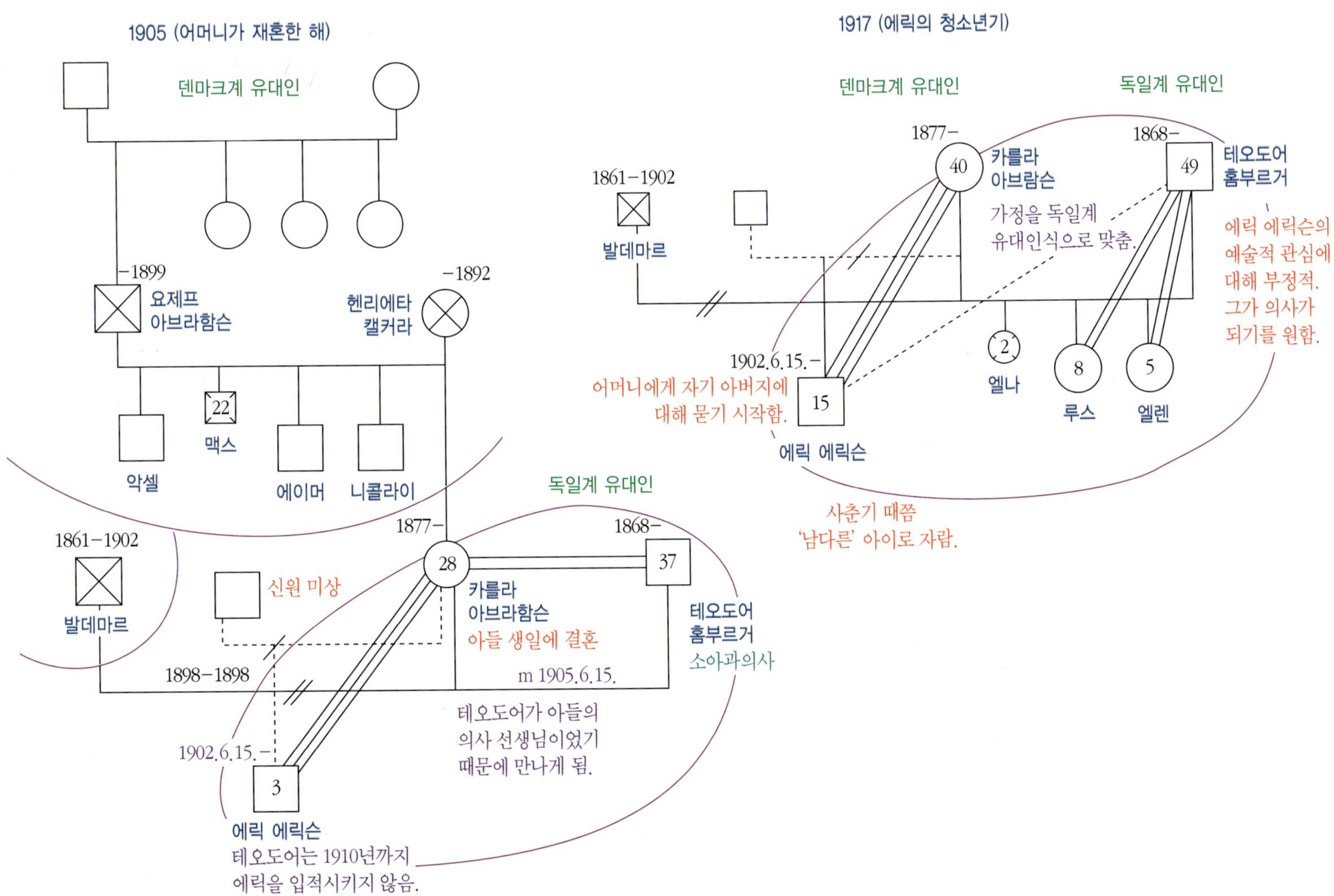

[색채 가계도 26] 에릭 에릭슨의 가족

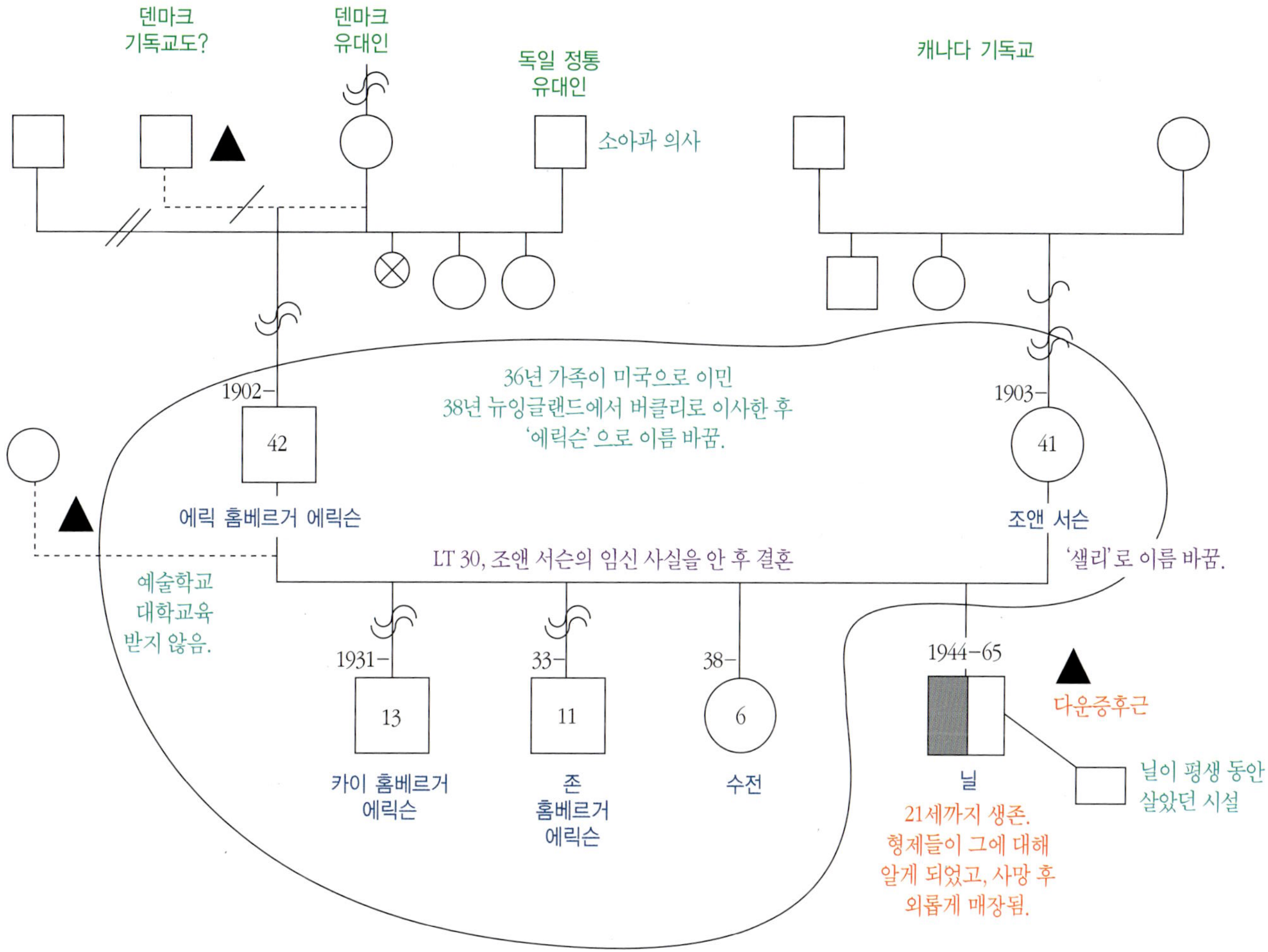

[색채 가계도 27] 에릭 에릭슨 가족(1944)

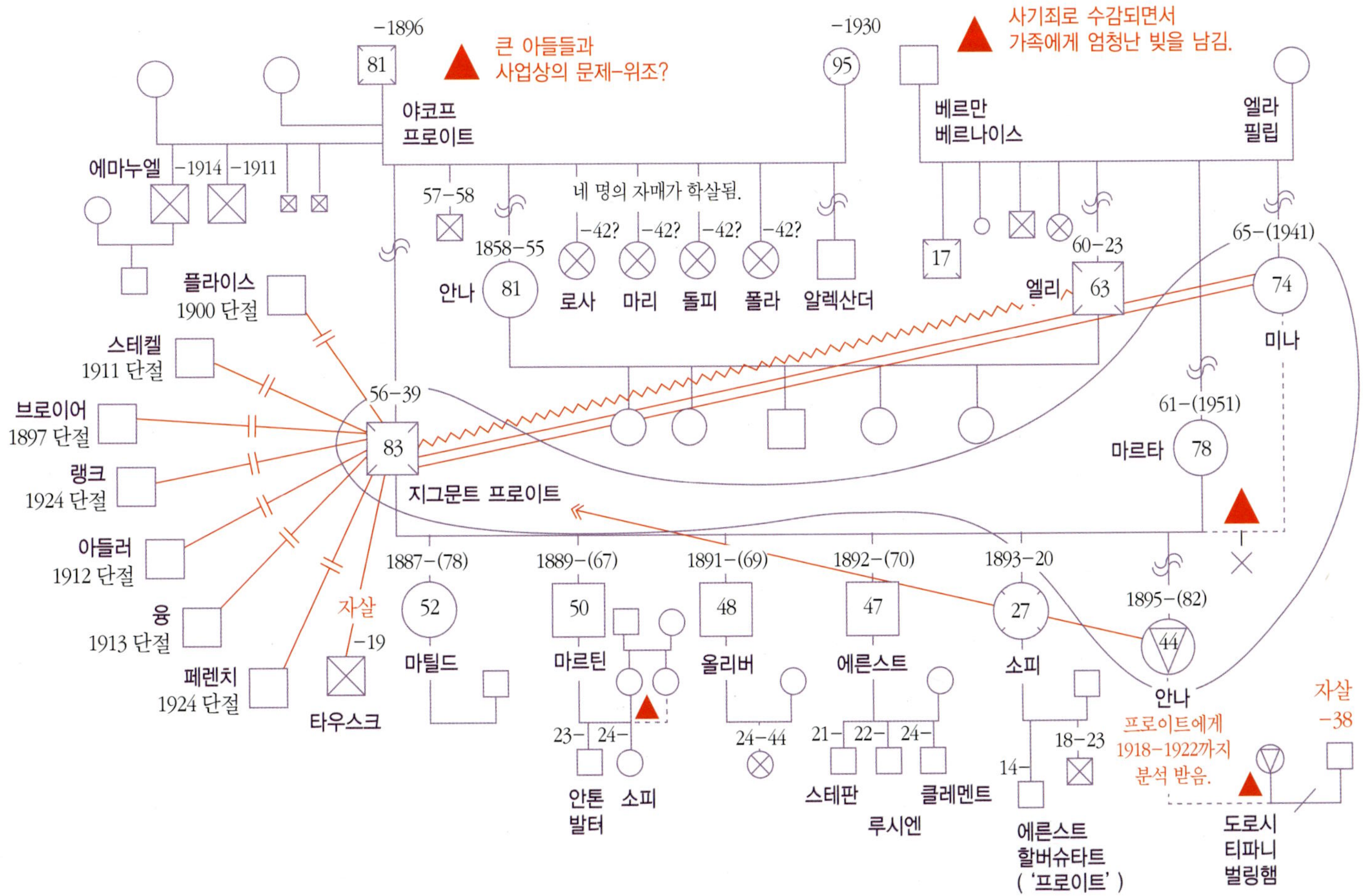

[색채 가계도 28] 프로이트 가족(1939)

[색채 가계도 29] 가족놀이가계도: 제니

[색채 가계도 30] 부자가족의 가족놀이가계도

[색채 가계도 31] 가족놀이가계도: 알렉시스 가족

[색채 가계도 32] 가족놀이가계도: 노구치 가족

모도 할머니가 돌아가시기 전까지 여러 해 동안 보살폈다. 남편을 보살폈던 이모는 부모님 두 분을 여러 해 동안 보살폈고, 조부모님은 여러 여자들의 보살핌을 받으면서 100세까지 살았다. 이렇게 집안에서 돌보는 사람의 역할을 모두 여자들이 할 수밖에 없는 체계임에도 불구하고 사회적으로는 그 가치가 과소평가되고 있다. 그렇기에 가계도 임상에서 보살핌의 유형에 대하여 관심을 기울일 필요가 있다.

우리 사회에서는 가족 내 보살핌의 의무에 대하여 감사하도록 가르치고 있지 않기 때문에 가족들이 보살핌에 관한 문제를 대수롭지 않게 여기고 언급하지 않을 수도 있다. 보살핌 행위가 우리 사회에서 가치 있는 일로 평가되지 않고 있어 가볍게 여길 수 있으며, 가장 힘이 없는 낮은 지위의 사람들, 즉 여성들에 의해 거의 보상이 없이 이루어지고 있다. 가족들은 또한 가족원에게 증상이 있을 때뿐만 아니라 장기적인 보살핌의 역할로 인해 소진되어 더 이상 과업을 수행할 수 없을 때도 도움을 요청한다. 그러므로 가계도 개입을 할 때는 가족의 회복을 돕기 위해 활용할 수 있는 자원을 탐색하고 평가할 필요가 있다.

또한 가계도는 가족 역사에서 보살핌이 필요한 가족원으로 인해 특정 시기에 어떤 영향을 받았는지를 탐색하기 위해 사용할 수 있다([색채 가계도 19]). 저자 가족생활주기에서는 보살핌이 중요한 문제가 되는 시기가 여러 번 있었다. 가계도에 나타나 있듯이 갑작스러운 상실은 아니었기 때문에 자녀들에게 미치는 영향은 아주 적었지만 여성들에게는 매우 큰 스트레스가 되었다. 이것은 체계의 다른 관계에 삼각관계로 이어졌다. 나중에 돌이켜 볼 때 어머니 생애에서 첫 번째 보살핌의 기간(1957~1966)은 우리 사이에 많은 긴장을 가져왔던 시기였다. 친할머니와 외할머니 두 분은 오랫동안 사이가 좋지 않았다. 어머니는 친정어머니나 시어머니 모두와 관계가 별로 좋지 않았다. 그래서 어머니는 그분들의 생애 마지막 동안 도움을 주지 못했다. 어머니의 두 번째 보살핌의 책임기간(1969~1979)에는 어머니 역할에도 변화가 있었고 가족체계 내 권력에도 변화가 있었다. 첫 번째 책임기간에 어머니는 한 남자의 '아내'로서의 역할에만 충실했는데 그 시기에는 권한은 없고 많은 책임만 부여받았다. 그러나 어머니가 아버지를 보살피게 되었을 때는 책임도 있었지만 생애 처음으로 그녀만의 경제권을 갖게 되었다. 어머니는 경제적으로나 개인적으로 힘들어하기는 했지만 더 활력 있게 살았다. 이렇게 성별과 권력 그리고 가족생활주기를 보살핌의 유형과 연관 지어 탐색함으로써 가족의 역동에 대하여 여러 차원에서 이해할 수 있게 되었다.

저자의 가족 보살핌의 가계도 작업은 미래의 보살핌에 대한 전망할 수 있게 해주었다. 우리가 보살펴야 할 사람과 우리를 보살피게 될 사람에 대하여 생각하게 되면 우리의 대인관계에 대하여 보다 사려 깊게 행동할 수 있다. 월시(Walsh, 1998)는 보살핌이 필요할 때 남자와 여자를 가리지 않고 형제들이 보살핌의 책임에 대해 공동으로 협력할 것을 권장하였다. 보살핌은 짐이 되기도 하지만 축복이 되기도 한다.

여러 문화권에서 며느리들은 가족구조적으로 가장 권한이 없는 위치에 있으며 시어머니를 보살피는 책임을 담당하고 있다. 그리고 성별에 대한 정책도 이러한 관계갈등에 부정적 영향을 미치고 있다. 특히 아시아 가족문화에서는 전통적으로 결혼과 동시에 여자가 자신의 원가족을 떠나 남편의 가족에 편입되어 종속적인 위치에 처하게 된다. 미국의 대부분의 가정에서는 며느리보다 딸이 보살피는 역할을 진다. 성인 자녀들이 일생 동안 서로 중요한 자원으로서 관계를 유지할 수 있기 위해서는 필수적으로 이러한 잘못된 사고방식을 변화시키려는 노력을 해야 할 것이다. 딸이 노부모를 보살펴야 하는 과중한 책임을 지고 있을 경우 가족이 모두 참여하는 회기를 갖든지 딸에게 전략적인 코칭을 통하여 이러한 가족규칙을 수정하도록 함으로써 가족관계를 좀 더 기능적이고 공평하게 재조정할 수 있다.

예를 들면, 앨런 애덤스([가계도 6-4])는 암으로 죽어가는 어머니를 주말마다 3시간 거리를 달려와 보살피는데도 그녀의 오빠 존은 어머니의 집으로부터 단 10분 정도의 거리에 살고 있음에도 불구하고 한 달에 겨우 한 번 정도만 들르는 것에 대해 좌절감을 느끼고 있었다. 앨런이 도착하면 어머니는 존과 두 손자들이 지난주에 어떻게 지냈는지를 자랑스럽게 자세히 이야기하곤 했다. 그러나 그것은 며느리가 일주일에 한 번 정도 전화를 했을 때 알게 된 내용들이었다. 반면에 어

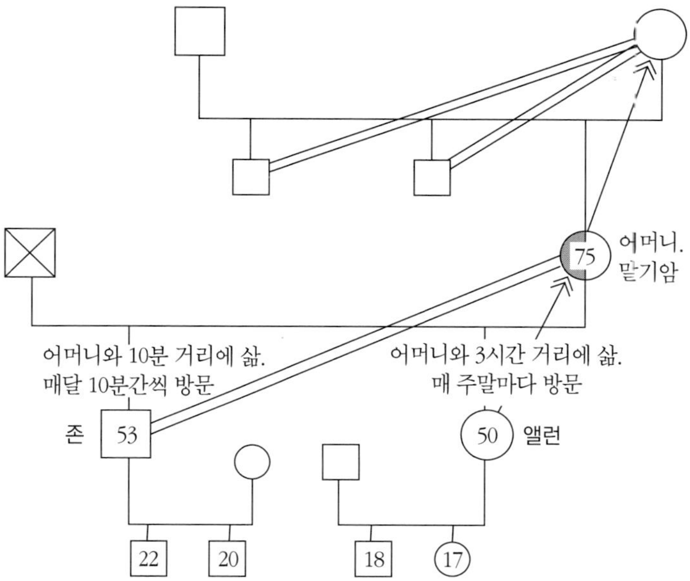

[가계도 6-4] 앨런 애덤스 가족

머니는 매주 어머니와 함께 보내기 위해 희생당하고 있는 앨런의 개인생활이나 외손자들에 대한 이야기는 전혀 물어보지 않았다.

시간이 가면서 앨런은 자신의 불만과 낙심이 오빠와의 관계가 가족에서 종속적 위치의 사람에게 주어지는 역할 때문에 생겨난 것이라고 생각하게 되었다. 그녀는 어머니와 오빠에게 어렸을 때부터 가족 내 역할에 대하여 느꼈던 일들을 편지로 썼고, 결국에는 직접적으로 말할 수 있게 되었다. 어머니와 함께 이야기하는 중에 어머니도 원가족에서 삼촌들보다 낮은 위치에서 자랐다는 사실을 알게 되었다. 그것은 앨런이 자라면서 오랫동안 힘들어했던 점이었다. 처음에는 이러한 통찰에 저항이 있었지만 앨런의 어머니는 곧 그녀의 부모님들이 오빠들을 우선시했던 기억들에 대하여 이야기해 주기 시작했다. 이러한 시도를 통해 어머니와 딸의 관계는 더욱 가깝게 되었다.

탄력성 탐색

상실, 외상적 사건과 함께 역기능에 대처하는 가족의 탄력성을 탐색하는 것(Walsh, 2006)은 가계도 평가에서 매우 중요한 측면이다. 가족의 탄력성은 가족의 생존에 매우 중요하며, 그러한 자원에 초점을 두고 강조하는 것도 중요하다. 멕시코의 예술가 프리다 칼로([색채 가계도 9])는 이러한 탄력성을 놀라울 정도로 보여 주고 있다. 그녀의 작품을 보면 그녀가 자신이 경험했던 외상적 사건과 고통을 삶을 풍부하게 해 주는 창의성으로 승화시키는 놀라운 능력을 보여 주고 있다. 그녀와 가족들의 역사를 살펴보면 많은 부분에서 탄력성을 찾아볼 수 있다. 예를 들면, 그녀는 6세에 소아마비를 앓았고 그로 인해 오른쪽 다리가 왼쪽 다리에 비해 약간 빈약하게 되었다. 18세에는 끔찍한 버스사고를 당해 척추골절과 함께 골반에 금속 파이프를 심어 넣는 수술을 하는 고통스러운 경험을 했다. 그녀는 수차례의 수술을 받았음에도 평생 동안 만성적인 통증에 시달려야 했다. 우연의 일치로 아버지 또한 같은 나이에 넘어지는 사고로 뇌손상을 입어 발작 때문에 대학에서 공부하려던 그의 꿈과 인생의 목표를 바꿀 수밖에 없었다. 그는 사고 당한 다음 해에 멕시코로 이민을 갔고, 이름을 빌헬름 칼로에서 길레르모 칼로라고 바꾸었다. 멕시코에서 그는 사진작가로서 이름을 떨쳤지만 사고로 인한 지속적인 통증으로 고통을 받았다. 프리다는 아버지의 특별한 사랑을 받고 자랐고, 예술가의 길을 가면서 사고로부터의 탈출구를 찾았다. 어렸을 때 그녀는 아버지의 뜻대로 학자나 의사가 되려고 했지만 그 대신 외조부와 아버지가 그랬던 것처럼 예술가가 되었다.

칼로의 부모는 모두 어렸을 때 외상적 경험을 했다. 스페인과 멕시코, 인디언의 혈통을 가지고 있었던 어머니는 머리가 좋고 매력적인 여성이었다. 독일 사람과 사랑에 빠졌으나 그 사람은 그녀의 눈앞에서 자살했다. 그녀는 그와 주고받았던 편지 묶음을 평생 동안 간직하고 살았다. 어머니는 길레르모 칼로와 결혼해서 네 딸과 아들 하나를 낳았는데 평생 동안 자신의 잠재력을 발휘하지 못하고 살았다.

길레르모 칼로 또한 많은 꿈을 가지고 뉘른베르크 대학교에 진학했지만 사고를 당한 후 더 이상 대학생활을 계속할 수 없게 되었다. 그의 어머니도 비슷한 시기에 사망했다. 아버지는 곧바로 재혼을 했고 그는 새어머니가 싫어서 멕시코로 이민을 갔다. 거기서 결혼해서 세 딸들을 낳았다. 그런데 둘째는 낳고 며칠 후에 죽었고, 셋째 아이를 출산한 며칠 후 아내가 세상을 떠났다. 칼로는 바로 그날 밤에 두 번째 아내를 만났다. 그의 새 아내는 그의 두 딸을 수녀원 학교에 보내는 것을 전제로 그와 결혼을 수락하였다. 새 아내는 칼로에게 자기 아버지와 같은 사진작가가 되도록 했다. 불행히도 칼로는 어릴 때 당했던 외상의 상처를 극복해 내지 못했다. 그는 자신을 재창조하는 확실한 능력도 있었고 초기에 그 노력의 결과도 좋았으나 해가 갈수록 더욱 고통스러워하고 위축되어 살았다. 심각한 장애가 많았음에도 불구하고 외상적 경험을 희망과 예술로 승화시킨 탁월한 능력은 프리다를 통해 나타났다.

가족자원

가족원들마다 가지고 있는 자원이 다르다. 즉, 재산, 건강과 활력, 기술, 직업에 부여하는 의미, 관계망 등에서 모두 다르다. 가계도상 이러한 영역에서 차이가 크게 나타나면 가족들이 체계 내에서 그 불균형을 어떻게 다루고 있는지를 탐색하는 것이 중요하다. 부부 사이에 이러한 차이가 있게 되면 남녀 간의 권력 불균형 문제와 결합되기도 하고, 여성들이 돈이나 건강, 직업, 사회계층에 있어 더 나은 위치에 있게 되면 불균형이 거꾸로 나타나기도 한다.

[색채 가계도 20]에서와 같은 사회적 지위와 직업적 배경이 다른 부부를 만났을 때 다음과 같은 질문을 할 수 있다.

- 부부는 사회경제적 지위와 문화적 배경이 다른 것을 어떻게 다루고 있는가?
- 부부는 수입의 차이와 삶의 기준에 대한 기대의 차이를 어떻게 조정하고 있

는가?

- 다른 영역에서 중요한 불균형이 있는가? 가치관의 차이가 있는가?
- 재정적 자원에 큰 차이가 있는 결혼이 배우자에게 미치는 영향은 무엇인가? 학력과 직업능력의 차이, 사회적 지위의 차이는 어떤 영향을 주고 있는가?
- 형제간에 재정적 자원이나 교육적, 직업능력, 사회적 지위의 차이가 있을 때 가족에 어떤 영향을 미치는가?

물론 평가를 할 때는 다른 가족원의 반응에 대해서도 탐색하는 것이 중요하다. 양가의 가족들은 결혼에 대하여 어떻게 느꼈는가? 가족들은 이 결혼을 인정했는가 혹은 반대했는가? 가계도를 작성할 때는 이러한 영역에서 발생할 수 있는 문제에 관심을 기울이는 것이 중요하다.

형제들 중 한 사람이 다른 형제들보다 월등하게 성공한 경우에는 자원의 차이로 인한 문제가 일어나기 쉽다. 예를 들어, 어떤 가족에서 한 형제만 사회경제적 지위가 높아지고 다른 형제들 모두는 그렇지 못하면 불균형이 발생한다. 즉, 성공하지 못한 형제는 가족의 기대치에 못 미치게 되어 거꾸로 성공한 형제가 도움을 주지 않는 데 대하여 원망할 수 있다. 정서적으로나 재정적으로 자원이 부족한 경우, 형제들은 질병이 있는 형제나 부모를 보살펴야 할 때 형제간에 갈등이나 단절이 초래될 수 있다. 형제 사이에 서로 누가 무엇을 더 주었는지에 대하여 다툼이 있게 된다. 형제의 대부분이 성공하고 잘 된 상황에서 도움이 필요한 부모나 병약한 형제가 단 한 명뿐이라면 한 사람에게만 과도하게 짐을 지우지 않고 더 쉽고 만족할 만하게 자원의 균형을 위해 함께 노력할 수 있다. 경제적으로 크게 성공한 형제가 재정적으로는 지원을 하면서도 정서적으로나 시간을 나누지 않을 때 가족 내 불균형을 느끼게 할 수 있다. 부모나 형제가 지리적으로 멀리 떨어져 있는 경우, 특히 형제 중 한 사람만이 도움이 필요한 부모와 가까운 곳에 살면서 보살핌을 주게 되면 가족 간에 불균형이 일어나게 된다. 대체로 그 사람이 여성이라면 소진되어 원망이 많아지게 된다. 결혼하지 않은 형제나 자녀가 없는 형제들도 부모의 보살핌의 책임을 맡아야 하는 불공평한 기대를 받게 되기도 한다. 특히 부모가 한부모일 경우에는 더욱 그렇다. 이와 같이 부모에 대한 형제들의 책임 부담에 대한 불균형을 탐색하고 불공평의 문제를 해결해야 한다. 그렇지 않으면 가족관계에 부정적으로 미치는 장기적인 결과가 심각해질 수 있다.

제7장

관계 패턴과 삼각관계

제7장

관계 패턴과 삼각관계

가계도를 통해 가족의 구조와 생활주기를 고려하면서 가족관계가 얼마나 친밀한지를 탐색하여 가족 내 중요한 관계와 경계선 패턴에 대한 가설을 세울 수 있다. 가족치료 개입에서 가족원 중 두 사람이 다른 한 사람에 대항하여 형성하는 삼각관계를 이해하는 것은 필수적이다. '탈삼각화'는 가족원들이 치료자의 코치를 받아 경직된 삼각관계 패턴으로부터 자유로워지게 되는 매우 중요한 과정이다. 가족관계의 복잡성은 생각보다 훨씬 다양하다. 또한 관계는 시간에 따라 변화하는 속성이 있다. 그러나 가계도를 활용하면 아무리 복잡한 관계라도 관계 패턴에 대해 좀 더 깊이 있게 탐색할 수 있다.

인간의 최소체계는 이인체계다. 이 이인관계에 나타나는 '친밀' '융해' '적대' '갈등' '소원' '단절' 등과 같은 관계 패턴을 가계도에 선으로 나타낼 수 있다. 따라서 반복되는 이인관계 패턴은 체계를 통해 추적할 수 있다. 그러나 일반적으로 이러한 이인관계 패턴은 제삼자와 연합하여 삼인관계를 형성하게 된다.

가계도에서 이인관계에만 초점을 두면 각 세대마다 아들들은 아버지와는 갈등적이고 어머니와는 친밀한 관계이나 딸들은 어머니들과 소원하거나 갈등적인 관계이고 아버지와는 친밀한 관계라는 사실을 알 수 있다. 반면 모든 부부관계는 소원하거나 갈등이 있는 관계로 나타난다. 분명한 것은 이러한 관계들이 모두 서로 맞물려 있다는 점이다. 어머니와 아들의 친밀함은 부자간의 소원함과 관계가 있으며, 부부문제는 부모-자녀 동맹관계와 연관 지을 수 있다. 즉, 부부간의 소원한 관계는 세대 간 동맹이나 갈등과 상호 보완적인 관계로 얽혀 있다. 부모 형제가 세대를 교차하여 동맹과 갈등이 나타나는 가족은 변화를 위한 노력을 하지 않는 한 3세대의 아들과 딸도 소원한 부부관계와 자녀들과의 동맹관계와 갈등관계를 반복하게 될 것이라고 예측할 수 있다.

이인관계는 하나로 묶여 함께 기능한다. 이는 가족체계 내에서 일련의 상호 뒤얽힌 삼각관계를 형성한다. 이러한 관점에서 살펴보면, 부자간의 친밀함은 부부의 소원함과 더 나아가 모녀간 갈등관계 상황으로 이어지게 된다. 이와 같은 가설을 가족체계의 모든 삼인관계에 적용해 볼 수 있다. 즉, 이인관계는 서로 관계를 맺고 있는 삼인관계로 이어진다는 것을 예측할 수 있다. 삼각관계는 체계이론에서 가장 중요한 주제 중 하나다(Bowen, 1978; Caplow, 1968; Carter & McGoldrick, 2005b; Fogarty, 1975; Guerin, Fogarty, Fay, & Kautto, 1996; Kerr & Bowen, 1988).

삼각관계

가계도에 나타난 관계 패턴을 해석하는 데 기초가 되는 복잡한 체계이론에 관하여 이 책에서 자세히 설명하는 것은 지면상 불가능하기 때문에 여기에서는 가계도 해석에 도움이 되는 몇 가지 일반적인 관계 양상만을 제시하려고 한다. 가계도는 가족관계에 관한 제한된 정보만을 가지고도 삼각관계를 추론할 수 있도록 해 주는 중요한 도구다.

여기에서는 삼각관계나 서로 의존되어 있으면서 다른 두 사람에게 영향을 주는 다양한 삼자관계를 중점적으로 설명하려고 한다. 가족 내 삼각관계는 두 사람의 관계에 제삼자를 끌어들이면서 형성된다. 이렇게 되면 보통 두 사람 사이의 긴장은 감소된다. 예를 들면, 두 가족원이 도움이 필요한 가족원이나 '희생자'로 보이는 제삼자를 '돕기' 위해 연합하거나 또는 '나쁜 사람'으로 보이는 제삼자에 대항하기 위해 뭉칠 수도 있다. 제삼자와의 관계에서 두 사람이 공모하는 것을 삼각관계의 특성이라고 규정할 수 있다(Bowen, 1978). 삼각관계에 있는 한 사람의 행동은 다른 두 사람의 행동에 의해 결정된다.

모든 삼각관계는 좀 더 큰 상위체계의 한 부분이다. 그래서 아동이 심통 부리는 문제에 대하여 다양한 가능성을 생각해 볼 수 있는데, 과도한 책임을 지고 있는 어머니와 자녀 간의 모자관계 문제일 수도 있고, 어머니와 아버지의 부부관계가 작용하고 있을 수도 있고, 지나치게 간섭하는 조부모와의 관계문제일 수도 있으며, 그 외 형제들이나 어른들과의 관계 속에서 발생한 것일 수도 있다. 보웬의 개념에 의하면 개인은 제삼자와의 관계 패턴에 자동적으로 휘말리지 않고 각 사람과 독립적으로 기능할 수 있다면 잘 분화되고 성숙한 사람으로 건강하게 발달할 수 있다.

가족체계 내에 긴장이 높으면 일반적으로 두 사람은 제삼자와의 관계를 형성함으로써 긴장을 감소시키려 한다. 보웬이 말하는 분화는 상대방과 다른 성원과의 관계에 영향을 받지 않고 그 사람과 독자적인 관계가 유지되는 것을 의미한다. 즉, 딸이 아버지와 친밀한 관계를 유지하고 있는데 아버지와 어머니가 갈등관계에 있다 하더라도 어머니와도 친밀한 관계를 유지할 수 있는 것을 말한다. 이것은 부모를 무서워하는 두 자녀가 부모에게 대응하기 위해 힘을 합쳐 연합하는 것과는 다르다. 이러한 연합은 삼각관계와 구별 지어 생각해야 하는데, 두 사람이 의도적으로 자신들의 입장을 강화하기 위한 것이지 강압적인 부모와의 관계에 의존하여 기능하는 것이 아니기 때문이다.

부모-자녀 삼각관계

부모-자녀 삼각관계란 부모 사이에 긴장이 높아지면 자녀에게 집중함으로써 긴장을 해소하려고 하는 경우다. 삼각관계는 겉으로 나타나는 특별한 감정(분노, 애정, 집착)과는 상관없이 두 사람이 제삼자와 연합을 함으로써 형성된다. 가계도에는 구조적 패턴이나 가족생활주기상의 정보, 그리고 이인관계에 대한 구체적인 자료들이 나타나 있다. 그러므로 삼각화되기 쉬운 세 사람이 뚜렷하게 드러나서 삼각관계를 탐색하는 데 매우 용이한 도구다. 세 사람이 관련되어 있다고 해서 모두 삼각관계가 되는 것은 아니다. 삼각관계란 세 사람의 관계에서 기능적으로 상호의존성이 나타나는 경우만을 말한다. 각자의 기능은 다른 두 사람에 의해 좌우된다. 세 사람이 대화 중에 한 사람이 다른 한 사람의 편을 드는 일이 한 번 있는 경우는 삼각관계라고 말할 수 없다. 그러나 이러한 관계 패턴이 정기적으로 반복해서 일어난다면 삼각관계라고 말할 수 있다.

유진 오닐의 가계도([가계도 7-1])에서 볼 수 있듯이, 형제간의 경쟁관계는 삼각관계를 잘 보여 준다. 제이미와 유진 형제는 평생 동안 서로 강한 경쟁적인 관계에 있었다(제이미는 45세에 사망했다.). 가계도에서는 부모 사이에 긴장이 있었음을 보여 주고 있는데 다음 세대에서 갈등이 있는 것은 윗세대의 갈등이 반영된 것이다. 사실 오닐의 부모들은 결혼생활 내내 힘들고 심각한 긴장 속에 살았다. 형제간 긴장은 홍역으로 동생 에드먼드가 죽자 제이미가 동생을 방치했기 때문이라고 책망받으면서 더욱 악화되었다. 유진은 그가 태어날 때부터 시작된 어머니의 모르핀 중독 때문에 비난을 받았다. 형제의 갈등은 부모의 갈등을 반영할 뿐 아니라 부모 자신들의 문제를 회피하도록 해 주기도 한다.

가장 일반적인 삼각관계 패턴은 한쪽 부모가 다른 쪽 부모에 대항하여 자녀를 끌어들일 때 나타난다. 이렇게 되면 그 다른 쪽 부모는 외부자의 위치에 있게 된다. 체계론적으로 설명하면 거리 두기라고 할 수 있고 한쪽 부모와 자녀는 한 묶음이 되어 움직이게 된다. 어쨌든 자녀는 한쪽 부모와는 융합된 관계에 있고 다른

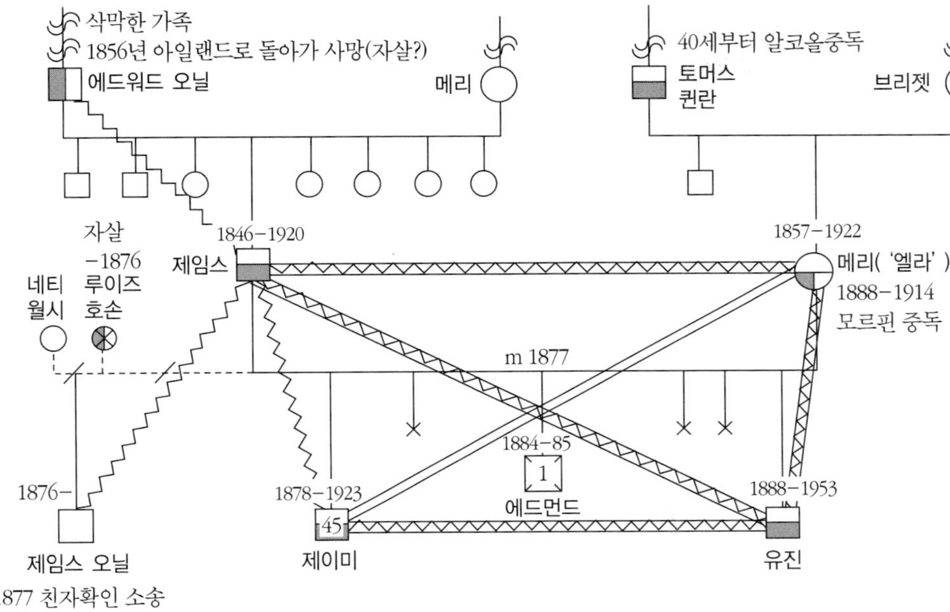

[가계도 7-1] 오닐의 가족관계와 삼각관계

쪽 부모와는 갈등적 관계에 처하게 된다.

이와는 달리 한 아들이 어머니와 매우 밀착된 관계를 맺는다고 해서 그 자체가 문제가 되거나 손상을 입는 경험이 되는 것은 아니다. 이와 같은 관계는 빌 클린턴, 프랭클린 루스벨트, 해리 트루먼, 프랭크 로이드 라이트, 더글러스 맥아더, 지미 카터 등과 같은 유명인사들에게서 흔히 볼 수 있다.

그러나 친밀한 관계나 갈등적인 관계 또는 소원한 관계가 삼각관계와 얽혀 있게 되면 역기능적인 현상이 나타난다. 가부장적인 질서가 매우 강한 가족관계에서 나타나는 이러한 삼각관계는 많은 경우 확대가족 체계에 문제가 있었음을 보여 주는 것이다. 네루 가족([가계도 7-2])에서도 이와 같은 가계도를 볼 수 있다.

자와할랄 네루는 자라면서 자신이 부모 사이에 갇혀 있다고 느꼈다. 어렸을 때 그는 아버지의 펜을 훔친 일이 있었다. 그래서 온 가족이 그것을 찾느라고 애를 썼다.

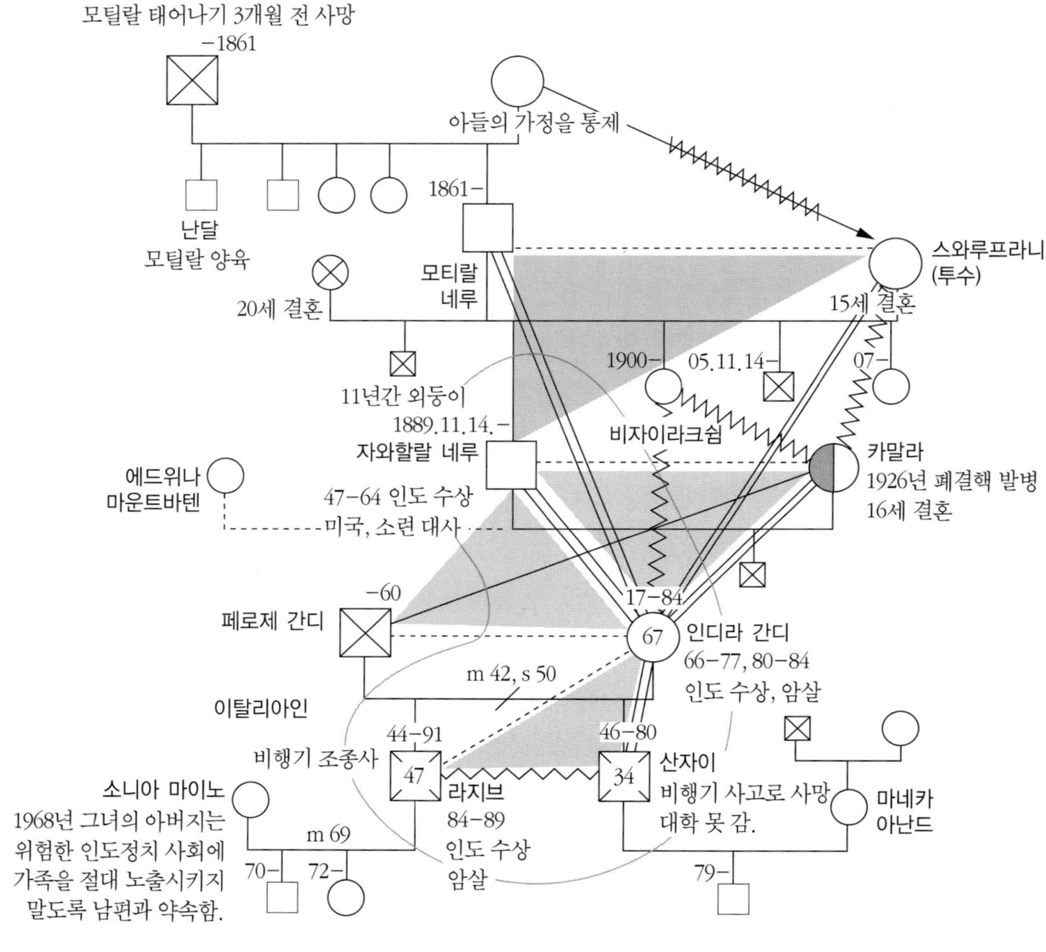

[가계도 7-2] 네루/간디 가족

펜이 발견되었을 때 내가 지은 죄가 드러나게 되었다. 아버지는 화가 많이 나서 나를 엄청나게 때렸다. 눈앞이 캄캄할 정도로 아프기도 했고 굴욕과 창피함으로 뒤범벅이 된 나는 어머니한테 달려갔다. 어머니는 그 후로 며칠 동안 아파서 떨고 있는 나를 치료하기 위해 여러 가지 크림과 연고를 발라 주었다. 아버지의 처벌에 대하여 악의를 품지는 않았던 것으로 기억한다……. 아버지에 대한 나의 존경과 사랑은 강했지만 한편으로는 두려움도 있었다. 그러나 어머니에 대해서는 그렇지 않았다. 어머니가 내가 무엇을 하든 다 눈감아 준다는 것을 알고 있었기 때문이다. 오히려 어머니의 지나칠 정도로 맹목적인 사랑 때문에 어머니를 마음대로 휘두르기도 했다(Ali, 1985, p. 8에서 인용).

어머니는 그가 영국에서 공부하는 동안 돈을 더 타내기 위해 아버지와 싸우는 과정에서 그의 편이 되어 주었다(Wolpert, 1996b, p. 8). 네루의 전기작가 테릭 엘리는 가부장적인 성 질서의 맥락 안에서 이 삼각관계를 다음과 같이 설명하고 있다. 그는 네루의 아버지가 외아들을 애지중지했다고 말했다.

어린 소년에게 가해진 폭력은……오래된 관습의 일부였다. 가족은 사회 전체에서 통용되고 있는 권위적인 관계에 대한 독특한 전승방식을 가지고 있다. 이러한 사회에서 여성의 복종은 너무나 잘 알려진 악습이었지만, 또 다른 측면에서 남성들에게 가해지는 의례적인 사회화 과정도 똑같이 엄격하게 적용되었다……. 아버지와 아들의 관계는 남성 지배적인 문화를 상징하는 것으로서 신성시되었다. 그 배후에는 항상 폭력이 잠재되어 있었는데, 때로는 공공연하게 행사되기도 했다. 멍든 상처를 보는 일이 자주 있었다. 실제로 고통은 사라졌다 해도 억압된 분노와 원망은 마음속에 남아서 일생 동안 영향을 끼치기도 하였다. 당연히 그 영향은 각 개인에 따라 달랐다. 자와할랄은 아버지에 대하여 진심에서 우러난 애착심을 가지고 있었고 그의 아버지에 대한 애착은 진심어린 것이었지만 그 확실성에 대해서는 논란의 여지가 있다(p. 9).

이러한 삼각관계는 그의 딸 인디라와 네루의 관계에서 다시 나타난다. 인디라의 어머니는 네루의 가족들로부터 무시당했지만 남편으로부터 적절한 보호를 받지는 못했다. 인디라는 어렸을 때 그러한 어머니와 매우 친밀하게 지냈다. 카말라는 딸에게 남자를 믿지 말고 독립적으로 살아야 한다고 가르쳤다. 그러나 그녀는 인디라가 11세였을 때부터 앓아온 폐결핵으로 딸이 성년이 채 되기도 전에 사망했다. 그 이후로 인디라는 아버지 네루가 죽을 때까지 서로 가깝게 지냈다. 인디라는 페로제 간디와 결혼해서 두 아들을 두었다. 그러나 처음부터 아버지의 인정을 받지 못했던 남편을 떠나 두 아들과 함께 아버지에게로 가서 살았다. 페로제는 항상 아내가 자신을 떠나 명성이 높은 가족에게로 떠나갈 것이라고 생각하고 있었다. 그다음 3세대를 보면 인디라는 둘째 아들인 산자이와 매우 친밀한 관계였고 산자이가 죽은 후부터 장남인 라지브와 친하게 되었다. 세 세대에 걸쳐 부부 사이의 유대가 약해서 나머지 가족원들이 여러 세대에 걸친 세대 간 삼각관계를 이루게 되는 것을 볼 수 있다. 물론 며느리들과 형성된 많은 삼각관계(라지브의 이탈리아인 아내 소니아와 산자이의 시크종파의 아내 마네카 아난드, 그녀의 아버지는 산자이와 연루되어 죽음을 당했다.)나, 네루의 매우 오래된 연인이었으며 영국 왕실가족의 일원이면서 필립 왕자의 숙모였던 에드위나 마운트바텐과 얽힌 복잡한 삼각관계에 대해서는 언급하지 않겠다([색채 가계도 12] 참조).

엘리너 루스벨트의 가계도([가계도 7-3])는 부모-자녀 삼각관계의 또 다른 예를 보여 준다. 엘리너가 11세 때 부모는 모두 사망했다. 그녀는 아버지와는 특별한 관계였고, 어머니에 대한 기억은 힘든 것이었고 별다른 정을 못 느꼈다. 어머니는 심한 알코올중독자였던 아버지를 시설에 격리시켰다. 그렇지만 엘리너에게 아버지는 영웅과 같았고 어머니는 악당이었다. 엘리너가 어머니에 대항해서 아버지 편에 선 것과 같은 삼각관계는 부모가 심한 갈등 상태에 있을 때 흔히 볼 수 있다. 이러한 가정에서 자녀들은 부모 사이에서 충성심 갈등에 휘말리게 되는 경향이 있다. 자녀들은 불안정한 부모 사이에서 회유자나 중재자가 되려고 한다. 이러한 부모-자녀 삼각관계는 이혼가정과 재혼가정의 경우에 가장 일반적으로 나타난다(이에 관해서는 나중에 설명하겠다.). 이 삼각관계는 다음 세대에서 엘리너의 딸 안나와의 관계에서 반복되었다. 엘리너처럼 안나는 첫째였고 아버지 프랭클린을 더 좋아했으며 엘리너에 대해서는 지나치게 엄하다고 생각했다. 청소년기 내내 안나는 엘리너와 매우 불편한 관계에 있었으며, 이러한 관계는 아버지가 소아마비에 걸릴 때까지 지속되었다. 엘리너는 딸 안나가 백악관과 캠프 데이비드에서 아버지와 그의 연인을 엘리너가 없는 곳에서 공공연하게 반갑게 받아들이는 것에 대하여 심한 배신감을 느꼈다. 다행히도 말년에 엘리너와 안나는 모녀간 단절을

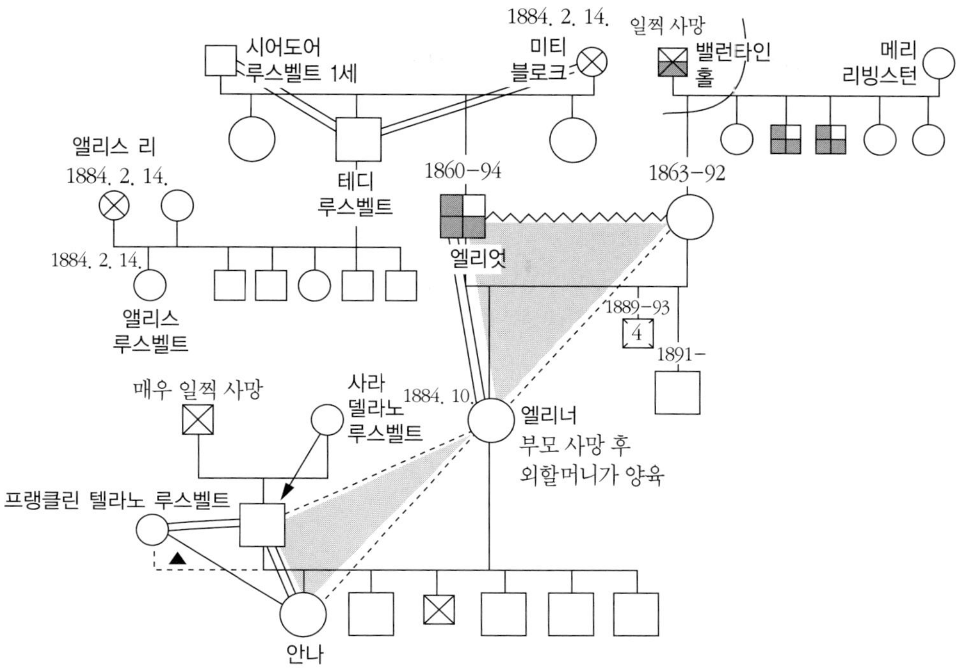

[가계도 7-3] 엘리너 루스벨트의 삼각관계

변화시켜 매우 친밀한 관계로 회복되었다(McGoldrick, 1995).

일반적인 부부 삼각관계

부부 삼각관계의 대상은 자녀뿐만 아니라 가족이 아닌 타인들이나 동물(예: 애완견) 혹은 사물(텔레비전, 알코올과 같은)이 될 수도 있다. [색채 가계도 21]은 치료가 시작된 시기의 가계도다. 남편은 주로 직장 일이나 주식시장 그리고 텔레비전에 몰두했다. 남편이 강력하게 부정했기 때문에 나중에야 드러난 사실은 그의 알코올 문제였다. 남편의 알코올 문제는 부부 모두가 인정하지 않았기 때문에 치료자는 1년 동안이나 남편이 알코올에 심하게 의존되어 있었다는 사실을 알지 못했다. 제시된 문제는 남편이 아내와의 관계를 개선하고 싶어 하고 아내 역시 남편과의 관계 회복을 원하지만 아내의 내면에 남편에 대한 분노가 매우 강하게 자리 잡고 있어서 남편이 아내에게 다가갈 수가 없다는 것이었다. 두 사람 모두 수년 동안 상대방보다는 다른 데에 더 많이 관여하며 살았다. 백인계의 부부는 두 사람 모두 심각하게 역기능적인 원가족으로부터 단절되어 살고 있다는 사실을 자각하지 못하고 있었다. 두 사람은 자신들의 가족 배경을 '정상'으로 인식하고 있었다. 아내는 자녀와 가정을 유지하는 데 관심을 집중하고 살았으며 친구들과도 관계가 좋았다. 남편은 자녀들이 아버지와 좋은 관계를 열망하였음에도 불구하고 자녀들에 대해서는 별로 관심을 두지 않았다. 치료과정에서 두 사람은 가계도를 통하여 그들의 관계문제에 대해 탐색하기 시작했으며, 단절을 해결하기 위한 노력을 시작하였다.

[색채 가계도 21]에서 보는 것처럼 양쪽 배우자는 그들 원가족 관계에 상당한 변화를 이루었다. 또한 남편은 자녀들과 연결되기 시작했으며, 알코올 문제와 주식시장에 몰입했던 것에서 벗어나기 시작했다. 아내는 친정오빠 부부와 관계가 회복되었으며, 항상 갈망해 왔던 여행을 하기 시작했다. 이러한 변화가 부부갈등을 해결하지는 못했으나, 점차 남편이 아내에게 접근하기 시작했고 아내는 점차 남편에 대한 분노에 더 이상 초점을 두지 않게 되었다. 이 예는 부부문제를 다룰 때 부부가 서로에 대해 힘들어했던 문제에 초점을 맞추기보다 그들의 체계 맥락의 관계상의 관점에서 개입하는 전형적인 체계적 접근을 보여 준다. 부부가 두 사람의 문제를 다룰 수 없다고 느낄 때, 이런 불안을 해결하기 위해 두 사람은 다른 사람들과 삼각관계를 형성한다. 그러나 이것은 각자의 원가족에서 해결할 수 없었던 초기의 문제가 반복되고 있었던 것이다. 이러한 탈삼각화는 부부관계가 다른 관계에 미치는 영향은 무시한 채 부부의 상호작용에만 초점을 두어 접근하는 것이 아니라 전체 맥락과 연관 지어 부부관계를 탐색하는 체계적 치료의 핵심이 된다.

아마도 가장 일반적인 부부 삼각관계는 인척관계 삼각관계다. 그중 가장 전형적인 것이 가장 애착된 관계의 아들과 그의 어머니 그리고 아내가 연루된 삼각관계다. 인척관계 삼각관계는 다양한 방식으로 나타날 수 있다. 부부가 자신들의 문제로 인한 갈등을 시어머니의 잘못에만 초점을 두어 비난하는 방식으로 나타날 수도 있고, 아내는 남편의 문제를 시어머니 탓으로 돌리는 반면에 시어머니는 자신의 '사랑하는 아들'을 밀어내는 것이 며느리 탓이라고 할 수도 있다. 남편은 자기 어머니와 아내 사이의 전쟁을 즐길 수도 있고 어머니와 아내 사이의 문제를 다루는 데 어려움을 느낄 수도 있다. 인척관계 삼각관계는 배우자의 양쪽 부모 누구와도 발생할 수 있으나 아내가 더 중심 위치에서 정서적 역할을 담당하고 스트레스를 집중적으로 받게 된다. 또한 아시아 문화권과 같은 곳에서는 아내가 시집에서 함께 살면서 시어머니의 통제를 받게 되면 삼각관계가 매우 심각해진다.

이 외에도 부부관계에서 자주 발견되는 삼각관계는 혼외관계다. 혼외관계는 결혼생활에 커다란 영향을 미치며, 부부관계가 유지된다 하더라도 주된 관심의 영역이 된다. 부부관계가 악화되어 긴장이 높은 경우에는 배우자 중 한 사람에게는 혼외관계가 탈출구 역할을 하여 긴장을 완화시켜 주거나 근본적인 부부문제로부터 관심을 돌리게 해 주는 역할을 하기도 한다. 혼외관계 삼각관계는 현재 진행 중인 경우도 있고 과거의 문제일 수도 있다. 유진 오닐([가계도 7-1])의 아버지 제임스는 결혼에 앞서 두 번의 혼외관계가 있었다. 첫 번째 여성은 제임스가 관계를 끝내려고 했을 때 자살을 시도했다. 두 번째 여성인 네티 월시는 자기 아들이 제임스의 아들이라고 주장하면서 친자확인 소송을 했다. 친자확인 소송을 둘러싼 두 사람의 스캔들은 제임스와 엘라의 결혼생활 내내 중요한 갈등문제로 남았다.

프로이트의 추종자 중 한 명인 빌헬름 라이히는 성을 인간 발달의 핵심 역동으로 보고 평생을 바친 인물이다. 라이히의 가계도([색채 가계도 22])는 가족 비극을 초래한 혼외관계 삼각관계를 보여 준다. 그는 어머니가 자신의 가정교사와 연인관계인 것을 알고 아버지에게 알려 주었다. 아버지는 어머니를 다그쳤고, 결국 어머니는 자살을 해 버렸다. 그 후 그가 여러 형태의 성애를 긍정하려고 했던 것은 자신이 가족 내의 삼각관계의 비극을 초래 한데 대한 죄책감으로부터 벗어나고자 하는 자기보상적 시도라고 할 수 있다. 애석하게도 다음 세대에서 라이히의 아들도 같은 나이에 유사한 외상적 경험을 했다. 라이히를 찾기 위해 온 FBI는 그의 아들에게 아버지의 숨을 곳을 말하도록 추궁했다. 결국 라이히는 체포되어 감옥에 수감되었는데 불행히도 거기에서 바로 숨을 거두었다.

삼각관계는 사람이 아닌 사물과도 형성될 수 있다. 가족이 아닌 다른 삼각관계 대상에는 직장 일, 취미, 알코올, 애완동물, 인터넷 등이 있고 그 영향은 동일하다. 남편이 직장 일이나 알코올, 인터넷에 더 많이 빠져 있을수록 아내는 남편과 그 대상에 대한 남편의 애정에 대해 더 부정적이 된다. 아내가 부정적이 될수록 남편은 더욱 그 삼각관계 대상에 가까이 가게 된다. 이러한 삼각관계가 형성되어 있으면 가계도에 기록해 두어야 한다. 피터 폰다는 강아지를 매우 좋아했는데, 어머니가 자살한 뒤로 아버지는 멀리 떠나 있었고 할머니가 와서 함께 살았지만 외로움을 느꼈을 때 강아지에게 더욱 애착되었다. 그러나 강아지를 매우 싫어했던 할머니는 어느 날 피터가 집에 없는 사이에 강아지를 없애 버렸다. 피터는 절대로 할머니를 용서하지 않았다.

의심할 여지도 없이 이 삼각관계는 할머니가 해결할 수 없었던 다른 가족 삼각관계를 반영하는 것이었다. 강아지는 필경 딸의 정신병과 자살, 죽은 알코올 중독자 남편과 헨리 폰다 때문에 홀로 남아 자살을 뒤치다꺼리하고 자녀들을 돌보아

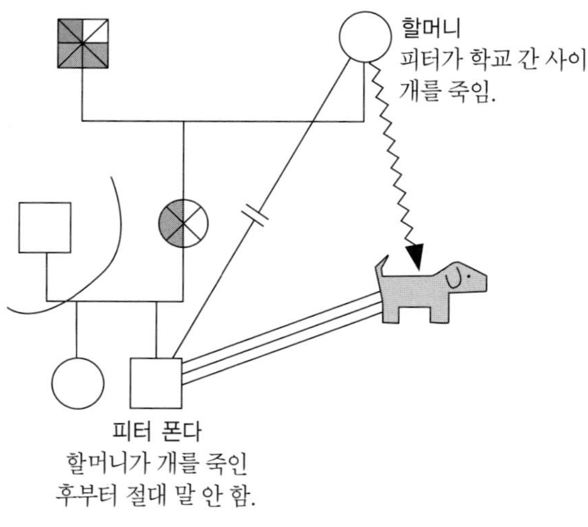

[가계도 7-4] 피터 폰다와 강아지, 할머니의 삼각관계

야하는 것, 그리고 또 다른 아들의 알코올중독 문제 등의 모든 것으로 인한 그녀의 고통과 좌절에 대한 희생양이었다. 흔히 그렇듯 강아지는 가족에서 일어난 스트레스에 대한 감정반사였고 할머니는 그것을 다루기 힘들었을 것이다. 따라서 삼각관계를 다루기 위해서는 가족 내에서 특정한 관계와 상호작용에서 일어나는 여러 가지 스트레스 상황에 초점을 두고 접근해야 한다.

이혼 또는 재혼 가족의 삼각관계

가계도에 별거나 이혼이 나타나는 경우 특정 관계 패턴을 예측할 수 있으므로 이 점을 탐색해야 한다. 예를 들어, 엘리너 루스벨트처럼 자녀들은 상실한 부모를 이상화하고 부모를 잃은 것이 현재 같이 살고 있는 부모의 탓이라고 생각할 수가 있다([가계도 7-3] 참조). 자녀들은 부모 사이에 다툼이 있게 되면 각각 편들기를 할 수 있다. 그리고 계부모는 서로 자신의 자녀 편을 들게 되기 쉽다.

한쪽 혹은 양쪽 부모가 재혼했을 때는 추가로 삼각관계를 더 탐색할 필요가 있다(McGoldrick & Carter, 2005b). 그러한 삼각관계를 쉽게 탐색할 수 있는 이유 중 하나는 아마도 가족원들의 성격보다는 가족구조상 상황을 가려내기가 쉽기 때문이다. 이러한 점이 삼각관계를 보다 쉽게 예측할 수 있게 해 준다. 자녀들은 죽음에 의한 상실이든 이혼에 의한 상실이든 기본적으로 상실에 대한 준비가 전혀 되어 있지 못한 상태에서 상실을 경험한다. 부모는 어떤 것으로도 대신될 수 없다. 그리고 상실이 있은 후 수많은 세월이 흘러도 부모를 향한 마음은 멈추어지지 않는다. 따라서 재혼가족의 내적, 외적 구조상 상황적으로 삼각관계가 형성될 수 있는 경향이 높을 수밖에 없다. 자녀들이 새로이 맞은 계부모에게 반응하는 방식에는 자녀들의 성별이나 이혼 당시의 생활주기 단계 등 여러 가지 요인이 작용하는데(McGoldrick & Carter, 2005b), 어떤 삼각관계는 쉽게 예측이 가능하다. 예를 들어, 아내가 자살한 후 수전 블란차드와 재혼한 헨리 폰다는 13세인 제인보다 10세인 피터에게 매우 다른 반응을 나타냈다([색채 가계도 4]). 피터는 여전히 어머니가

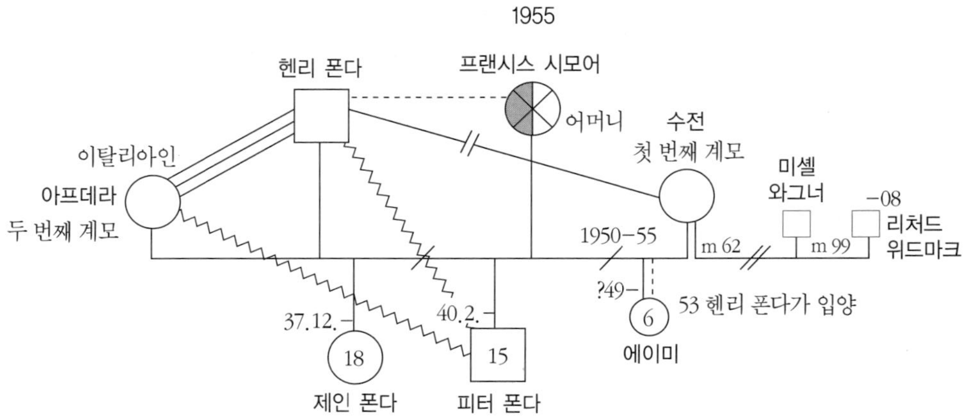

[가계도 7-5] 폰다 가족의 이혼과 재혼 삼각관계(1955)

매우 필요했던 시기였고 제인은 청소년기에 들어섰기 때문에 집을 떠날 거라는 점은 쉽게 예측 가능하다. 폰다가 4년 후에 다시 별거했을 때 피터는 14세이고 제인은 17세로 대학에 갈 나이에 가까워지고 있었다. 피터는 두 번째 엄마를 잃을까 봐 마음의 상처를 받았다. 아버지는 피터에게 계모를 만나러 가는 것은 자신과 새로 온 아내에게 모두 지각 없이 구는 행동이라며 야단을 쳤다. 피터는 아버지에게 아버지가 아직은 수전과 이혼한 것도 아니며 언제라도 자신은 원하면 수전을 만나러 갈 것이라고 반발했다(Fonda, 1998, p. 84). 우리는 재혼가정의 구조가 변화되는 움직임에 따라 달라지는 상호 맞물린 삼각관계 유형을 쉽게 찾아볼 수 있다([가계도 7-5]).

[가계도 7-6]은 재혼가정에서 나타날 수 있는 삼각관계를 볼 수 있다. 우선 재혼한 가정에서 친아버지와 계모와 사이가 좋지 않은 자녀들이 형성하는 삼각관계를 생각해 볼 수 있다. 이것은 놀라운 일이 아니다. 계모는 친어머니를 대신할 수 없으며 피터 폰다와 같은 예외적인 상황이 있기는 하지만 자녀가 계부모보다 친부모와 동맹관계를 형성하는 것은 늘상 있는 일이다. 피터 폰다는 아직 어렸을 때 벌써 어머니를 잃은 상태에서 누군가의 보살핌이 절대적으로 필요하였다. 재혼가정에서 자녀를 양육하는 아버지는 재혼한 아내가 자신의 상실을 대신할 희망을

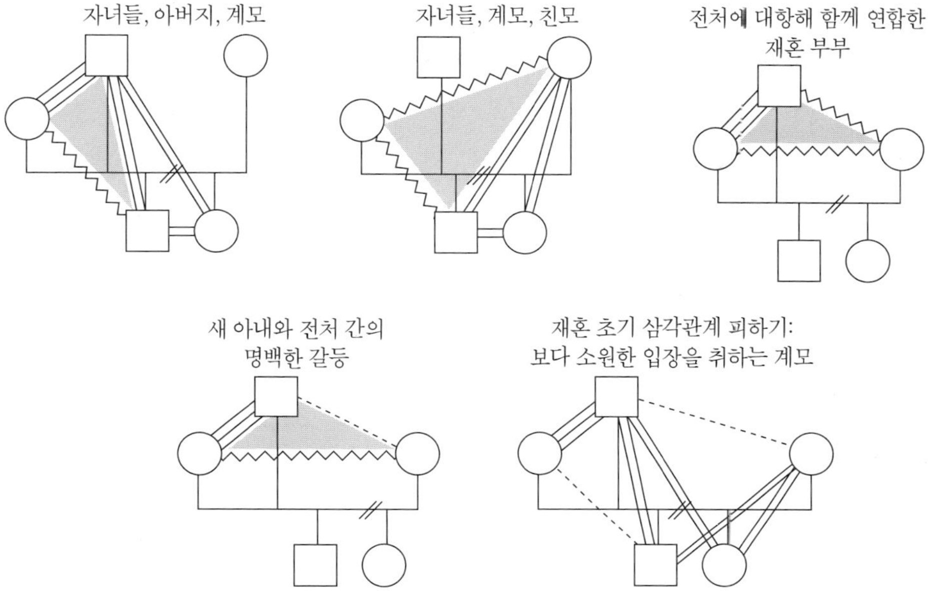

[가계도 7-6] 이혼과 재혼 가족의 전형적인 삼각관계 가계도

제공해 주기를 기대하지만, 자녀에게 새어머니는 남아 있는 부모마저 빼앗아 가버릴지도 모른다는 위협적인 존재로 받아들여지게 된다.

이러한 상황에서는 두 가지 유형의 삼각관계가 가능하다. 하나는 자녀와 친아버지, 그리고 자녀와 적대적인 관계에 있는 '마음씨 나쁜' 계모로 이루어지는 삼각관계다. 새 아내는 남편이 자신보다 자녀에게 더 관심을 준다고 느끼고, 대개의 남편은 아내와 자녀와의 사이에서 충성심 갈등에 휘말리게 된다. 그래서 이러한 상황에서 전쟁 중인 사람들과 안정적인 관계를 맺기는 어렵기 때문에 남편은 불안정한 삼각관계를 형성하게 된다. 이때 가족구조를 보면 아버지가 어떻게 허둥거리는지를 명백하게 볼 수 있다. 그러나 가족구조를 보면 해결책도 있다. 아버지는 자녀들과 관계를 강화시키는 데 우선적인 노력을 해야 한다. 그의 새로운 부부관계는 자녀들에게 우선적으로 헌신한 뒤에야 안정되기 때문이다.

두 번째로 일반적인 삼각관계는 첫 번째 삼각관계와 연결되어 형성되는데 자녀와 계모 그리고 친어머니가 이루는 삼각관계다. 자녀들은 계모가 친어머니를 대신하려고 하는 노력을 불쾌하게 생각할 수 있다. 새 아내는 자신의 가정에서 수용받지 못한다고 느낄 수 있으며, 친어머니는 새 아내가 위협적으로 느껴질 수 있다. 이러한 삼각관계에서 친어머니와 계모 사이에 갈등이 표면화되는 것도 드물지 않다. 실제로 남편과 그의 전 아내와 새 아내와의 서로 뒤얽힌 삼각관계는 매우 흔하다. 새로운 부부와 외부자의 위치에 있는 전 아내와의 삼각관계가 형성되면 긴장이 높아진다. 여기에는 두 가지의 삼각관계가 가능하다. 하나는 새로운 부부가 연합하여 모든 문제의 원인이 전 배우자에게 있다고 비난하는 삼각관계다. 다른 하나는 새 아내가 남편의 지원을 받으면서 전 아내와 공공연하게 갈등하는 삼각관계인데, 이때 이전의 결혼관계에서 해결하지 못했던 오래된 다툼이 여전히 계속된다.

물론 친어머니와 자녀, 계부와의 관계에서도 삼각관계가 형성될 수 있다. 그러나 우리 문화가 부성 역할보다는 모성 역할을 더 강조하고 있기 때문에 일반적으로 계모들이 더 큰 어려움을 경험하게 된다(McGoldrick & Carter, 2005b).

다른 관점에서 살펴볼 때 구조를 볼 수 있으면 해결책을 찾을 수 있다. 계부모는 자녀들의 삶에서 중심적 위치를 정하려는 노력을 피하도록 한다. 왜냐하면 계부모의 이러한 노력이 자녀들에게 친부모와 관계에서 충성심 갈등을 야기시킬 수

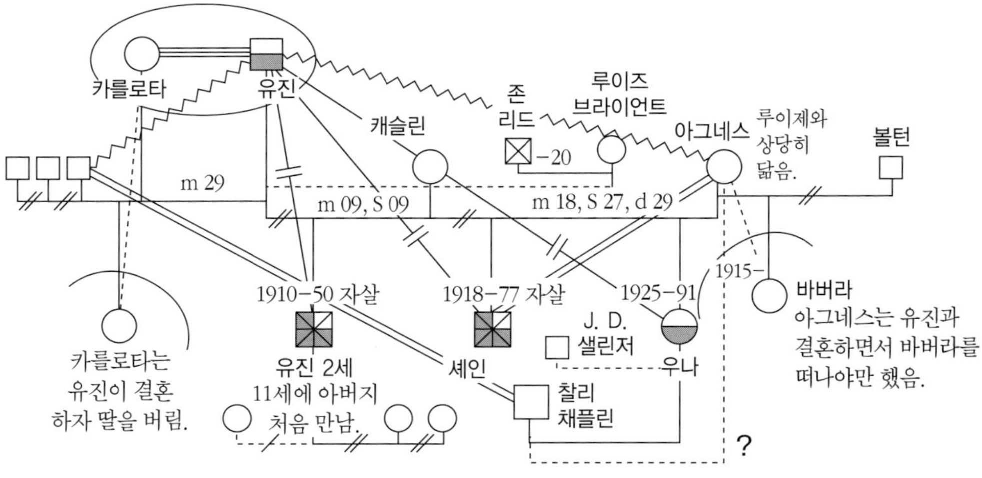

[가계도 7-7] 유진 오닐의 재혼 삼각관계

있기 때문이다. [가계도 7-6]의 마지막 그림처럼 계부모는 친아버지와 친어머니를 대신하여 자녀들을 양육하려고 하지 말고 자녀들에게서 거리 두기를 해야 한다. 이혼한 부모들도 이와 같은 균형을 유지함으로써 자녀들이 양쪽 부모 모두에게 충실할 수 있도록 공동의 노력을 할 필요가 있다. 물론 이것은 많은 가정에서 결코 쉬운 일이 아니다.

재혼가정에서 볼 수 있는 삼각관계의 영향은 첫 번째와 두 번째의 이혼 후에 자녀들과 좋은 관계를 맺지 못했던 유진 오닐(McGoldrick, 1995)의 가계도([가계도 7-7])에도 잘 나타나 있다. 오닐은 그의 두 번째 부인이었던 아그네스와의 사이에서 태어난 막내딸 우나가 세 살 때 별거했다. 매우 불행한 일은 오닐은 아그네스뿐 아니라 딸과도 단절하고 이름조차도 거론하지 않고 지냈다는 것이다. 오닐은 아그네스에게 과도한 이혼 위자료를 지불해야 했던 것에 분노했고, 아그네스는 그의 세 번째 아내인 카를로타를 심하게 질투했다. 우나가 성장하여 찰리 채플린과 결혼하게 되었을 때도 오닐은 그녀의 결혼식에 전혀 관심을 보이지 않았고 그 후로 영영 연락조차 하지 않았다. 이것은 서로 뒤얽힌 또 다른 삼각관계와도 관계가 있는 것으로 보이는데, 채플린은 그의 아내 카를로타와 아주 좋은 친구관계였으며 아그네스와도 성적인 관계를 가졌기 때문인 것으로 보인다(Gelb & Gelb, 1987). 재혼가족에서는 삼각관계가 빠른 속도로 증가된다.

마지막으로 재혼에 대하여 인척관계의 사람들은 대체로 중립적인 입장을 취하지 않는다. 예를 들면, 남편의 어머니와 새 아내 사이에 커다란 긴장이 형성될 수 있다. 그렇게 되면 조부모 세대가 재혼가족의 삼각관계에 휘말려 성인이 된 자녀와 합류하고, 특히 전 배우자에 대항하여 이혼의 책임을 전가하는 일이 자주 일어난다.

위탁아동, 입양아 가족의 삼각관계

한 명 이상의 자녀가 위탁아이거나 입양아일 때 부모-자녀 삼각관계가 나타나는 것은 보통 있는 일이다. 자녀를 임신하는 데 실패했던 부부들이 입양을 하게 되는데 부모 사이의 긴장은 이미 입양 이전부터 형성되어 있다. 이 때문에 부부는 입양한 아동에게 과도한 부정적인 관심을 쏟게 되고 삼각관계에서 외부자로 취급하면서 가족 내 다른 문제들에는 더 이상 초점을 두지 않게 된다.

위탁아동이나 입양아동이 있는 가족은 마치 두 가족이 합해진 재혼가족과 같은 양상을 띠게 된다. 즉, 돌보는 부모와 친부모와의 관계처럼 두 가족이 합쳐진 것과 같다. 실제로 친부모를 알고 있는지의 여부에 상관없이 현실 속의 인물과 상상이나 추억 속의 인물 사이에 삼각관계가 형성될 수 있다. [가계도 7-8]을 보면 상호 뒤얽힌 삼각관계가 나타나 있는데 이 가정에는 두 아들이 각기 다른 가정에서 입양되었다. 장남 브래드는 결혼하여 아버지가 되었을 때, 친아버지와의 관계를 회복하고 싶었다. 그의 친어머니는 그가 대학생일 때 연락을 해 왔지만 입양부모가 그 사실에 너무나 화를 냈기 때문에 친어머니를 다시는 만나지 않았다. 그는 7년이 지난 후 아들을 낳았을 때 생각이 바뀌었다. 최근에 그가 친아버지와 이복 누나를 만난 사실을 알고 그의 부모는 자신들이 그에게 해 주었던 모든 것들에 대한 배신행위라고 하면서 크게 화를 냈다. 이와 같은 사실들은 브래드를 '나쁜 형'의 위치에 놓이게 하고 밥을 '착한 동생' 위치에 놓는 상호 뒤얽힌 삼각관계를 형성하게

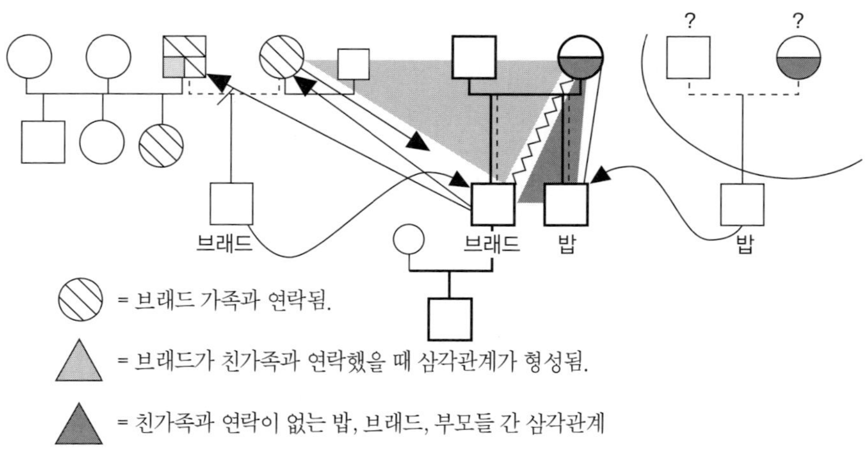

[가계도 7-8] 입양아동, 친부모, 입양부모의 삼각관계

했다.

입양아동은 친부모가 더 사랑이 많고 관대할 것이라는 등의 환상을 가질 수 있다. 입양부모는 또한 입양아동과의 사이에서 경험하는 어려움을 친부모는 모를 것이라든지 나쁜 유전인자를 남긴 탓을 하면서 삼각관계를 형성할 수 있다. 만일 입양부모에게 친자녀가 있다면 위탁 자녀나 입양 자녀와의 사이에 삼각관계가 흔히 발생할 수 있다.

다세대에 걸친 삼각관계

삼각관계는 여러 세대에 걸쳐서 형성될 수도 있다. 3세대 삼각관계에서 가장 자주 볼 수 있는 세대 간 삼각관계는 조부모와 손자가 동맹관계를 맺고 부모에게 대항하는 것이다. 가계도상에서 이를 볼 때는 세대를 넘어선 동맹관계에서 부모가 무능력한 외부자의 위치에 남아 있을 가능성을 생각할 수 있다. 이러한 세대 간 삼각관계는 빌 클린턴의 가족([색채 가계도 15])에서 보았던 것처럼 흔히 한부모 세대가 외조부모 세대와 동거하게 되면 형성된다. 조부모가 자녀양육 책임을 지거나 조부모와 손자녀가 연합하여 어머니에게 대항하면 어머니는 가족 내에서 권한을 잃게 된다.

가족 외부와의 관계

가족 외부와의 관계는 가족 내부의 관계의 강한 정도와 서로 상관관계가 있다. 즉, 가족체계가 가족 외부와 폐쇄적일수록 가족 내의 관계 강도는 더 크다. 그러므로 가계도에서 핵가족 내에 융해된 관계 패턴이나 강한 삼각관계가 발견되면 가족 외부세계와의 경계선이 어떠한지를 탐색해 보아야 한다. 예를 들어, 유진 오닐과 그의 세 번째 부인 카를로타([가계도 7-7]) 간에 형성된 강한 융합은 두 사람

각자의 자녀들과 확대가족 그리고 외부세계에 있는 모든 사람들과의 단절의 정도가 그만큼 강한 것을 알 수 있게 한다.

브론테 가족([색채 가계도 23])도 상실로 인한 융합과 단절의 유형이 비슷하게 나타나고 있다. 샬럿만이 유일하게 가족 외부와 지속적인 관계를 유지했던 자녀였다. 성인이 될 때까지 살았던 세 남매는 9개월 동안에 모두 사망했다. 마치 서로 너무나 강하게 융합되어 있어서 서로가 없으면 살 수 없을 것 같은 모양으로 차례로 뒤를 이어 죽었다. 먼저 알코올과 약물 중독 문제를 가진 아들이 집에서 비참하게 죽었다. 바로 밑의 여동생 에밀리는 장례식이 끝난 후 절대로 집 밖으로 나가지 않고 있다가 죽었으며, 막내 여동생 앤도 곧바로 그들을 따랐다. 이런 가계도는 가족을 둘러싼 강한 경계선이 어떻게 형성되었을까 하는 의문을 떠올리게 한다. 샬럿 이외의 형제들은 잠깐인 경우를 제외하고 가족으로부터 멀리 떠나 있었던 일이 없었다. 사실 브론테 가족의 사람들은 항상 한 사람이 집을 떠나 있게 되면 누군가는 꼭 앓았다. 어릴 때 죽은 두 자매는 집을 처음 떠나 있었을 때 심한 병을 앓았고, 결국 짧은 간격을 두고 사망했다. 샬럿이 아버지에게 결혼하겠다고 처음 말했을 때, 그녀의 아버지는 화가 나서 그의 교구 부목사였던 딸의 약혼자를 해고해 버렸다. 나중에 그는 자기 곁을 절대로 떠나지 않겠다는 약속을 받고서 결혼을 허락했다(McGoldrick, 1995). 샬럿이 결혼해서 임신한 후, 그녀와 그녀를 평생 돌보아 주었던 태비는 2주 간격으로 연이어 사망했다.

시간의 흐름에 따른 삼각관계

가족과정을 더 잘 이해하기 위해서는 시간의 흐름에 따른 가족 삼각관계를 탐색하는 것이 도움이 된다. 영국 왕실가족([가계도 7-9])의 지난 세대를 살펴보자. 찰스 왕자는 어렸을 때 아버지와는 달리 어머니와 매우 친했다. 두 살 연상의 카밀라를 만났을 때는 "우리 고조할머니가 당신 고조할아버지 에드워드 7세의 연인이었다는데 어떻게 생각해요?"라고 물었다. 찰스의 어머니는 그들의 관계에 대해

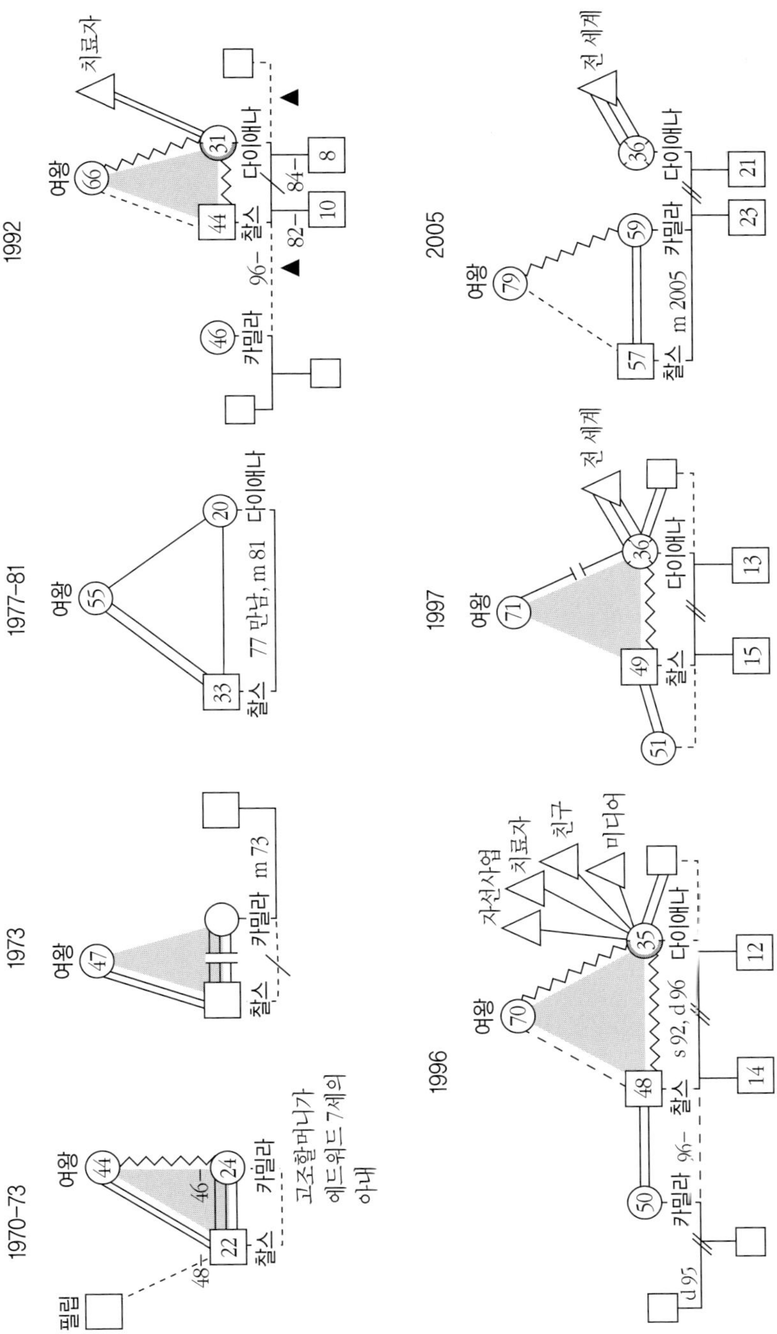

[가계도 7-9] 영국 왕실가족의 삼각관계

매우 부정적으로 생각했다. 당시 찰스는 어머니와의 관계를 유지하기 위해 카밀라를 포기했다. 그로부터 6년 후 29세가 된 찰스는 당시 16세인 다이애나를 만났는데, 그녀는 당시 데이트 상대 여성의 동생이었다. 어머니는 그들의 결혼을 인정했다. 그러나 다이애나는 결혼하자마자 불행해졌고 우울증과 폭식증에 시달렸다. 그녀의 꿈은 이루어지지 않았다. 찰스 또한 불행하다고 느끼고 어머니에게 지지를 요청했지만, 어머니는 그가 아직도 제대로 처신하지 못한다면서 아들을 돕지 않았다. 그들 부부는 심각한 불화를 겪게 되었다. 그러는 사이 다이애나는 치료를 받게 되었고, 치료자는 그녀가 매우 힘든 가족들과 상황에 갇혀 있다고 했다. 다이애나는 차차 나아지기 시작하면서 다양한 염문을 뿌리고 다녔고 친구들이나 자선사업, 미디어 등에 관여했다. 그러는 동안 찰스는 다시 카밀라와의 관계를 시작했다.

얼마되지 않아 곧 온 세상 사람들이 그들의 관계에 관심을 가지게 되면서 대부분이 다이애나의 편에 서 주었다. 다이애나가 비극적으로 사망했을 때, 그녀에 대한 부정적인 삼각관계는 중단되었다. 누군가가 갑작스럽게 사망한 후에 칭송을 받는 일은 흔히 볼 수 있는 일이다. 찰스는 30년 동안이나 사랑했던 여성과 결혼하는 데 8년을 더 기다려야 했다. 그는 어머니가 여전히 그들 사이를 인정하지 않는 것에 대해 더 이상 신경 쓰지 않았다.

왕실가족의 이전 세대를 보면 오랜 시간에 걸쳐 다양한 삼각관계들이 나타난다. 찰스의 고조할머니 빅토리아 여왕은 어머니가 돌아가실 때까지 결혼을 미루었다. 찰스의 어머니는 이혼한 여성과 결혼하기 위해서 왕위를 포기했던 외삼촌과 30년 동안이나 단절하고 살았다. 이렇게 가족 내 삼각관계 패턴은 연루된 사람들은 달라도 오랜 시간에 걸쳐 계속된다. 왕실가족 내에 오랜 역사에 걸쳐 나타난 삼각관계 패턴의 선례들과 찰스의 결혼과 그의 자녀들을 통해 나타날 결과들은 다른 가족들의 경우와 마찬가지로 앞으로 지켜보아야 할 부분이다.

실제로 빅토리아 여왕 시대로 거슬러 올라가면 왕위 계승에 대한 각 세대 내 유사한 패턴이 반복되는 것을 찾아볼 수 있다([색채 가계도 24]). 빅토리아는 엄격한 규범과 규칙을 중시하는 사람으로 유명해서 높은 기준을 적용하는 것을 '빅토리안' 이라고 칭할 정도였다. 50세가 되도록 왕이 되지 못한 빅토리아의 장남 버티는 청소년기 때에 거칠게 살았다고 알려져 있다. 버티의 장남 역시 청소년기에 방탕하게 살다가 25세에 죽었는데, 많은 사람들은 그가 통치능력이 부족해서 일찍 죽은 것이 오히려 다행이라고 생각했다. 왕위는 결국 보수적이고 얌전한 동생 조지 5세에게 넘어갔다. 조지는 이혼한 사람과는 절대 만나지 않았다. 조지의 장남은 다시 자유로운 삶을 선호했고 두 번 이혼한 월리스 심슨과 결혼하여 왕위 계승을 포기했다. 보수적인 조지 6세가 그를 대신하여 왕위에 올랐으며 형이 아내와 고국에 돌아오는 것을 결코 용납하지 않았다. 이렇게 여러 세대를 살펴보면 세대마다 착한 아들과 나쁜 아들, 좋은 부모와 나쁜 부모로 엮어지는 중요한 삼각관계의 이야기가 담겨져 있다. 다이애나와 찰스의 삼각관계 역시 매우 긴 이야기의 한 부분일 뿐이다.

제8장

생활주기를 통한 개인과 가족 탐색

에릭 에릭슨의 생활주기

프로이트 가족의 생활주기

제8장

생활주기를 통한 개인과 가족 탐색

가족평가를 위해 가계도 정보를 수집할 때는 가족생활주기의 발달과정을 고려할 필요가 있다(McGoldrick & Carter, 2005a). 가계도에는 시간의 흐름에 따라 진화되어 가는 가족에 대한 정보가 축적된다. 사람들은 인생을 살아가면서 다양한 관계 맥락 속에서 자신에 대한 정체성을 정의하고 또 재정의해 나간다. 가계도는 이러한 진화적 맥락 속에 있는 개인에 관한 정보를 보여 주기 때문에 그 사람의 전 인생의 과정을 평가할 수 있게 해 준다. 가계도는 다른 어떤 도구로도 그려낼 수 없는 인간 발달의 폭과 깊이를 탐색하는 데 매우 가치 있는 드구다. 가계도와 가족연대기는 가족생활주기의 관점에서 가족을 평가할 수 있게 해 준다. 즉, 출생에서부터 죽음에 이르는 인간의 발달과정에서 세대 변화와 함께 이루어지는 나선형의 가족의 진화과정을 탐색해 갈 수 있도록 해 준다(주제별 참고문헌의 '가족생활주기' 참조). 가족의 진화는 작곡하는 것과 같다. 각 개인에 대한 정보는 악보의 음표와 같아서 이미 쓰인 것도 있고 앞으로 쓰이게 될 것도 있는데, 그 의미는 현재와 과거의 기억 속에 남아 있는 가족관계의 리듬과 조화에 달려 있다. 또한 가계도는 가족생활주기를 명료하게 설명할 수 있게 해 주고 거꾸로 가족생활주기는 가계도 해석에 도움이 된다. 생활주기의 다양한 국면에서 나타나는 전형적인 패턴과 '예상치 못한' 생애사건이 일어날 때 예상되는 문제는 가족발달 과정을 이해하는 데 꼭 필요하다.

에릭 에릭슨의 생활주기

인간 발달 이론가로 유명한 에릭 에릭슨의 가계도는 가족생활주기의 맥락에서 사람들을 이해하는 데 가계도가 얼마나 가치 있는 도구인지를 잘 보여 준다. 에릭슨은 평생 동안 정체성의 개념을 집중적으로 연구했지만 자기 자신의 정체성을 찾는 기회를 갖지 못했다. 그는 자기 아버지가 누구인지를 밝혀내기 위해 많은 노력을 기울였지만, 진실을 알아내는 데는 실패했다. 그는 마침내 '나의 아들 에릭(Erick, son of myself)'의 발음을 따서 자신의 성(姓)을 '에릭슨(Erickson)'이라고 지었다. 사람들은 그가 유대인이라는 사실과 독일에서 나고 자란 배경을 숨기기 위해서 그렇게 했다고 하기도 하고, 아버지와 관계가 있다고 생각되는 스칸디나비아와의 관련성을 강조하기 위해 그랬다고 보기도 한다. 그는 한 번도 아버지를 본 적도, 그 나라에 살아 본 적도 없었다.

에릭슨의 인간발달이론은 자기 가족의 독특성과 약점, 생활주기상에 나타난 문화적 상황을 반영한 것이다(Carter & McGoldrick, 2005; Friedman, 1999). 에릭슨의 모델은 8단계로 이루어져 있으며, 각 단계는 건강한 패턴과 역기능적인 패턴을 대조시킨 주제들로 이루어져 있다.

1. 영아기: 신뢰감 대 불신감
2. 아동 초기: 자율성 대 수치심, 의심
3. 유아기: 주도성 대 죄의식
4. 학동기: 근면성 대 열등감

5. 청소년기: 정체감 대 정체감 혼미(자신의 가족으로부터 분리된 정체감으로 설명)
6. 성인 초기: 친밀감 대 고립감
7. 중년기: 생산성 대 침체
8. 노년기: 자아통합 대 절망감

에릭슨의 1단계는 주로 대인관계에 초점을 맞추고 있지만(모자간 신뢰감 대 불신감), 다음 단계부터 성인 초기까지는 대인관계의 발달이나 가족 간 의사소통보다 자기 스스로 대처하는 능력에 초점을 맞추고 있다. 그가 20년 동안이나 가족과 떨어져 있었음에도 불구하고 주도성, 자율성, 근면성, 자아정체감을 발달시켜 왔다면 성인 초기에 '친밀감' 기술을 습득한다는 것은 거의 불가능할 것이다. 게다가 건강한 발달과정에서 역기능적이라고 보는 수치심, 의심, 죄의식, 열등감, 정체감 혼미 등과 같은 가치들은 실제로 건강한 대인관계에서 친밀감을 획득하는 데 필수적인 것들이다. 친밀감을 위해서는 다음과 같은 인식이 필요하다.

- 우리는 아무것도 모른다(건강한 상호 의존감과 열등감).
- 우리는 때로 나쁜 짓을 할 수도 있다(수치심과 죄의식을 불러일으켜 우리의 행동을 변화시키도록 동기를 부여한다.).
- 우리는 타인으로부터 배우기 위해 우리의 생각과 행동에 대한 의심의 여지를 남겨 둘 필요가 있다.
- 우리는 가족이나 타인들로부터 분리된 것이 아니라 그들과의 관계 속에서 상호 의존적인 정체감을 가질 필요가 있다.

에릭슨의 이론적 틀은 남성 위주로 설명되었다고 비판하는 사람들이 많지만, 그의 발달단계는 남성들에게조차 친밀감과 양립하기에는 지나치게 이상적이다. 모든 사람의 발달적 에너지를 자율적인 노력에 집중한다면 성숙한 친밀과 상호의존성을 위한 대인관계 기술을 발달시킬 필요가 없을 것이다.

에릭슨의 가계도([색채 가계도 25])를 보면 그의 이론적 개념이 갖는 한계를 발견할 수 있다. 에릭슨은 생후 2년간의 삶의 이슈가 어머니와 신뢰로운 관계를 통해 발달한다고 하였다. 덴마크계 유대인이었던 에릭슨의 어머니는 오빠가 주관한 파티에서 술에 취해 에릭슨을 임신하게 되었다. 당시 그녀는 술에 취해서인지 어렴풋이 잠이 들어서인지 자신이 어떻게 해서 임신하게 되었는지를 전혀 몰랐다(Friedman, 1999). 가족들과의 독일 여행 중에 임신한 사실을 알게 되었고, 가족들은 그녀에게 불명예와 나쁜 소문을 피해 덴마크로 돌아가는 대신 독일에서 아이를 낳아 키우라고 했다. 그녀가 에릭슨의 아버지가 누군지를 알고 있었는지에 대해서는 확실하지 않다. 그녀는 아들에게 진실을 말해 주지 않았으며, 에릭슨은 평생 동안 이 질문에 연연했다. 후에 에릭슨의 딸은 다음과 같이 기록했다.

> 아버지는 자신의 아버지가 누구인지 모르고 살아왔다. 딸로서 가장 가슴 아픈 일은 할머니가 아버지에게 평생 동안 할아버지의 정체에 대해 전혀 말하지 않았다는 것이다. 할머니의 말로는 아버지가 세 살 때 결혼하기로 한 남자에게 평생 동안 그 사실을 밝히지 않기로 약속했기 때문이라고 했다. 그러나 이것은 할머니가 자신의 아버지가 누구인지를 간절히 알고 싶어 했던 아버지의 소망보다는 다른 사람의 뜻이 더 중요했다는 말밖에 되지 않았다(Erickson Boland, 1999, pp. 56-57).

외가에서는 3년 후인 1905년에 어머니가 에릭슨의 세 번째 생일날 독일계 유대인인 소아과 의사 테오도어 홈부르거와 결혼했을 때 그녀를 집에서 추방했다([색채 가계도 26]). 홈부르거는 카를라에게 에릭슨이 자신을 친아버지로 알게 해 달라고 요구했다. 그러나 에릭슨은 그 말을 결코 믿지 않았다. 에릭슨은 후에 이렇게 썼다. "나는 어린 시절 내내…… 나의 정체성을 의심했다……. 나는 전혀 다른 배경에서 태어났을 것이라고 믿고 있었다."(Friedman, 1999, p. 33) 그러나 이들 부자관계에 대한 홈부르거의 양면성은 에릭슨을 법적 친자로 들이기 위한 입양서류를 완성하기까지 5년의 시간이 걸렸다는 데서 드러난다. 어린 시절 에릭슨의 가장 친한 친구였던 피터 블로스는 "입양은 에릭슨의 실존에 중요한 테마였다."

(Friedman, 1999, p. 28)고 했다. 어머니와 새아버지의 신혼여행에 함께 따라 갔던 것을 기억하면서 에릭슨이 조각한 목각인형을 보면, 어머니와 새아버지가 서로 포옹을 하고 있는데 에릭슨은 그 앞에서 매우 비참하고 외로운 표정으로 서 있는 모습을 하고 있다. 사랑하는 어머니를 새아버지에게 빼앗겨 불행해하는 것이 역력했다. 에릭슨의 이론이 상호관련성보다는 자율성과 개별성을 강조하는 것은 그다지 놀라운 일이 아니다. 어머니가 가족의 도움을 받지 않고 혼자 힘으로 부모가 되어 살아갈 수밖에 없었듯이, 에릭슨도 목각인형에 나타나 있는 것처럼 새아버지에게 어머니를 빼앗기는 것을 수용하고 어린 시절부터 혼자 힘으로 살아가는 법을 배워야만 했다. 에릭슨이 자신의 아동기 동안 세 여동생들이 차례로 태어나는 재혼가족 속에서 의붓아들로서 자율성과 주도성, 근면성을 키워 나가는 데 초점을 두었을 것이라는 사실은 그리 놀랄 만한 것이 못된다.

아동기 동안 에릭슨은 어머니와는 친밀하게 지냈지만 그보다 일곱 살, 열 살 어린 여동생들과는 그다지 친하지 않았다([색채 가계도 26]). 그의 바로 아래 여동생은 2세에 사망했다. 집에서는 독일어를 써야만 했기 때문에 덴마크어를 사용할 수 없었다. 에릭슨은 평생 동안 이를 유감스러워했다. 그는 성장하면서 어머니에게 아버지에 대해 끈질기게 물었다. 어머니는 에릭슨이 14세가 되어서야 비로소 홈부르거가 그의 친아버지가 아니며 첫 남편의 아들이라고 말해 주었다. 그러나 그는 그 역시 사실이 아니라고 생각했다. 그는 끊임없이 친구인 피터 블로스에게 "우리 아버지는 어떤 분일까?"라고 말하곤 했다. 그 밖에도 어머니는 아들에게 여러 가지 이야기를 해 주었으나 어느 것도 진실은 아니었다. 그는 "아버지가 나를 전혀 돌보지 않았다는 것을 보면 나를 원하지 않는다는 뜻일 텐데, 대체 나는 왜 아버지를 이렇게까지 갈망하고 있는 것일까?" (Friedman, 1999, p. 39)라고 말했다. 하지만 그는 진실을 아는 것을 두려워했음에도 불구하고 그러한 마음을 멈출 수가 없었다.

에릭슨은 후에 어머니와 새아버지가 강요했던 비밀 지키기 패턴을 되풀이했던 것으로 보인다. 에릭슨은 아동양육 단계의 다음 단계로 '생산성' 단계를 넣음으로써 다른 사람들이 그의 가족을 가장 생산적인 가족으로 보도록 하였다. 에릭슨과 그의 아내 조안은 1944년 다운증후군을 가진 네 번째 아들 닐을 낳고 나서 가장 힘들었던 시기에 이 이론을 발전시켰다([색채 가계도 27]).

에릭슨과 조앤은 네 번째 아들 닐의 존재를 비밀로 했다. 에릭슨은 닐을 시설에 두고, 그가 21세까지 살았음에도 불구하고 자녀들에게는 그가 죽었다고 말했다. 에릭슨 부부는 아들을 거의 찾아보지도 않았다. 닐이 죽었을 때 그들은 자녀들에게 그 일을 맡기고 장례식에도 참석하지 않았다. 이 가족 역사에 있는 끔찍한 가족 비밀이 생활주기에 대한 그들의 생각에 영향을 미치지 않았을 리 없다. 특히 그들이 생각했던 생산성에 대한 개념을 자녀를 낳고 기르는 시기가 아닌 중년기에 적용했다는 점에서 그렇다. 에릭슨 가족은 닐을 '발달상 이상이 있으며 결코 태어나지 말았어야 하는 아이'로 취급했다(Friedman, 1999, p. 22). 그들의 이야기는 가족의 역사에 엄연히 존재하는 진실을 제대로 다루지 못했다는 점에서나 우리 사회에서 바람직하게 생각하는 성공에 대해 생각할 때 모두 슬픈 일이다. 이 때문에 가족들은 장애아동이 태어나면 그를 자녀로 인정하지 않고 혼자서 외롭게 소외시켜 가족의 정상적 이미지를 위해 거짓말까지도 감수하게 했다. 에릭슨 가족 이야기를 통해서 우리는 사회의 생활규범에 어긋나는 가족의 삶이 왜곡과 거짓으로 은폐하며 살아가도록 은근히 조장하는 사회적 압력에 대해서 다시 한 번 생각해 보게 한다. 에릭슨이 가족원으로 적절하지 않은 한 사람을 밀어내고 나머지 5명의 가족이 완벽하게 살고 있는 것처럼 위장하고 거짓되게 살았던 시기에 확립한 '정상성'의 개념에 대하여 의심하지 않을 수가 없다. 에릭슨은 아동발달에 관한 선구적인 이론가로서 널리 알려져 있고 인간 발달에 관한 그의 관점은 지금까지도 가장 널리 가르쳐지고 있다. 그의 이론은 생활주기 맥락에서 가족을 정확하게 평가해야 한다는 측면과 가족 비밀이 가족에 미치는 영향의 중대하다는 측면에서 한계가 있다. 가족 비밀은 여러 세대에 걸친 가족과정을 왜곡시키며, 외부에 비치는 모습과 실제 가족관계 간의 불균형에서 오는 역기능을 초래한다.

가계도는 확실히 가족 역사의 특정 시점을 탐색하는 데 매우 유용하다. 가계도 소프트웨어가 개발되면 에릭슨의 출생이나 어머니의 재혼, 그리고 닐의 출생과 같은 특정 시기와 함께 전 생애주기를 탐색할 수 있어 특정 시기의 가족의 모습을 좀 더 잘 이해할 수 있게 될 것이다.

예를 들어, 카를라가 에릭슨을 임신한 시기에 가족에게 어떤 일이 있었는지 아는 것은 중요하다. 카를라가 임신했을 때 그녀와 아기를 돌보아 주는 대신 그녀를 쫓아내 버려야 할 만큼 가족 내 스트레스가 컸을까? 무슨 일이 있었길래 그녀는 어린 나이에 술에 취해 임신을 하게 되었을까? 카를라는 15세에 어머니를 잃었으며, 아버지와 오빠들은 카를라를 나이가 많은 고모들에게 맡겼다. 아버지는 그녀가 21세 때 사망했다. 같은 해 그녀는 결혼을 했지만 신혼여행에서 버림받는 충격적인 경험을 했다. 큰오빠 악셀이 그녀를 데리러 로마로 가야만 했다. 악셀은 사업을 도우라는 아버지의 압력 때문에 법학공부를 포기해야만 했다. 이 가족은 성공하기는 했지만 내면적으로는 정서적인 스트레스가 많았던 것으로 보인다. 카를라가 정말 오빠들이 주최한 파티에서 임신한 것이라면 그녀의 임신에 그들이 연루되었음을 짐작할 수 있다. 카를라가 성폭행을 당한 일에 그들이 간접적으로 연관되었기 때문에 후에 그녀를 가족의 수치라고 비난을 했을까?

부모는 어떻게 죽었으며, 부모를 일찍 잃은 것이 카를라와 오빠들에게는 어떤 영향을 미쳤을까? 오빠들은 여동생의 임신 외에 다른 이유 때문에 자신들의 사회적 지위가 위협당한다고 느꼈을까? 아니면 당시에는 전형적이었던 가족 내 성차별적 권력 불균형 때문에 그녀를 학대했던 것일까? 독신으로 사는 세 고모는 카를라가 아기와 함께 외국에 남아서 살아갈 수 있도록 생활비를 대 주었을까? 아니면 오빠들이 그렇게 했을까? 아이가 태어난 이후에도 계속해서 그녀가 아이와 함께 외국에서 살도록 하고 수년 동안이나 돌아오지 못하게 할 만큼 가족들의 스트레스가 계속되었을까? 어머니가 재혼할 당시 3세였던 에릭슨은 홈부르거가 자기 아버지가 아니라는 사실을 알아차릴 수 있을 만큼 성장해 있었다([색채 가계도 26] 참조).

1944년 닐을 비밀에 부치기로 한 시기를 생각해 보면 닐의 존재를 비밀로 하고 세 자녀를 데리고 이민 온 부모가 얼마나 비극적인 고통을 경험했을지 상상해 볼 수 있을 것이다. 당시는 전쟁 중이었고 반유대인이었던 에릭슨에게는 어쩌면 부득이한 선택이었을지 모른다. 가족 역사의 특정 시점을 가계도로 나타내면 당시의 스트레스 상황에 대해서 집중적으로 살펴볼 수 있다. 그 당시에 집에 같이 살고 있었던 사람들과 그들의 나이 등을 탐색해 보면 중요한 시기를 둘러싼 가족의 역사를 상세하게 탐색할 수 있게 된다.

에릭슨의 딸인 수는 평생 동안 아버지의 친밀감 문제를 풀기 위해 노력했는데, 그녀가 성숙한 발달을 위해서는 '대인관계에서 진정한 만남'을 가질 수 있어야 한다고 결론지은 것은 매우 흥미로운 일이다(Erickson Boland, 1999, p. 61). 그녀는 수치심, 의심, 죄의식, 열등감 그리고 융해된 정체감의 부정적 영향으로 발달적 실패가 초래된다고 보았다. 수는 어머니가 그들의 명성 때문에 아무에게도 도움을 청할 수 없었다고 말한 적이 있다고 했다. 에릭슨은 자신이 만든 이론 때문에 자신의 부적절성을 인정할 수도 없었고, 필요한 때 도움을 공개적으로 받을 수도 없었다. 수는 다음과 같이 썼다.

> 사람들은 자신의 개인적인 경험과는 다른, 특히 수치스러운 자신의 모습과는 정반대의 이미지를 만들게 되면, 대조적인 둘 사이에서 자기기만의 감정을 경험하게 된다. 아버지는 자신이 제시했던 이미지와는 반대로 친밀한 관계를 유지하지 못했기 때문에 끔찍한 고통을 겪었을 것이다……. 나는 아버지와 친해지기를 간절히 원했지만, 아버지는 수치심과 우울을 방어함으로써 자신의 부적절감을 감추려 했기 때문에 결국 이루어지지 못했다(Erickson Boland, 1999, p. 61).

그녀는 아버지의 예를 통해 건강한 대인관계 능력이 친밀감 형성에 얼마나 중요한지를 분명하게 보여 주었다. 친밀함에는 모든 것을 알 수는 없다는 것(열등감), 실수할 수도 있다는 것을 아는 것(죄의식), 자신의 생각이나 행동이 틀릴 수도 있다고 의심할 수 있는 것, 가족이나 타인과의 관계를 떠나서가 아니라 관계 속에서 정체감을 형성하는 것 등이 포함된다. 그러나 에릭슨의 어머니는 자기 자신만의 힘으로 생존하도록 강요했으며, 그 결과 에릭슨은 이러한 정상적인 발달에 필요한 것들을 경험하지 못하고 성장하였다.

에릭슨 가족에서 보는 바와 같이, 생활주기의 중요한 시점을 중심으로 나타낸 가계도는 가족이 장래에 어떻게 진화해 갈 것인지를 이해할 수 있게 해 준다. 가계도는 사람들이 가족생활주기의 각 단계에 따른 가족 패턴의 변화를 탐색할 수 있게 해 준다. 가계도상에 나타난 다양한 가족 양상은 각 단계와 관련된 문제와 삼각관계를 찾아낼 수 있게 해 준다.

가족과정에는 가족이 경험하는 일련의 중대한 전환적 사건이나 변화 등이 포함된다. 그에는 집에서 독립하기, 결혼, 자녀 출산과 양육, 부모로부터의 독립, 은퇴 등 가족발달 단계의 경험도 포함된다. 가족은 생활주기의 각 전이 단계에서 다음 단계로 성공적으로 발달하기 위해서 스스로 재조직해야만 한다. 이러한 전이 단계에서 가족에 따라 새로운 상황에 적응하는 데 어려움을 경험하거나 전이점에서 경직되는 경향을 보이기도 한다. 제시된 문제에 상관없이, 임상가들은 항상 가족이 생활주기 전이기에 어떤 어려움을 경험하고 있는지를 평가해야 한다. 가계도상의 연령과 날짜를 보면서 가족이 어떤 생활주기에 적응하는 단계에 있는지, 가족생활주기가 규범적 기대에서 벗어나는지를 평가할 수 있다. 가족생활주기의 각 단계에는 적응해야 할 규범적인 기대가 있는데, 각 가족원들의 나이를 보면 어떤 전이 단계에 있고 어떤 규범적 기대를 성취해야 하는지를 알 수 있다. 규범은 항상 변화하는 것이어서 고정된 것으로 보아서는 안 되겠지만, 임상가는 가족 내에 이러한 규범에서 벗어난 사건이 있으면 가족이 생활주기 전이상 적응에 어려움을 경험하고 있을 가능성을 고려해야 한다.

그러므로 가계도를 탐색할 때 가족원의 나이를 보면서 가족생활주기 단계에서 많이 벗어난 성원이 있는지 살펴보는 것은 중요하다. 그런 점에서 가계도상의 출생, 죽음, 독립, 결혼, 별거, 이혼 등의 날짜는 매우 도움이 된다. 예를 들어, 자녀들 중에 누구도 40세 이전에 독립하거나 결혼을 한 사람이 없다면 집을 떠나거나 친밀한 관계를 형성하는 데 어떤 문제가 있었을 것으로 생각해 볼 수 있다. 혹은 남편이 27세이고 아내가 47세인 부부를 만났다면 그들이 어떻게 결혼하게 되었으며, 그들의 부부관계가 원가족이나 지역사회 내의 다양한 관계 패턴에 어떻게 적응해 왔는지에 대해 질문할 수 있다. 43세에 첫아이를 가진 여성이나 70세에 아버지가 된 남성, 세 아들을 중년기 이전에 잃은 가족 등 이 모두는 가족생활주기의 규범적 패턴으로부터 벗어나 있어서 더 깊이 있게 탐색할 필요가 있는 가족체계임을 알 수 있다.

어떤 문화권에서든 일반적으로 결혼적령기에 대한 생활주기적 기대가 있다. 미국의 경우, 최근 들어 첫 결혼의 시기에 대한 규범적 기대가 많이 달라지기는 했지만 20대 이전이나 30대 중반 이후에 결혼하는 사람들의 이혼 위험률이 높았다. 최근에는 20대 후반이나 30대 중반에 결혼하는 사람들이 증가하고 있다. 그리고 자녀를 출산할 수 있는 정자와 난자의 보유 가능성이 높아지면서 자녀 출산이 가능한 생활주기도 확장되고 있다.

또한 만남–약혼–결혼의 시간이나 별거–이혼–재혼의 시간도 관심을 두어야 할 부분이다. 생활사건들 사이의 간격이 짧은 것은 가족들이 정서적인 변화를 다루는 데 충분한 시간을 갖지 못했음을 말해 준다(McGoldrick & Carter, 2005b). 예를 들어, 두 번째 부인이 자살한 지 8개월 만에 재혼한 헨리 폰다는 해결되지 못한 정서문제나 혼외관계 문제가 있었을 가능성을 암시한다([가계도 2–7] 참조). 사실 헨리와 재혼한 여성과의 관계는 1년 전부터 시작되었다. 심지어 그녀는 당시 임신 중이어서 폰다의 아기를 갖고 있었을 것으로 추정된다. 재혼한 후 몇 년이 지나서야 헨리는 그 아이를 입양했다. 헨리가 재혼을 서둘렀던 것은 이전 결혼을 빨리 잊어버리는 것이 그에게 얼마나 중요했는지를 보여 주는 단서가 된다. 가족, 특히 아이들이 그러한 급격한 변화에 어떻게 적응했을지도 관심을 두어야 할 부분이다. 이런 점에서 헨리가 자녀들과 프랜시스의 자살에 대해 이야기를 나눈 적이 없었다는 사실은 그가 혼자서든 자녀들과 함께든 다음 생활주기로 전환되기 전에 슬픔이나 외상적 경험을 다루는 과정을 거치지 않았을 것임을 말해 준다.

프로이트 가족의 생활주기

어떤 개인이나 가족을 이해하기 위해서는 가족생활주기에 걸친 가족 역사를 탐색하는 것이 중요하다. 임상적으로 내담자들에게 생활주기의 관점에서 가계도를 그려 보게 하는 것은 가족의 유산을 이해하는 데 특별히 유용하다. 심리학의 대부인 프로이트의 가계도를 통하여 그의 위치를 다시 살펴보는 것은 그가 남긴 유산에 대하여 새롭게 이해할 수 있도록 해 줄 것이다. 실제로 프로이트도 자신들의 가족 배경 때문에 당황하거나 고통스러워했던 많은 사람들과 마찬가지로 자신의 가족사를 중요하게 생각하지 않았다. 프로이트 가족의 가계도를 통하여 그가 말하지 않았던 사실들을 파헤쳐 봄으로써 프로이트에 대하여 가족생활주기 맥락에서 이해할 수 있게 될 것이다.

프로이트 부모의 약혼과 결혼: 가족의 연합

생활주기가 순환적이며 반복적이기 때문에 가족의 이야기는 어떤 시점에서든

야코프와 아말리아의 결혼 당시 프로이트 가족연대기

1832	야코프 프로이트, 16세에 샐리 케너와 결혼.
1833	(4월) 야코프와 샐리의 맏아들 에마누엘 출생.
1834	야코프와 샐리의 둘째 아들 필립 출생.
1835?	세 번째 아이 출산 · 성별, 출생일, 사망일과 사망 원인 불명.
1837?	네 번째 아이 출산. 성별, 출생일, 사망일과 사망 원인 불명.
1852	야코프의 첫 부인인 샐리 캐너의 생존기록이 있음. 두 사람이 이혼했는지, 샐리가 그해 연말쯤 사망했는지 알 수 없음.
1852	야코프는 레베카와 두 번째 결혼. 같은 해에 레베카가 야코프의 아내임이 기록된 두 개의 문서에 레베카의 나이가 31세와 32세로 다르게 기록됨(Krüll, 1986).
1852	(10~12월) 레베카 사망(?)
1853	(12월) 야코프가 사업을 아들 에마누엘에게 양도.
1854	(또는 그전에) 에마누엘이 마리아와 결혼.
1854	(또는 약간 전에) 아말리아의 아버지는 재산을 잃고 패가망신.
1855	(7월 29일) 야코프와 아말리아 결혼. 야코프는 1852년 이후 홀로된 것으로 기록됨.
1855	(8월 13일) 에마누엘의 맏아들(후에 지그문트의 조카) 존 출생.

시작할 수 있다. 프로이트 가족의 경우는 지그문트가 태어나기 몇 년 전 부모의 연애기간부터 시작해 보기로 한다.

결혼이나 재혼 단계의 가계도는 서로 다른 별개의 두 가족이 합친 것을 보여 준다. 즉, 각 배우자는 각자의 원가족의 생활주기에 속해 있었음을 보여 주는 것이기도 하다. 새로운 가족을 시작하기 위해서 두 사람은 자기 원가족과의 관계를 매듭지어야 한다. 가계도를 보면 각 배우자의 원가족에서 관계 패턴과 역할에 대한 단서들이 나타난다. 프로이트의 가족에서와 같이 배우자 중 한 사람이 상대 배우자의 원가족에 대해서 경쟁심을 갖거나 자녀가 선택한 결혼이 부모로부터 인정받지 못했을 때는 인척 간 삼각관계가 형성될 수 있다. 또한 가계도를 보면 부부간 연합에 영향을 미치거나 방해가 될 수 있는 이전의 관계 양상을 파악할 수 있다. 그러나 아쉽게도 프로이트 가족의 인척관계에 관하여 우리가 알 수 있는 정보는

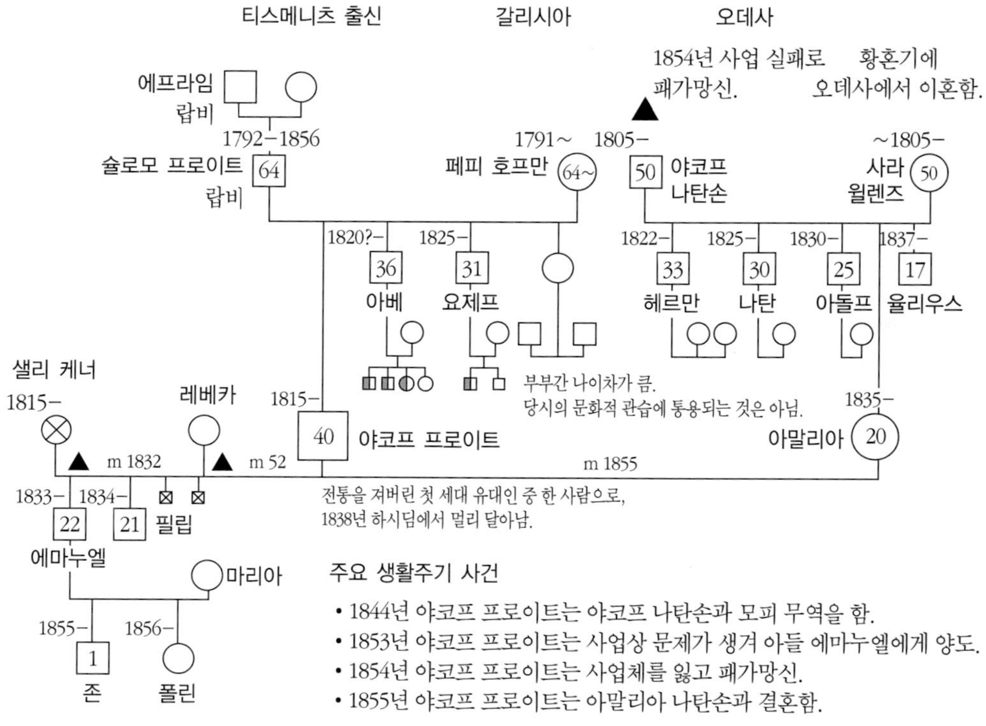

[가계도 8-1] 프로이트/나탄손 가족(1855)

사실상 아무것도 없다.

1855년의 프로이트 가족의 가족연대기와 가계도([가계도 8-1])에서 볼 수 있듯이, 야코프 프로이트가 10년 동안 동업을 했던 남자의 딸인 아말리아 나탄손과 결혼한 것은 여러 면에서 상식적으로 이해하기 힘든 것이었다(두 사람은 심각한 사업상의 문제가 있었다.). 40세였던 야코프는 세 번째 결혼이었다. 당시 아말리아는 20세에 불과했고 야코프가 첫 결혼에서 얻은 아들들보다 더 어렸다. 그의 첫 번째 아내인 샐리 케너와 그녀의 죽은 두 아이들에 대해서도 알 수 있는 것은 아무것도 없다. 또 야코프의 두 번째 부인인 레베카에 대해서도 알 수 있는 것이 거의 없다. 두 아내에게 무슨 일이 있었는지, 이혼했는지 혹은 두 아내가 모두 죽었는지 알 수 없다. 게다가 야코프의 첫 번째 결혼은 그가 겨우 16세일 때 이르어졌다. 이는 원하지 않는 임신 때문이었을 가능성을 암시해 준다(Anzieu, 1986). 두 번째 결혼은 더더욱 알 수 없는 수수께끼 같다. 가족원 누구도 레베카에 대해 이야기한 적이 없으며, 그녀의 존재에 대해서는 단지 호적상 기록 외에는 알려진 것이 없다. 그녀는 1852년에 야코프와 결혼했던 것 같다. 야코프의 아들 에마누엘과 필립은 성장했을 때이므로 레베카에 대해 분명히 알고 있었을 것이다. 아말리아도 그들과 모두 같은 마을에 살았고 아버지가 야코프와 동업을 했기 때문에 적어도 레베카의 존재에 대해서 알고 있었을 것이다. 그러나 프로이트는 누군가로부터 그녀에 대한 이야기를 들었을지 모르나 그녀에 대하여 아무에게도 언급한 적이 없다. 가족이 수치스러워할 만한 무언가가 있었던 것일까? 정신병? 자살? 어떤 경우든 야코프와 아말리아는 야코프의 두 번에 걸친 이전 결혼의 그림자를 지닌 채 여섯 자녀 중 두 자녀를 잃은 상실 속에서 새로운 가족생활을 시작하였음이 분명하다.

가계도를 볼 때는 생활주기에 따라 가족원들의 나이를 특히 우의해서 살펴볼 필요가 있다. 신혼부부의 경우 배우자가 각자 자기 가족의 생활주기 안에서 어떤 위치에 있는가를 주목할 필요가 있다. 야코프는 이미 할아버지가 되어 있었던 반면 20세 연하의 아말리아는 야코프의 아들들과 비슷한 또래의 나이로 성인 초기 단계에 있었다. 어떻게 하여 이 두 사람은 결혼을 하게 되었을까? 그러한 나이차는 당시의 관습과 거리가 멀었다(Krüll, 1986). 아말리아가 어떻게 해서 그렇게 나이 많고 성장한 아들들이 있으며 이미 두 번씩이나 결혼한 경험이 있는 남자와 결혼하기로 마음먹었는지 의문이 든다. 그녀의 아버지가 그 당시 재산을 잃고 패가망신했기 때문에 집안의 안정을 위해서 그렇게 했을지도 모른다(Swales, 1986). 어떤 경우가 되었든 아말리아는 명랑하고 쾌활한 젊은 여성으로서 집에서 나이가 가장 어린 편이었고, 야코프는 30대부터 외조부와 함께 사업을 하면서 성공적이었지만 중년에 들어서면서 침체되어 있었던 것으로 보인다. 가계도에 나타나 있듯이, 그들의 실제 경험의 차이와 결혼에 대한 기대의 차이로 인해 다음 세대에 가족생활주기상 전환기에 문제가 나타날 것이라고 예측할 수 있다. 생활주기의 초기 단계에서 해결되지 못한 문제들은 결국 생활주기의 후기 단계에서의 전환을 더욱 어렵고 복잡하게 만들 수 있다. 그러므로 야코프의 이전 결혼들과 미심쩍은 과거, 두 사람 사이의 연령 차이와 기대 차이, 경제적 불안 등으로 인해 야코프와 아말리아의 결혼은 해결되지 않은 많은 복잡한 문제들과 함께 시작되었을 것으로 보인다.

재혼가족의 가계도에서는 적어도 두 가지 삼각관계를 예측할 수 있다. 하나는 새 결혼으로 부부가 된 두 사람과 이전 배우자(또는 이전 배우자에 대한 기억) 간의 삼각관계이고, 다른 하나는 새 부부와 이전 결혼의 자녀들 간의 삼각관계다. 아말리아와 야코프의 전 부인들과의 관계에 대해서 알 수 있는 것은 아무것도 없다. 또 아말리아와 에마누엘 및 필립과의 관계에 대해서도 거의 알려진 것이 없다. 우리가 아는 것은 프로이트가 성인이 된 이후에 자신의 환상에 대해서 이야기했던 부분들이다. 즉, 그는 어머니와 필립이 연인 사이였으며 결혼 후 3년이 되었을 때 야코프는 아들들이 영국으로 이민을 가도록 주선했고, 이것은 아들들이 자신의 아내로부터 안전하게 멀리 떨어져 있도록 하기 위한 조치였다고 말했다.

부모기로의 전이와 자녀양육기 가족

부모기 초기의 가계도는 흔히 이 단계를 특히 어렵게 만드는 여러 가지 스트레스 요인을 드러내 준다. 출생순위만을 간략하게 가계도로 표시만 해도 자녀의 출생을 둘러싼 특별한 상황이 드러나고 이러한 상황이 가족 내에서 자녀의 위치에

1856~1859년의 프로이트 가족연대기

1856	(2월 21일) 야코프의 아버지인 슐로모 프로이트 사망. (야코프는 40세였고 그의 아내는 첫아들 지그문트를 임신한 지 6개월째였다. 나중에 야코프도 지그문트가 40세 때 사망한다.)
1856	(5월 6일) 지그문트가 모라비아의 프라이베르크(현재 체코의 프라이버)에서 야코프와 아말리아 사이에서 출생.
1857	(10월) 지그문트의 동생인 율리우스 출생.
1858	(3월) 아말리아의 남동생인 20세의 율리우스 나탄손이 폐결핵으로 사망.
1858	빌헬름 플라이스 탄생. 오랫동안 플라이스는 지그문트의 가장 가까운 친구로 그리고 '형제' 처럼 지냄. 지그문트는 플라이스를 동생 율리우스와 동일시함.
1858	(12월) 지그문트 여동생인 안나 출생.
1859	(1월) 지그문트의 유모가 절도죄로 감옥에 수감됨. 아말리아가 안나 출산 후 산후 조리 중 지그문트의 이복형인 필립이 신고함.
1859	(8월) 지그문트의 이복형제인 에마누엘과 필립이 가족과 함께 이민 감. 조카 존과 지그문트는 매우 친밀한 관계였음.
1859	(8월) 프로이트 가족이 경제적 회복을 위해 프라이베르크에서 라이프치히로 이사함.

어떻게 영향을 주었는지를 알아볼 수 있다. 이 외에도 가계도에는 이 시기에 형성되는 전형적인 부모-자녀 삼각관계도 나타난다.

지그문트는 모라비아의 프라이베르크에서 1856년에 태어났다. 1859년 프로이트 가족의 가족연대기와 [가계도 8-2]에서 볼 수 있는 바와 같이, 그가 태어난 시기 즈음에 그의 가족에서는 많은 일이 일어났다. 아버지가 그를 특별하게 여겼던 것은 지그문트가 태어나기 3개월 전에 야코프의 아버지가 사망함으로써 더욱 강화되었다. 지그문트의 이름은 랍비였던 할아버지 슐로모의 이름을 따서 지어졌다. 이 점에서 지그문트는 아마도 할아버지의 뒤를 이어받아 랍비와 비슷한 교사나 지적 지도자의 길을 가도록 양육되었을 것으로 짐작된다. 그의 타고난 영특함도 분명히 지그문트의 가족 내 역할에 영향을 주었을 것이다. 그가 가족 내에서 특별한 역할을 할 수밖에 없었던 또 하나의 요인은 그가 가족의 소망이 최고조에

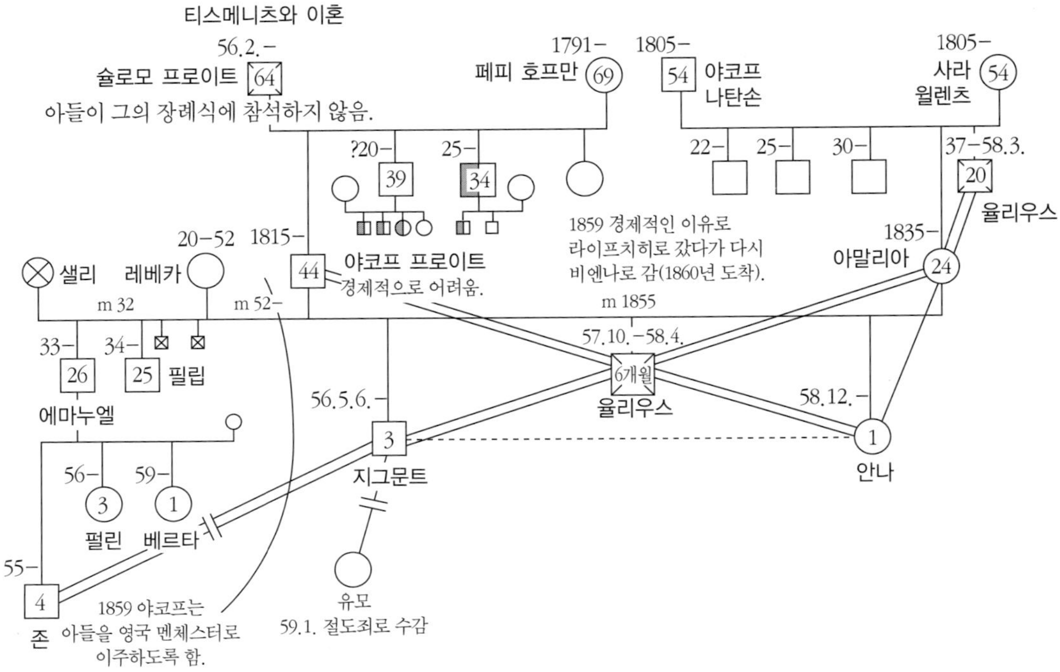

[가계도 8-2] 프로이트 가족(1859)

달했던 시기에 태어났다는 점이다. 그가 태어났던 시기는 가족이 두 번이나 이사를 해야 했고 야코프가 사업에 실패해서 다시는 재기할 수 없을 것 같은 고통스러운 때였기 때문이다. 지그문트의 여동생들, 특히 안나와 돌피는 가족 내에 이런 부정적인 일들이 한꺼번에 일어나던 때에 태어났다.

또 하나 중요한 사실은 지그문트의 동생 율리우스가 지그문트가 17개월이었을 때 출생하여 6개월밖에 살지 못하고 죽었다는 점이다. 한 아이가 죽으면 부모는 살아 있는 자식들에 대한 감정이 더욱 강렬해진다. 죽은 아이와 나이가 가장 가깝고 특히 성별이 같은 아이는 죽은 자녀의 대체물이 된다. 그래서 지그문트는 둘째 아들의 죽음 이후에 어머니에게 더욱 중요한 자식이 되었을 것이다. 바로 한 달 전에 아말리아의 남동생인 율리우스(그의 이름도 율리우스다.)가 스무 살의 나이에 폐결핵으로 죽었다는 사실도 그러한 점을 더욱 강화시키는 요인이 되었다(Krüll,

1986). 분명히 아말리아는 6개월 전에 남동생의 이름을 따서 아들의 이름을 지었을 때 남동생이 죽어가고 있다는 사실을 알았을 것이다. 유대인의 관습상 아이의 이름을 지을 때 죽은 사람을 기념해서 이름을 따라 짓는데 아말리아가 관습에 반하여 아이의 이름을 지은 것은 특히 흥미로운 일이다. 그러면 지그문트에게는 문화적 관습을 따랐는데 율리우스에게는 정서적 필요성이 문화적 관습보다 더 강력했다는 뜻인가? 훗날 지그문트는 남동생을 낳았을 때 "동생이 잘못되기를 바라는 나쁜 마음이 있었고 유아적인 질투심을 느꼈기 때문에 동생의 죽음으로 인해 나는 죄책감을 갖게 되었다."(Krüll, 1986, p. 135에서 인용)라고 썼다.

맏아이는 때로 다음에 태어난 동생에게 좋은 감정을 갖지 않으며, 동생의 출생에 위협을 느끼거나 동생이 자기를 대신할 것이라고 느낀다. 아주 어린 시절부터 지그문트는 여동생 안나를 방해꾼으로 보았을 것이고, 여동생은 지그문트가 가족에서 차지하고 있는 특별한 위치와 특권에 분개했을 것이다. 안나는 두 번째 아이인 율리우스가 죽기 전 달에 임신한 아이였다. 아말리아로서는 자신의 아기가 죽는 비극을 경험하는 순간에 임신한 사실을 알았을 때 심정이 매우 복잡하고 힘들었을 것이다. 지그문트의 동생에 대한 경쟁심은 아들을 잃은 후 처음으로 태어난 아이에 대한 가족의 양가감정과 뒤섞여 복잡했을 것이다. 이런 경쟁심은 성인기에 이르도록 좀처럼 없어지지 않았던 것 같다. 지그문트와 여동생 안나의 관계는 한 번도 친밀하게 되지 않았으며 어른이 되어서도 둘 사이에는 거리감이 있었던 것 같다.

장남 지그문트가 생긴 이 새로운 가족이 첫 단계에서 맞이한 일은 결국 가족의 일부가 이주함으로써 분리되는 것으로 결론이 났다. 우리는 프로이트 가족이 프라이베르크를 왜 떠났는지 모른다. 지그문트가 3세였을 때 그의 이복형들의 가족은 영국으로 이주했으며, 야코프는 라이프치히로 이사한 후 다시 비엔나로 옮겼다. 아마도 경제적 상황이 계속 나빠졌기 때문이었던 것 같지만 그들이 화폐 위조와 연루되어 도주해야 할 필요가 있었을 수도 있다(Swales, 1986). 아말리아에게 있어 에마누엘과 필립은 야코프의 전 부인을 항상 떠올리게 하는 존재였을 수도 있다. 그리고 앞서 언급한 바와 같이 아말리아와 필립 간의 혼외관계의 가능성이 있었을 것으로 본다면 야코프는 그들을 멀리 떨어져 있도록 해야 했을 것이다. 어떤 경우였다 하더라도 야콥과 아말리아는 에마누엘 부부와 유모를 공동으로 썼으며 두 가정의 아이들은 서로 사이좋게 잘 어울려서 놀았다. 그래서 그들 가족의 이별은 심각한 상실이 되었다.

가계도상 또 다른 출생순위에 관련된 복잡한 요인을 살펴볼 수 있다. 지그문트는 3세가 될 때까지 자기보다 한 살 정도 나이가 더 많은 조카 존의 동생 위치에서 함께 자랐다. 지그문트는 에른스트 존스에게 이런 관계의 중요성에 대하여 언급한 적이 있다(1953).

> 세 살 때까지 우리는 서로 떨어질 수 없을 만큼 친하게 지냈다. 우리는 서로 사랑했고 싸우기도 했고…… 이런 어린 시절의 관계 경험은 평생 동안 내 나이 또래의 사람들과 맺는 대인관계에 대한 나의 감정에 결정적인 영향을 끼쳤다(p. 8).

지그문트의 또 다른 상실은 아말리아가 안나를 낳고 해산하는 동안 물건을 훔쳤다는 이유로 유모가 해고당한 것이었다. 이렇게 지그문트는 출생 이후 3년이라

1860년대와 1870년대의 프로이트 가족연대기

1860	프로이트 가족이 비엔나에 정착.
1860	(3월) 지그문트 여동생인 로사 출생.
1861	(3월) 지그문트 여동생인 마리(미치) 출생.
1862	(7월) 지그문트 여동생인 돌피 출생.
1863	(5월) 지그문트 여동생인 폴라 출생.
1865	(7월 20일) 삼촌인 요제프 프로이트가 화폐 위조죄로 체포됨.
1865	(10월) 외할아버지 야코프 나탄손 사망.
1866	(2월) 요제프 프로이트 삼촌 10년형 선고받고 수감.
1866	(4월) 지그문트의 남동생 알렉산더 출생(지그문트가 이름 지음).
1868	지그문트 고등학교 입학.
1873	지그문트 의과대학교 입학.

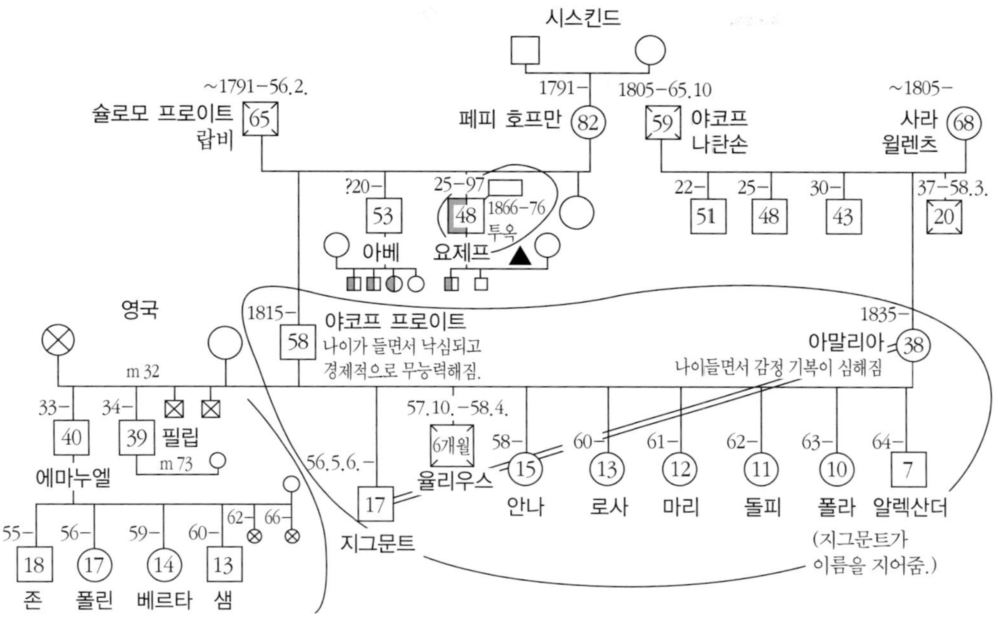

[가계도 8-3] 프로이트 가족(1873)

는 기간 동안 남동생의 죽음, 유모의 해고, 이복형제와 그 자녀들의 이주, 여동생의 출생(엄마를 빼앗가 가버린), 그리고 마침내 온 가족의 이주 등 많은 상실을 경험했다. 프로이트 가족은 그 후 경제적으로 다시는 안정된 생활을 할 수 없었다.

지그문트는 8명의 자녀 중 첫째였다. [가계도 8-3]은 지그문트가 고등학교를 마치고 의과대학에 진학했을 무렵을 나타낸다.

새로운 가족으로의 전환을 가장 확실하게 나타내는 것은 결혼이 아닌 첫아이의 출생이다. 새로 결혼한 부부에게 자녀가 출생하면 부부는 원가족과의 관계보다 현재 가족을 더 중요하게 인식하게 된다. 지그문트가 어머니의 마음에 특별한 위치를 차지한 것은 분명한 것 같다. 그는 어머니와 아주 가까운 관계였고, 어머니는 그를 언제나 '금쪽같은 아이'라고 불렀다. 모든 면에서 그는 가족의 중심적 위치에 있었다. 잘 알려진 이야기가 하나 있다. 여동생 안나가 피아노를 치고 싶다고 해서 어머니가 피아노를 사 주었는데 지그문트가 피아노 치는 소리가 거슬린다고 불평하자 어머니는 바로 피아노를 치워 버렸고, 그 후로 여동생은 더 이상

피아노 레슨을 받지 못했다. 지그문트가 특별한 위치였음을 알게 해 주는 또 하나의 사건은 지그문트가 열 살 때 남동생이 태어났는데 동생의 이름을 짓는 특권이 열 살인 그에게 주어졌다는 점이다(지그문트는 결혼해서 자기의 여섯 아이 이름을 직접 지어 주었는데, 아들은 그의 남성 영웅들의 이름을 따서 짓고 딸은 여자 친척들의 이름을 따서 지었다.). 아들을 선호했던 지그문트 가족의 문화는 지그문트의 가족 내 위치를 더욱 강화시켜 주는 역할을 했다.

자녀 청소년기 가족

자녀들이 청소년기가 되면 부모에게 더 이상 예전처럼 전적으로 의존하지 않게 되므로 세대 간에 관계상의 질적 변화가 요구된다. 이 시기에는 일반적으로 두 가지 패턴의 삼각관계가 발달된다. 첫째는 청소년 자녀와 또래 친구 그리고 부모와의 삼각관계이고, 두 번째는 청소년 자녀와 부모 그리고 조부모 간의 삼각관계다. 청소년 자녀가 자아정체성을 추구하고 성적 잠재성과 창의성을 나타내기 시작하면서, 부모는 일과 관계에 대한 자신들의 한계를 인식하는 데 어려움을 갖게 된다. 그래서 세대 간 갈등의 강도가 높아질 수 있다.

프로이트가 청소년기였을 때의 가족사에 대한 정보는 극히 미미하지만, 가계도를 보면 당시 일곱 자녀들이 모두 한 집에 살고 있었기 때문에 자녀양육 부담이 매우 높았을 것으로 짐작된다. 또 야콥과 아말리아의 연령 차이가 많은 것도 이 생활주기 단계에서 그러한 부담을 더 크게 느끼게 했을지도 모른다. 50대 후반의 야코프는 자신의 나이로 인한 한계를 더욱 실감하였을 수 있다. 후일 지그문트는 아버지가 아들인 에마누엘과 필립의 일로 인해서 실망하고 화를 잘 냈다고 회고했다. 반대로 스무 살이나 어린 아말리아는 여전히 에너지가 많고 젊고 매력적이었다. 연령이나 에너지 수준의 차이, 외모의 차이로 인해 야코프와 아말리아 사이에 어떤 긴장이나 갈등이 있었는지는 잘 모른다. 그러나 지그문트에 대한 아말리아의 헌신과 대가족을 이끌어 가야 할 많은 책임을 생각해 볼 때 아말리아가 남편보다 자녀들에게 에너지를 더 많이 쏟았을 것으로 추측된다. 지그문트는 후일 자신은 아버지로부터 충족되지 못한 정서적 욕구를 대신해 주어야 할 것처럼 느끼면서 살았다고 말했다. 또한 이 기간 동안 야코프의 남동생 요제프가 위조죄로 감옥살이를 하면서 아버지의 머리가 하얗게 되었다고 했다. 야콥이 동생의 위조죄에 연루되었을 수도 있고 적어도 그의 두 아들 에마누엘과 필립이 연루되었을 수도 있다. 그렇게 보면 두 아들의 서두른 영국 이주의 배경이 부분적으로 설명된다 (Krüll, 1986; Swales, 1986).

청소년기가 되면 자녀들은 집을 벗어나 학교와 친구에게 관심을 갖기 시작한다. 지그문트는 학교 성적이 아주 좋아서 8년간의 고등학교 생활 중 6년 동안 1등을 했다. 그러나 친구관계에서는 그리 성공적이지 못하였다. 그는 수줍음이 많았고 사교적인 활동보다는 항상 진지하게 공부에 더 전념했다. 때로 가계도상에 자녀의 삶에 중요한 또래 친구를 표시해서 가족의 경계선이 가족 외부의 사람들에게까지 확장되어 개방되었는지를 표시할 수 있다. 지그문트가 친했던 학교 친구는 에드워드 실버스타인 단 한 명뿐이었다. 지그문트는 에드워드와 서신 왕래도 하면서 '비밀모임'이라는 것을 만들었다. 16세에 그는 친구의 여동생인 기셀라 플루스에게 홀딱 반했지만 자기 감정을 털어놓지는 않았다. 아마도 그는 학교에서 우등생이 되고 인생에서 성공하는 것을 가족에 대한 그의 임무로 생각했을 것이다. 그렇게 하는 것이 그에게는 가족 내 특별한 위치에 있는 사람으로서 마땅한 보답을 하는 것이고, 의붓형들의 문제로 인한 가족의 좌절을 보상하는 것이며, 비엔나로 이주한 이후로 전혀 가족부양의 책임을 다하지 못했던 아버지 야코프를 대신해서 가족을 책임지는 것이기 때문이다.

중년기 가족: 자녀진수기

자녀진수기는 자녀가 집을 떠나 독립하는 시기를 말한다. 과거에는 자녀들이 결혼을 할 때까지 집을 떠나지 않았기 때문에 대개 결혼을 함으로써 시작되었다. 그러나 지금은 대부분이 성인기를 독신으로 보내는 시기가 점점 길어지고 있다. 이 단계는 현대 가족생활주기의 기초가 되면서 그다음의 모든 단계에 중요하다.

이 단계가 짧거나 길면 그다음의 모든 생활주기 전환에 영향을 미칠 수 있다. 가계도를 보면 진수기의 기간뿐 아니라 진수기가 지체되는 이유도 알 수 있다.

프로이트 가족의 진수기에 대한 정보는 아주 부족하다. 앞서 말했듯이, 지그문트는 가족에서 최고의 위치에 있었는데, 이것은 때로 자녀의 독립을 어렵게 할 수 있다. 그래서 젊은 자녀는 이렇게 특별한 사랑을 받는 위치를 떠나는 것을 주저하게 되고, 부모는 특별한 아이를 떠나 보내고 싶어 하지 않게 되기도 한다. 사실 지그문트도 30세가 되어 마르타 베르나이스와 결혼하여 둘만의 아파트로 이사하기까지 부모와 함께 살았다. 딸인 돌피는 결혼하지 않고 집에 남아 부모를 보살피는 역할을 했고, 다음 세대에 지그문트의 딸 안나도 이와 똑같은 역할을 했다.

생활주기의 관점에서 볼 때 한 가지 흥미로운 사실은 지그문트가 의과대학을 끝마치기까지 걸린 시간이다. 그는 학위를 받기까지 8년이 걸렸고, 그 후 몇 년 동안 개업을 하지 않았다. 이것은 당시로는 보기 드문 일이었다. 더구나 경제적으로 자립능력이 없는 학생에게는 더욱 있을 수 없는 일이었다. 아마도 그는 학위를 마치고 집을 떠나 독립하기를 주저했을 수 있다. 또는 어머니가 그를 필요로 한다고 느꼈을지도 모른다. 어떤 경우가 되었든 그는 마르타와 결혼할 마음이 생기기 전까지는 독립해야 한다는 생각을 심각하게 하지 않았다. 가계도를 보면 다음 단계로의 이행을 지체시키는 요인을 탐색할 수 있다. 프로이트와 같이 학생으로 보낸 기간과 약혼기간이 긴 것이 탐색되면 생활주기의 다음 단계로 옮겨가는 데 있어 장애요인을 탐색해 볼 필요가 있다. 그들의 경우는 경제적인 요인과 정서적인 요인이 작용한 것으로 보인다.

결혼, 그다음 세대의 시작

프로이트 가족의 생활주기를 몇 단계 거치고 나면 지그문트 프로이트와 마르타 베르나이스의 결혼으로 이어지는 다음 단계에 들어서게 된다. 결혼 당시의 가계도는 두 가족의 전통이 하나의 새로운 가족으로 합류할 때 생기는 어려움이나 문제점들에 대한 중요한 실마리를 제공해 준다.

마르타 베르나이스 가족연대기와 [가계도 8-4]를 살펴보면 프로이트의 가족과 너무도 흡사한 점들을 발견할 수 있다. 베르나이스 가족도 프로이트 가족과 마찬가지로 첫아들 엘리의 바로 아래 자녀가 어려서 죽었다. 그리고 자녀들이 10대가 되기 전인 1867년에 아버지가 사기죄로 구속되어 잠깐 수감된 것이 가족의 수치가 되었는데, 이는 지그문트의 삼촌과 아버지 및 이복형제들이 위조죄에 연루되었던 것과 비슷한 경험이다. 프로이트의 외조부 세대에서 아말리아가 18세였을 때 외할아버지가 사업에 실패하여 가족이 패가망신을 당했던 것처럼, 마르타도 18세였을 때 아버지가 가족에게 큰 빚을 남긴 채 심장병으로 사망하였다. 프로이트 가족에서 야코프가 말년에 계속 실직 상태였던 것처럼, 베르나이스 가족도 어떻게 생계를 유지했는지가 분명하지 않다. 생계를 떠맡은 마르타의 오빠 엘리는 결국 은행대출과 친구들의 빚을 갚을 수 없어 비엔나로 도피했다. 마르타의 어머니는 딸들과 함께 함부르크로 이사했는데, 이 때문에 지그문트는 불같이 화를 냈다. 그것은 지그문트가 1882년에 마르타를 만난 지 두 달 만에 비밀리에 약혼을 했기 때문이었다. 두 사람의 배경과 경험이 비슷하였다는 점 때문에 어느 부분은 서로 매력을 느꼈을 수도 있었을 것이라고 생각해 볼 수 있다.

1880년대의 프로이트와 베르나이스 가족연대기

1855 베르나이스의 첫아들 아이작 출생.

1856 베르나이스의 두 번째 아이 유산.

1856 베르나이스의 둘째 아들 출생.

1857 베르나이스의 딸 출생.

1859 베르나이스의 둘째 아들 3세 때 사망.

1859 베르나이스 딸 2세 때 사망.

1860 베르나이스의 아들 엘리 출생(나중에 프로이트의 동생 안나와 결혼).

1861 베르나이스의 딸 마르타 출생(나중에 프로이트와 결혼).

1865 베르나이스의 막내딸 미나 출생(나중에 프로이트와 혼외관계).

1867 아버지 베르만 베르나이스가 파산하고 사기죄로 체포됨.

1868 베르만이 수감됨.

1872 문제가 많았던 마르타의 큰오빠 아이작 사망.

1873 지그문트, 의대 입학.

1879 베르만이 큰 빚을 남긴 채 사망.

1881 지그문트, 8년 만에 의대 졸업.

1882 (4월) 지그문트가 마르타 베르나이스를 만남.

1882 (4월) 지그문트가 마르타를 만난 직후 자신의 논문과 편지들을 모두 없애 버림.

1882 엘리가 안나를 만남.

1882 (6월 17일) 지그문트와 마르타 베르나이스 비밀리에 약혼함.

1883 마르타의 여동생 미나가 지그문트의 친한 친구인 이그나스 숀버그와 약혼함. 이그나스는 폐결핵 환자였음.

1883 (6월) 마르타와 미나는 그들의 어머니와 함께 함부르크로 이사함.
이 일은 엘리가 아마도 빚 때문에 망신스러워서 계획했을 것으로 보임.
지그문트는 멀리 가버린 것에 매우 화가 났고 그 때문에 엘리를 비난함.

1883 (9월) 지그문트의 친구인 나탄 웨이스가 자살함.

1883 (10월) 마르타의 오빠 엘리 베르나이스와 지그문트의 여동생 안나가 결혼함.
지그문트는 결혼식에 참석하지 않았으며, 마르타에게 보낸 편지에서조차 결혼식에 대해 언급하지 않았음.

1884 (7월 18일) 지그문트가 코카인에 빠지게 되고 다른 사람들에게도 권함.
코카인에 대한 신문을 발간함. 프로이트는 1890년대 중반까지도 코카인을 계속 사용하면서 다른 사람들에게도 권했다는 증거가 있음(Ibister, 1985).

1884 야코프 프로이트가 사업상 문제를 겪음.

1885 (4월) 지그문트가 또다시 자기 논문을 모두 없앰.

1885 (6월) 숀버그가 미나와 파혼.

1886 숀버그가 폐결핵으로 사망.

1886 (9월 14일) 지그문트와 마르타가 마르타 이모의 유산으로 결혼함.

1887 (10월) 지그문트와 마르타의 첫아이인 마틸드 출생(아이의 이름을 동료 의사 브로이어의 아내 이름을 따서 지음).

1887 지그문트가 빌헬름 플라이스를 만남.
1904년 표절 혐의로 관계가 깨질 때까지 가장 절친한 친구였음.

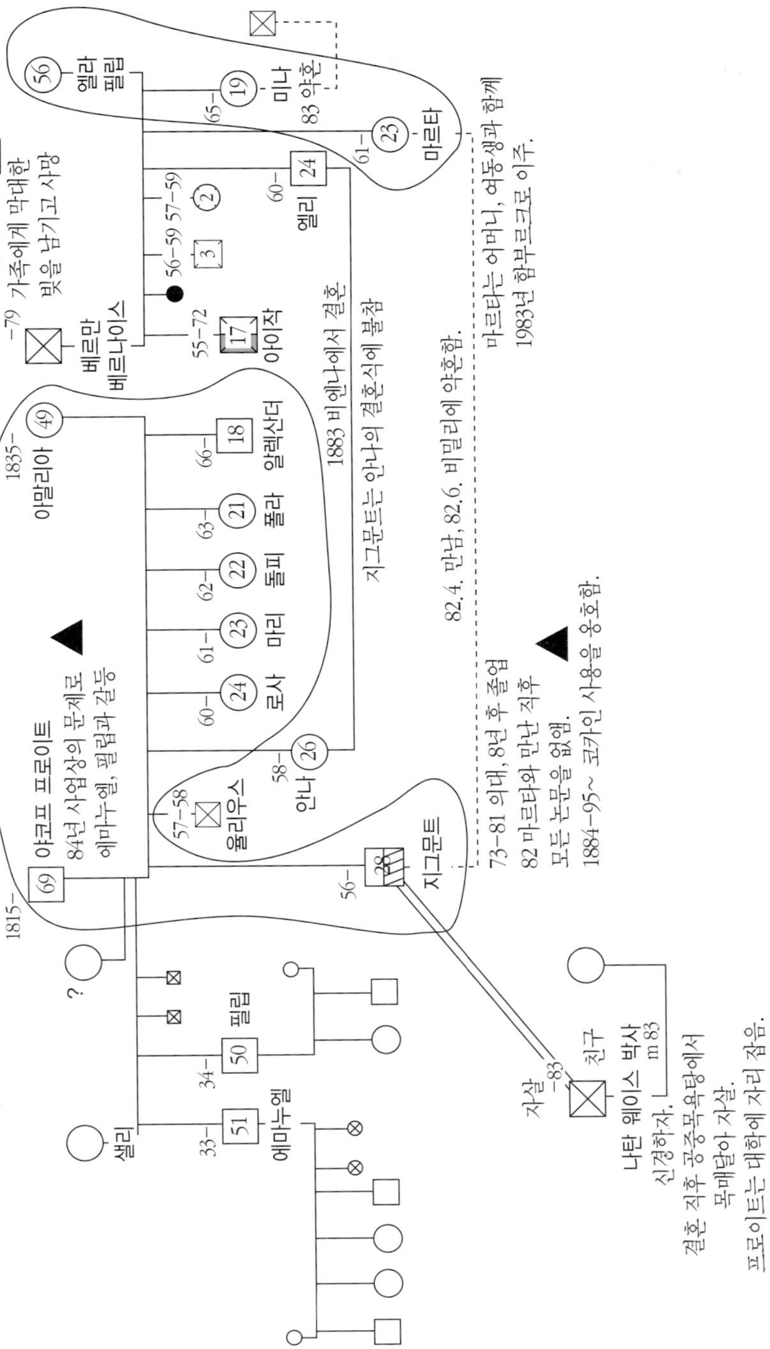

[가계도 8-4] 프로이트 가족(1884)

가계도를 보면 지그문트 세대에서 지그문트 가족과 베르나이스 가족 간에 보기 드물게 이중관계가 형성되어 있는 것을 볼 수 있다. 이렇게 보기 드문 관계에서는 두 집안의 관계가 매우 복잡할 수 있으며 삼각관계가 있었을 가능성을 예측할 수 있다. 각 집안의 맏아들은 상대 집안의 맏딸과 결혼을 했다. 앞서 언급하였듯이, 지그문트와 여동생 안나는 사이가 좋지 않았다. 아마도 지그문트는 맏아이와 여동생 사이에 보통 있을 수 있는 남매간 경쟁관계에 있었을 수 있다. 또는 안나의 출생과 많은 상실(즉, 남동생인 율리우스의 출생과 죽음, 가족의 경제적 문제와 어찌할 수 없는 이주, 유모의 상실, 삼촌과 사촌들의 이민)을 연관 지어 생각했을지도 모른다. 어떤 이유에서든 지그문트는 엘리가 자신과는 달리 안나와 결혼할 수 있는 돈이 있다는 사실에 화가 났던 것으로 보인다. 실제로 엘리는 가족으로부터 물려받은 마르타의 유산에 대한 권한이 있었고, 그 때문에 지그문트와 마르타의 결혼이 일찍 이루어지지 못한 부분도 있었다(Young-Bruhl, 1988). 아마도 이러한 이유들 때문에 지그문트는 그들의 결혼식에도 참석하지 않았다. 마르타에게 거의 매일 쓰다시피 한 편지에서 가족에게 훨씬 덜 중요한 사촌의 결혼식 참석 여부에 대해서는 의논하면서도 엘리와 안나의 결혼식에 대해서는 언급조차 하지 않았다.

여동생과 그녀의 남편에 대한 지그문트의 부정적인 감정은 엘리 부부가 뉴욕으로 이사를 간 뒤에 교육을 덜 받은 엘리는 부자가 된 데 반해 많은 교육을 받은 지그문트 자신은 가족을 먹여 살리기 위해 애를 써야 했을 때 더욱 악화되었던 것 같다. 엘리와 안나의 가족은 돈은 있었지만 물질적이었던 반면, 프로이트와 그의 가족은 돈에 대해서는 거리를 두면서 지적 우월감이 높았다. 이러한 두 가족 간의 극명한 가치관의 차이는 삼각관계를 형성하게 했다.

이 생활주기에서 나타나는 대표적인 삼각관계는 한쪽 가족의 배우자 한 사람과 상대방 가족과 형성되는 삼각관계다. 결혼하기 전에도 지그문트와 마르타는 각자의 가족에 여러 가지 어려움이 있었다. 둘 다 경제적 어려움이 있는 집안 출신이었고 경제적인 문제로 5년 넘게 결혼이 지체되었다. 지그문트는 둘이 약혼한 해에 마르타가 어머니와 동생들과 함께 함부르크로 이사한 데 대해 엘리를 비난했는데, 이 때문에 두 사람은 상당히 오랫동안 서로 만날 수가 없었다. 프로이트는 마르타의 친정과의 관계에 위협을 느꼈고, 마르타에게 항상 비난하고 소유적이 되었으며 오빠 엘리에 대한 그녀의 충성심을 드러내 놓고 질투했다. 지그문트는 그녀에게 다음과 같은 편지를 보냈다.

> 당신은 지금쯤 떠나기로 한 날을 생각하고 있을 거요. 지금부터 2주밖에 남지 않았소. 정말 얼마 남지 않은 거요. 내가 이기적이겠지만 당신 어머니와 엘리-프리츠에 대하여 반감이 생기오. 당신은 가족에 대한 충성심 때문에 아무리 말해도 듣고 싶어 하지 않겠지만 나는 모든 사람이 듣도록, 그리고 당신이 내 마음을 이해할 때까지 계속 소리치겠소. 지금부터 당신은 친정 손님에 지나지 않소. 내가 저당을 잡아 놓고 부자가 되면 곧 되찾을 보석처럼 말이오. 옛적부터 여자가 아버지와 어머니를 떠나 자기가 선택한 남자를 따르기로 되어 있지 않소?(마르타에게 보낸 편지, 1882년 8월 14일; Freud, 1960, p. 23).

지그문트는 마르타가 오빠와의 관계를 포기하지 않으면 파혼하겠다고 협박까지 했다. 그는 그녀에게 다음과 같은 편지를 썼다.

> 당신은 이것이냐 저것이냐 중에 선택을 할 수 있을 뿐이오. 당신이 가족을 포기할 만큼 나를 좋아할 수 없다면, 당신은 나를 잃고 인생을 망치고 당신 가족으로부터도 많은 것을 얻지 못할 거요(Appingnanesi & Forrester, 1992, p. 31에서 인용).

그런데도 결혼생활 내내 마르타는 친정 식구들과 지속적인 관계를 가졌고, 남편이 종교를 거부함에도 불구하고 정통 유대교도로서 충실한 신앙생활을 했다. 결혼생활이 몇 년 지난 후, 그녀는 지그문트가 결혼하고 첫 번째 금요일부터 유대교의 안식일에 촛불을 켜지 못하게 했던 것이 그녀의 인생에서 가장 속상한 경험 중 하나였다고 말했다(Appingnanesi & Forrester, 1992). 지그문트가 사망하자 당시 68세이던 마르타는 다시 매주 금요일 밤에 촛불을 켜기 시작했다.

1896년경의 프로이트 가족연대기

1887 첫딸 마틸드 출생(동료 의사 브로이어의 아내 이름을 따서 지음).
1889 첫아들 마르틴 출생. 지그문트는 자신의 멘토 샤르코의 이름을 따서 지음.
1891 (2월) 세 번째 아이 올리버 출생(프로이트의 영웅인 올리버 크롬웰의 이름을 따서 지음).
1892 프로이트와 브로이어가 서로 소원해지기 시작함.
1892 (4월) 네 번째 아이 에른스트 출생(프로이트의 선생인 에른스트 브루케의 이름을 따서 지음).
1892 마르타의 오빠인 엘리 베르나이스가 미국으로 감.
1893 엘리가 가족을 미국으로 데리고 가기 위해 돌아옴(두 딸인 루시와 헬라는 1년 동안 프로이트 가족과 함께 삶). 지그문트가 엘리에게 여행비로 돈을 줌.
1893 다섯 번째 아이 소피 출생. 그의 스승 하머슐라그의 조카 이름을 따서 지음.
1894 지그문트가 심장병 발생. 그러나 아내에게 죽음이 두렵다는 말을 하지 않음.
금연하려고 시도함. 우울증과 피로 및 경제적 문제로 고통 받음.
1895 (2월) '에마 엑스타인 에피소드' 저술 시작. 프로이트가 친구인 플라이스에게 자기 환자의 수술을 하게 했는데, 플라이스가 실수하여 수술 부위에 거즈를 남겨 두어 환자가 거의 죽을 뻔함.
1895 (3월) 안나를 임신함.
1895 여전히 심장병 증상과 우울로 인해 프로이트는 코카인으로 스스로를 치료함.
1년 동안 끊었던 담배를 피우기 시작함. 플라이스가 프로이트의 코 수술을 함.
1895 지그문트는 자기분석을 시작하기로 함.
1895 지그문트가 『꿈의 해석』 저술을 시작함.
1895 (12월) 여섯 번째이자 마지막 아이인 안나 출생. 프로이트의 스승인 사무엘 해머슐라그의 딸(프로이트의 환자이며 젊은 미망인)의 이름을 따서 지음.
지그문트는 자신의 개업 연장을 안나의 출생과 연관 지음.
1895 (12월) 마르타의 여동생 미나가 임시로 잠깐씩 와서 지내다가 프로이트 가족과 함께 살려고 들어옴.
1896 친구이자 동료였던 브로이어에 대한 극도의 부정적 감정이 폭발함.
1896 (4월) 지그문트가 편두통, 코의 분비물, 죽음에 대한 공포에 관한 글을 씀.
1896 (5월) 지그문트가 유인이론(seduction theory)에 대해 가장 명쾌한 설명을 함.

즉, 여성의 불안은 아동기의 성적 학대를 바탕으로 한다는 믿음을 설명함. 그의 논문 발표는 청중들을 화나게 만듦.

1896 의료계로부터 고립됨.

1896 지그문트는 에마 에크슈타인의 출혈을 '히스테리성'이라고 부름.

1896 (10월 23일) 야코프 프로이트가 한 달 남짓 아프다가 사망(당시 지그문트는 40세). 마르타가 10년 만에 처음으로 어머니를 방문하러 여행 중이었기 때문에 미나만이 아버지의 죽음을 겪은 지그문트를 위로함.

1897 (1월) 지그문트가 대학교에서 승진함.

1897 (2월) 프로이트가 마침내 교수 직위를 받을 것이라는 통고를 받음.

1897 (3월) 지그문트의 불명예스러운 삼촌 요제프 사망.

1897 (3월) 딸 마틸드가 심각한 디프테리아에 걸림.

1897 (5월) 지그문트 승진. 불안을 느낌.

1897 (5월) 지그문트가 딸 마틸드와 근친상간의 꿈을 꿈.

1897 (7월) 프로이트가 미나와 17번의 휴가여행 중 첫 번째 여행을 떠남.

1897 (9월) 지그문트가 유인이론에 대한 믿음을 포기함(그는 아버지가 여동생과 부적절한 관계를 가졌다고 생각했음.). 낙담한 그는 자기분석의 필요를 느낌. '오이디푸스 이론'의 윤곽을 잡기 시작함.

1897 (10월 15일) 지그문트가 오이디푸스 콤플렉스에 대한 아이디어를 발전시킴.

1898 44세의 지그문트와 33세의 미나가 2주간의 여행을 함께 다니면서 부부 행세함.

1899 지그문트가 『꿈의 해석』을 씀.

1900 지그문트의 자기분석 종료.

1900 플라이스와의 여행은 싸움으로 끝나고 결국 영원히 단절됨.

1900 미나와의 이탈리아 여행. 미나가 지그문트의 아이를 임신해서 병원에서 낙태했을까? 그들은 1900년 9월 12일부터 1901년 2월 중순까지 함께 많은 곳을 여행함(Swales, 1982). 존스는 그녀가 폐결핵 치료를 받았다고 말했으나, 그 병을 앓았다는 언급은 다른 곳에서는 전혀 없음.

부모기, 다음 세대의 출현

어린 자녀가 있는 가족의 초기에는 항상 사건이 많고, 부부의 에너지가 아이들과 일에 소비되므로 결혼생활에 종종 어려움이 발생한다. 가족연대기와 [가계도 8-5]에서 볼 수 있듯이, 지그문트와 마르타는 결혼해서 8년 동안 여섯 아이를 두었다. 마르타가 사실상 자녀양육의 모든 책임을 떠맡는 동안, 지그문트는 의사로서의 일에 몹시 바빴고 창의적인 지적 작업을 시작하였다. 이 단계의 가족을 볼 때, 임상가는 자녀양육에 대한 압박감과 결혼생활의 규범적 요구에서 비롯된 긴장에 주목해야 한다.

막내 아이의 출생은 가족생활에서 중요한 전환점이 될 수 있다. 마르타는 여섯 아이를 키우는 데 전념했던 것 같다. 반면 자녀양육에 별로 관여하지 않았던 지그문트는 처제인 미나와 더 가까웠던 것 같다. 그는 1894년 친구 플라이스에게 보낸 편지에서 미나를 "다른 면에서 나의 가장 절친한 친구" (Masson, 1985, p. 73)라고 밝혔다. 미나는 그가 가장 사랑했던 막내인 안나가 태어난 달과 같은 달에 프로이트의 집으로 이사를 했다. 그녀는 14년 전에 지그문트의 가장 친한 친구인 이그나스 숀버그와 약혼했지만 폐결핵으로 그가 죽기 조금 전에 파혼했다. 젊은 시절에 지그문트는 자신과 미나가 둘 다 자기만의 길을 고집하는 거칠고 열정적인 면에서 비슷한 사람들이고, 반면에 이그나스와 마르타는 천성이 착하고 순응적인 사람들이라고 생각했다(Jones, 1955).

미나는 끝까지 결혼을 하지 않았다. 가계도에 다른 친척이 구성원으로 나타나면 부부와 자녀를 포함하는 삼각관계의 가능성에 대해 생각해 보아야 한다. 모든 면에서 지그문트와 미나는 지나치게 가까운 관계였다. 프로이트 집에서 미나의 침실은 부부 침실을 통해서만 들어갈 수 있었다(Eissler, 1978). 미나와 지그문트는 둘이서 많은 휴가를 보냈다(Swales, 1986). 표면적으로는 두 사람 모두 여행을 좋아했고 서로 통하는 점이 많았던 반면, 마르타는 그런 면에서 취미가 달랐고 적어도 지그문트의 방식을 좋아하지 않았다(Freeman & Strean, 1981). 미나는 지그문트의 아이디어에 관한 토론에 마르타보다 관심이 훨씬 더 많았다. 사실 마르

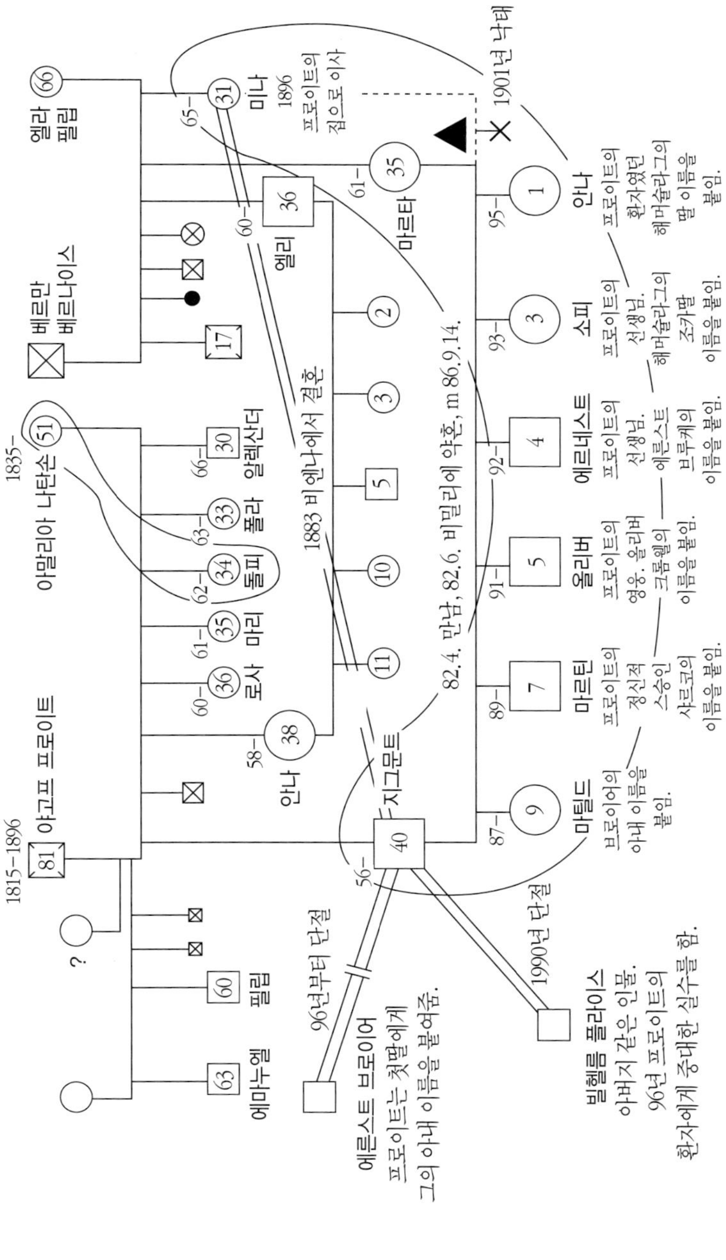

1895년 (1월) 플라이스가 코를 수술함.
1895년 (2월) 플라이스는 프로이트의 환자 에마 엑스타인을 거의 죽일 뻔함.
1895년 우울과 편두통.
1895년 (5월) 프로이트는 자기분석을 시작하기로 함.
1895년 『꿈의 해석』을 집필.
1897년 (10월) 오이디푸스 개념을 발표함.

[가계도 8-5] 프로이트 가족(1896)

타는 정신분석에 대해 이렇게 말했다. "나는 남편이 얼마나 진지하게 치료에 임하는지 몰랐다면 정신분석을 포르노의 한 형태라고 생각했을 것이다."(Appingnanesi & Forrester, 1992, p. 45) 지그문트와 미나는 부부처럼 함께 휴가를 보내기 시작했으며(Blumenthal, 2006; Swales, 1986), 미나는 나중에 융에게 자기와 지그문트가 부적절한 관계라고 말했다고 한다. 그녀가 임신을 했고 1901년 낙태를 했다는 증거가 있다(Swales, 1986). 남편과 여동생의 관계에 대해 마르타가 어떤 태도를 취했는지에 대해서는 아무것도 알 수가 없다. 흥미롭게도 지그문트의 장남에게도 이러한 패턴이 되풀이되어서 그 역시 처제와 부적절한 관계를 가졌다(Freud, 1988).

지그문트도 중년기의 아버지의 생활 변화를 되풀이하여 이 단계의 생활주기에서 인생의 중요한 위기를 경험했다. 프로이트의 경우 그 위기로 말미암아 그의 가장 위대한 지적인 발견과 이론의 정립이 이루어졌고 유인이론을 폐기하게 되었다(Masson, 1992). 또한 이 기간 동안 지그문트는 우울 증상을 보였고 '유사' 심장병 문제가 있었다. 그는 무력감, 편두통, 여러 가지 정신신체 증상과 정서적 문제로 불평이 많았다. 그는 분명 스트레스를 많이 받은 것으로 보인다. 그가 유명한 자기분석을 시작하고 새로운 이론체계를 구축하여 그의 가장 유명한 책인 『꿈의 해석』을 출판했던 것도 이 시기였다.

가계도를 보면 왜 이 시기가 지그문트의 인생에서 그처럼 동요가 많았으면서도 생산적인 시기였는가를 알 수 있을 것이다. 1895년 12월 그의 막내 아이인 안나가 태어났다. 7년 동안 다섯 번의 임신으로 기진맥진한 마르타는 여섯 번째 아이를 임신했다는 것을 알고 놀랐고 기뻐하지 않았다. 마지막 아이를 낳은 다음에 지그문트와 마르타는 더 이상 아이를 낳지 않기로 결정한 것 같다. 이 시기에 부부간의 성관계가 줄어들기 시작했음이 분명하다(Anzieu, 1986; Roazen, 1993). 안나는 프로이트가 전문적 자문을 가장 왕성하게 한 바로 그 시기에 임신이 된 아이였다. 그는 환자인 에마 엑스타인을 친구인 빌헬름 플라이스에게 의뢰했다. 플리스는 성적 문제를 치료하기 위해서는 사람들의 코를 수술해야 한다고 믿었는데 그 생각은 자위로부터 비롯되었다. 플라이스는 수술을 하는 동안 실수를 했고, 거즈를 수술 부위에 두고 봉합해 환자를 거의 죽일 뻔했다. 플라이스와 아주 친한 관계였던 프로이트는 이 사건으로 깊은 자괴감과 심한 스트레스를 받았다.

막내 아이는 대개 가족에서 특별한 위치를 차지한다. 이 점은 안나의 경우도 마찬가지였다. 그런데 안나라는 이름은 프로이트의 여자 형제의 이름을 딴 것이 아니라 프로이트의 친구이자 사랑하는 스승인 사무엘 해머슐라그의 딸의 이름을 따른 것이다. 이 젊은 여성인 안나 하머슐라그 리히다임은 프로이트의 환자이자 프로이트 가족의 친구였다(Krüll, 1986). 안나 프로이트는 분명 자신이 소중하게 사랑받는 아이가 아니었다고 느꼈을 것이며, 따라서 아버지의 인정을 받기 위해 평생에 걸쳐 엄청난 노력을 기울였다. 그가 아팠을 때는 아내가 아닌 안나가 그를 보살폈다. 프로이트는 안나가 23세였던 1918년부터 그녀의 분석가가 되었다. 그의 어머니 장례식에도 안나는 아버지 대신 참석했다. 자녀들 가운데서 그녀만이 결혼을 하지 않았고, 아버지에게 효성을 다했으며, 아버지의 일을 계승하였다.

1896년 안나가 태어난 지 1년도 되지 않아 지그문트의 아버지가 사망했다. 지그문트는 아버지 상실이 한 남자의 인생에서 가장 중요한 사건이었으며 정신을 차릴 수 없을 정도로 혼란스러운 사건이었다고 말했다. 아버지가 사망하던 시기에 마르타는 여러 해 만에 처음으로 친정어머니를 방문하러 가서 집에 없었다. 그를 위로하기 위해 함께 있던 유일한 사람은 미나였고, 그로 인해 두 사람이 가까운 관계로 발전하였을지도 모른다. 부모의 죽음은 인생주기에서 중요한 전환점이 된다. 사람들이 누군가를 상실한 후에 혼외관계를 경험하는 것은 그다지 드문 일은 아니다. 아버지의 죽음 직후에 그는 다음과 같이 썼다.

> 아버지의 죽음은 내 의식을 넘어 알 수 없는 구석구석까지 깊은 영향을 미쳤다……. 돌아가시기 전까지 아버지는 많은 세월을 사셨다. 그러나 아버지의 죽음으로 어린 시절의 모든 기억이 되살아났다. 나는 지금 정말 뿌리채 흔들리는 느낌이다(1886년 11월 2일 편지; Masson, 1985).

부모의 죽음은 상실감 외에도 생명의 유한함에 대하여 절감하게 해 주며, 전통과 책임이 다음 세대로 전수되어야 함을 기억하게 해 준다. 이제 지그문트는 어머니도 보살펴야 했다. 더욱이 그의 수치스러운 삼촌 요제프와 마르타의 삼촌들도 그 해에 사망하였다.

이 시기쯤 지그문트는 자기분석을 할 때 아버지상으로 플라이스를 택했다. 이것은 그 자신과 가족에게 일어났던 많은 사건들로 인해서 시작된 그의 중년기 위기가 반영된 것으로 보인다. 아버지의 죽음, 막내 아이의 출생, 미나와의 관계 그리고 직업상 문제들이 있었고, 그는 이제 막 40대에 들어섰던 시기였다. 그는 대가족을 부양하느라 애를 쓰고 있었다. 프로이트 아버지가 중년기에 새로운 연인관계, 직업상의 변화, 이주 등의 사건을 경험하였던 것처럼, 지그문트의 중년기 위기 상황도 친밀관계의 변화와 직업상의 변동이 포함되어 있는 것 같다. 그는 책을 출판하고, 교수로 임명되고, 새로운 이론의 창시자로서 점점 더 명성을 얻어 자신의 직업적 성공을 더욱 공고히 함으로써 아버지보다 중년기 위기를 더 긍정적으로 해결할 수 있었다.

노년기 가족

가족원들이 나이가 들어감에 따라 가족은 노년 세대의 죽음이라는 사건과 마주해야 한다. 각 세대의 발달상 위계가 한 단계 더 올라가기 때문에 모든 관계는 재조정되어야 한다(Shields, King, & Wynne, 1995; Walsh, 1998). 주로 보살핌의 역할을 하는 여성들(돌피와 안나)과 남편보다 더 오래 사는 경향이 있는 여성들(프로이트의 어머니, 아말리아와 그의 아내 마르타)은 특별한 문제를 경험하게 된다. 마지막까지 남은 부모가 사망하면 형제자매들의 관계는 처음으로 서로 독립적이 된다. 가계도를 보면 어떤 자녀가 노부모의 부양자 역할을 맡게 되었는지, 또 부모 부양의 책임을 둘러싸고 형제들 간에 어떤 삼각관계가 형성되었는지를 알 수 있다. 이 시기의 형제간 갈등과 단절은 초기 생활주기에서 형성되어 그동안 지속되어 왔던 삼각관계를 반영하는데, 이는 특히 아동기에 누가 더 사랑받는 아이였는가와 관련이 있다.

물론 자매들이 함께 살면서 언니의 남편과 혼외관계를 맺고 있는 독특한 가족

1900년 이후 프로이트 가족연대기

1902 (3월 5일) 지그문트가 석좌교수가 됨.

1909 딸 마틸드 결혼.

1911 이복형 필립 사망.

1911 알프레트 아들러와 관계 단절.
프로이트는 그것을 "천재적인 사상가이지만 지독한 편집증 환자인 아들러의 수치스러운 변절"(제임스 잭슨 퍼트넘에게 1912년 8월 20일 보낸 편지; Kerr, 1993, p. 416에서 인용)이라고 함.

1912 추종자 윌리엄 스테켈과 관계 단절.

1913 카를 융과 관계 단절.

1913 딸 소피 결혼.

1914 첫 손자 출생(에른스트 할버슈타트로 이름 지음. 후에 분석가가 되고 에른스트 프로이트로 개명).

1914 이복형 에마누엘 사망.

1918 프로이트가 딸 안나의 분석 시작. 적어도 1922년경에 종결한 것으로 보임.

1919 중요한 추종자 빅터 타우스크가 자살함.

1920 딸 소피가 폐렴에 걸려 사망함.

1923 (5월) 지그문트가 암 진단을 받고 첫 번째 수술을 받음.

1923 (6월 19일) 프로이트가 사랑했던 소피의 아들이 폐결핵으로 사망.
지그문트는 처음으로 눈물을 흘리며 울음.
손자의 상실감으로 상심이 컸던 프로이트 발병.

1923 (10월 4일) 지그문트가 두 번째 암수술을 받음.

1923 (10월 11일) 지그문트가 세 번째 암수술을 받음.
그 후로 16년 동안에 무려 33회 이상의 수술을 받음.

1923 엘리가 뉴욕에서 사망.
지그문트는 편지에서 그의 재산에 대해 통렬하게 비난하면서 안나에게 그녀의 가난한 네 자매를 위해 이제 무언가를 할 때라고 제안함.

1924 추종자인 오토 랭크와 결별.

1924 페렌치와 불화.

1926	시어도어 라이크가 '엉터리 치료'로 기소됨.
1930	지그문트의 어머니인 아말리아 사망.
1938	가족이 마침내 이민을 갈 수 있었음.
1939	지그문트 프로이트가 런던에서 사망.

역동에서는 주요 관계의 복잡성이 더욱 심화된다. 우리는 마르타와 미나의 관계가 수년 동안 어떻게 진행되었는지, 남편과 동생의 은밀한 관계에 대하여 얼마나 복잡한 관계를 형성하고 있었는지에 대하여 알고 있는 바가 없다. 마르타는 그들이 매우 친밀하고 자주 함께 여행을 다닌다는 사실을 알고 있었으며, 집안에서 그들의 잠자리에 관련하여 부분적으로는 역할을 했으리라고 짐작된다. 지금까지 알려진 바에 의하면 자매들은 항상 서로 성심성의껏 대했다고 한다. 그러나 임상적으로 다루게 된다면 이 부분에 대해 탐색할 필요가 있을 것이다. 왜냐하면 프로이트의 아들 마르틴도 아내의 여동생과 혼외관계를 맺었기 때문이다. 이러한 배신행위는 수년에 걸쳐 서서히 관계 속에 침투되어, 그 사실에 대하여 인식조차 하지 못했던 사람들이나 이 비밀과 배신에 연루되었던 사람들 모두에게 영향을 준다.

지그문트의 아버지는 1896년에 사망하였고, 아말리아는 자녀들의 보살핌을 36년 동안이나 받게 되었다. 지그문트와 막내 동생인 알렉산더가 어머니와 여자형제들을 경제적으로 책임졌지만, 결혼하지 않고 어머니와 함께 살았던 사람은 중간 딸인 돌피였다. 또 지그문트는 83세까지 장수하였고([색채 가계도 28]) 딸 안나의 보살핌을 받았다. 안나는 아버지의 핵심 추종자로 그의 지적 후계자가 되었다. 마르타 프로이트도 함께 살고 있었지만(1951년까지 생존), 지그문트가 턱암으로 여러 차례 수술을 받는 동안 그를 보살폈던 사람은 안나였다. 이전 세대에서 돌피가 그랬던 것처럼 이 때문에 안나는 집을 떠날 수 없었고, 아버지의 사망 당시 그녀의 나이는 44세였다. 그는 여러 해 동안 그녀 없이는 어떤 것도 하려고 하지 않았다. 안나는 1913년 사촌인 에드워드 베르나이스와 짧은 기간 사랑에 빠졌지만 후일 그 관계가 이루어지지 않아서 다행이라고 말했다. 그는 그녀와는 이중으로 사촌관계에 있어서 관계가 이루어졌다면 이중 근친상간이 되었을 것이기 때문이다. 일찍이 그녀는 아버지는 왕이고 자신은 공주이며 사람들이 정치적인 모략으로 두 사람을 떼어놓으려 한다는 꿈을 꾼 적이 있다고 했다. 그녀는 유리사업 백만장자인 루이스 컴포트 티파니의 여덟 딸 중의 막내이며 네 자녀의 어머니인 미국인 도로시 벌링햄의 파트너가 됨으로써 그 문제를 해결하였다. 도로시가 공식적으로 이혼하지는 않았지만 그녀와 안나는 여생을 함께 여행도 하면서 함께 살았다. 그들은 함께 전쟁보육원과 정신분석훈련연구소, 그리고 세계적으로 유명한 아동클리닉을 운영했다(도로시의 남편은 그녀가 자기에게 돌아와 주기를 고대하였지만 허사가 되자 1938년 자살했다.).

가계도는 생활주기의 여러 단계에서 일어난 주요 사건에 대한 가족원들의 반응을 이해하거나 예측하는 데 도움이 된다. 예를 들어, 지그문트는 1923년 세 살 된 손자의 죽음에 매우 강한 감정반응을 보인 직후 암 진단을 받았다.

> 그 아이는 정말 사람의 마음을 끌어당기는 아이였다. 나는 한 인간을, 정말 어떤 어린아이도 한 번도 그렇게 사랑해 본 적이 없다. 나는 그 아이를 잃은 상실이 너무나 견디기 어려웠다. 이와 같은 슬픔을 한 번도 경험해 본 적이 없었다. 아마도 내 병 때문에 충격이 더욱 컸던 것 같다. 나는 꼭 필요한 일 외에는 아무것도 하지 않았다. 세상의 모든 것들에 대한 근본적인 의미를 모두 상실해 버렸다(1923년 6월 11일; Freud, 1960에서 인용).

한 달 후 그는 생애 처음으로 진짜 우울증으로 인해 고통받고 있다고 썼다(Jones, 1955, p. 92). 그리고 3년 후에는 사위에게 보낸 편지에서 손자가 죽은 후 인생의 모든 재미를 느낄 수가 없다고 썼다.

> 나는 그 아이를 잃은 슬픔으로 내 인생에서 가장 어두운 날들을 보내왔다. 이제서야 나 자신을 추스를 수 있게 되었고, 그 아이에 대해 담담하게 생각할 수도 있고 눈물을 흘리지 않고도 그 아이에 대해 말할 수 있게 되었다. 그러나 이러한

> 이성적인 위로들이 아무런 도움이 되지 않는다. 나에게 유일한 위로는 이제 내 나이에 어차피 그 아이를 더 많이 볼 수도 없었을 것이라는 점이다.

지그문트의 편지를 보면 그가 자신의 죽음에 맞서 힘겨워하고 있음을 알 수 있다. 지그문트에게 이것이 특별히 어려운 까닭은 손자의 죽음이 너무도 뜻밖이었을 뿐 아니라 죽은 손자의 어머니이자 그의 딸 소피가 3년 전에 27세의 나이로 죽었기 때문이다.

손자의 죽음에 대한 반응과는 대조적으로, 7년 후인 1930년에 어머니가 사망했을 때 지그문트가 보인 반응은 다음과 같다.

> 표면적으로는 나에게 두 가지 변화가 왔다. 첫 번째는 개인적으로는 자유로움을 느끼고 있다. 그동안 나는 항상 어머니보다 내가 먼저 죽을지도 모른다는 끔찍한 생각을 하고 있었기 때문에 개인적으로 그 생각에서 자유로워질 수 있게 된 것이다. 두 번째는 어머니가 그와 같이 오래 사신 끝에 마침내 해방을 얻었다는 데서 오는 만족감이다. 나보다 열 살 어린 남동생이 너무도 고통스럽게 경험하는 그런 슬픔이 나에게는 없다. 나는 장례식에도 가지 않았다. 이번에도 안나가 프랑크푸르트에서 나를 대신해 참석했다. 안나는 나에게 없어서는 안 될 만큼 중요한 존재다. 어머니의 죽음이라는 사건은 나에게 신기한 경험을 하게 해 주었다. 아무 고통도 슬픔도 느껴지지 않았다. 아마도 현재의 상황과 오래 사신 어머니의 나이, 어머니의 무기력한 상태에 대한 우리의 연민이 막을 내리게 된 것 등이 영향을 준 것 같다. 해방감과 안도감, 그런 것들이 있어서일 것이라고 이해되기도 한다. 나는 어머니보다 먼저 죽으면 안 된다는 의무감이 있었는데 이제는 죽을 수 있게 되었다. 어쨌든 마음 깊은 곳에서는 생명의 가치에 대하여 뚜렷한 변화를 경험했다(Jones, 1955, p. 152에서 인용).

이것을 보면 74세의 지그문트는 수년에 걸친 암과의 힘겨운 싸움을 통해 결국 자신의 죽음을 좀 더 만족스럽게 받아들였음을 알 수 있다. 그는 부모가 죽고 나서 자녀들이 죽는 생활주기의 순서가 제대로 지켜진 것에 안도했다. 가족원의 예기치 못한 갑작스러운 상실이나 외상적 상실이 있으면 가족들은 애도과정에서 심각한 어려움을 경험한다. 따라서 임상가들은 가계도 작업을 할 때 생활주기에 맞지 않는 갑작스러운 죽음에 특별히 세심한 주의를 기울여야 하고, 그러한 상실에 반응하여 나타나는 역기능적 패턴에 관심을 기울여야 한다(McGoldrick & Walsh, 2004; Walsh & McGoldrick, 2004).

제9장

가계도의 임상적 활용

개입을 위한 가계도 면담

가계도 면담 시 저항 다루기

가족 패턴의 명료화

가족문제의 재구성과 치료

치료 설계에 가계도 활용하기

가계도를 활용하여 현재 관계를 변화시키기

가정의학에서의 개입

가족 패턴, 중요한 사건, 생활 스트레스와 문화적 이슈

제9장

가계도의 임상적 활용

지금까지는 가계도의 임상 가능성을 알아보기 시작했을 뿐이다. 임상가들은 가계도를 다양한 방법으로 사용한다. 즉, 가족에 개입하기 위해서, 가족의 여러 문제들을 재구성하고 재명명하기 위해서, 가족체계의 방해요인을 제거하기 위해서, 가족 양상을 명료화하기 위해서, 그리고 가족과 그 이전 세대를 연결하여 그들에게 힘을 부여하고 미래의 삶을 자유롭게 하기 위해서 가계도를 사용해 왔다. 지난 몇 년간 가계도를 임상에 적용한 문헌이 증가하였고, 그 이용과 수정이 폭넓게 제안되어 왔다. 가계도를 활용한 가족조각(Papp, Silverstein, & Carter, 1973; Satir, 1988), 문화적 가계도(cultural genograms; Congress, 1994; Hardy & Laszloffy, 1995), 성역할 가계도(gendergrams; White & Tyson-Rawson, 1995), 성적 가계도(Hof & Berman, 1986), 레즈비언과의 치료 작업을 위해 개발된 사회관계망 중심의 격자가계도(Burke & Faber, 1997), 가족놀이가계도(제10장 참조), 그리고 다양한 연령집단과 증상 및 생활 상황에 대한 가계도(참고문헌 참조) 등이 제안되었다. 이 장에서는 독자들이 가족치료와 가정의학 분야에서 가계도를 풍부하게 활용할 수 있도록 몇 가지 제안을 하고자 한다.

개입을 위한 가계도 면담

가계도 면담은 치료에서 체계적으로 접근하기 위해 전체 가족에 개입하는 실제적인 방법이다(Alexander & Clark, 1998; Weber & Levine, 1995). 우리는 가능한 한 많은 가족원을 포함시켜 임상가와 가족원들 모두가 문제를 가족의 맥락에서 볼 수 있기를 바란다.

가계도 면담은 전체 가족체계에 관심을 둔다. 가족에 대한 정보를 가계도에 그려 나가는 과정은 문제를 이해하기 위해서는 상황에 대한 더 큰 그림이 필요함을 말해 준다. 그것은 체계이론의 주요 가정, 즉 가족원 중 누구에게 무슨 일이 일어나든 모든 가족원은 서로 관련되어 있다는 가정을 보여 준다. 또한 가족이 과거와 미래 양쪽과 지속적으로 연결되어 있음을 보여 주기도 한다.

가계도 면담에서 또 한 가지 중요한 점은 그것이 가족의 중요한 전통과 가족이 특별히 관심을 가지고 있는 이슈를 둘러싼 가족관계를 탐색함으로써 가족원들과 라포를 형성하게 해 준다는 점이다. 가계도에 대한 질문은 가족이 경험한 것들의 핵심에 관한 것이다. 즉, 출생, 사랑, 질병과 사망, 갈등과 단절에 관한 것이다. 가계도 면담의 구조는 모든 가족 경험에 대한 논의의 방향틀을 제공하며, 병, 상실, 정서적으로 얽혀 있는 관계 등 힘들었던 문제들을 추적하고 초점을 둘 수 있도록 방향틀을 제공한다.

임상가는 가계도를 통해 복잡하고 정서적으로 힘이 드는 가족의 문제에 거의 즉각적으로 접근할 수 있으며 가계도 면담의 구조상 비교적 위협적이지 않은 방식으로 정보를 끌어낼 수 있다. 또한 가계도의 틀은 임상가와 가족으로 하여금 가족의 경험을 체계화하여 가장 고통스러운 경험까지도 해독할 수 있도록 돕는다. 이는 가족 경험의 맥락을 시간과 공간을 넘어서 볼 수 있게 되고 고통, 수치심, 비밀과 침묵을 극복했던 기억과 생존에 관한 이야기를 함으로써 가능하게 된다. 가계도를 완성하기 위해 행하는 일상적이고 사실적인 면담이 직접적인 정보를 제공하는 경우도 많다. 개방형 질문에 반응하지 않는 매우 방어적인 사람들조차 이러한 구조화된 형식의 면담에서는 자기 가족에 대해 자발적으로 이야기하게 된다. 가족에 대한 정보를 단순히 수집만 하는 것이 아니라 조직화된 그림 형식으로 가족에게 보여 주는 것은 깊은 인상을 심어 준다. 증상행동에 대한 인지적 이해와 정서적으로 힘이 드는 관계를 연결시키면 그 상황에 대해 가족원들이 어떻게 적응해야 할지에 관한 유능감을 높일 수 있다. 가족의 가계도를 그리는 것은 협동작업이며 가족원들에게 힘을 부여해 준다. 그들은 자신의 역사에 대한 전문가이고 치료자는 단지 그것을 기록하고 목격하는 사람이기 때문이다. 한편 가계도를 그리는 것은 임상가가 가족에게 무언가를 되돌려 주기 위한 기회, 즉 가족의 이야기를 그림으로 그린 지도를 제공하는 기회가 된다. 고통스러운 부분이 있다 하더라도 대부분의 가족에게 그들의 풍부한 역사는 스스로를 긍정하는 것이 된다.

임상가는 칠판(Carter, 1982)이나 큰 종이(Bradt, 1980), 컴퓨터에 가계도를 그려서 가족에게 보여 준다. 가계도에는 신비한 힘이 있어서 어떤 가족에게는 그것이 중요한 '연결고리'가 될 수도 있다. 와크텔(Wachtel, 1982)은 가계도가 가족의 양상에 대한 임상가의 추론에 무게를 실어 주고 신빙성을 더해 주는 심리검사와 같은 힘이 있다고 주장했다. 저자는 상담 중에 컴퓨터로 만든 가계도를 인쇄해서 첫 번째 상담시간이 끝날 무렵 내담자에게 준다. 그러면서 내담자가 다음 면담에 올 때까지 가계도에서 수정할 점이 무엇인가를 찾도록 하기 때문에 내담자를 평가에 참여시킬 수 있다. 내담자들은 그들의 역사에 대한 많은 정보가 이렇게 작은 한 페이지에 구성될 수 있는 것을 보고 놀라워한다.

가계도 면담 시 저항 다루기

사람들이 문제를 가지고 올 때는 무엇이 잘못되었고 무엇을 바꿀 필요가 있는가에 대해 자신의 견해를 이미 선택하고 온다. 이런 견해는 흔히 한 사람, 즉 증상을 가진 사람만 변화되어야 한다는 신념에 기초한 경직되고 비체계론적인 견해다. 가족 내 다른 문제에 곧장 초점을 맞추려 하면 가족원들은 대개 그런 문제가 있다는 것을 부정하기 때문에 강한 저항에 부딪히게 된다. 누구도 첫 번째 면담에서 가계도의 정보를 모두 수집할 수 없으며, 가족이 치료에 온 목적을 무시할 수는 없다. 가계도 정보의 수집은 가족과 합류하고 현재의 문제에 대한 실마리를 찾는 보다 일반적이고 점진적인 접근의 일부분이 되어야 한다.

임상가들이 수집된 정보와 관련된 고통스러운 기억과 감정에 접근하려 할 때는 자주 저항이 불꽃 튀듯 일어난다. 예를 들어, 동생이 자동차 사고로 죽었거나, 할아버지가 자살했거나, 아이가 사생아로 태어났다는 사실이 드러나면 가족원들은 상담의 초점을 다른 데로 돌리고 싶어 할 수도 있다. "여기 이 아이가 문제라고 알고 있는데, 왜 오래된 상처를 들추어내죠?" 라고 질문할 수도 있다.

때로는 겉으로 보기에 아무 악의가 없는 질문도 강한 반응을 불러일으킬 수 있다. 예를 들어, 한 내담자는 형제자매가 몇 명이냐는 질문을 받은 다음 울음을 터뜨렸다. 그 질문은 그가 좋아하는 남동생이 익사한 기억을 들추었던 것이다. 표면상 간단한 질문도 가족의 비밀을 드러낼 수 있다(Imber Black, 1993, 1998). "결혼기간은 얼마나 되셨습니까?" 라는 간단한 질문도 부부가 결혼 전에 첫아이를 임신하였다면 그들을 당황하게 하거나 사실을 은폐하게 할 수 있다. "아드님이 어디에 사십니까?" 라는 지리적 여건에 관한 질문조차 아들이 감옥이나 정신병원에 있거나 아들과 완전히 연락이 끊긴 부모에게는 민감한 질문일 수 있다.

처음에 가족이 정보를 은폐할 때는 그 상황을 주의 깊고 민감하게 탐색하는 질문을 함으로써 극복할 수 있다. 저항은 여러 가지 방식으로 나타날 수 있다. 직접적이고 격렬할 수도 있고, 지루해하거나 안절부절못하거나 혼란스러워하는 등 간접적으로 나타날 수도 있다(Wachtel, 1982). 가족의 역사를 논의할 때 반복적인 저항에 부딪히면 저항하는 사람에게 잠시 초점을 맞추는 것이 생산적이다. 그 사람의 말을 경청하고 있다는 느낌을 갖게 해 주면서 제시된 문제에 대해 여전히 관심이 있으며 염려하고 있다는 점을 알려 준다. 그 사람에게 치료자가 어떻게 상담을 진행하고 있는지 재차 확신시켜 준다. 가족들에게 가계도 작업을 하는 것이 가족의 현재 상황을 더 잘 이해하게 되고 도움이 될 것이라는 점을 알려준다.

가족원들의 저항이 너무 심하면 가계도 면담을 잠시 접는다. 이러한 경우 임상가는 제시된 문제에 다시 초점을 맞추면서, 가능하면 언제든 그 문제와 과거의 사건 및 양상을 연결시키도록 한다. 이러한 연결은 사람들로 하여금 그들이 자신보다 더 큰 어떤 것에 소속되어 있음을 깨닫게 해 준다. 가족원들의 눈앞에 놓인 염려와 더 큰 가족 맥락이 연관되어 있음을 지속적으로 보여 주면 그들은 혼자가 아님을 깨닫게 된다. 내담자들이 그들의 문제와 과거의 가족 양상 간에 연관이 있음을 보게 되면 가족의 저항과 정보의 은폐는 결국 극복될 것이다. 그러면 그다음 면담에서 가계도에 대한 질문을 더 조직적으로 할 수 있게 된다.

다음의 로저스 가족([가계도 9-1]) 사례는 비디오테이프로 편집된 〈미해결된 상실의 유산〉(Norton 출판사에서 구매 가능)의 일부로, 치료를 시작했을 때 가계도에 대한 질문에 강하게 반응했던 가족의 예다. 그들의 저항은 현재 제시된 문제와 가족의 역사를 가계도상에서 연결하는 작업을 하면서 서서히 극복되었다. 마지

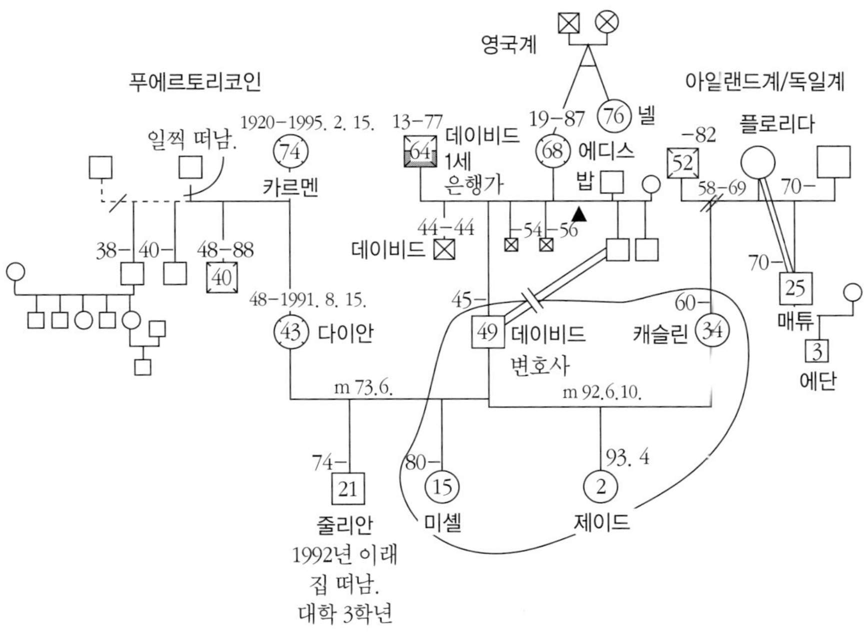

[가계도 9-1] 로저스 가족(1994)

막에 가서는 가족원들 스스로 가계도를 탐색하는 '연구자'가 되었다.

데이비드 로저스의 두 번째 부인인 캐슬린 로저스는 1995년 가족을 위해 첫 번째 상담 약속을 했다. 그녀의 15세 된 의붓딸인 미셸의 상담교사가 그들의 치료를 의뢰했다. 미셸이 고등학교 수업을 빼먹고 행동을 거칠게 했기 때문이었다. 49세인 데이비드는 조상이 영국인으로 부유한 가정 출신의 변호사였다. 그는 표면적으로는 쾌활해 보이고 협조적이었지만 실제로는 저항을 하고 거리 두기를 하는 사람이었다. 그의 첫 번째 부인인 다이안은 푸에르토리코 출신으로 2년 동안 병으로 고생한 후 1991년 폐렴으로 죽었다. 그들은 18년 동안의 결혼생활에서 현재 21세인 줄리안과 15세인 미셸, 두 자녀를 두었다. 중심인물(IP)은 미셸이다. 다이안이 죽은 지 10개월 후 데이비드는 14세 연하인 독일계 아일랜드 출신의 미혼 여성 캐슬린과 결혼하였다. 그녀는 지금 전업주부이면서 두 살 된 제이드의 어머니다. 캐슬린의 부모는 그녀가 아홉 살 때인 1969년 이혼하였고, 어머니는 그 다음 해에 재혼하였다. 9년 후 매튜라는 아들을 두었고 그 아이를 가장 좋아하게 되었다. 그래서 캐슬린도 자기 의붓딸들과 마찬가지로 새로 구성된 가족으로부터 '외부자'의 위치에서 자랐다. 치료가 시작될 무렵, 캐슬린은 친정 식구 누구와도 연락을 하지 않는 단절 상태였다. 그녀는 세 살 된 조카인 에단을 본 적이 없었다. 브루클린에서 술집을 운영하던 아버지는 1982년 심장마비로 사망하였다.

미셸은 외가와 연락을 가장 많이 주고받는 편이었다. 그녀는 여러 해 동안 여름이면 어머니와 오빠와 함께 푸에르토리코에 가서 지냈다. 11세 때는 혼자서 푸에르토리코에 보내졌는데, 겉으로는 병든 외할머니 카르멘을 돕기 위해서였지만 사실은 어머니의 병과 죽음으로 인한 '슬픔'으로부터 미셸을 보호하기 위해서였다. 데이비드는 17세였던 줄리안이 어머니를 잃은 슬픔을 잘 견뎌낼 것이라고 생각하며 그냥 집에 있게 했다.

첫 번째 면담에서 부모는 미셸의 문제, 즉 학교에서 문제행동을 하는 것, '나쁜' 친구들과 몰려다니는 것, '시비조'로 행동하는 것 등을 해결하고 싶어 했다. 실제로 외할머니의 죽음과 미셸의 행동문제는 동시에 일어났는데, 부모 중 어느 누구도 제시된 문제가 어머니를 잃은 미해결된 슬픔이나 외할머니 카르멘의 죽음과 연관이 있다고 생각하지 않았다. 상담을 하는 동안 미셸이 1991년 어머니의 장례식 때 푸에르토리코에서 집에도 오지 않았고, 할머니의 죽음에 대한 이야기도 한참이 지난 다음에 우연히 듣게 되었음을 알게 되었다. 치료자(모니카 맥골드릭)가 첫 번째 상담 동안 가계도에 대한 정보를 탐색하려 했을 때, 아버지는 굉장히 적대적이 되었고 치료자가 자기들 시간을 낭비하고 있는 것 같다고 말했다. 그는 자기 가족에 대한 정보는 전혀 관련이 없다고 생각했다. 그의 아버지가 간경변으로 사망한 사실(그는 이것이 알코올 남용과 관련이 있다고 생각하지 않았다.), 그의 이름 데이비드가 아주 어린 시절 사망한 형의 이름이었다는 사실 등이 관련이 없다고 생각했다. 캐슬린은 그녀의 가족에 대한 질문에 한층 더 부정적이었다. 그러나 그녀의 친정은 현재의 가족 패턴과 거의 똑같았다.

점차 나는 데이비드로 하여금 미셸이 어머니와 할머니 두 사람에 대한 친밀한 감정에 대하여 잘 들어 주도록 도왔고, 그가 딸 · 아들과 함께 가족의 가계도 역사를 함께 돌아볼 수 있도록 도왔다. 그의 아들은 대학에 다니다 상담에 참여하러 왔는데, 그는 어머니의 죽음이 한 번도 얘기된 적이 없었고 아버지가 너무 일찍 재혼한 사실이 고통스러웠다고 말했다. 치료자는 데이비드에게 처음으로 아이들을 어머니의 무덤에 데리고 가 줄 것을 요청했다. 그는 점차 지금까지 억압해 왔던 자기 인생의 여러 가지 상실에 직면하기 시작했다. 처음에 그는 자신의 아동기가 행복하고 아무 사건이 없다고 말했으나, 결국에는 그가 신분이 낮은 푸에르토리코인과 '결혼했을 때' 부모가 그와의 관계를 거의 단절하였음이 드러났다. 몇 개월의 치료 후에 그는 마침내 유일하게 살아 있는 친척인 이모 넬로부터 그의 역사에 대해 더 많이 알아보자는 데 동의하였다. 그는 어머니와 쌍둥이인 넬 이모를 방문하기 위해 고향으로 여행을 갔다. 사실 그는 8년 전 어머니의 장례식 이후로 이모를 만난 적이 없었다. 다음 상담에서 그는 그 어느 때보다 생기 있는 모습으로 이모로부터 어머니의 사진 앨범과 일기장을 빌려 가지고 나타났다. 이러한 정보를 통해 그는 부모의 어려움과 아동기의 몇 가지 힘들었던 일을 처음으로 접할 수 있었다. 그는 두 가지 '비밀'을 털어놓았다. 하나는 아버지의 음주문제였고, 다른 하나는 어머니와 아버지의 가장 친한 친구 사이에 있었던 외도문제였다. 어머니의 외도가 알려지자 수년 동안 매우 가까웠던 두 가족의 관계는 갑자기 끝이 났고, 더불어 아버지의 유일했던 진실한 친구관계가 상실되었을 뿐 아니라 데이비드는 가장 좋은 아동기 친구를 상실하게 되었다. 데이비드는 자신의 역사에 대해 더 많이 알게 되자 좀 더 깊은 수준에서 자신의 감정과 접촉하기 시작했고, 그의 딸과 두 번째 부인에게 점점 더 잘 반응하기 시작했다. 그동안 그의 두 번째 아내는 문제 해결에 필요한 힘을 전혀 갖지 못한 채 가족 내의 모든 감정을 혼자서 견뎌야만 했다.

이 사례의 경우 가족의 저항에도 불구하고 기본적인 가계도 정보를 얻는 것이 가능했고, 그다음에 다른 사람들과 연관 짓는 것이 가장 적절했던 가족원(미셸)으로 나아가는 것이 가능했다. 때로는 가족원들이 가계도 정보를 논의하는 데 너무 저항이 심해서 다른 방법을 찾을 때까지 그 주제에서 벗어나야 할 때가 있다. 치료자들이 결국 가족과의 관계를 구축하는 데 성공하는 상황에서 일반적으로 발견하는 사실은 가계도 안에 숨겨져 있는 가족 경험에 대한 불안과 두려움, 예를 들면 자살하였거나 정신병원에 있는 부모에 대한 낙인 같은 경험에 대한 불안과 두려움으로부터 저항이 비롯된다는 점이다.

물론 과거사에 대한 논의를 해도 사람들이 현재 적절한 행동을 취하지 못할 때도 있다. 부모가 가계도 탐색을 회피하면서 자녀에게 현재 필요한 것을 외면하려 하거나 혹은 알코올이나 약물 남용을 다루지 않으려 할 때가 있는데 이러한 상황에도 적절히 대처할 수 있어야 한다.

가계도는 이러한 경직된 가족체계와 작업할 때 유용하다. 가계도 면담은 가족의 주요 생활 경험인 출생, 결혼, 생활 전환기, 질병과 죽음에 대한 질문을 체계적으로 할 수 있게 해 준다. 이런 사건들에 대한 정보 수집은 경직된 가족체계를 개방하도록 도우며, 내담자에게 마비되고 닫힌 정서적 문제와 대인관계 문제에 접촉할 수 있도록 돕는다.

한 예로 이탈리아인 가족인 카루소 가족([가계도 9-2])이 변호사에 의해 상담에 의뢰되었다. 변호사는 이 상담이 약물 판매 혐의로 체포된 세 아들 가운데 장남인 존의 법정 싸움에 도움이 되기를 바랐다.

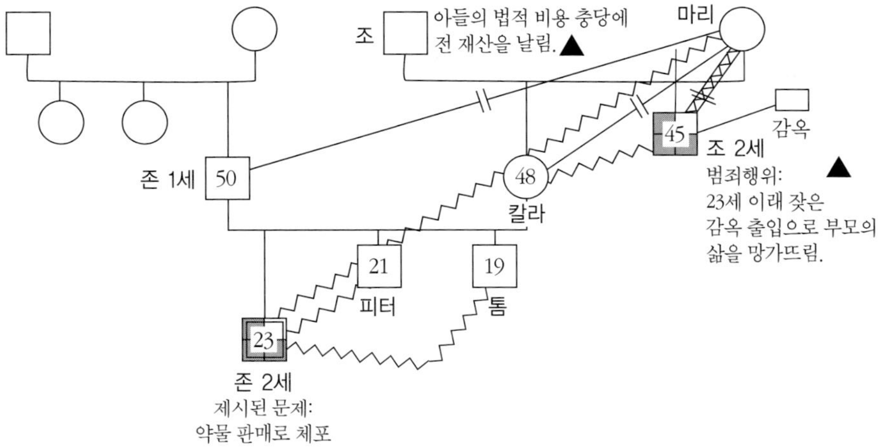

[가계도 9-2] 카루소 가족

처음에 가족은 연합전선을 폈다. 즉, 그들은 서로 친밀하고 서로 사랑하는 가족이며, 장남이 '나쁜 친구'의 영향을 받고 있다고 하였다. 그들은 아들의 범죄의 심각성을 부인했고, 사실적인 정보를 거의 주지 않았으며, 관계에 문제가 있다는 것도 최소화하였다. 그러나 그들은 도움이 되는 것은 무엇이든 해 보겠다고 말했다. 외삼촌의 행방에 대한 질문을 하게 될 때까지 기본적으로 수집한 가계도 정보는 서로 어떤 연관도 없는 것처럼 보였다. 카루소 부인은 남동생이 어디 있는지 잘 몰랐다고 말했지만, 그가 감옥에 있었으며 전에도 여러 번 체포되었다는 사실을 인정했다. 이러한 사실은 외할머니가 존의 문제에 대해 어떤 반응을 보였는지에 관한 질문을 하도록 하였고, 바로 그 시점에서 가족의 연합전선은 무너지기 시작했다. 부모는 존이 체포된 이래 외할머니의 '냉담한' 반응("그 녀석을 감옥에서 썩게 놔둬라.") 때문에 외할머니에 대해 더 이상 이야기하지 않았다는 사실을 마지못해 인정했다. 카루소 씨와 부인은 아들의 보석금과 법정비용을 지불하기 위해 집을 두 번째로 저당잡혔다. 카루소 부인은 전에는 항상 어머니와 매우 가까웠다고 말했지만, 지금은 어머니를 '자식에게 불성실한' 사람이라고 말했다. 가족의 역사에 대해 더 자세한 질문을 하여 카루소 부인의 남동생이 23세(존의 현재 나이와 같음)에 처음으로 체포되었다는 정보를 얻게 되었다. 외할아버지는 외할머니의 바람과는 반대로 아들의 보석금을 대느라 가산을 거의 탕진하였고, 현재 외할머니는 아들이 집안을 거의 파산 상태로 몰아간 데 대해 아주 비통한 심정이었다. 외삼촌의 범죄행위를 자세히 논의하는 과정을 통해서 존과 그의 형제들이 몰랐던 가족의 비밀, 가족의 현재 상태에 대한 가족의 '냉담한 태도'가 깨어졌다. 카루소 부인은 남동생이 가족에게 끼쳤던 수치심과 분노에 대해서뿐 아니라 수년에 걸쳐 어머니의 고통을 지켜보면서 그녀가 느꼈던 고통에 대해 이야기하였다. 그녀는 부모의 경험에 대하여 이야기하는 것을 몹시 두려워했으며 어머니와 문제를 논의하는 것은 현재 가족이 과거를 되풀이할 수밖에 없는 운명임을 확인하는 것이 될까 봐 두려워했다. 그래서 그녀는 어머니에게 말하지 않았다. 존의 형제들은 면담에서 처음으로 입을 열고 그들이 평생 모은 돈을 동생에게 바쳐야 할지, 그를 감옥으로 보내야 할지를 결정해야 하는 힘든 상황에 처하게 만든 형에 대해 심한 분노를 표출하였다. 가족의 곤경을 가장 강하게 부정했던 아버지는 아들에 대한 배신감과 부자관계의 단절로 인한 실패감에 대해 이야기하였다. 이전의 가족 경험을 이야기함으로써 가족의 현재 갈등이 더욱 분명해졌던 것이다.

고통스러운 과거의 경험과 미해결된 정서적 문제를 다루고 싶어 하지 않을 때, 가족은 흔히 그들의 관계와 자신에 대한 견해를 고집한다. 이럴 때 조용하면서도 위협적이지 않고 탐색하는 자세로 질문함으로써 그러한 문제를 풀 수 있으며, 그렇게 함으로써 가족원들은 그 문제들을 다른 방식으로 서로 연결시킬 수 있다. 가계도 면담은 강박적이거나 반응을 잘하지 않거나 관여하지 않으려는 내담자에게 개입하는 데 특히 유용하다. 세부적인 상황들에만 끊임없이 매달리는 강박적인 내담자는 가계도 면담 동안 정서적으로 부담스러운 중요한 자료에 아주 빨리 도달하게 되는 경우가 많다. 가족의 이야기가 드러나면 반응하지 않던 가족원이 상담에 더 몰입할 수 있게 된다.

가족이 가장 힘들어하는 문제는 그 무엇보다도 상실이다('상실'에 관한 주제별 참고문헌 참조). 노먼과 베티 폴(Norman & Betty Paul, 1986)은 다세대가족의 상실에 초점을 맞춤으로써 가계도를 사용하여 가족체계가 어려움에서 벗어나도록 하는 방법을 마련하였다. 핵가족에서든 확대가족에서든 죽음이나 생명을 위협하는 경험에 대한 설명을 할 때 내담자를 포함시키면 증상의 의미가 확대된다. 폴 부부의 견해에 의하면 상실을 둘러싼 가족원들의 지각이 '망각되고', 왜곡되는 것은 증상발달에 영향을 미치는 가장 중요한 요소들이다. 일상적으로 대개 첫 번째 면담 전에 가계도 형식을 내담자에게 미리 보내 완성하도록 한다. 이러한 정보는 내담자들이 원가족에 대하여 어떤 관점을 가지고 있는가에 대한 중요한 정보를 제공한다. 첫 면담에서 폴 부부는 지난 3세대의 가족원의 출생과 사망 일자, 사망 원인 등을 조심스럽게 탐색한다. 가계도를 작성할 때 내담자들은 숨겨진 연관성을 찾아내기 전까지는 대개 어느 정도 자신들의 가계도를 신비화한다.

『부부관계의 수수께끼(*A Marital Puzzle*)』(1986)라는 책에서 그러한 부부에 대한 폴 부부의 심층연구는 남편에게 첫 상담시간에 가계도 정보를 가져오라고 한 사례를 설명하고 있다. 그는 부모님의 사망에 대해 구체적으로 적으라는 요구에도 불구하고 부모님이 두 분 다 죽었다는 사실을 쓰지 않았다. 질문을 했을 때, 그는 언제 부모님이 돌아가셨는지 정확하게 기억이 나지 않는다고 말했다. 폴 부부의 치료 모델은 그와 같이 단절된 가족 경험을 되찾는 것의 중요성에 초점을 두었다. 몇 해 전 우리는 여러 가지 다양한 방법으로 가계도 정보를 질문하는 가족평가 양식을 개발했다. 그 양식은 조부모의 사망 일자에 대해 세 가지 방식으로 질문하는 것이었다. 응답자들은 매번 다른 날짜를 대곤 하는데, 이는 죽음에 대한 경험이 얼마나 중대한 영향을 끼치는 것인지를 보여 준다.

가족 패턴의 명료화

가족 패턴의 명료화는 가계도 활용의 핵심 부분이다. 가계도를 완성하기 위해 정보를 수집하면서 가족을 지속적으로 이해하게 되고, 이를 기초로 가설을 구성하고 수정한다. 우리는 대개 우리의 관찰을 가족원들과 함께 논의하고, 우리가 관찰한 것에 따른 잠정적인 가설을 가족에게 제시한다. 그리고 가족과 함께 가족의 역사를 탐색하면서 가족이 그 가설을 수정하거나 더 자세하게 설명하도록 한다.

앞에서 소개한 카루소 가족은 가계도가 어떻게 해서 가족과 치료자 모두에게 지침이 되는가를 보여 준다. 즉, 가계도는 현재의 딜레마를 명료하게 하여 앞으로 대안적인 행동을 할 가능성을 열어 준다. 카루소 가족은 가계도에서 범죄행동의 반복 양상을 볼 수 있었다. 그다음에 아들과 외삼촌의 범죄행위가 관계가 있고 가족사가 반복될 수 있음을 지적하자, 가족은 아들의 행동을 가족의 맥락에서 보고는 그 행동을 지속시켰던 유산과 갈등을 탐색하기 시작했다. 또한 그 양상을 바꾸는 데 노력을 집중할 수 있었다.

가계도 패턴이 분명해지면 가족원들은 그들의 생활과 행동을 가족의 역사와 연결시켜 보게 된다. 따라서 가계도 패턴의 명료화는 중요한 교육적 기능을 한다. 더욱이 역기능적 행동의 기초가 되는 가족 패턴이 분명해지면 역기능적 행동은 대개 사라지는 경향이 있다.

가족문제의 재구성과 치료

가족은 그들 자신을 보는 고유한 방식을 발전시킨다. 문제가 많을 때는 가족원들의 시각이 경직되어 변화에 저항하는 경향이 있을 수 있다. 가계도는 가족의 행동과 관계 및 시간의 연결을 재구성하고, 그에 대한 가족의 지각을 바로잡고 정상화하는 중요한 도구다. 가족의 경험에 대해 이제까지와는 다른 해석을 제시하는 것은 미래의 새로운 가능성에 대한 길을 보여 주는 것이다.

임상가들은 가계도 면담을 통해 가족원들에게 그들의 상황에 대한 이해를 정상화시킬 많은 기회를 제공한다. 문제를 단순히 꺼내 보거나 더 일반적인 시각에서 놓고 보는 것만으로도 문제는 치료될 수 있다. 가계도 정보를 수집하면서 임상가는 행동의 의미를 가족체계 안에서 적극적으로 재구성할 수 있고, 그러면 가족은 스스로를 다른 방식으로 볼 수 있게 된다(Bowen, 1978; Carter & McGoldrick, 1998b; Gerson, Hoffman, Sauls, & Ulrici, 1995; Shellenberger & Hoffman, 출판 중). 가족구조를 보면 특정 가족원의 행동과 관계에 대한 규범적인 기대를 알 수 있다(예: "맏아이는 대개 그러니까, 네가 그렇게 책임감이 있구나." "막내 아이들은 결혼해서도 상대방이 돌봐 주기를 원하는 경향이 있습니다. 당신들은 어떤가요?"). 마찬가지로 생활주기를 이해하면 특정 가족원의 경험을 정상화할 수 있다(예: "당신들처럼 그렇게 늦게 결혼한 사람들은 자기네들 방식으로 살아갈 거예요. 당신들도 그런가요?"). 반복되는 패턴과 우연의 일치로 발생하는 사건은 문제행동이 더 큰 맥락과 연결되어 있음을 보여 준다(예: "아마 당신의 감정은 그 당시에 일어났던 스트레스 사건들과 모두 연관이 있을 겁니다."). 관계 패턴과 가족의 균형은 가족원들의 상호의존성을 나타낼 수 있다(예: "대부분의 사람들은 별난 사람으로 취급받을 때 그런 식으로 반응하죠." "대개 한 사람이 자기 몫보다 더 많은 책임을 맡을 때, 상대방은 책임을 덜 맡죠.").

보웬은 가계도 질문을 하여 감정 반사적인 반응을 치료하는 대가였다. 예를 들어, 다음의 사례는 '지배적이고 소유욕이 강한 어머니'에게 주눅이 든 한 남자를 대상으로 보웬이 한 인터뷰의 일부다.

보 웬: 무남독녀인 어머니의 외아들은 어떤 어려움이 있나요?

내담자: 우리 어머니는 너무 지배적인 분입니다. 그래서 저를 포함하여 어머니가 가지고 있는 어떤 것도 그냥 내버려 두려고 하지 않으세요.

보 웬: 그렇군요. 당신은 독자니까 그런 것은 예상할 수 있지 않을까요? 그런 관계에서 사람들은 상대방이 무엇을 생각하는지 어느 정도 정확하게 알 수 있죠. 말하자면 몹시 친밀한 관계에서는 그럴 수 있으며, 어머니와 외아들의 관계에서는 그리 유별난 일이 아닙니다. 특히 어머니가 남편도 없고 자신이 외동딸이라면 더욱 그렇지요. 당신은 어머니와 외할머니의 관계가 어떠했다고 생각하십니까?

여기서 보웬은 가족구조를 논의하면서 어머니의 행동과 어머니-외아들의 특별한 유대를 정상화하고 있다. 보웬의 치료는 이와 같이 다세대가족 패턴을 추적하기, 해독하기(detoxifying), 재구성하기라는 특징으로 이루어진다.

치료 설계에 가계도 활용하기

보웬의 체계론적 가족치료자는 가족을 평가하고 치료계획을 설계하기 위한 주요 도구로 여러 해 동안 가계도를 활용해 왔다. 최근에는 여러 다른 접근방식의 치료자들도 치료기록 보존(recordkeeping), 가족평가, 전략적 개입 설계에 가계도를 사용하기도 한다.

와크텔(1982)은 가족치료 시 가계도가 가족 내 개인의 확실하지 않은 두려움, 소망, 가치를 드러내기 때문에 가계도를 '유사투사적 기법'으로 활용한다고 하였다. 그녀는 부부치료 시 가계도를 완성하기 위해 회기 중 4시간 정도를 할애한다. 기본적인 '사실자료'를 얻은 다음 각 가족원을 나타내는 형용사를 몇 개씩 쓰도록 하고 그다음에 그 형용사에 대하여 자세히 이야기해 달라고 요청한다. 부부가 여러 가족원에 대해 가지고 있는 개념을 추적하고 이러한 개념이 한 세대에서 다음 세대로 어떻게 전수되었는가를 추적한 다음, 부부가 사람들 간의 관계에 대해 어떤 개념을 가지고 있는가를 탐색하면서 그때그때 드러나는 가족 문제나 패턴 그리고 가설들이 현재 상황에 어떻게 관련되는지에 대한 의견을 나눈다(1982, p. 342). 의견의 차이는 치료에 영양분이 되며, 부부치료 세션 동안 놓친 가계도 정보를 치료 회기 사이에 찾아보게 된다.

전략적 접근을 하는 임상가는 치료기록 보존과 가족평가를 위해서뿐 아니라 전략적 개입을 설계하기 위한 지도로 가계도를 사용해 왔다. 가족이 왜 그렇게밖에 되지 못했으며 변화하면 어떤 문제가 일어날 수 있는가를 지적할 경우 때로 역설적 변화가 일어난다. 전략적 모델에서 가계도 패턴은 먼저 현재의 역기능적 상황을 긍정적으로 이해하기 위해 사용되며, 다음으로 현재의 경직성에 역설적으로 도전한다. 변화가 일어남에 따라 새로 나타나는 패턴을 강화하고 가족의 정상적인 발달을 강조하기 위해 가계도 정보를 또다시 사용한다.

가계도는 최근 이민자와 유색인종 가족이 여러 기관에서 흔히 당하는 부당했던 경험을 극복하는 데도 중요하게 활용될 수 있다. 즉, 가족이 자신들의 역사를 존중

하고 인정하며 현재의 문제를 해결하기 위해 다른 상황에서 사용했던 적응전략을 새롭게 찾아낼 수 있도록 돕는다(Boyd-Franklin, 2006; Hines, 2005; McGoldrick, Giordano, & Garcia-Preto, 2005). 일반적으로 '해결에 초점을 두는' 우리 사회에서는 억압받는 가족의 역사가 무시당하고 있으며, 지배적인 집단에 적응하기 위해 자신의 문화와 가족 경험을 희생하게 만든다.

한 예로 우리는 1978년 요르단에서 미국으로 이민 온 한 회교도 가족([가계도 9-3])과 상담을 한 적이 있다. 아버지 아메드는 기술자로서 안정적인 직업을 가졌으나 아내와 딸들을 학대한 적이 있었다. 아버지에게 몇 번의 법원명령이 내려진 다음 가족원들은 서로 흩어져 살았는데, 딸들은 위탁가정에서 살았고 어머니는 아파트에서, 아버지는 형과 함께 살았다.

아메드가 참여한 치료 프로그램은 여러 측면에서 그가 자기 행동에 책임지는 사람이 되도록 도움을 주었다(Almeida, Messineo, Woods, & Font, 1998). 아메드의 지지체계를 넓히기 위해 우리는 가계도를 통해 그의 역사를 탐색해야 했는데, 가계도 작업에는 그와 함께 살고 있었던 형 모하메드도 포함되었다. 가족 내 그의 위치와 가족의 상처가 되는 역사에 논의의 초점을 두었다. 처음에 두 형제는 가계도 질문을 시간 낭비로 생각하는 것 같았다. 그 가족은 아주 큰 대가족이어서 13명의 형제와 15명의 삼촌과 이모, 고모들, 35명의 조카들에 대해 이야기해야만 했던 것이 시간 낭비로 생각되는 부분적인 이유였다. 그러나 가족원들에 대한 논의를 계속함에 따라 가계도에 그려 넣은 사람들과 그들의 중요성은 너무나도 많은 상실을 경험한 아메드에게 특히 '현실적'으로 느껴지게 되었다. 그의 출생은 세 형제의 죽음과 거의 맞물려 일어났음이 드러났다. 뿐만 아니라 갈형인 파테는 지난해 그의 생일에 아메드의 집을 방문했을 때 '그의 심장이 사랑으로 터져 버릴 정도로 커졌기 때문'에 죽었다고 말했다. 또 아메드는 가계도를 그리면서 어린 시절 소아마비로 죽은 그와 가장 가까웠던 동생을 자신이 얼마나 사랑했던가를 기억해 내며 눈물을 흘렸다. 아메드가 그의 생애사에서 그렇게 중요한 '소속감'을 가지고 있었다는 사실은 치료의 실마리가 되었고, 그는 점차 아내와 자녀들에게 옳은 일을 하기 위해 필요한 내면의 힘을 찾게 되었으며 치료와 관계된 사람들의

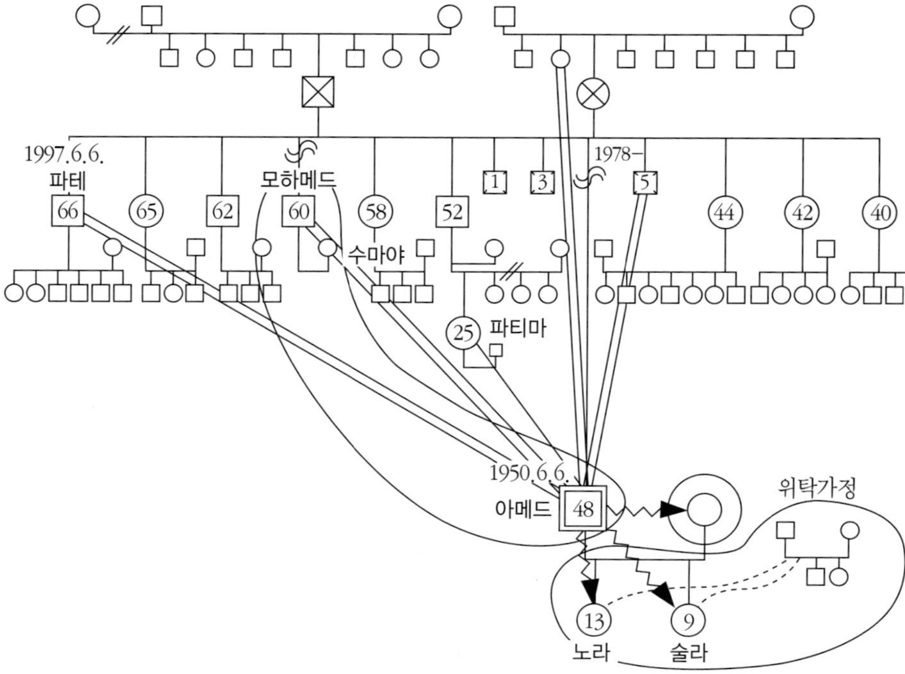

[가계도 9-3] 아메드 가족

지원을 받음에 따라 자신의 자원이 풍부함을 느끼게 되었다(Almeida et al., 1998). 사실 상담을 하는 동안 우리는 여성주의자이고 회교도인 조카 파티마가 그 근처에 살고 있다는 것을 알았다. 그녀는 치료의 중요한 자원이자 동맹자가 되었고 아메드와 그의 아내, 딸들의 관계를 연결시켜 주는 역할을 했다.

가계도를 활용하여 현재 관계를 변화시키기

치료에서 주요 과업 중 하나는 내담자가 자신과 가족의 상실을 직면하고, 생존자로서의 인식과 의미부여를 통해 그것을 극복하고 연속성을 가질 수 있도록 힘을 부여하는 것이다. 가족은 맥락 차원으로 관점을 확장시켜 자신과 자신의 역사를 볼 수 있는 데 도움이 필요하다. 이러한 도움을 통해 가족은 자신의 경험이 윗세대의 조상들과 현재의 가족 및 지역공동체와 연결되어 있으며 미래의 자손들에게까지 이어지는 연속성을 깨달을 수 있게 된다. 우리 사회의 많은 요소들은 사람들 간의 연속감을 박탈시켜 버린다. 그것을 바꾸면 죽음과 삶 전체를 더 나은 관점에서 볼 수 있고 미래를 공유할 수 있는 힘을 갖게 된다.

현재의 가족들과 그들의 과거의 상실을 연결 짓기 위한 비교적 간단한 개입도 자신에 대한 의미부여에 상당한 변화를 가져올 수 있으며, 따라서 미래를 관리하는 자원이 풍성해질 수 있다. 첸 가족은 매우 놀랄 만한 방식으로 우리에게 이러한 면을 보여 주었다.

첸 가족([가계도 9-4])은 14세의 아들인 마크가 약물에 연루되고 학교에서 행동문제를 보여 상담을 의뢰하였다. 그전에 학교는 여러 차례 이 가족을 다양한 약물치료 시설에 의뢰했다. 학교에서는 부모가 치료에 협조적이지 않고 아들에게 한계를 효과적으로 설정하지 못해 아들이 학교에서 아주 나쁜 영향을 주고 있다고

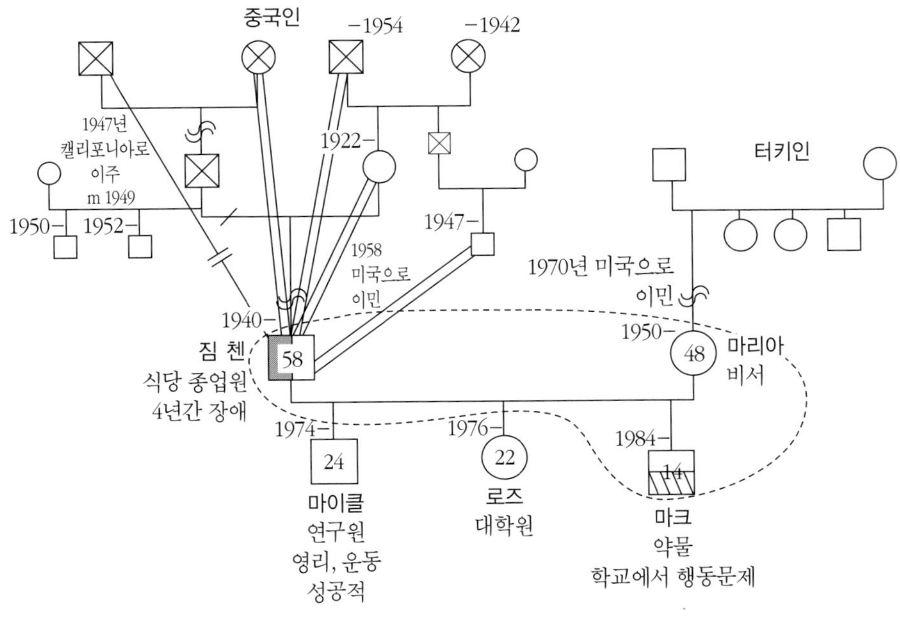

[가계도 9-4] 첸 가족

하였다.

58세의 식당 종업원이며 4년 전에 허리 부상으로 장애인이 된 첸 씨는 18세에 중국에서 이민 왔다. 20세에 그는 터키에서 미국으로 이민 온 아내를 만났다. 이 부부는 마크보다 훨씬 나이가 위인 다른 두 아이들은 매우 성공적으로 키웠다. 장남 마이클은 19세에 대학을 졸업했고 근처 대학에서 전문 연구원으로 일하고 있었다. 딸 로즈는 근처의 도시에서 대학원에 다니고 있었다. 첸 씨는 마크가 10세 때 허리를 다쳐 장애인이 되었고 식당에서 일을 할 수 없게 되었다. 그 이후로 아버지로서 책임감이 강했던 첸 씨는 부모로서 제대로 역할을 해 주지 못한다는 강한 죄책감을 가졌다.

아들의 약물 남용과 행동문제와 관련지어서 가족의 역사를 탐색했을 때, 부모는 부모로서 지켜야 할 것들은 잘 수행했지만 학교에서 의뢰한 단주가족모임이나 다른 프로그램에 참여하는 것에는 어려움이 있다는 것이 드러났다. 그들은 약물 남용과 관련해서 '분리'의 개념을 이해하지 못했기 때문이었다. 그 결과, 그들은 그런 실패에 대하여 학교로부터 비난당하고 있다고 느꼈다. 부모는 아들 마크가 정기적인 약물검사를 받도록 했다. 한 달 이상 아무 이상이 없는 것으로 검사 결과가 나왔지만 학교에서는 그의 행동을 여전히 문제시했고 자퇴를 요구했다.

우리가 가족사에 대해 묻기 시작했을 때, 첸 씨는 결혼하기 바로 전해에 사망한 자신의 아버지와 관련해 많은 눈물을 흘렸다. 이를 고려하면서 우리는 그들의 생존 역사와 연관 지어서 현재의 가족이 힘을 갖도록 하기 위해서 가족의 가계도 역사를 기초로 가족 의식을 진행하기로 했다. 할아버지의 죽음에 대한 아버지의 고통이 현재 상황과 관련이 있는지는 확신할 수 없었으나 할아버지에 대한 아버지의 감정을 보아서 어떤 연관이 있다는 확신이 들었다. 우리는 이 작업이 가계도 속의 관계를 현재의 관계에 옮겨다 줄 것이라고 희망하면서 아버지와 어머니, 마크에게 각자 돌아가신 할아버지에게 편지를 쓰도록 했고, 그다음 주에는 세 사람이 모두 편지를 가지고 와서 읽었다. 다음은 세 사람의 편지를 발췌한 것이다.

아버지의 편지

아버지께

저는 아버지께 편지 드리는 생각을 늘 합니다. 가끔 저녁 무렵 아버지를 생각하면 어린 시절에 대한 기억으로 되돌아가곤 합니다. 아이들은 대개 황금기 같은 어린 시절을 보내지요. 그러나 저는 제 경험을 즐기지 못하였습니다. 그 대신 전쟁과 배고픔과 외로움만 있었습니다. 학교에 다닐 기회도 없었습니다. 무엇보다 나쁜 것은 저를 지도할 아버지가 없었다는 것입니다. 이 모든 기억들이 제 마음과 가슴에 영원히 남아 있을 것입니다. 그러한 기억들 때문에 저는 슬프며, 제가 할 수 있는 것은 우는 것뿐입니다. 저의 가슴은 저를 숨막히게 하는 밧줄로 동여매여 있습니다. 저는 그러한 가슴앓이를 하고 있습니다. 아버지께 여쭙고 싶은 질문이 너무도 많습니다. 당신은 남편이고 아버지이시지요. 아버지는 아내와 아이들에게 의무를 다하신 적이 있으십니까? 제가 중국에 있을 때 우리는 아버지께 많은 편지를 보냈지만 답장은 한 번도 받은 적이 없지요. 제가 아이였을 때 어머니께서 저를 돌보셨어요. 어머니는 열심히 일하셨지만 돈은 별로 벌지 못하셨습니다. 그러나 어머니는 저를 키우기 위해 최선을 다하셨습니다. 삼촌한테 들은 얘기로는 어머니께서 재혼할 기회가 있었는데, 제가 너무 어렸기 때문에 저에게 의붓아버지가 생기는 것을 원하지 않으셨다는군요. 어머니는 전통에 얽매여 스스로 재혼을 허락하지 않으신 거지요. 그러니까 아버지는 어머니의 삶을 모두 망가뜨리신 겁니다.

아버지는 농장이 있어 온갖 씨앗이랑 채소를 특별히 가꾸셨고 그것들은 잘 자랐지요. 아버지는 비닐하우스에서 자란 온갖 싹들을 밭에 심기 전에 충분히 튼튼하게 자라도록 보살피고 싶어 하셨죠. 또 모종을 밭에 심을 때 잡초가 없는지 확인하셨어요. 아버지는 채소에 비료를 주고 물을 주고 아주 조심스럽게 보살피셨죠. 또 아버지는 채소가 잘 자라지 않을까 걱정하셨습니다.

저 또한 아버지의 씨입니다. 어떻게 해서 아버지는 저를 그렇게 잘 보살피지 못하셨나요? 저는 학교에 가서 교육을 받고 싶었습니다. 아버지가 비료와 물을 필요로 하는 채소를 가꾸셨던 것과 똑같은 거죠. 아버지는 채소가 잘 자라도록 잡초가 없는지 확인하셨죠. 저 역시 교육이라는 농장에서 이러한 영양분이 필요했습니다. 제 생각과 같으신지요? 아버지는 제가 더 나은 교육을 받을 기회를 준 적이 없으시죠. 제가 미국에 왔을 때 이 모든 것을 아버지께 말씀드렸습니다. 그러나 아버지는 끄떡도 하지 않으셨어요. 아버지는 제게 "넌 이제 열여덟 살이다. 내가 널 여기로 데려왔으니 어머니와 조카를 보살펴야 한다."라고 말씀하셨습니다. 그렇게 어린 나이에 저는 혼자서 가족을 보살피는 무거운 짐을 졌습니다. 아버지는 자신이 가족을 대했던 방식이 옳다고 생각하십니까? 스스로 부끄럽지 않으십니까? 지금은 한밤중입니다. 제발 한 번 생각해 보세요. 드릴 말씀이 이제 거의 없습니다. 이제 여기서 끝낼 것입니다. 건강 조심하시기 바랍니다. 이제 아버지께 제가 결혼하였고 세 아이가 있다는 것을 말씀드릴 수 있습니다. 저는 좋은 남편이고 좋은 아버지로서 가족에게 음식과 집을 마련해 줄 뿐 아니라 가능한 한 아이들이 교육을 많이 받도록 합니다. 저는 아이들을 사랑하고 아이들을 위해 무엇이든 할 수 있습니다.

당신의 아들 짐 첸

마크의 편지

할아버지께

안녕하세요? 제가 드릴 수 있는 말씀이라고는 할아버지께서는 정말 '좋지 않으신' 분 같지만, 아버지를 그렇게 대하셨다고 제가 할아버지를 미워할 수 없다는 것입니다. 그러나 할아버지를 좋아한다고도 말씀드릴 수 없습니다. 왜냐하면 한 번도 할아버지를 만난 적이 없으니까요. 그러나 제가 할아버지에 관하여 들은 바로는 할아버지께서 아들인 아빠를 잘 돌보시지 않은 것 같습니다. 그럼 이만 줄입니다.

평화를 드리며 손자 올림

어머니의 편지

시아버님께

제가 아버님 아들과 결혼하기 전에 아버님께서 돌아가셨기 때문에 아버님을 한 번도 만난 적이 없습니다. 그러나 저는 아버님께서 남편과 시어머니를 어떻게 대하셨는지 모두 알고 있습니다. 저는 그분들, 특히 남편에 대해 마음이 아픕니다. 그가 그 시절에 얼마나 슬펐을지 상상할 수 있습니다. 비록 그 사람이 아버님 때문에 다른 아이들처럼 평범한 어린 시절을 보내지 못했지만, 그는 항상 저에게 아버님을 용서한다고 말했습니다. 그는 언제나 용서와 사랑과 평화를 믿었습니다. 아버님은 그 사람과 가족에게 많은 고통을 주셨지요. 그는 어머니와 동생과 조카를 돕기 위해 일을 했고, 그래서 그들은 잘 살 수 있었습니다. 그는 늘 그 일을 결코 후회하지 않는다고 말했습니다. 그것은 결코 부담이 아니었습니다. 결혼한 후에도 그는 어머니에게는 물론 조카들에게도 돈을 보냈습니다. 어떤 아버지가 자기 아들을 이렇게까지 대할 수 있겠습니까? 그러나 남편은 운이 좋았습니다. 그는 훌륭한 삼촌들과 훌륭한 할아버지를 두었습니다. 남편은 할아버지를 본으로 삼아 삶에 필요한 대부분의 것들을 배웠습니다. 지금 남편은 아버님과 같지 않으며 훌륭한 할아버지와 같습니다. 그는 늘 할아버지를 사랑의 할아버지로 기억합니다. 할아버지는 매우 엄하시면서도 그를 애정으로 대했습니다. 남편은 아이들을 할아버지가 했던 방식과 똑같이 대합니다. 저는 남편이 자랑스러우며 아이들에게 그들이 얼마나 행운아인지 말해 줍니다. 아이들은 그들을 위해 주고 그들이 필요하면 언제나 옆에 있는 훌륭한 아버지를 두었지요.

편지를 읽기 전 아들은 의자를 돌려가며 대화에 별 관심을 보이지 않고 지루해했다. 편지를 모두 읽은 다음, 우리는 아들이 더 이상 문제없이 집안일과 학교에 참여하도록 하기 위해 첸 가족이 상담자와 학교와 함께 작업할 수 있도록 가족의 마음을 움직일 수 있었다.

이 사례를 보면 가계도 작업을 통해서 핵가족은 분열되고 단절되었던 과거의 가족 역사와 연결될 수 있는 힘을 얻게 되었다. 아무리 고통스러운 가족의 역사일지라도 가족 의식을 통해 가족이 함께 공유하게 되면 가족에게 커다란 자원이 되고 탄력성의 근원이 될 수 있었다.

가정의학에서의 개입

다음의 사례는 가계도가 의학적 치료에 어떻게 활용될 수 있는가를 보여 준다. 첫 번째 사례는 첫 면담에서 정보를 수집하는 것의 중요성을 보여 준다.

28세의 화학기술자인 타이 앤더슨([가계도 9-5])은 2007년 8월 위통으로 지역의 가정의학과에 도움을 요청하였다. 의사와 환자의 만남 전에 새로운 환자에 대한 가계도를 보는 것이 간호사에게는 일상적인 일이었기 때문에 가계도가 작성되었다. 가계도를 놓고 진료를 시작한 의사는 환자의 위통을 맥락에 놓고 보기 시작했다. 의사는 앤더슨에게 지금이 특히 어려운 때이며, 최근 가족의 중요한 생활사건이 그와 그의 가족에게 스트레스를 주었을 것이라는 가설을 세웠다. 환자와 그의 두 번째 아내인 리타는 여러 가지 중요한 전환점 가운데 있었다. 그들은 6개월 전에 이사를 했고 다섯 달 후에 첫아이를 출산할 예정이었다. 게다가 환자의 누나와 그 남편이 최근 별거했는데, 이 사건은 가족체계 전체를 뒤흔들어 놓을 만큼 영향이 컸다.

가계도를 보았을 때 여러 사건들이 시간적으로 연결되어 있었고 기념일 반응과 반복적인 패턴이 있었으며, 이것들은 앞으로 앤더슨 씨에게 더욱 스트레스를 가중시킬 것으로 보였다. 그의 첫 번째 아내는 2006년 8월 암으로 죽었으며, 그래서 그가 기념일에 반응을 보이는 것일지도 몰랐다. 또 여자들이 일찍 죽는 반복적인 패턴이 있었다. 어머니, 외할머니, 첫 번째 아내 모두 20대에 죽었으며, 이런 일로 인해 가족 내 여자들의 신체적 취약성에 그가 특히 민감했을 수 있다. 그는 특히 아내가 곧 아이를 출산한다는 것을 걱정했을 것 같았다. 왜냐하면 외할머니가 아이를 낳다가 돌아가셨으며 누나도 최근 별거하기 전 두 번이나 유산을 했

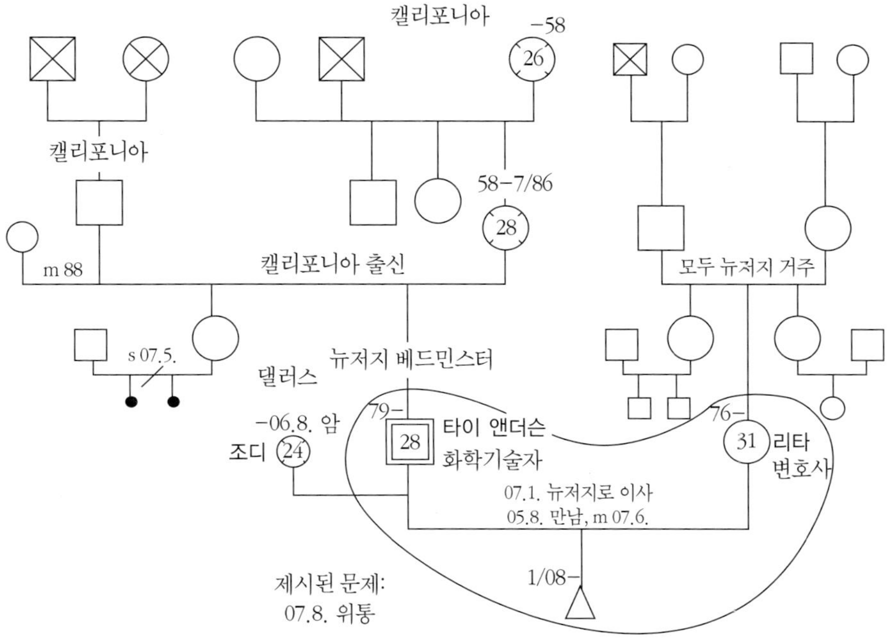

[가계도 9-5] 타이 앤더슨(2007년 8월)

기 때문이었다. 앤더슨 씨와 어머니가 가계도상에서 비슷한 출생순위에 있었기 때문에(둘 다 막내였다), 의사는 그가 어머니와 자기를 동일시하고 어머니가 사망했던 당시의 나이와 같아지자 자기도 죽을지 모른다는 두려움이 있을 수 있다고 생각했다. 의사는 또한 이 부부의 결혼시기에 주목했다. 앤더슨 씨는 첫 번째 부인의 장례식 일주일 후 현재의 아내를 만났고, 1년도 못 되어 두 사람은 결혼하였다. 이와 같이 전환기가 짧았기 때문에 의사는 앤더슨 씨가 첫 아내의 죽음과 관련된 슬픔을 잘 다루었는지 의문스러웠고, 드러나지 않은 삼각관계가 있을지 모른다고 가정했다. 그 삼각관계는 현재 아내가 첫 아내와의 해결되지 못한 관계에 대한 외부자로 있는 관계라고 볼 수도 있었다.

마지막으로 가족의 지지 수준을 살펴보면 앤더슨 씨가 아무도 도와주는 가족이 없었던 반면 아내의 부모와 형제들은 모두 가까이 살고 있어서 이 부부의 정서적 자원이 불균형 상태임이 명백했다. 이러한 가족요인에 대해 간단히 이야기를 나누는 동안, 앤더슨 씨는 첫 번째 아내를 계속 생각하고 있었으며 그녀에게 죄책감을 가지고 있고 임신에 대한 두려움도 있음을 인정했다. 그는 가족치료사에게 의뢰되는 것에 동의했다. 신체검사에 의하면 그는 위식도 역류로 고통당하고 있었는데, 그의 정서 상태에 의해 더 악화되었던 것 같았다. 환자에게 약을 처방하였고, 2주 후에 있을 다음 면담에 아내를 데리고 오도록 하였다. 그 사이에 그는 가족치료사와 상담을 하였는데, 그러는 동안 그의 증상은 사라졌다. 그와 아내는 그의 과거 경험에 대해 많은 이야기를 나누었고, 그는 신체적으로는 물론 심리적으로도 훨씬 더 상태가 좋아졌다.

이 사례의 경우 가계도 면담은 충분히 다룰 필요가 있는 수많은 심리사회적 스트레스를 확인시켜 주었고, 적절한 의뢰과정을 시작하도록 하여 앤더슨 씨와 그 가족의 압박감을 줄여 주었다. 가계도를 활용한 의사는 예방 차원의 건강관리를 할 수 있었다.

다음은 좀 더 복잡한 사례로서 가계도 정보에 대한 반응이 좀 더 늦게 나타난 경우다. 49세의 보험회사 영업사원인 댄 로고스키는 불규칙한 심장박동 문제로

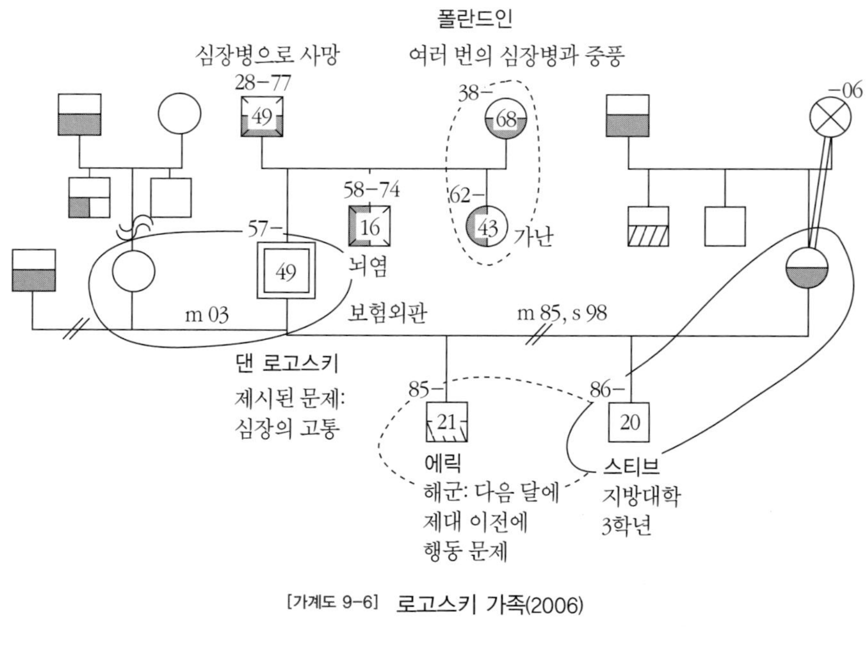

[가계도 9-6] 로고스키 가족(2006)

의사를 찾았다. 의사는 그의 아버지가 심장병으로 죽었고 어머니는 여러 번의 심장발작과 뇌졸중으로 고통받았음을 확인하였지만, 로고스키 씨에게서는 신체기관의 병을 발견할 수 없었다. 의사는 로고스키 씨의 가족사에 대해 더 많은 정보를 찾아 가계도를 작성했다([가계도 9-6]).

의사는 가계도에서 로고스키 씨에게 영향을 미쳤을지도 모를 수많은 가족사건을 확인하였다. 그의 아들 에릭은 해군에 입대하기 전에 여러 차례의 행동문제와 약물문제를 보였고 곧 제대할 예정이었으며, 로고스키 씨는 아들이 문제행동을 다시 시작하지는 않을까 염려하고 있을 수도 있었다. 전 부인은 어머니가 최근 사망하였고, 그로 인한 슬픔과 불안 때문에 이미 통제 불능인 전 부인의 음주문제가 더 악화될 염려가 있어서 그에게 많은 압박감을 주었을지도 모른다. 이것은 또 전 부인과 함께 살아가야 할 두 아들들에게 스트레스로 작용할 수 있었다. 로고스키 씨의 여동생은 여러 가지 경화증 때문에 건강이 점점 더 나빠지고 있었다. 여동생은 이제 68세 된 어머니와 함께 살고 있는데, 어머니도 노쇠해서 앞으로 여동생을 돌보기 힘들어지게 될 것이었다. 가족 중 유일하게 건강한 사람인 로고스키 씨가 여동생을 보살피는 일까지 떠맡게 될지도 모른다. 그는 또한 두 동생들이 모두 병약했기 때문에 자신도 아프게 되지 않을까 하는 두려움이 있을 수 있었다.

의사에게 또 한 가지 흥미로웠던 사실은 이제 로고스키 씨는 아버지가 심장병으로 사망하였던 당시의 나이와 같았으며, 막내아들은 아버지가 죽었을 때의 자기 나이와 같은 나이라는 점이었다. 아마도 그는 가족 역사가 반복될지 모른다는 두려움을 가졌을 수도 있었다.

마지막으로 가족의 음주행동 패턴이 반복되었다. 부모님 모두 음주문제가 있었고 아들과 첫 번째 부인, 두 아내의 가족 모두 음주문제가 있었다. 이러한 역사를 기초로 할 때, 로고스키 씨는 음주문제가 있을 가능성이 있고 가족 내 누군가가 그에게 음주문제가 있다고 생각했을지도 모른다.

가계도 정보에서 의사는 로고스키 씨에게 이런 여러 가지 염려(즉, 아들의 제대, 전 부인과 여동생의 문제, 아버지 사망시기의 연령과 현재 그의 연령이 일치, 그의 음주) 각각에 대한 질문을 할 수 있었다. 로고스키 씨는 음주를 제외하고 이러한 여러 염려에 대해 어느 정도 인정하였던 반면, 그런 것들이 자신의 신체 상태와는 아무런 관련이 없으며 그렇게 내버려 두지도 않는다고 장담하였다. 음주문제에 관한 질문을 받자, 그는 아내가 자신이 술을 너무 마신다고 생각한다는 점을 인정했다. 하지만 그것은 그냥 아내의 아버지와 첫 번째 남편이 알코올중독자였고 아내가 너무 민감해서 그렇기 때문이라고 하였다. 당연히 이 대답은 그의 음주 정도와 음주의 성격에 대한 질문과 아내와의 관계에 대한 질문을 더 많이 하게 해 주었다. 신체검사 결과가 음성으로 나왔지만, 의사는 여기서 모은 정보와 환자의 반응을 기초로 하여 2주 후의 추수면담에 심장이 어떤지 '그냥 한 번 보기 위해' 로고스키 씨와 그 부인이 함께 오도록 하였다.

다음 면담에서 가족 스트레스를 살펴보았고, 로고스키 부인은 남편의 불안과 음주에 대해 걱정하고 있다고 인정하였다. 의사는 그들이 단주모임이나 단주가족모임이나 치료 프로그램에 갈 수 있다고 말했으나, 부부 모두 이 제안을 즉시 거절했다. 그러나 한 달 후 로고스키 부인이 다시 전화를 해서 긴장이 줄어들지 않았다고 느끼고 있으며 이제 자기가 찾아갈 치료자의 이름을 알려 달라고 하였다. 의사는 다시 그녀가 단주가족모임에 참석할 수 있다고 제안하였고, 그녀는 거절하면서 그 지역의 치료자 이름만 알려 달라고 하였다. 6개월 후의 추수 의료면담에서 로고스키 씨는 50번째 생일을 맞이하였으며 자기는 편안하고 건강한 것 같다고 자랑스럽게 말했다. 그는 전 부인에게 아들 에릭의 문제를 의논하려 하였다고 말했다. 에릭은 해군을 제대한 후 자기 길을 가지 못하고 술만 너무 많이 마시고 있었다.

로고스키 씨와 부인은 가족 상황에 대한 의사의 관찰에 즉시 반응하지는 않았지만 가계도는 의사가 가족 스트레스와 관계요인을 평가하는 데 도움이 되었고, 차츰 부부가 반응을 하게 되면서 그들에게 중요한 자원이 될 수 있었다. 이 부부는 언젠가 의사에게 다시 돌아갈 것이며, 차트에 그려 놓은 가계도를 보면 지속적으로 일어나는 변화를 더 쉽게 추적할 수 있을 것이다. 예를 들어, 아이들이 커 가는 것, 로고스키 씨의 여동생이 더 많은 지원을 필요로 하는 것, 전 부인과 갈등이 심해지거나 지속되는 것, 알코올 문제로 현재 부인과 긴장이 다시 일어나는 것 등의 변화를 더 쉽게 추적할 수 있을 것이다.

가족원 한 사람이 스트레스를 받을 때 다른 가족원도 영향을 받아 감정 반사적이 된다는 연구 결과들이 있다(Huygen, 1982; Widmer Cadoret & North, 1980). 이 사례의 경우 로고스키 씨가 경험하였던 수많은 스트레스를 확인함으로써 의사는 로고스키 부인도 함께 와야 할 필요성을 인식하게 되었다. 그 목적은 남편에 대한 그녀의 반응과 지원능력을 평가하고, 그들이 원한다면 어떤 도움이 가능한지 적어도 그 씨앗을 심기 위한 것이었다. 그래서 로고스키 부인은 나중에 더 쉽게 상담을 청할 수 있었던 것 같았다. 왜냐하면 의사가 이미 가족 상황에 대해 잘 알고 있었고 그들을 위해 도움을 줄 수 있는 자원이라는 것을 알고 있었기 때문이다.

의료 상황에서 가계도 평가는 어떠한 가족 패턴이 반복되는지 알 수 있도록 하기 때문에 예방조치를 취하는 데 도움이 된다. 다시 말해, 환자가 병을 치료하는 데 도움이 되는 어떤 자원을 가지고 있는지, 의료적 치료에 순응하는 데 어떤 문제가 있는지, 가족의 어떤 스트레스가 그러한 문제를 악화시킬 수 있는지, 앞으로 어떤 형태의 심리사회적 개입(예: 추수 의료진 방문, 외부에 의뢰하기)이 필요한지 등을 알 수 있게 해 준다.

가족 패턴, 중요한 사건, 생활 스트레스와 문화적 이슈

몬테시노-놀런 가족의 가계도([가계도 9-7])를 보면 극단적으로 대조가 되는 성공과 실패, 건강과 질병, 여러 세대에 걸친 심각한 삼각관계가 나타나고 가족(특히 어머니)은 둘째 딸 바버라의 행동을 통제할 수 없어서 도움을 요청했다. 처음 2회기에 걸쳐 가계도가 작성되었고, 가족 간의 동맹과 삼각관계를 설명하기 위해 가족조각도 해 보았다. 그러자 현재 스트레스가 될 수 있을 수많은 가족요인들이 시각적으로 빨리 그려 볼 수 있었다.

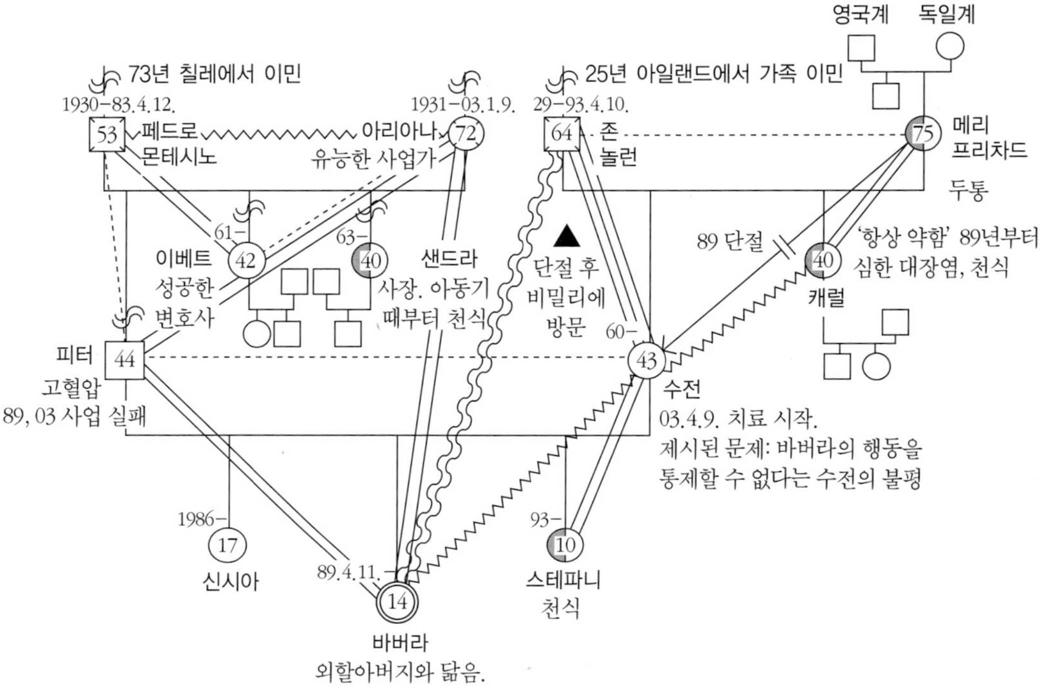

[가계도 9-7] 몬테시노–놀런 가족(2003)

상호 보완적이지 않은 부모의 형제자매 위치

- 부모인 피터와 수전 모두 장남장녀로서 통제를 다루는 문제에 어려움이 있는 것으로 보였다(첫째끼리 전형적인 유형; 제5장 참조).

가족의 기념일 반응

- 양쪽 조부모 모두 바버라의 생일 즈음 돌아가셨다(친할아버지는 바버라가 태어나기 전에, 외할아버지는 바버라가 네 살 때 돌아가셨다.). 그런데 이것은 가족이 치료를 받으려 신청했던 시기와도 일치했다. 외할아버지는 수전이 태어날 때부터 수전과 매우 친밀했고, 외할머니가 가족관계를 일체 거부하자 아무도 모르게 수전을 방문했다.
- 피터의 가족은 피터가 열네 살 때 칠레에서 이민을 왔는데, 현재 바버라도 열

네 살이다.

- 어머니와 수전의 단절, 그리고 어머니의 여동생인 캐럴의 병은 모두 바바라가 출생한 연도에 일어났다.
- 이런 모든 스트레스 외에도, 바바라가 태어나던 해 피터의 사업이 실패했고 또 한번 실직했다.

다세대 삼각관계

- 핵가족에서 바바라는 아버지와 친밀한 관계였으나 어머니와의 관계는 적대적이었다. 부모의 부부관계는 서로 소원했다.
- 어머니는 원가족에서 아버지와 친밀한 관계였으나 어머니와는 단절되었고, 부모의 부부관계는 서로 소원했다.
- 아버지는 원가족에서 어머니와 친밀한 관계였으나 아버지와의 관계는 소원했고, 부모의 부부관계는 적대적이었다.
- 피터의 여동생인 이베트는 역으로 비슷한 삼각관계에 있다. 즉, 아버지와는 가깝고 어머니와는 거리가 있었으며, 그래서 오빠인 피터와 갈등을 가질 수밖에 없었다. 물론 형제들은 지금까지 아주 가깝게 지내고 있다.

생활 스트레스 사건의 일치

- 바바라는 3개월 전 사망한 친할머니와 매우 가까웠다.
- 피터는 최근 실직했고, 바바라가 태어나던 해에도 사업에 실패했다.
- 장녀인 신시아는 가을에 대학에 가려고 집을 떠날 예정이었고, 이것은 나머지 가족에게 더 큰 스트레스가 되었다.

과다기능자와 과소기능자 간의 불균형

- 피터의 여동생 이베트는 매우 성공한 변호사였고(과다기능자) 아버지가 가장 좋아하는 아이였던 반면, 피터는 거듭 사업에 실패했고 현재도 실직 상태다(과소기능자).

- 신시아는 과다기능자였다. 바버라는 역기능적인 중간 아이였고, 막내인 스테파니는 반복적인 천식문제를 갖고 있는 상황이 균형을 이룰 수 없었던 것으로 보인다.
- 어머니 수전은 언제나 건강하고 성공적이었던 반면, 여동생 캐럴은 대장염에 걸리기 전부터 어머니 눈에 언제나 약해 보여 과잉보호되었다.

가족 패턴

- 모든 가족에서 막내딸들은 천식문제가 있었다. 피터의 막내 여동생은 어렸을 때부터 천식을 앓았고, 캐럴과 스테파니도 그랬다.
- 수전의 여동생 캐럴은 대장염에 여러 번 걸렸는데 그 증상이 1989년부터 시작되었다. 바로 그해 수전과 어머니는 사이가 멀어져 서로 단절하였고, 그 후 아버지는 가족을 비밀리에 방문해서 서로 가깝게 지내게 되었다.
- 가족은 중간 딸 바버라를 외할아버지와 동일시했다. 바버라의 꿈에 할아버지가 나타났고, 그래서 가족은 바버라를 외할아버지의 현신으로 믿었다. (가족은 바버라를 외할아버지와 동일시했음을 인정했음에도 불구하고 치료 후반기가 되어서야 이에 대해 말했다.)

재정 상태

- 피터는 최근 실직했으며 지금도 실직 상태에 있으며 수전은 보조교사로 적은 월급을 받고 있다. 피터가 일자리를 곧 찾지 못하면 이 가족은 생활비를 빌려야 한다.
- 신시아는 두세 달 후에 대학에 가려고 집을 떠날 계획이며, 이것은 가족에게 큰 대가를 치르는 일이 될 것이다.

문화적 이슈와 가족에 대한 책임

- 피터의 원가족은 칠레 사람들이다. 피터는 라틴계 가족의 가치인 확대가족에 대한 책임과 상호관계를 중시했다. 수전의 원가족은 영국계, 독일계, 아일랜

드게 조상이 3~4세대 전에 미국으로 건너왔다. 수전은 미국 가족의 가치인 독립성과 자녀는 대학까지만 책임지는 것을 중시했다. 이와 같은 문화적 차이는 부부관계에서 스트레스의 원인이 되었다.

- 피터는 여동생의 가족들과 더 많은 시간을 보내고 싶었고, 딸들이 사촌들과 가깝게 지내기를 바랐다. 수전은 핵가족끼리 함께 일하면서 자유로운 시간을 보내고 싶었으며 피터가 자신과 딸들하고만 더 많은 시간을 보냈다면 결혼생활이 더 나았을 것이라고 생각했다. 수전은 피터가 원가족과 친한 관계를 맺는 것을 자기로부터 멀어지기 위한 방법이라고 보았다.
- 수전은 1989년 이래 어머니와 관계를 끊은 채 지내고 있다. 피터는 장모가 연로하고 아팠기 때문에 걱정되었다. 그는 수전이 자기 어머니와 평화로운 관계를 유지하길 원했다. 자기 친어머니의 사망 이후 피터는 수전의 어머니와 화해할 것을 더 강하게 주장했다. 피터는 수전이 자기 어머니에게 동정심이 부족한 것을 '냉담한' 것으로 보았다. 이것은 결혼생활에서 또 하나의 스트레스 요인이 되었다.

가계도를 활용해 정보를 수집하는 과정 그 자체가 치료적이다. 가계도를 그리는 동안 일어나는 반복적인 가족 패턴, 중요한 사건과 생활 스트레스에 대한 이야기는 종종 가족이 다양한 가능성과 결과를 볼 수 있도록 대화를 촉진한다. 수전이 딸 바버라 때문에 상담을 신청했을 때, 그녀는 바버라의 '통제할 수 없는' 행동에 초점을 두었다. 자신들의 이야기를 하는 과정에서 수전과 피터는 바버라의 나쁜 행동이 가족의 재정 상태, 신시아가 대학을 가기 위해 집을 떠나는 것에 대한 불안, 다세대에 걸친 삼각관계, 문화적 차이와 연관된 가족 스트레스의 발현이거나 증상임을 알게 되었다.

수전은 자신과 피터가 원가족의 패턴을 반복하고 있음을 알게 되자 문제를 새로운 방식으로 보기 시작했다. 수전은 딸과 좋은 관계를 맺고 싶어 했다. 그녀는 자기 자신과 친정어머니의 관계를 반복하고 싶지 않았다. 수전과 피터가 바버라와 삼각관계를 맺으며 원가족의 행동 패턴을 반복하고 있음을 알게 되었을 때, 두 사람은 그들의 관계를 변화시키기 위해 함께 작업할 수 있었다. 수전과 피터가 연합되자 바버라의 위치가 바뀌게 되었다. 바버라가 엄마와 갈등 시 아버지와 연합하기 위해 더 이상 아버지에게 의지할 수 없었기 때문에, 바버라와 엄마는 서로의 관계를 직접적으로 다루게 되었다.

수전은 피터와의 관계에 거리가 있다고 말했지만, 그들은 정말로 서로를 사랑했고 결혼생활을 지키고자 했다. 그들은 문화적 차이를 이해하자 부부간의 불일치를 덜 위협적이고 더 좋은 방법으로 보게 되었다. 수전은 피터와 여동생들 간의 가까운 관계를 문화적 가치로 받아들였고 그가 자신을 멀리하는 것이 아님을 깨달았다. 동시에 피터는 수전의 독립성을 문화적 가치로 받아들였고, 수전이 '냉담한' 것이 아님을 인정했다. 그들이 부모로서 더 많이 일치하기 시작하고 자녀양육 방법에 대해서도 일치하기 시작했을 때, 두 사람은 더 가까워지고 결혼생활은 더 좋아졌다.

마지막 사례는 가계도의 숨겨진 정보가 내담자 자신에 대한 경험을 뒤바꾸는 힘이 있음을 여실히 보여 준다([가계도 9-8]). 프랭크 페트루치는 50세의 성공한 이탈리아와 아일랜드계 사업가로 최근 세 번째 결혼을 하였다. 그는 아내를 떠나면서 소피아와 오필리아도 버렸다. 세 번째 결혼에서 그는 아버지를 잃은 세 아들을 떠맡게 되었는데, 이 아이들의 아버지는 수년간의 병환 후에 사망한 성공하고 명망 있는 변호사였다. 프랭크는 새 부인과 아들들에 매우 만족했으나 자신이 원했던 만큼 매우 친밀한 관계를 맺지 못하고 위축되는 자신을 발견했다. 이것은 아내인 크리스틴을 좌절시키고 분노하게 했다. 원가족에 대한 질문을 하자, 프랭크는 그에 대한 이야기하고 싶어 하지 않았다. 그는 혼란스러운 상황에서 성장하였고 어머니가 이 남자 저 남자와 새로운 관계를 맺느라 자주 이사를 다녔다고 시인했다. 어머니는 프랭크가 24세가 되기 전 일곱 번의 결혼을 했다. 어머니가 프랭크가 일곱 살 때 짐을 꾸려 친아버지로부터 천 마일 떨어진 곳으로 이사 갔기 때문에 친아버지와의 관계가 단절된 것이다. 그 후 여러 해 동안 부모들이 서로 신랄하게 다툴 때마다 프랭크 자신은 이리저리 휘둘리며 살았던 것을 어렴풋이 기억하였다. 어머니는 학대를 했으며 알코올 문제가 있었고, 어린 시절부터 프랭크는 자신뿐 아니라 어머니도 돌보아야 했다. 프랭크는 아버지가 다시 한 번 연락을

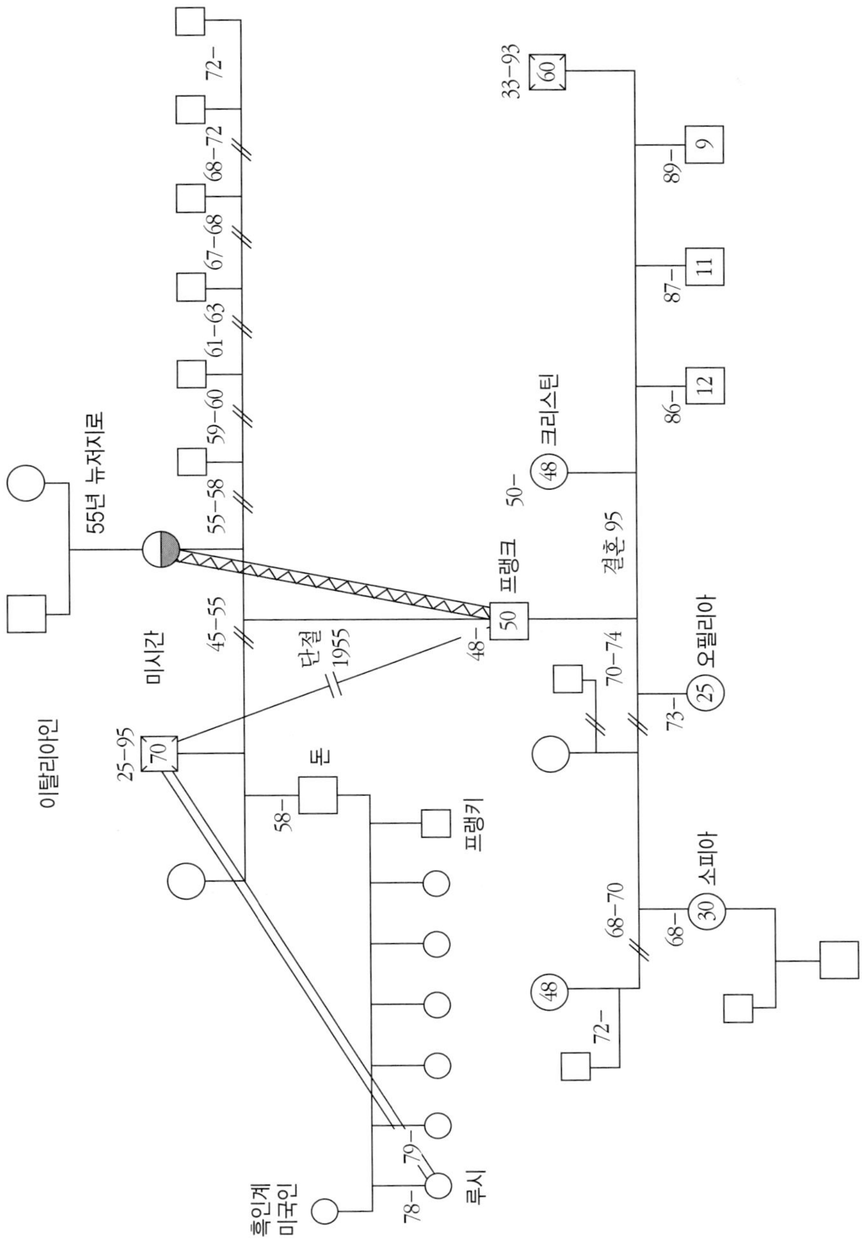

[가계도 9-8] 페트루치 가족

취해서 만났을 때 아버지가 둘째 부인이 낳은 아들 사진을 꺼내 보여 자신이 화를 내고 나와 버린 적이 있음을 기억해 냈다.

프랭크가 분노에서 벗어나 가계도에 호기심을 갖기까지는 몇 달이 걸렸다. 마침내 그는 몇 가지 추적을 해서 아버지가 바로 전 해에 사망하였음을 알게 되었다. 그는 고향으로 돌아가 자기가 태어난 집과 아버지의 무덤에 가 보기로 마음먹었다. 집에 도착하자 거기에는 젊은 흑인계 미국 여성이 살고 있었다. 프랭크가 자신을 소개하자, 놀랍게도 그 여성은 자기 이름이 루시 페트루치라고 말했다. 그녀는 흑인계 미국 여성과 결혼한 프랭크의 이복동생인 돈의 일곱 자녀 중 한 사람이었다. 그들의 막내이자 외아들도 프랭크 페트루치라는 이름을 갖고 있었다. 루시는 장녀로 프랭크의 아버지인 할아버지와 가장 가까웠는데, 프랭크의 아버지는 세상을 뜰 때까지 그 가족과 함께 살았던 것이다. 그날 밤 가족은 모두 함께 외식을 했고, 나중에야 그가 말했지만 그는 자신이 필요하다고 한 번도 깨닫지 못했던 사랑과 연결감을 경험했다. 그가 새로 찾은 조카 루시는 그전에는 몰랐던 프랭크 아버지의 역사에 대해 많은 것을 알려 주었다. 사실 그녀는 프랭크의 아버지의 말년에 그와 가장 가까웠고, 세상을 뜨던 날 밤 함께했던 마지막 사람이었다. 새롭게 찾은 이복동생은 수년간 아버지가 프랭크를 얼마나 그리워했는지, 그리고 그가 연락을 하려 했을 때 프랭크로부터 거부당하고 얼마나 고통스러워했는지 이야기해 주었다. 아버지가 프랭크의 어린 시절에 함께 살았던 동네에 이복동생을 자주 데리고 갔다는 얘기는 프랭크에게는 충격이었다. 프랭크는 자신이 강한 인종차별주의자라고 오랫동안 기억하고 있었는데 지금 이 흑인 가족과 너무 가깝게 느껴지는 것을 깨닫고 특히 더 놀라웠다. 이러한 그의 관계 회복은 어린 시절의 단절로 인해 단순히 아버지만을 잃은 것이 아니라는 인식을 깊게 갖도록 했다. 관계 회복은 프랭크와 그가 포함된 가족에게만 영향을 미친 것이 아니라 그가 떠나와 버린 아이들과의 관계도 다시 한 번 생각하게 하였다. 또한 그것은 '신기하게도' 아내와의 관계에도 변화를 주었다. 아내는 "한 번의 관계 회복이 인생 전체를 바꿀 수는 없지만, 아무튼 그는 이제 훨씬 부드럽고 친절한 프랭키가 되었어요."라고 말했다.

제 10 장

가족놀이가계도

제 10 장

가족놀이가계도*

가계도 작성에 활기를 불어넣는 방법 중 하나가 가족놀이가계도다. 이 방법은 가족들이 각 구성원을 상징하는 사람, 동물, 대상의 이미지를 골라서 배열하는 것이다. 이러한 활동은 오래전에 사망한 가족뿐만 아니라 가족들이 서로에 대해 어떻게 생각하는지에 대한 흥미로운 정보를 제공한다. 각자 선택한 작은 모형에 대해 이야기함으로써 가족들의 독창성, 환상, 생각을 알 수 있으며, 가족 역사를 명료화하고 관계와 갈등에 대한 서로의 관점을 확대할 수 있다. 때로는 가족 이야기나 소문, 전설 등이 우리가 입수한 정보보다 상징적 표현에 더 영향을 미치기도 한다. 이러한 관점은 가족놀이가계도를 통해 탐색되고 확장되면서 각 가족원들이 확대가족에 대해 알고 있는 것을 통합하여 새로운 이야기를 만들어 내게 한다.

나이에 상관없이 누구나 작은 모형을 사용하며, 특정한 시기에서부터 출발하여 가족의 비밀이나 서로에게 익숙한 가족사에 대해 이야기를 나눈다. 가족조각을

* 엘리아나 길(Eliana Gil) 박사와 공저

완성하고 나면 참여자들에게 앞으로 관계가 어떻게 달라질지에 대해 시각적으로나 신체적으로 나타내 보도록 한다. 가족놀이가계도 작업에서도 가족원들에게 그들 관계나 가족사와 관련해서 미래에 변화된 모습을 상상해 보고 이것을 가계도에 나타내 보도록 한다. 가족 역사 속 실제 이야기를 할 때 은유적 요소를 도입하게 되면 그 내용을 변화시킬 수는 없지만 가족원들에게 변화 가능성에 대해 생각해 보도록 유연성을 길러준다.

가족놀이가계도는 평가에서는 물론 치료 차원에서도 가계도의 유용성을 자연스럽게 확장시켜 주는 역할을 한다. 엘리아나 길이 개발한 가족놀이가계도는 가계도의 구조에 축소된 상징물(사람, 동물, 기타 모든 형태의 물건들)을 결합시켜 재미있는 놀이처럼 진행하기 때문에 자녀들과 함께 상상력을 발휘하면서 가계도 작업을 하게 해 준다. 놀이가계도는 치료과정에서 가족관계의 변화 가능성을 열어준다. 놀이치료의 여러 형태와 마찬가지로 가족놀이가계도 역시 가족원들에게 축소된 세계 속에서 그들 자신과 가족에 대한 생각, 감정, 환상 등과 같은 내적 경험을 표현할 수 있게 해 준다. 작은 모형들은 가족들이 어떻게 분리되고 연결되는지 혹은 어떻게 서로 다른지를 재미있게 나타내는 작은 이미지들이다. 놀이가계도는 5세의 어린아이에서부터 85세의 할머니에 이르기까지 개인치료에도 활용할 수 있다. 또한 여러 가족원들이 참여해서 관계에 대한 각 가족원의 관점을 이해하도록 하는 데 활용할 수 있다. 가계도는 대개 전지 크기(90 × 120cm) 정도의 큰 종이 위에 나타낸다. 생물학적 · 법적으로 연결된 가족원뿐만 아니라 친구나 애완동물을 포함하여 가족의 삶에서 중요한 역할을 하는 존재들을 모두 가계도에 나타낸다. 일단 그림이 완성되면 가족원들은 자신을 포함하여 가계도상의 각 사람을 대표하는 모형을 하나씩 골라서 가계도 그림의 동그라미나 네모에 각자 선택한 것을 갖다 놓는다. 가족들은 충분한 시간을 갖고 자신이 원하는 대로 선택할 수 있으며, 그러고 나서 선택한 것에 대한 자신의 생각을 이야기하게 된다. 어린아이들은 대개 도움을 받지 않고도 혼자서 모형을 선택한다. 부모는 아이들이 선택한 모형을 가계도에 그려진 각 사람에게 적절하게 배열하도록 돕는다. 치료사는 어린아이들과의 작업에서 그들이 자유롭게 이야기할 수 있도록 치료적 대화를 촉진한다. 임상가는 주저하는 아이에게는 구체적인 예와 추상적인 예를 제시해 주면서 여러 가지 가능성을 탐색해 보도록 격려한다. 어떤 사람은 한 가족원에 대하여 하나 이상의 모형을 선택하기도 한다. 이것은 양가감정이나 관계의 복잡성을 반영해 주는 것이다. 위탁가정이나 여러 양육자가 있는 상황에서 자란 아이들과 작업할 경우, 임상가는 같은 종이 위에 여러 개의 가계도를 시리즈로 구성할 수 있다. 면담할 때 지시사항을 하나하나 보여 주거나 가계도 정보를 처리하는 과정을 도와주면 가계도가 너무 복잡해지는 것을 피할 수 있다.

예를 들어, 가족들에게 애완동물까지 포함해서 현재 함께 살고 있는 가족원 모형을 하나씩 선택하게 하고 그에 대한 정보를 나눌 수 있다. 위탁가정일 경우 한편으로는 위탁보호 중인 자녀들에게 이전 가족원들을 그려 보게 하고 다른 가족원들에게는 확대가족에 대한 모형을 선택하게 한다. 과거 또는 현재의 친구, 치료자, 선생님, 애완동물, 그 외 중요한 관계를 맺고 있는 사람들이 내담자가 될 수 있다. 이것은 아이들이 그들 세계를 들여다보고 우선적인 사항을 결정할 수 있도록 도우며, 임상가에게는 복잡한 것을 보다 쉽게 시각적으로 평가할 수 있게 해 준다. 각 가족원들은 차례로 자신이 선택한 상징물에 대해 이야기하면서 그 의미를 정교하게 표현할 수 있도록 도움을 받는다. 임상가는 모형을 선택하는 과정에서 이루어지는 가족들의 상호작용 패턴을 관찰할 수 있다. 이러한 관찰을 통해 언어적 상호작용에서 나타나지 않는 가족관계 패턴에 대한 정보를 얻을 수 있다. 가족원들이 동시에 선택하도록 격려하는 과정에서 가족평가에 도움이 되는 다양한 정보를 얻을 수 있다. 가족원들이 함께 활동하다 보면 특정 모형을 두고 다투는 일도 발생하게 되는데, 이때 임상가는 가족의 문제해결 방식과 패턴을 관찰할 수 있다. 선택이 끝나면 가족들에게 완성된 가족놀이가계도를 보면서 느낀 점이나 질문을 하게 한다. 가족원들에게 그 모형을 선택한 이유에 대해 질문하기보다, 가족원들이 자발적으로 모형과 가족관계에 대한 정보를 풍부하게 표현할 수 있도록 하는 것이 좋다.

맨 처음 말하는 사람이 앞으로 제공될 정보의 유형을 결정하는 경향이 있다. 이럴 때 임상가는 가족에게 "그것에 대해서 좀 더 이야기해 줄 수 있나요?"라고 질문함으로써 가족 간 대화를 촉진하는 것이 좋다.

가족놀이가계도는 모형이 갖는 상징성 때문에 미처 인식하지 못했던 가족의 특성과 패턴을 창조적이고 재미있게 그려낼 수 있는 매력적인 도구다. 관계상의 문제가 심각한 사람들도 유머스러운 표현을 통해 자신의 탄력성을 드러내기도 한다. 심각한 외상 후 스트레스를 경험한 한 여성이 크기가 작은 남자 인형을 남편의 상징물로 골랐다. 자신의 선택에 대하여 이야기하던 중 그녀는 한때 남편을 몹시 무서워했지만 최근에는 그가 자신의 삶에 미치는 영향이 아주 미미해졌음을 깨달았다고 했다. 때문에 그렇게 바보같이 작은 인형을 선택한 것은 자신의 변화를 보여 주는 것이라고 했다. 또한 그녀는 자신을 작은 아기들로 둘러싸인 인디언 인형으로 나타냈는데, 이는 자신이 지난 수년 동안 자녀를 키우는 일에만 온 정신을 쏟아부었기 때문이라고 말했다. 그녀가 선택한 모형들은 그동안 그녀가 느꼈던 부담과 스트레스가 어떠했는지를 잘 나타내 주는 것이었지만, 그 의미에 대해서 이야기할 때 그녀는 웃으면서 말했다. 어떤 면에서 가계도놀이 자체의 유머와 작은 모형은 크기가 그녀로 하여금 자신과 자신의 상황에 대해 웃으면서 감정표현을 할 수 있도록 해 주었다. 그녀의 10대 딸은 어머니를 '걸어 다니는 치아'라고 하면서 작은 발이 달린 입 모양의 상징물을 선택했다. 어머니에 대한 원망을 발이 달린 치아로 표현한 것이었다. 그러면서 딸은 어머니의 '심한 잔소리'에 대한 자신의 좌절감과 함께 두 사람의 관계가 얼마나 바보 같은지에 대해 이야기하였다. 이러한 선택을 통해 어머니와 딸은 자신과 관계에 대한 서로의 생각을 알게 되었을 뿐 아니라 확대가족에 대한 생각도 함께 나눌 수 있었다. 그들은 가족놀이가계도를 통해 서로의 생각을 나눔으로써 그동안 갈등 때문에 무겁고 힘들게 살았던 것에서 벗어나 보다 가벼운 마음으로 함께 이야기를 나눌 수 있게 되었다. 이와 같은 활동은 그들에게 보다 넓은 맥락에서 스스로를 돌아보고 상당 부분 서로 연결되어 있음을 발견하게 해 주었다.

일단 각자가 선택한 아이템에 대해 이야기하고 나면 치료자는 가족놀이가계도를 사진으로 찍게 한다. 내담자들은 사진을 집으로 가져가서 더 많은 대화를 나눌 수도 있고, 나중에 치료적 대화를 계속하기 위해 놀이가계도를 다시 만들 때 활용할 수도 있다. 놀이가계도 기법은 가계도 치료를 용이하게 해 줄 수 있는 여러 가지 방법 중 하나일 뿐이다.

놀이가계도를 이용하여 치료에 활력을 불어넣기

가족놀이가계도 기법은 내담자의 저항을 감소시켜 자신과 타인의 생각을 솔직하게 드러낼 수 있도록 해 준다. 그 이유는 자신이나 가족에 대한 이야기를 많은 정보를 빠뜨린 채 자기강화 과정을 거쳐 기정 사실화하기 때문이다.

치료 회기에서 가족과 함께 가계도를 작성하는 것은 가족에 관한 정보, 특히 가족구성, 성취와 역기능에 관한 세대 간 패턴, 가족원 간 관계상의 문제(정서적 거리두기, 밀착 또는 단절)에 관하여 정보를 수집하고 조직하는 중요한 과정이다. 임상가와 가족은 가계도를 통해 내담자의 가족 체계와 역사를 광범위하게 이해하게 될 뿐만 아니라 가족 양상과 중요한 생활사건을 조직하고 반영하며 새로운 통찰을 얻게 된다.

놀이는 시각적 효과와 함께 상상력을 발휘하면서 내담자가 적극적으로 참여할 수 있게 해 준다. 놀이과정에서 내담자는 문제를 외현화하고 다양한 긍정적인 결과를 얻을 수 있다(언어치료에서는 얻기 힘든 경우도 있다.). 대개 사람들은 자기 문제를 말하는 것에 대하여 문화적, 개인적 제약을 느낀다. 그들은 충성심의 문제로 고민하거나 치료에 불편함을 느낄 수 있으며 문제를 과장하지는 않을까 하는 두려움을 느끼기도 한다. 또는 노출을 함으로써 문제가 더 심화되지는 않을지, 자신이 약하고 못난이로 보이지는 않을지 등 여러 가지 복잡한 감정을 느낄 수 있다. 내담자는 놀이를 통해 힘들고 어려운 것을 정서적 대상물에게 부드럽게 전이시킬 수 있다.

일단 모형을 이용해서 자신과 타인에 대해 의사소통을 할 수 있게 되면 과정에 변화가 나타나게 된다. 문제에 압도된다고 느낄 때 '축소된 모형'은 내담자로 하여금 문제는 어려운 것이 아니라 다룰 수 있는 것으로 느끼게 허 준다. 놀이치료

중에 투사과정이 나타날 수 있다. 투사는 내담자가 대상에게서 정서나 성격 특성을 느꼈을 때 일어난다. 이때 개인적인 문제를 인식하고 다룰 수 있도록 충분한 여유와 거리를 제공하는 것이 좋다.

제니의 놀이가계도

제니는 수년 동안 위탁가정에서 살아 왔다. 제니의 사례([가계도 10-1])는 탐색하기 힘든 가족문제에 어떻게 접근하는지를 잘 보여 준다. 제니의 친어머니는 약물남용으로 치료를 받아왔으며, 최근에는 약물밀매 혐의로 체포되어 수년 동안 감옥에서 생활했다. 위탁부모는 제니를 오랫동안 돌봐 주려고 했지만 제니는 우울했고 쉽게 화를 냈다. 제니는 친구들과 싸우거나 공부에 태만하는 등 학교에서 문제를 보이기 시작했다. 제니는 '이야기하는 것'은 무의미하고 어떤 것도 변하지 않을 거라고 하면서 개인치료를 거부했다. 하지만 함께 살고 있는 또 다른 위탁아동인 아홉 살 조이와 함께라면 가족치료에 참석하겠다고 하였다.

우리(저자 수에리 페트리와 아이들)는 커다란 종이 위에 제니와 조이를 시작으로 위탁부모와 친딸 낸시 등을 가계도로 나타냈다. 제니와 조이에게 가계도에 그려 넣고 싶은 사람이 있으면 추가하도록 했다. 그들은 전에 함께 살던 3명의 다른 위탁아동(스티븐, 조너선, 캐롤라인)을 추가했다. 그러고 나서 각자에게 자기 자신과 가족을 포함한 모든 사람들에 대해 느끼는 감정과 생각을 가장 잘 나타내는 모형을 선택하도록 했다.

제니와 조이는 모형을 선택하는 동안 전에 함께 살았던 아이들에 대하여 이야기했다. 그들은 낸시는 '예쁘기 때문에' 이상한 나라의 엘리스를 선택했고, 1년 전에 떠난 스티븐은 '영리했기 때문에' 천재라고 불렀으며, 조너선은 '귀엽고 동글동글했기 때문에' 땅딸보라고 불렀다. 캐롤라인은 헝겊으로 만든 광대 인형을 잠자리에도 갖고 다녔기 때문에 광대 인형을 선택했는데, 지금도 캐롤라인이 그 인형과 함께 잠드는지 궁금해했다([색채 가계도 29]).

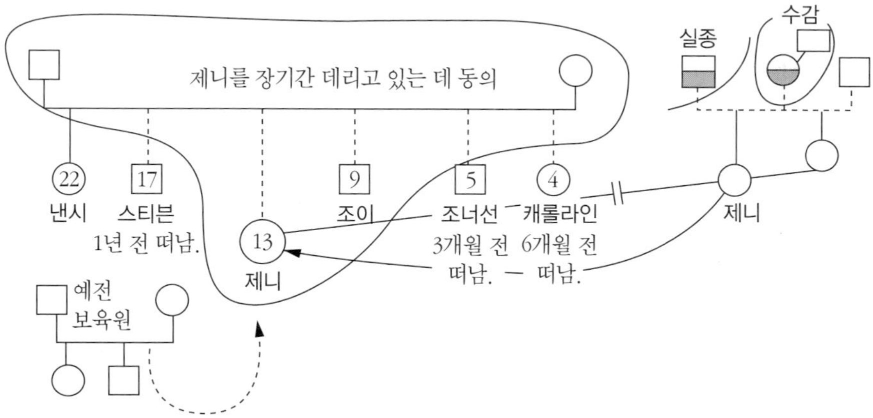

[가계도 10-1] 제니 가족

모형 찾기가 끝난 다음 자기가 선택한 것에 대해 이야기하게 했다. 제니는 자신을 작은 인어공주로 나타냈는데, 자기는 '물속에' 있기 때문에 아무도 자신을 이해할 수 없으며 물 밖으로 나오게 되면 결국 죽게 될 것이라고 말했다. 이러한 은유적 표현은 치료적 대화를 촉진시켜 주었다. 만일 제니에게 자신의 감정을 직접 표현하게 했더라면 결코 불가능했을 것이다. 제니는 말을 해 보았자 아무런 소용이 없다고 믿었기 때문이다. 그러나 제니는 비교적 안전한 놀이 상황에서 작은 인어 인형을 통해 자신의 존재에 대한 딜레마를 진실되게 표현할 수 있었다.

조이는 무기를 들고 있는 사나운 인형을 선택했다. 조이는 그 무기를 가지고 있으면 항상 이길 수 있다고 말했다. 분명히 그는 자신을 보호할 수 있는 수단을 갖는 것이 중요하다고 생각하고 있었다. 확실히 두 아이 모두 두려움과 상실감, 그리고 버림받은 느낌에 대하여 표현한 것이다. 또한 그들은 강점에 대해서도 말했다. 조이는 신데렐라가 '예쁘고 착해서' 제니를 신데렐라 인형으로 표현했다고 말했다. 위탁모에 대해서 조이는 신부를 선택했고, 제니는 무기를 가진 '강한 여성'을 선택했다. 위탁부에 대해서 조이는 신랑을 선택했으며, 제니는 허풍쟁이를 선택했다. 제니는 위탁부가 마치 만화 속 주인공처럼 재미있고 태평한 사람이라고 말했다.

13세의 제니는 각 사람에 대한 감정을 나타내는 상징물을 선택하면서 은유를 사용하였다. 조이는 9세 소년답게 좀 더 구체적인 것을 선택하였다. 놀이가계도는 다양한 발달 수준에 있는 아이들과 함께 작업할 수 있는 훌륭한 도구다. 제니와 조이는 다음 회기부터 놀이가계도의 상징물에 대하여 이야기하면서 보다 편안하게 자신의 감정을 다룰 수 있었다. 예를 들어, 작은 인어가 어떻게 하면 안전해질 수 있는지, 신데렐라의 강점은 무엇인지 등에 대해 이야기할 수 있었다. 우리는 인어라든지, '물속에서 사는 것' 등과 같은 은유를 써서 제니가 다른 가족원들로부터 소외감을 느끼고 있는 것에 대해 깊이 있게 다룰 수 있었다. 그다음에 우리는 '물 밖으로' 나오는 것과 다른 사람들로부터 좀 더 이해받는 것에 초점을 두기 시작했다. 우리는 제니가 물 밖으로 나오게 되면 놀이가계도에 있는 다른 모든 피조물들을 만날 수 있다고 알려 주었다. 제니에게 어떻게 하면 물 대신 땅 위에 설 수 있을까 물었더니, 그녀는 다리를 갖게 되면 더 이상 반쪽 물고기로 살지 않아도 된다고 말했다. "나한테 다리가 생기면 내가 있고 싶은 곳에 있고 가고 싶은 곳도 생길 거예요. 또 놀기도 하고 달리기도 하고 운전도 배울 수 있을 거예요." 제니는 다리를 갖게 되면 자기통제와 이동이 가능하다는 사실을 깨닫고, 자신을 위해 뭔가 행동으로 노력을 해야겠다는 생각을 하게 되었다. 그 후 제니와 함께 이해받는 것에 관하여 이야기를 나누었다. 제니가 이해하고 싶은 것들의 목록을 적어 보도록 했고 누구로부터 이해받고 싶은지 물었다. 그럼으로써 제니는 자신을 뒤에서 붙들어 매고 앞으로 못 나가게 하는 것은 바로 자기 자신이라는 사실을 깨닫게 되었다.

가족놀이가계도에 활용하는 것들

가족놀이가계도에 활용되는 모형들은 치료자의 상상력에 의해 결정된다. 다문화가족연구소(www.multiculturalfamily.org)에서는 지름이 1~2인치 정도 크기의 단추, 돌 그리고 온갖 종류의 동물과 모형을 사용하고 팔기도 한다. 이것들은 천

원짜리 물건을 파는 가게나 공예품 가게에 가면 살 수 있다. 또한 스티커나 콜라주를 활용해서 놀이가계도를 작성하고 집에 가져가도록 한다. 제노프로(GenoPro)를 활용하면 컴퓨터로 작성한 가계도에 가족원의 사진을 붙여 넣을 수 있는 것처럼, 앞으로 머지않은 장래에 가족들이 인터넷을 통해 가족놀이가계도를 할 수 있는 날이 오게 될 것이다.

가족놀이가계도에 활용할 수 있는 가장 일반적인 모형들은 2~3인치 정도의 인형이나 나무, 동물 모형으로 놀이치료 인터넷 사이트나 장난감 가게, 공예품 가게 등에서 구입할 수 있다. 치료자는 내담자의 다양한 문화적 배경을 반영해 줄 수 있는 상징물을 구입해 놓아야 한다. 인물 모형의 피부색도 중요하다. 가족의 피부색은 다양한데 핑크색 피부의 가족 모형만 있으면 문제가 된다. 이슬람 가족들은 사람 모형을 사용하는 데 저항감을 갖는다. 따라서 다른 상징적인 모형으로 나타낼 수 있도록 하는 것이 좋다. 또한 도시와 농촌, 산골과 사막 지역 등 다양한 인간환경을 나타내 줄 수 있는 모형들을 준비해 놓는 것도 중요하다. 또한 점토와 종이를 준비해 두었다가 내담자가 원하는 상징물이 없을 때 직접 만들어서 사용하기도 한다.

다양한 가족놀이가계도 연습

임상적 상황에 따라 치료자와 가족이 상상력을 잘 발휘하면 가족놀이가계도에 활용할 수 있는 재료는 무궁무진하다. 다음은 특별한 사례에 활용할 수 있는 유용한 방법들이다.

- 외상적 경험이나 어려움을 경험했던 시기를 가계도로 나타낸다. 예를 들면, 상실의 시기, 청소년기의 세대 간 갈등, 정서적 단절 등
- 자원과 탄력성의 원천을 나타내는 가계도 그리기. 참가자들에게 그들의 삶에서 특별히 중요한 의미가 있는 사람을 나타내 주는 아이템을 고르도록 한다.

- 핵가족 내 심각한 갈등과 확대가족 내 특정한 관계를 맥락화하기
- 선택한 모형을 가지고 상상력을 촉진하는 대화하기. 예를 들어, 치료자는 가족에게 다음과 같이 질문할 수 있다. 만약에 벌새와 말(돌아가신 할아버지로 선택한 상징물)이 말을 한다면 타이샤의 문제에 대해 어떻게 말할까? 사마귀(11세 소년이 학대문제로 기소되어 양육권을 상실한 어머니로 선택한 상징물)가 독수리(소년 자신의 상징물)에게 이야기한다면 뭐라고 할 것 같니? 독수리는 또 뭐라고 할까? 그다음 독수리가 되고 싶어 하는 카멜레온(여동생)과 꼬마 곰(그의 어린 남동생)에게는 뭐라고 말할까?
- 가족원들이 선택했다가 바로 마음을 바꾸어서 선택하지 않았던 모형들에 대하여 이야기 나누기
- 가족에게 선택한 모형을 움직여 보도록 요청하기. 예를 들어, 부모 모형에게 질문을 할 때 청소년 자녀의 모형을 돌려 세워 놓고 질문할 수 있다.
- 내담자에게 자기가 선택한 모형의 상황을 몸으로 나타내게 한 뒤 그 느낌을 이야기하게 하기

어머니가 세 딸과 막내아들의 양육권을 상실한 뒤 아이들을 혼자서 돌보아야 하는 아버지는 과중한 부모 역할 부담을 느끼게 되었다. 저자(모니카 맥골드릭)는 자녀들에게 부모를 나타내는 모형을 선택하게 했고, 아버지에게는 각 자녀에 해당되는 모형을 선택하게 했다. 그리고 모든 가족에게 그들이 자원으로 생각하는 한 사람을 찾아 모형을 고르도록 했다. 아이들은 어머니를 용과 코브라, 어둠과 빛으로 갈라진 사람의 흉상, 바닷가재로 나타냈다. 이는 그들이 어머니를 신뢰하는 데 어려움이 있음을 말해 주는 것이었다. 그러나 아이들 대부분은 선택한 모형에 대해서 자세하게 말하려고 하지 않았다. 특히 어린아이일수록 더욱 힘들어했다. 아버지에 대해서는 사업가, 컴퓨터, 평화를 나타내는 바위, 시계 등으로 나타냈는데, 이것은 아버지가 항상 아이들에게 시간에 맞추어 서두르도록 재촉했기 때문이다. 아버지는 자신을 날개를 편 독수리로 나타냈는데 이것은 자신이 항상 아이들을 감독해야 한다고 느꼈기 때문이다. 막내아들은 자신을 자동차로 나타낸

반면, 딸들은 스포츠와 패션에 관심이 있는 사람으로 표현했다. 아버지는 세 딸을 롤러스케이트를 타는 아가씨, 기타, 사랑스러운 강아지로, 막내아들은 작은 소년으로 나타냈다. 가족 이야기를 마치면서 그들은 현재 상황에서 그들을 도울 수 있을 거라고 생각하는 사람을 표현했던 모형들에 대하여 이야기를 하게 되었다([색채 가계도 30]).

아버지가 맨 먼저 자신의 선택에 대하여 이야기를 했는데, 그는 수녀가 된 잔소리꾼 의붓누나 외에는 아무도 없다고 말했다. 그 누나는 자신보다 열다섯 살이 더 많은데 어머니가 아팠을 때부터 자신과 남동생을 어머니처럼 돌보아 주었다고 말했다. 세 명의 청소년 딸들은 그들이 밀착되어 있는 친구의 부모님을 선택했다. 그들은 아기를 품은 원숭이나 캥거루, 마법사의 모형을 선택했다. 반면 막내아들은 개를 선택해서 모두를 웃게 만들었는데, 실제로 그들 모두가 개를 사랑하고 있었고 가장 좋은 자원으로 생각하고 있었다. 가족놀이가계도 작업을 할 때 특별한 점은 가족에게 도움을 줄 수 있는 자원을 인식하게 해 주면서 동시에 어떤 면에서는 '친족'과도 같았던 사람들과 좋았던 시절에 대한 이야기를 나눌 수 있는 기회도 제공해 준다는 것이다. 그렇게 하면서 가족들은 서로 잘 연결되어 있다는 느낌을 갖게 된다. 상담이 몇 번 더 진행된 뒤 아버지가 다른 지역에서 근무하게 되면서 위기가 발생했다. 그는 이 모든 자원을 활용해서 아이들을 위한 지지체계를 형성해 줄 수 있었다. 처음에는 누나에게 도와달라고 부탁하는 것을 매우 어렵게 생각했지만, 누나는 그가 전화한 것에 놀라면서 기꺼이 도와주기로 하였다.

알렉시스의 사례: 아동 성학대 문제가 있는 재혼가정

알렉시스([가계도 10-2])는 10세부터 13세까지 3년 이상을 계부로부터 성폭행을 당한 14세의 도미니카계 미국인 여자 아이이다. 학교 상담선생님께 이 사실을 말씀드리고 나서 더 이상 학대는 일어나지 않았다. 계부는 성학대를 인정하고 곧 수감되었다. 알렉시스는 늦게까지 집에 들어가지 않았고 담배나 다리화나를 피우고

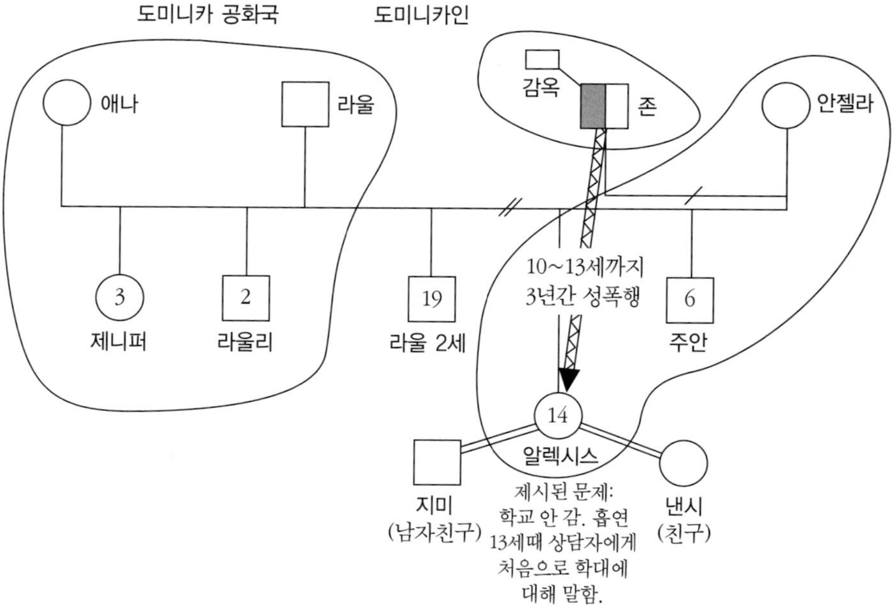

[가계도 10-2] 알렉시스 가족

결석까지 하기 시작했다. 그녀는 6개월 동안 치료를 받았지만 성학대에 대해서는 말을 다 했고 이미 지난 일이기 때문에 더 이상 어떤 감정도 없다고 하면서 이야기하기를 거부했다.

치료과정에서 저자(수에리 페트리)는 알렉시스 가족의 가계도를 구성했다. 그녀는 2남 1녀 중 둘째였다. 알렉시스에게 원하는 사람이 있으면 포함시켜도 좋다고 하였다([가계도 10-2]). 알렉시스는 친아버지 라울의 새 가족(그의 아내 애나와 두 자녀 제니퍼와 라울리), 친한 친구인 낸시와 남자친구 지미를 그려 넣었다. 그런 다음 알렉시스에게 자신을 포함하여 가족 내 모든 사람에 대한 자신의 생각과 감정을 나타내는 상징물을 선택하게 했다([색채 가계도 31]).

알렉시스는 친아버지를 그가 재혼해서 낳은 두 어린 자녀를 향하도록 놓았으며, 자신의 가족으로부터 떨어져 있게 놓았다. 그녀는 가장 작은 여자 인형으로 자신을 나타냈다. 그리고 어머니는 여왕으로, 계부는 무기를 들고 있는 험악한 모형으로 나타냈다. 이것은 알렉시스가 자신과 부모에 대한 강렬한 감정을 시각적으로 표현한 것이다. 저자는 자신이 관찰한 것을 말하는 대신 알렉시스에게 가계도에 대해서 설명해 달라고 했다. "내가 아버지를 이 모형으로 선택한 것은 아버지의 피부가 검고 매우 잘생겼기 때문이에요." 그러고 나서 알렉시스는 가장 친한 친구에 대해서는 '예쁘기 때문에' 신데렐라를 선택했으며, 남자친구는 잘생기고 하얀 피부를 가졌기 때문에 '백인 청년'을 선택했다고 말했다. 작은 소녀와 아기 모형은 그녀의 이복형제를 나타낸 것이며, 1년 전 도미니카 공화국에 사는 아버지를 방문했을 때 동생들과 재미있게 지낸 이야기를 했다. 오빠에 대해서는 만화에 나오는 바트 심슨을 선택했다. 그 이유에 대해서 "오빠는 항상 고등학교에서 문제를 일으키고, 아무것도 잘하는 게 없어요."라고 말했다. 흥미롭게도 아버지의 두 번째 아내에 대해서는 어떤 모형도 선택하지 않았다.

알렉시스는 어머니와 계부로 선택한 모형에 대해서는 말하지 않았다. 치료자가 그것을 가리키며 "이것들에 대해 이야기해 줄래?"라고 말했을 때 비로소 대화가 시작되었다.

"내가 이 추악한 남자를 선택한 것은 새아버지가 비열하고 무섭게 생겼기 때문이에요." 그러고 나서 그가 계속 감옥에 있었으면 좋겠고 감옥에서 나와 집으로 돌아올까 봐 두렵다고 말했다. 어머니에 대해서는 자신의 모든 것을 통제하려 한다고 말했다. 어머니에 대해 더 말해 달라고 하자 그녀는 두려움, 분노, 무기력한 감정을 표현했다. 그리고 친아버지의 역할에 대해서 이야기하면서 자신이 친아버지 곁에 있었다면 "이런 일은 하나도 일어나지 않았을 거예요."라고 말했다. 아버지 모형을 자기 가족에서 멀리 떨어져서 재혼가족의 어린 자녀들을 향하게 놓은 것은 알렉시스가 느끼는 버림받은 감정을 시각적으로 나타낸 것이었다.

알렉시스는 성학대에 대해 더 이상 할 말이 없다고 했지만 결국 놀이가계도를 통해 성학대에 관한 자신의 감정을 표현할 수 있었다. 알렉시스는 어머니의 권력에 대한 양가감정에 대해서도 다양한 방법으로 표현했다. 어머니는 계부가 그녀를 학대했을 때 무기력하게 대처했지만 지금은 모든 일을 알게 되었고 이혼서류까지 접수했다. 알렉시스는 때로 엄마가 그녀에게 너무 많은 제한을 하기 때문에 지나치게 권력 행사를 한다고 말했다. 그렇지만 한편으로는 어머니가 자녀들에게 최선을 다하려고 하기 때문에 어머니의 권력 행사가 좋은 점도 있다고 말했다.

우리는 놀이가계도를 사진으로 찍어 파일에 넣어두기로 했다. 다음 상담 회기에서 알렉시스는 이 놀이경험을 통해 여왕이 알게 된 후 얼마나 힘을 발휘했는지, 그리고 여왕의 힘이 커짐에 따라 추악한 남자가 점점 쪼그라드는 것을 볼 수 있었다. 이러한 치료과정에서 알렉시스는 자신의 모습이 작아 보인다는 것을 깨닫게 되었고, 새롭게 알게 된 것들이 자신의 힘을 키워 줄 것인지에 대해서 궁금해했다.

노구치 가족: 이방인으로 이루어진 가족

노구치 가족([가계도 10-3])은 14세인 아들 브랜든 때문에 도움을 요청했다. 브랜든은 학교 가기를 거부했고, 밤에는 잠을 자지 않다가 낮에는 하루 종일 잠만 잤다. 그리고 아주 작은 규칙조차 지키지 않아 부모가 꾸중을 하면 가구를 때려 부쉈다. 아버지 코지는 미술을 공부하러 일본에서 미국으로 건너온 그래픽 디자이너였다. 미술교사인 어머니 테리는 노동자계층의 아일랜드계 사람으로 코지를 대학에서 만났다.

코지와 테리는 이제 자신들이 좋은 부모가 아니라고 믿게 되었다. 사람들은 아들에게 규칙을 제시하고 한계를 정해야 한다고 말했지만, 그렇게 할 수 없자 자신들이 실패자라는 느낌을 갖게 되었다. 그들은 서로에게 화가 났고 학교와 아들에게도 화가 나 있었다. 그들은 부부로서 대화를 나누지 못했고 대화 주제도 브랜든에 관한 것이 전부였다.

부모는 가계도 정보를 제공하는 데 협조적이었으나 그들의 과거 가족사에 대한 이야기에는 성의를 보이지 않았고, 치료에 참여하는 것에 대해서도 지극히 방어적이었다. 그들은 체계론적으로 생각하는 것에 강하게 저항했는데, 그 이유는 그들이 원가족과 깊이 단절되어 있고 그들과 동일시하고 싶지 않았기 때문이었을

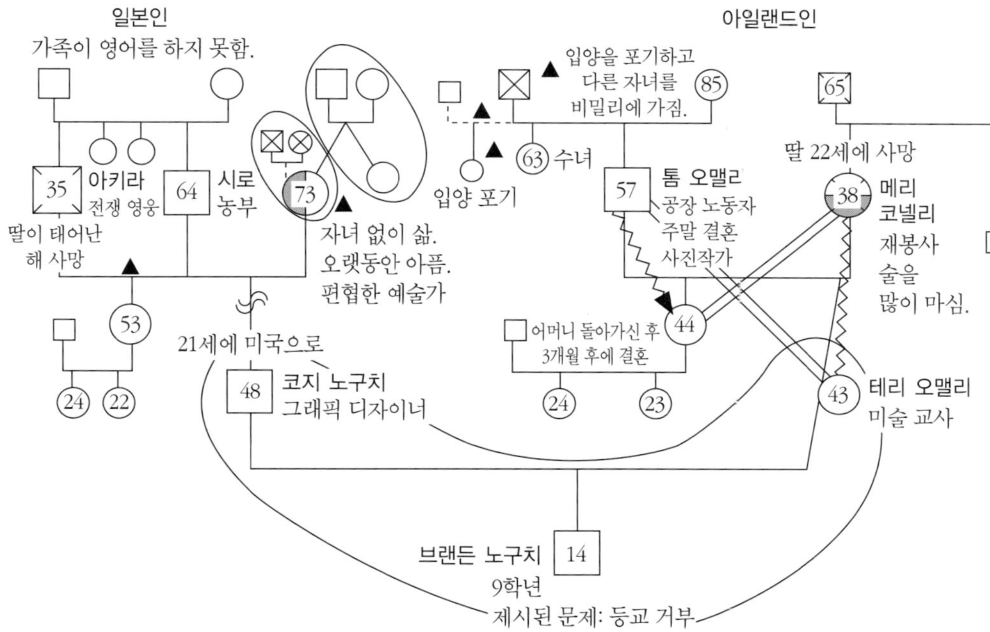

[가계도 10-3] **노구치 가족**

것이다. 그들은 원가족으로부터 완전히 떠나 있었기 때문에 아들과 원가족을 전혀 연관 지어 생각하지 못하는 것 같았다. 브랜든은 아동기에서 성인기로 가는 전이기에 고착되어 있었다. 그는 성인이 되는 것에 대해 협상할 수 없었다. 부모들이 그가 속한 세대의 경계선을 분명하게 설정해 주지 않았기 때문이다. 치료자가 브랜든에 대한 부모의 한계를 설정하거나 부부관계에 초점을 맞추려 할 때마다 그들은 뒤로 물러서거나 화를 냈다. 브랜든은 부모님과 함께 했을 때나 혼자 참석했을 때 전혀 반응을 하지 않았다. 치료자가 비언어적 매체를 활용해서 브랜든을 상담에 참여시키려는 의도로 모형을 가지고 모래상자에 무언가를 만들어 보라고 하였다. 브랜든은 부모가 참여하기 전까지 모래상자에 담을 것을 단 하나도 선택하지 못했다. 브랜든의 아버지가 해 보라고 격려하자 마지못해 몇 가지 모형을 선택했다.

다음 주에 치료자는 가족원들과 그들의 역사를 연결시키고 싶어서 지난주와 똑

같은 모형을 이용하여 가족놀이가계도를 하기로 결정했다. 먼저 가계도를 큰 종이 위에 그리고 각 가족원들이 자기 자신과 상대방에 대한 모형을 돌아가면서 선택하게 했다([가계도 10-4]와 [색채 가계도 32]). 가족원들은 모형을 선택하면서 이런저런 이야기도 하고 질문도 하면서 웃기도 했다. 브랜든은 그전 주에 선택했던 두 개의 상징물도 함께 모래상자에 담겠다고 고집했다. 브랜든의 이 같은 행동은 치료가 시작된 이래 처음으로 '소속감'과 연속성을 나타내 주는 행동이었다. 테리가 선택한 부모 모형은 가족 내에서 그가 얼마나 자기 위치를 찾기 힘들었는지를 처음으로 이야기하는 기회가 되었다. 테리는 어머니에 대한 상징물로 홍두깨를 선택한 후 테리가 어떻게 해서 아버지와 가까워졌고 언니는 '따분하기 짝이 없는 아줌마'인 어머니와 더 가까워졌는지를 설명했다. 부모와 언니에 대한 테리의 복잡한 심정은 그녀가 집을 막 떠나려 했을 때 일어났던 어머니의 죽음과 3개월 후 언니의 결혼으로 복잡하게 얽혀 있음이 분명해 보였다. 그녀는 아버지가 언제

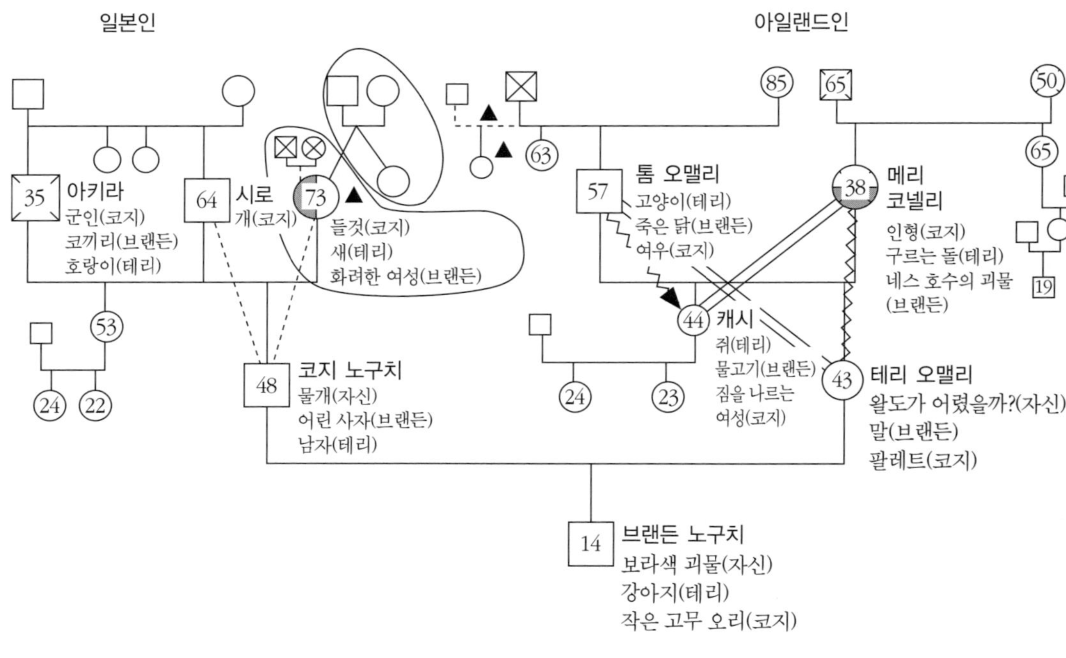

[가계도 10-4] 노구치 가족의 가족놀이 모형

나 자기를 더 사랑했던 것에 대해 죄책감을 느끼면서도 언니로부터 버림받았다는 느낌을 갖고 있었다. 브랜든이 테리에게 왜 아버지를 고양이로 나타냈고 언니를 쥐로 나타냈는지 묻자, 그녀는 아버지를 사랑하기는 했지만 아버지가 언니에게 너무 지나치게 했던 것을 알고 있었기 때문이라고 감정 섞인 어조로 말했다.

코지 쪽의 가계도를 보면 왜 그도 가족으로부터 거리 두기를 했는지에 대한 흥미로운 이야깃거리가 나타난다. 코지는 어머니의 첫 남편이었던 큰아버지 아키라의 놀이 모형으로는 군인을 선택했고, 아버지 시로의 놀이 모형으로는 강아지를 선택했다. 그리고 어머니를 표현하는 모형으로는 접는 침대를 선택하였다. 테리가 코지의 선택에 의아해하자, 코지는 기억에서 거의 사라진 몇 가지 사실을 기억해 냈다. 그는 가족의 역사를 모른 채 성장하였다. 그가 여덟 살이 되었을 때 누나에게 왜 아버지 사진이 돌아가신 친척들 사진과 함께 다락방에 있는지 물었다. 누나가 웃으며 부모님에게 말했을 때, 부모님도 그가 아버지 시로를 전쟁에서 영웅적인 죽음을 맞이한 큰아버지로 혼동하고 있다면서 재미있어 했다. 코지는 그들의 웃음에 수치심을 느꼈고, 자신은 그 가족에서 '이방인'이며 진실에 대해서 질문하면 안 될 것 같은 느낌을 가졌다. 그가 성인이 되어 미국으로 떠나려고 할 때 당시 심장병과 관절염을 앓고 있던 어머니는 아버지 시로가 자기보다 아홉 살이나 어린데도 자기와 결혼했고 어머니의 첫 결혼에서 얻은 어린 딸과 함께 살도록 해 준 것에 대해 얼마나 감사했는지 모른다고 말했다. 그렇지 않았으면 그녀는 갈 데가 없었을 것이라고 말했다. 그러고 나서 어머니는 코지에게 자신이 쌍둥이로 태어났는데, 친부모님이 아이가 없는 나이 든 부부에게 자신을 보냈고 쌍둥이 여동생은 부모님이 키웠다는 말을 해 주었다. 어머니는 양부모님을 보살폈지만 그녀가 아키라와 결혼한 직후 돌아가셨다고 했다.

코지가 어머니의 놀이 모형으로 접이식 침대를 선택한 이유는 그녀가 언제나 아파서 누워 있었기 때문이다. 브랜든은 매력적으로 장식된 여자 모형을 찾아서 침대 위에 올려놓고 할머니라고 말했다. 코지가 아버지의 모형으로 개를 선택한 것은 그가 항상 약하다고 생각했기 때문이다. 어머니의 이야기를 듣고 난 후 그는 아버지가 형의 자리를 절대로 대신할 수 없었을 것이라고 말했다. 형보다 교육도 덜 받고 농부가 된 아버지가 형수를 부양했지만 실제로 형의 자리를 차지할 수는 없었으며, 그래서 그 역시 이방인이라고 느꼈을 것이라고 했다.

코지는 가족에 소속되어 있다는 느낌이 없이 자랐다. 그는 자신의 역사에 대해서 이해할 수 없었고 또 질문할 수도 없었다. 그의 부모는 둘 다 더 나은 형제들과 비교당하면서 이방인 같은 느낌을 가지고 살았으며, 그는 그러한 부모의 자녀로 자랐다. 코지가 가족에 대한 소속감을 거의 느끼지 못하고 자란 테리를 만났을 때, 가족에서 중심 역할을 할 수 없었던 두 사람은 상호 보완적인 관계를 이루게 되었을 것이다. 가족놀이가계도를 하면서 부모는 서로 자신의 이야기를 하기 시작했고, 브랜든도 부모의 이야기에 참여하기도 하고 새로운 연결점을 찾아내기도 하였다.

세 사람이 자신과 다른 가족원들, 그리고 확대가족을 나타내는 모형을 선택하고 그 의미를 서로 나누면서, 그들은 처음으로 가족으로서 함께 힘들었던 가족사를 극복하고 소속감을 느낄 수 있는 방법을 찾게 되었다. 부모는 둘 다 자기들이 선택한 놀이 모형을 보고 웃었다. 테리가 선택한 '월리를 찾아서'는 어디엔가 있는 것을 알기는 하지만 다른 사람들이 찾아내기는 어려울 것이라는 느낌을 주었다. 다른 사람들도 그것이 그녀의 이미지와 딱 들어맞는다고 동의했다. 코지는 물개는 미끈거려서 붙잡기 힘들지만 자신의 이미지로 물개를 선택한 것은 힘이 있고 수영을 매우 잘하는 동물이기 때문이라고 말했다. 우리가 보기에 부모들은 자기 자신에 대한 모형을 선택할 때보다 상대방의 것을 선택할 때 오히려 더 탁월한 선택을 하는 것으로 보였다(코지는 아내를 화가의 팔레트로, 테리는 남편을 남자 모형으로 나타냈다.). 모형을 통해 그들은 실제로 했던 역할과 그들이 원하는 역할을 서로 연관 지어 이야기할 수 있게 되었다. 부모는 브랜든에 대한 놀이 모형으로 오리와 강아지를 선택했는데, 그것은 보호가 필요함을 암시하는 것이었다. 브랜든이 자신의 상징으로 선택한 보라색 괴물도 단지 겁을 주기 위한 것처럼 보였다. 코지와의 다음 면담에서 우리는 그가 큰아버지와 아버지의 상징물로 군인과 개를 선택한 것과 그와 아내와 아들이 선택했던 물개, 새끼 사자, 남자의 상징물 사이에서 자신의 위치를 발견하지 않을까 궁금해졌다. 가족놀이가계도에서 그들의 선택을 보면 부모는 아들에게 좀 더 강하면서 보호하는 역할을 취할 필요가 있지만 그들의 역사가 방해물이 되고 있음이 분명하였다. 브랜든과 테리가 어떤 면에서 코지의 무능한(침대 위의) 어머니에 대한 해결방법을 암시해 주고 있다고 보였다. 브랜든은 화려한 여자를 침대 위에 놓았고, 테리는 노래 부르기를 좋아하는 예쁜 색의 새를 선택했다. 코지는 자기가 어렸을 때 어머니가 아름다운 목소리를 가졌고 노래 부르기를 좋아했다는 기억을 떠올렸다. 테리의 어머니에 대해서도 비슷한 암시가 있었다. 테리는 어머니를 홍두깨로 표현했는데, 이는 가정주부로서의 역할에만 한정 짓는 것이었다. 반면에 브랜든이 선택한 '네스 호수의 괴물'은 죽음도 뛰어넘을 수 있고 보이지 않는 것도 볼 수 있는 힘을 가진 존재임을 나타내 주는 것이었다.

이 회기는 가족에게 중요한 경험이 되었다. 우리는 전체적인 요약을 통해 테리와 코지에게 아들과의 관계에서 강한 입장을 취할 수 있도록 격려했다. 아들에 대해서는 진짜 괴물이 아니라 오리 새끼처럼 헤엄치기를 배우고 싶어 하는 '놀이를 좋아하는 괴물'로 재명명했다. 이 회기 직후 부모는 브랜든에게 자신의 행동에 대하여 대가를 치러야 한다는 것과 무단결석에 대하여 법원의 판사 앞에 서야 한다는 것을 주장할 수 있을 정도로 한계를 설정할 수 있었다. 판사가 16세가 될 때까지 학교나 감옥 둘 중 하나를 선택해야 한다는 강력한 메시지를 전달하자 브랜든은 학교에 가기 시작했다.

가계도에 놀이, 상상력, 창의력을 잘 조합하면 가족들은 보다 깊은 수준에서 가족역사를 개방할 수 있다. 코지의 사례에서 알 수 있듯이 놀이요소는 가족의 방어와 저항을 감소시킨다. 모형의 선택은 사람이 말로는 표현할 수 없는 아동기의 깊은 내면감정을 무의식적으로 연결시켜 준다. 이 사례의 경우 브랜든의 부모는 가족놀이가계도를 통해 그들의 원가족 경험에 관한 이야기를 나눌 수 있게 되었다. 브랜든에게 분명하고 명확한 한계설정이 필요했듯이, 부모들도 그들의 역사에 직면하고 현재를 변화시키기 위해 위협을 느끼지 않을 수 있는 구체적인 가족놀이가계도라는 구조가 필요했다.

제 11 장

가계도를 활용한 가족연구

가정의학에서 신뢰도 연구

가족치료에서 신뢰도 연구

임상적 유용성에 관한 연구

임상 실제에서 가계도와 생태도의 활용

가계도의 질적 연구

소프트웨어 프로그램

윤리적 · 법적 한계

제 11 장

가계도를 활용한 가족연구

가계도는 가족치료와 가정의학 분야에서 오랫동안 사용되어 왔지만, 연구도구로서의 활용 가능성에 초점을 두기 시작한 지는 그리 오래되지 않았다. 가계도는 간단한 도식을 사용해서 가족에 관한 많은 정보를 탐색할 수 있기 때문에 많은 임상가들은 내담자의 환경 맥락을 탐색하는 도구로서 가계도를 광범위하게 사용하고 있다.

이제 우리는 가계도의 유용성을 연구에 활용하는 것에 대해 생각해야 할 교차로에 서 있다. 이제 임상가들도 가계도가 체계적으로 사고하고, 가족패턴을 도식화하여 내담자 문제를 맥락차원에서 '이해하는 데' 도움이 된다는 사실을 잘 알고 있다. 1999년에 출판된 『가계도: 사정과 개입』(2판)의 발행으로 가계도가 보다 효과적으로 사용될 수 있는 임상도구라는 사실이 확실해졌다. 그동안 가계도는 임상 장면에서 광범위하게 확장되어 사용되어 왔다(Altshuler, 1999; Campbell et al., 2002; Daughhetee, 2001; Dunn & Dawes, 1999; Dunn & Levitt, 2000; Foster, Jurkovic, Ferdinand, & Meadows, 2002; Frame, 2000a, 2000b, 2001; Gibson,

2005; Gordon, Staples, Blyta, & Bytyqi, 2004; Grandello, Hothersall, & Osborne, 2000; Hockley, 2000; Hodge, 2000, 2001, 2005a, 2005b; Malott & Magnuson, 2004; Massey & Dunn, 1999; Niederhauser & Arnold, 2004; Olsen, Dudley-Brown, & McMullen, 2004; Rogers, 1994a; Rogers & Durkin, 1984; Wimbush & Peters, 2000; Wright & Leahy, 1999, 2000; Zide & Gray, 2000).

게다가 임상 작업을 위해 새로 개발된 소프트웨어 프로그램으로 인해 컴퓨터에 능숙한 치료자들이 임상에서나 교육 현장에서 가계도 도식을 적극 활용하게 되었다. 그럼에도 불구하고 가계도를 연구에 활용하는 것에 대해서는 거의 인식하지 못하고 있었다. 가계도의 상징과 부호의 표준화 작업도 여전히 초기 단계에 머물러 있다.

임상가들은 여러 문헌을 통해 가계도가 유용한 임상도구임을 주장해 왔으며, 가정의학 분야에서는 가족가계도의 임상적 유용성에 관한 연구들이 상당수 발표되었다. 가계도는 의사들이 환자의 심리사회적 문제에 조심스럽게 접근할 수 있도록 해 주어서 환자를 평가하고 진단하고 치료하는 데 도움을 주며, 건강관리 과정(예: 심각한 질병의 진단)에서 심각한 상황에 처한 특정 환자(예: 노인)를 평가하거나 함께 상호작용할 수 있도록 틀을 제공해 주며, 문제를 예방하거나 가족에게 접근 · 개입하는 데 효과적인 방법으로 간주되어 왔다(Alexander & Clark, 1998; Baird & Grant, 1998; Bannerman, 1986; Campbell et al., 2002; Christie-Seely, 1986; Crouch, 1989; Crouch & Davis, 1987; Dumas, Katerndahl, & Burge, 1995; Garrett, Klinkman, & Post, 1987; Like, Rogers, & McGoldrick, 1988; Mullins & Christie-Seely, 1984; Olsen, Dudley-Brown, & McMullen, 2004; Shellenberger, Shurden, & Treadwell, 1988; Sproul & Gallagher, 1982; Troncale, 1983; Wright & Leahy, 1999, 2000; Zide & Gray, 2000).

다양한 연구 결과를 통해 우리는 가족이 건강과 질병에 강력한 영향을 미치며, 그러한 부부관계나 가족관계가 건강과 질병에 중요한 영향을 미치는 생물학적 요인으로 작용한다는 사실을 알 수 있었다(Campbell et al., 2002). 일반적인 질병의 발생 위험성을 평가하는 데 있어서 가족 역사를 탐색하는 것이 필요하다는 인식이 점차 중요시되고 있다(Wattendorf & Hadley, 2005). 예방의학 차원에서 인간 게놈 프로젝트를 수행하고 여러 가지 질병을 초래하는 유전 형질을 파악하고 국민건강 관리지침을 수립할 때 가족역사에 대한 평가는 정확하게 이루어져야만 한다(Wattendorf & Hadley, 2005). 유전연구의 진보로 가족의 인구학적 특성, 심각한 질병의 역사, 관계 상황, 유전적 위험성 등을 자세히 표시하게 되면 가계도는 머지않아 모든 환자의 건강관리 평가에 필수적인 요소가 될 것이다(Campbell et al., 2002).

셔거(Scherger, 2005)는 가정의학이 현재 위기에 처해 있다고 경고하면서, 가족주치의들이 가계도 정보에 초점을 두고 가족중심 치료를 할 수 있도록 새롭게 재구조화해야 한다고 주장하고 있다. 셔거는 가족에게 적절한 치료를 제공하기 위한 유일한 방법으로서 가족을 맥락적 차원에서 탐색하고 치료하는 새로운 정보처리 기술을 활용할 것을 강력하게 주장하였다. 우리는 가족에 대해 체계적으로 접근하는 기술을 개발해서 의사들이 가계도를 활용하여 치료할 수 있도록 해야 할 것이다. 현재 의료보험 산업은 복잡한 문서 작업의 늪에 빠져 의료서비스의 장애를 초래하고 있으므로 거기서 벗어날 수 있도록 건강관리 체계를 개선해야만 한다.

가정의학에서 신뢰도 연구

지금까지 일차 진료에서 가계도 탐색의 영향 연구(Rogers, 1994b; Rogers & Cohn, 1987), 가계도를 읽고 해석하는 방법에 관한 연구(Like et al., 1988), 자기기입식 가계도의 작성과 신뢰도에 관한 연구(Rogers, 1990), 가계도를 통한 건강의 위험성 예측에 관한 연구(Rogers, Rohrbaugh, & McGoldrick, 1992), 전문가들의 가계도 해석에 관한 연구(Rohrbaugh, Rogers, & McGoldrick, 1992) 등 다양한 주제들이 가정의학 분야에서 상당수 연구되어 왔다.

라이크와 동료들(Like & Colleagues, 1988)은 자료 수집과 평가를 위한 도구로서

〈표 11-1〉 임상 실제에서 가계도 정보의 여섯 가지 영역

1. 가족구조
   - 가족이나 가구의 구성(예: 순수 핵가족, 한부모가족, 재혼가족, 3세대가족, 확대가족가구 혹은 비가족원이 포함된 가구)
   - 출생순위(예: 출생순위, 형제자매 성별, 형제자매간 연령차, 가족 역사에서 각 아동의 출생시기, 자녀의 특성, 자녀를 위한 가족의 '프로그램', 성차에 관한 부모의 태도나 편견과 같은 형제자매 패턴에 영향을 미치는 기타 요인들)
   - 비일상적인 가족 형태(예: 근친결혼, 복합결혼)
2. 가족생활주기
   - 현재 가족생활주기 단계(예: 진수기의 젊은 성인, 신혼부부, 어린 자녀가 있는 가족, 청소년이 있는 가족, 노인이 있는 가족)
   - 가족생활주기 전이나 발달적 위기
   - '시기가 부적절한' 가족생활주기 사건(예: 이른 죽음, 독립 지연, 연령차가 큰 부부, 늦은 자녀 출산)
3. 여러 세대에 걸쳐 반복되는 가족 패턴
   - 질병의 반복 패턴(예: 특정 질병, 증상)
   - 기능의 반복 패턴(예: 신체화 증상, 부인, 약물남용)
   - 관계의 반복 패턴(예: 융해, 갈등, 단절)
   - 반복되는 구조적 패턴(예: 이혼, 재혼)
4. 생활 경험
   - 최근 생활 스트레스(예: 결혼, 임신, 급성질환)
   - 만성적 생활 스트레스(예: 만성질환, 가난, 인종차별)
   - 가족에게 중요한 날짜, 연령, 일시적인 생활사건의 우연의 일치나 반복(예: 기념일, 명절)
   - 문화적 · 사회적 · 경제적 · 정치적 · 환경적 압박(예: 민족성, 이민, 자연재해, 전쟁)
5. 가족관계 패턴
   - 가족 내 관계 패턴(예: 단절, 갈등, 소원, 융해, 동맹)
   - 삼각관계(예: 부모-자녀 삼각관계, 부부 삼각관계, 이혼과 재혼 가족 삼각관계, 보육원이나 입양된 아동이 있는 가족 내 삼각관계, 다세대 삼각관계)
   - 비가족원이 있는 관계 패턴
6. 가족관계의 균형과 불균형
   - 가족의 구조적 균형과 불균형
   - 가족 역할의 균형과 불균형
   - 기능 수준이나 기능 유형의 균형과 불균형
   - 자원의 균형과 불균형

가계도의 유용성을 검증함으로써 가계도를 읽고 해석하는 방법에 대해 연구하였다. 그들은 임상 가설을 세우고 검증하는 데 활용할 수 있는 여섯 가지 틀을 〈표 11-1〉과 같이 제시하였다. 즉, 여섯 가지 틀은 ① 가족구조, ② 가족생활주기 문제, ③ 여러 세대에 걸쳐 반복되는 가족 패턴, ④ 생활 경험, ⑤ 가족관계 패턴, ⑥ 가족관계의 균형과 불균형이다. 또한 이들은 6개의 해석 항목을 이용해서 가계도를 어떻게 체계적으로 읽고 해석하는지를 보여 주는 비디오테이프를 제작했다. 이들의 연구는 의사들이 임상적 문제해결 과정에서 가계도가 얼마나 풍부한 자료를 제공해 주며 어떻게 활용하는지를 보여 준다.

이와 관련한 로저스, 로바우와 맥골드릭(Rogers, Rohrbaugh, & McGoldrick, 1992)의 연구에서는 인구통계적 자료와 차트 자료를 활용하여 건강의 위험신호를 예측하는 방법과 가계도를 활용하여 예측하는 방법의 효과성을 비교 · 평가하였다. 치료과정에서 가계도를 활용한 경험이 있는 6명의 가정의에게 20명의 환자를 평가해서 세 가지 측면을 예측하도록 했다. 이들은 인구학적 자료만을 가지고 있을 때보다 가계도 자료를 가지고 있을 때 자신들의 예측을 더 신뢰했다. 가계도가 단기적인 건강 상태를 예측하는 데 있어서 표준 임상차트 기록보다 정확한지에 대해서는 검증된 바 없지만, 의사들이 핵심적인 문제에 주의를 기울이도록 하는 데는 더 효과적임을 알 수 있었다.

로바우, 로저스와 맥골드릭(1992)은 가정의학 가계도를 읽는 의사와 가족치료사를 대상으로 전문가의 의사결정과 평정자 간 신뢰도에 대해 연구하였다. 전문가들은 일반적으로 주요 영역의 중요성에 대해서는 비교적 일치했지만(환자와 가족원의 건강상태, 가구구성, 현재 가족생활주기 단계, 여러 세대에 걸친 기능 패턴의 반복, 형제자매 순위, 외상적 질병과 생활사건), 각 가계도에서 무엇이 가장 중요한지에 대해서는 덜 일치하는 양상을 보였다. 이것은 정보 분류의 틀이 명확하지 않고 가계도가 광범위하고 다양한 수준의 가족 정보를 포함하고 있기 대문에 각기 다른 이론적 관점에서 해석이 이루어질 수 있음을 보여 주는 것이다. 만일 분류 항목이 분명하고 명확하다면 평가자의 신뢰도 수준은 높아질 것이다. 븐류 항목의 틀 외에 평정자 간 신뢰도에 있어서 문제가 되는 것은 공통의 해석틀이 필요하다는 점이다. 보웬의 체계적 틀을 활용하는 가족치료사들은 정서적 단절, 갈등관계, 여러 세대에 걸친 반복적인 관계 패턴에서 높은 일치 수준을 보였는데, 보웬 이론에서는 이 모든 영역들이 특히 중요하게 다루어지기 때문이다. 이 외에도 가계도 해석 전문가들이 활용하고 있는 주요 이론에는 유전이론(의사, 가족 스트레스 분야, 사회적 지지이론 분야)과 의료나 가족치료 분야에서 다루어지고 있는 생활주기이론이 있다. 결국 연구조교들이 구성한 가계도는 훈련된 임상가들이 가족과의 상호작용을 통해 가족문제나 가족의 역기능에 대해 구성한 가계도만큼 좋은 측정도구가 될 수는 없다는 것이다.

후속으로 로저스(1994a)는 의사들이 가족가계도 정보를 활용하여 환자의 불안이나 우울의 발생 가능성을 미리 파악할 수 있는지를 조사하였는데, 그 결과 가계도가 정말로 유용하다는 사실을 확인했다. 로저스는 불안이나 우울과 같은 정서적 문제의 발생 가능성을 파악하는 데 도움이 되는 ① 가족구조, ② 가족의 인구학적 특성, ③ 가족 생활사건, ④ 가족의 사회적 문제와 건강문제의 네 가지 가계도 특성을 제시하였다. 그는 가계도에 기록된 기본적인 가족 정보를 활용하여 불안과 우울에 대한 환자의 발병 가능성 정도를 알아낼 수 있다고 결론지었다.

가정의학 연구자인 졸리와 동료들(Jolly & Colleagues, 1980)은 가정의학 수련의들이 16분짜리 가계도 면접에서 '적절한' 가족정보를 탐색해서 기록했으며, 이렇게 작성된 가계도를 다른 의사들도 정확하게 읽을 수 있었다고 보고하였다. 표본 크기가 작고 동질적이었으며, '적절한' 자료는 의사들이 원하는 객관적인 정보에 한정되었지만 평정자 간 신뢰도는 의미 있는 결과를 나타냈다. 가족치료 환자의 자기보고식 가계도 완성률과 신뢰도를 조사했던 로저스와 홀로웨이(Rogers & Holloway, 1990)가 이번에는 가계도 자료의 검사-재검사 신뢰도를 측정하였다. 그들은 3개월 간격으로 두 번의 평가를 실시한 검사-재검사 신뢰도 측정에서 높은 수준의 긍정적 결과를 얻었다. 가계도의 신뢰도는 자료 수집을 위한 영역을 더욱 정교화하고 컴퓨터 프로그램을 사용한다면 더욱 높아질 수 있을 것이다.

가족치료에서 신뢰도 연구

가족치료 분야에서 가계도에 대한 신뢰도 연구가 충분히 이루어지지 않았다는 사실은 놀라운 일이다. 가계도 사용에 관한 신뢰도를 연구한 커플랜드, 세로비치와 글렌(Coupland, Serovich, & Glenn, 1995)은 가족치료를 전공하는 17명의 박사과정 학생들에게 가상의 시나리오를 사용하여 가계도 정보를 기록하도록 하였다. 학생들은 가족성원의 이름과 부호를 정확하게 기록하였고, 직업 및 의학적·개인적 문제에 대해서는 보통 정도로 기록하였으며, 날짜나 연령을 기록하는 데는 정확도가 훨씬 떨어졌다. 연구자들은 가계도상의 정보가 부적절하게 기록된 것을 알아본 학생들도 있었고 가계도 작성에 대해 충분히 훈련받지 못한 학생들도 있었다는 점을 제시하였다. 그들은 가계도 평가를 포함하는 지속적인 슈퍼비전을 통해 기록상의 문제를 해결할 수 있다고 제안하였다. 이와 관련한 연구에서 커플랜드와 세로비치(Coupland & Serovich, 1999)는 맥골드릭과 거슨(McGoldrick & Gerson, 1985)의 가계도 표준 설계에 기초한 표준화된 설문지를 사용해서 치료자기입식 가계도(TAGE)와 자기기입식 가계도(SAGE)를 비교하였다. 표본집단은 남서부에 위치한 주요 대학에서 가족치료를 전공하는 5명의 학생으로부터 치료를 받고 있는 17쌍의 부부였다. SAGE에 기록된 형식, 부호, 정보 항목은 TAGE와 동일하게 나타나 표준화된 설문지의 신뢰도가 입증되었다. 그러나 커플랜드와 세로비치는 TAGE와 SAGE 간 치료적 동맹 수준에서 의미 있는 차이를 발견하지 못했다. 이에 대해 그들은 5회기로 시간을 제한한 것이 치료적 동맹을 맺고 측정하는 데 충분하지 않을 수 있으며, 부부와 치료자 모두 가계도 사용에 동기화되지 않았을 수 있다고 주장하였다. 5회기에 걸쳐 연구에 참여한 시간과 노력에 대한 뚜렷한 보상을 제공하지 않았으며, 치료자가 이러한 개입이 자신의 치료적 관점이나 부부의 욕구에 적절하지 않다고 생각해서 연구목적에 갖는 치료적 개입을 했다면 치료자의 동기는 더욱 감소되었을 것이다.

그들의 연구는 가계도 연구에서 앞으로 끊임없이 직면하게 될 문제를 보여 준다. 연구자의 노력이 재정적인 문제로 제한받게 된다면 연구시간뿐만 아니라 연구에 참여하는 치료자들의 수와 훈련에도 영향을 주게 될 것이다. 지금까지 가계도의 잠재력을 입증하지 못했다는 사실이 가계도의 강점을 입증할 수 없다는 사실을 의미하는 것은 아니다. 아직까지 그 가능성에 대해 알지는 못하지만 새로 개발되는 컴퓨터 프로그램이 많은 연구자들에게 그러한 가능성을 연구하게 해 줄 것이다.

가계도의 신뢰도를 개선하고 가계도 표준화가 신뢰도와 타당도를 증진시켜 준다 해도, 가계도를 다양한 주제로 확장시키고 여러 가족원의 생각을 듣고 다양한 주제나 가설을 탐색하고 이 과정에서 나타나는 심리측정상의 복잡성을 다룰 수 있도록 유연성을 유지하는 것은 중요하다.

임상적 유용성에 관한 연구

로저스와 콘(Rogers & Cohn, 1987; Rogers, 1994b)은 병원을 방문한 첫 회기에 가계도 탐색이 환자에게 어떤 영향을 미치는지 살펴보기 위해 처음으로 가계도를 사용한 무선통제 실험연구를 설계하였다. 그들은 가계도를 사용하는 것이 주치의 자신만의 방법을 사용하는 것보다 가족구조, 주요 생활사건, 질병의 반복, 가족관계에 대해 더 많은 정보를 밝혀냈다고 하였다. 그들이 환자에게 사용한 기록지는 따라 하기 쉬웠으며, 단계적인 지시에 따라 자기개입식 가계도를 완성하는 데 20분이 소요되었다. 환자와 의사의 면담은 한 명의 연구자에 의해 체계적으로 관찰되었다. 2개의 자료수집 양식이 완성되었는데, 첫 번째 양식은 환자가 주요 불만과 맥락에 관한 질문을 기록하는 것이었다(예: 의사가 가족문제를 탐색하는지, 가족원과의 면담을 요청하는지, 고용 상태나 생활환경에 대해 질문하는지 등). 두 번째 양식은 의사가 수집한 가족 정보를 연구자가 가계도에 그려 넣어 완성하는 자기기입식 가계도였다.

가계도상에 기록된 가족 정보를 가족구조, 생활사건, 반복적 패턴, 현재 가족구성의 4개 항목으로 나누어 검토했다. 세 연구집단(기초선, 실험, 통제 집단)에 대해 가계도 정보 항목과 종속변수(가족이나 직업적 문제의 탐색, 다른 가족원과의 면담 요청, 상담 처방 등)를 비교하였다. 가계도를 검토했을 때 자기기입식 가계도(실험집단과 통제집단)가 의사들보다 가족 정보를 더 많이 찾아냈음을 알 수 있었다. 로저스와 콘의 연구는 자기기입식 가계도를 쉽게 따라 할 수 있도록 개발했기 때문에 매우 생산적이었다. 컴퓨터 프로그램은 이러한 연구를 더 잘 수행할 수 있도록 할 것이다.

가계도가 임상과 훈련에서 광범위하게 사용되고 있으며 그들 대부분이 보웬 이론에 근거하고 있지만, 가족치료 연구자들이 가계도에 크게 관심을 갖지 못한 것은 놀랄 만한 일이다. 포스터 등(Foster et al., 2002)은 그 이유를 가계도에 나타내기 위한 풍부한 자료의 수집과 해석의 복잡성에 있다고 보았다. 그들은 가계도 연구를 수행한 몇 안 되는 연구자들로, 가계도 정보 자체보다는 가계도 면접이 이루어지는 과정에 대해 연구하였다.

가계도는 최소한 두 가지 방식으로 이해할 수 있다. 하나는 가족 역사에 관한 자료를 수집하고 조직하는 임상적 도구로서, 다른 하나는 가계도를 체계적으로 이해하도록 도움으로써 가족 내 변화를 증진시키는 임상적 도구로서 이해할 수 있다. 포스터 등(2002)은 흥미로운 연구 주제로서 후자의 길을 선택하였다. 그들은 내담자의 가족 역사에 대해 자세하고 정확한 기록을 얻는 것보다 체계적으로 훈련된 치료자가 함께하는 협동과정에 관심을 가졌다. 포스터 등은 보웬의 체계적 접근을 사용해 미혼 커플을 위한 5회기의 가계도 프로그램을 개발하였다.

5회기의 목적은 가계도의 기본 정보를 수집하는 것이었다. 첫 번째 회기에는 부부의 문제보다 각 배우자의 원가족 문제에 초점을 맞추도록 하였다. 이 과정은 자기 자신과 서로에 대해, 그리고 그들 관계에 대해 바라볼 수 있도록 배우자 간 정서적 공간을 만드는 데 도움이 되었다.

두 번째 회기에는 각 배우자와 그들 관계의 역동성에 영향을 미치는 원가족 패턴에 관한 부부의 호기심을 증가시키고, 가족의 다세대 과정의 진화의 일부로서 자신들의 관계를 바라보도록 하는 데 초점을 두었다.

세 번째 회기에는 부부가 과제 수행을 통해 무언가를 배우도록 하는 데 초점을 두었다. 상대방의 가족관계를 체계적으로 보는 것이 더 쉽기 때문에 그들의 관심이 자기 가족으로부터 벗어났을 때 다시 자기 가족에게 초점을 맞추도록 격려하였다.

네 번째 회기에는 원가족 관계와 부부 관계를 연관시켜 보도록 하는 데 초점을 두었다. 갈등에 대해 생각해 보지 않았던 부부에게 돈, 휴일의식, 건강에 대한 태도, 확대가족과의 관계와 같이 정서적으로 영향을 줄 수 있는 하나 이상의 문제에 대해 생각해 보도록 하였다.

마지막 회기에는 각 부부가 자신들의 경험을 가계도에 통합하는 방법을 탐색하면서 그들 관계를 보다 큰 가족 맥락과 연결시켜 보도록 하였다.

이러한 가계도 면담은 부부로 하여금 서로에 대한, 그리고 원가족에 대한 관계를 향상시킨 것으로 나타났다. 저자들은 그러한 면담이 부부들에게 구체적인 기술(예: 금전관리)을 발전시키는 데 유용할 것이라고 제안하였다. 그들은 가계도 면담이 내담자로 하여금 체계적으로 생각하게 하는 잠재력을 갖고 있는데, 그것은 가계도 도식의 시각적 효과 때문이기도 하지만 내담자가 다양한 방식으로 그들 가족관계와 가족역사를 연결짓기 때문이다. 이와 같은 방법은 부부에게 종교, 인종, 민족성, 계층, 성별과 같은 맥락에서 자신과 가족을 바라볼 수 있도록 격려함으로써 더욱 가치 있게 사용될 수 있다.

임상 실제에서 가계도와 생태도의 활용

여러 문헌들을 통해 내담자와 협동적으로 가계도를 작성하는 것이 치료적으로 가치가 있다고 소개되어 왔다. 그렇게 함으로써 내담자는 그들 가족과정에 대해 이해할 수 있다. 던과 레빗(Dunn & Levitt, 2000)은 가계도 작성과정에서 내담자와 치료자가 서로 협력적으로 통합할 필요가 있다고 주장했다. 그들은 그러한 통합이 가계도의 치료적 영향력을 증진시켜 준다는 사실을 경험을 통해 입증하면서 가족치료 훈련과정에 가계도를 포함시킬 것을 권장하였다.

가계도는 여러 영역으로 확대되고 있다. 가계도는 영성을 측정하고(Dunn & Dawes, 1999; Frame, 2000a, 2000b, 2001; Hodge, 2001, 2005a; Massey & Dunn, 1999), 위탁가정 아동의 치료(Altshuler, 1999; Petry & McGoldrick, 2005), 호스피스 간호를 받고 있는 사람들에게 위안을 주기 위한 접근에서(Hockley, 2000), 심혈관 질환의 위험성을 탐색하는 데(Winbush & Peters, 2000), 그리고 진학 및 진로 상담을 위한 도구로도 활용되고 있다. 사회적으로 구성된 가계도를 통해 가족에 대한 정의가 어떻게 다양해지는지를 보여 주는 여러 출판물들이 있으며(Milewski-Hertlein, 2001), 여기에서 논의하고 있는 부부 및 가족치료에서도 마찬가지다(Foster et al., 2002). 그리고 가계도는 개인이나 가족체계에 영향을 미치는 보다 광범위한 체계를 그려내는 생태도나 에코그램으로 확장되어 왔다(Hodge, 2000, 2005b; Jordan, 2004).

올슨 등(Olsen et al., 2004)은 가계도, 생태도, 유전적 가족나무(즉, 혈통계보)를 결합시켜 간호학 분야에서 활용할 수 있는 평가도구를 만들었다. 혈통계보의 정보를 따로 기록하는 것이 아니라 가계도에 결합해서 함께 활용하면 종합적인 평가가 이루어져서 다양한 이유를 찾아낼 수 있다. 올슨 등은 구체적으로 다음과 같은 것을 측정하기 위해 이것을 사용하였다.

- 위험요인 파악
- 환자와 가족의 임상적 의사결정과 그에 대한 간호관리 전략, 심리사회적 지지, 출산에 관한 의사결정 교육, 위험 감소, 예방, 진단, 의뢰, 장기적인 질병 관리
- 심리검사 전략 결정
- 유전적 패턴 발견
- 위험에 노출된 가족원 파악
- 임신에 대한 선택권 결정
- 유전적 특징과 기타 위험요인의 구분

- 환자 라포 강화
- 환자와 가족 교육
- 의사소통 유형과 장애요인 탐색
- 다세대적 맥락에서 정서적, 행동적 패턴 탐색
- 가족원들로 하여금 스스로를 상호 의존적 집단으로 보도록 하기
- 가족원들로 하여금 서로의 공통점과 독특성을 보도록 하기
- 가족 내 변화를 위한 여러 가지 선택권 명료화하기(예: 가족구성원의 재조정)
- 전체 가족구조로부터 독립된 '희생양'으로서 한 가족원의 고립 예방하기
- 가족으로 하여금 서로 간의 그리고, 외부 기관들과의 연관성에 대해 살펴보도록 하기
- 자원의 유형과 자원에 접근하기, 기타 필요한 자원 파악하기

또한 올슨 등(2004)은 정보의 정확성을 중요하게 여겼다. 환자의 기억을 다른 가족원의 기억으로 재확인하고 의료기록을 참고함으로써 정확성은 더욱 증가하였다. 다양한 임상 장면에서 새로운 기록이 나타날수록 정확성은 더욱 증가할 것이다.

그러나 여기에는 윤리적이고 법적인 문제가 있다. 정보 탐색을 환자의 대인적, 생태학적 영역까지 확장하는 것은 비밀보장과 사생활 보호의 문제가 제기될 수 있으므로 세심한 주의가 필요하다. 친척이나 가족원에 대한 정보는 비밀보장이 이루어져야 하며 개인의 동의하에 노출되어야 한다. 그러나 특히 친척이나 자녀들의 장래 건강에 영향을 미칠 수 있는 유전적 정보에 대해서는 내담자가 기꺼이 말할 수 있도록 격려해야 한다. 누구에게 무엇을 말해야 할 것인지를 결정하는 것은 환자와 건강보호 전문가 모두에게 중요하게 고려해야 하는 사항이다. 또한 연구를 수행할 경우에도 사생활과 비밀을 보호하는 것은 중요하다. 유전적 정보에 근거하여 건강보험이 거부될 수 있으므로 특별히 주의를 기울여야 한다. 이런 면에서 환자들을 보호하기 위해 1996년에 건강보험통산 및 기록보전법안(Health Insurance Portability & Accountability Act: HIPAA; Department of Health and

Human Services)이 제정되었고, 2005년에는 보험금 지급을 거부하거나 취소하기 위한 유전정보의 사용을 금지하는 유전정보차별금지법안(Genetic Information Nondiscrimination Act, S. 306, H.R. 1227)이 제정되었다.

가계도의 질적 연구

가계도 자료는 관찰이나 심층면접, 연구 참여자의 목소리를 담아내는 여러 가지 방법으로 수집하기 때문에 질적 연구에 적절하다(Beitin & Allen, 2005; Jordan, 2006; Petry, 2006). 가족치료 연구자들은 가계도를 수업에서 자연스럽게 다루며, 학생들도 자신의 이야기를 하도록 격려받기 때문에 가계도는 인기 있는 도구다. 게다가 가족치료 연구자들은 삶 속에서 발견하는 자료들을 가시적으로 그려 보는 데 관심이 있으며(Piercy & Benson, 2005), 그렇게 하기 위한 방법 중 하나가 가계도를 사용하는 것이다. 이와 같이 가계도는 광범위하게 받아들여지는 질적 평가 도구다(Marshall & Rossman, 1999; Miles & Huberman, 1994; Strauss & Corbin, 1998). 가계도 소프트웨어 프로그램은 복잡한 데이터를 저장하고 처리하고 분석하는 데이터베이스를 사용하기 때문에 양적 연구에 매우 유용하다.

소프트웨어 프로그램

랜디 거슨은 1982년 매킨토시를 이용해 처음으로 컴퓨터를 활용한 가계도 프로그램을 개발하였다. 그 후 주로 혈통학자와 임상가들이 가계도 작성 밀레니엄(Genogram-Maker Millennium, 2007; www.genogram.org), 제노프로(GenoPro, 2007; www.GenoPro.com), 그리고 원더웨어(Wonder-ware; www.interpersonalinoverse.net) 등과 같은 다양한 프로그램이 개발하였다. 어떤 프로그램은 융해된, 소원한, 폭력적인 가족관계까지 표현할 수 있다. 또 어떤 프로그램은 별거, 이혼, 질병, 약물 남용, 애완동물과 가구구성 등은 물론 다양한 양상의 색채 코딩을 지원하며 그림이나 파일을 제공하기도 한다. 그중에서 제노프로는 동일한 가족성원을 포함하는 다양한 가계도를 그릴 수 있어 각 개인의 데이터베이스 정보를 저장하거나 추가할 수 있다. 손으로 직접 그리거나 데이터베이스를 구축하는 것 외에도 가계도를 활용해 다양한 연구를 수행할 수 있다. 연구자들은 가계도에 포함된 것을 모두 분석할 수 있으며, 수년 동안 가설화했던 연구 패턴을 분석할 수도 있다. 제노프로 개발자인 댄 모린은 이 책에서 사용한 가계도 형식과 정확히 일치하게 그려낼 수 있는 프로그램을 개발하고 있다. 이 프로그램은 2008년부터 활용할 수 있을 것이다. 더 많은 정보는 웹 사이트를 방문하거나 댄 모린과 이메일(daniel.morin@danmorin.com)로 연락하면 된다. 이 프로그램을 활용하면 개인과 가족에 관한 다양한 데이터베이스를 만들 수 있다. 이 소프트웨어에 대한 기대가 크다.

가계도 작성을 통해 데이터베이스가 자동으로 생성되는 소프트웨어는 양적 연구를 가능하게 할 것이다. 가족치료 분야는 연구가 상당히 뒤처져 있다는 비판을 받아왔다. 그 이유는 가족치료 연구가 개인의 심리과정에 관한 연구보다 훨씬 복잡하고 어렵기 때문이다. 게다가 가족치료 문화는 일반적으로 연구에 가치를 두고 있지 않으며, 가족치료 교육자들이 대개 증거기반 모델과 방법론 훈련을 받지 못했기 때문이다(Sprenkle, 2003). 가계도 소프트웨어의 개발은 현 상황에서 극적으로 변화하고 있다. 이러한 노력은 임상가와 연구자가 서로 협력할 수 있는 새로운 가능성을 열어 줄 것이다. 임상가들은 특정한 시기에 임상적으로 적절히 개입하는 것이 목표이며, 연구자들은 연구가 효과적으로 이루어질 수 있도록 측정 가능한 자료를 수집하는 것이 목표다. 연구자들은 숫자와 매뉴얼화된 개입에 관심을 갖는 반면, 임상가들은 개입기술에 더 관심을 갖는다. 이제 임상가들이 가족을 탐색하기 위해 사용하는 도구가 연구에 유용하게 사용될 수 있을 것이다. 임상가와 내담자는 가족에 관한 연구 자료를 생성하기 위해 별도의 면접을 할 필요가 없다. 대신 연구자는 가족이 자신의 역사나 경험을 기꺼이 말하도록 함으로써 회기마다 가족 정보를 갱신하고 이를 활용하여 연구를 수행할 수 있다. 가계도는 어떤 질문지보다 자료 수집이 용이하다. 처음에 수집된 자료는 시간이 지나면서 여러 가족들의 기억이 더해서 보다 확실해지거나 정교해지기 때문이다. 그러나 가계도 연구에서는 임상적 맥락에서 수집된 가족 패턴상의 임상적 정보를 다루어야 하기 때문에 풍부한 자료가 필요하다.

가계도 데이터베이스를 이용하여 연구를 수행하는 것에 대해 생각해 보자. 데이터베이스에는 가족원의 연령(살아 있거나 사망한), 그들의 대인관계, 출생지, 인종, 신체적 · 정신적 기능성, 교육 수준, 직업, 종교, 성적 지향, 소득, 임상가가 중요하다고 판단하는 정보 등을 입력할 것이다.

특정 주제(예: '유방암과 지지적 관계망')를 추적하기 위한 가계도 데이터베이스를 생각해 보자. 연구자는 몇 번의 클릭으로 누가 유방암에 걸렸으며, 그들 각각의 가족 및 친족 관계망 수준을 비교하기 위해 모든 가계도를 탐색할 것이다. 연구자는 현재의 친구관계망을 탐색하거나 이전 세대 및 역사적 경험으로 되돌아갈 수 있다. 의학적 문제는 가족의 지지나 관계망 수준, 다른 위험요인 가능성, 환자와 그 가족을 위해 유용한 재정적 자원과 관련하여 평가된다. 뿐만 아니라 이전 가족 역사의 위험이나 이전 세대의 강점과 자원을 고려할 수 있다(예: 할머니와 가족들은 그 문제를 어떻게 다루었나?).

연구자는 어떤 주제든 자유롭게 선택할 수 있다. 가계도 예시를 보면 어떤 사람은 인종, 직업, 결혼 상태, 성적 지향 등과 관련하여 약물남용 패턴을 추적하고 있다. 혹은 의료적 문제, 신체장애, 관계의 문제와 약물남용 간 관계를 탐색하기도 한다. 어떤 사람은 가족 단절과 약물남용, 약물남용과 신체적 혹은 성적 학대와 같은 주제를 살펴보았다. 데이터베이스의 매력은 임상가가 원하는 만큼의 정보를 입력할 수 있으며 각 회기 동안 자세한 정보를 추가할 수 있다는 점이다. 앞으로는 내담자가 다양한 이슈를 파악하거나 임상가가 탐색하고자 하는 여러 가지 속성들을 그려낼 수 있을 것이다.

윤리적 · 법적 한계

연구참여자의 사생활을 보호하고 동의를 구하는 윤리적 의무는 반드시 지켜져야만 한다. 그리고 모든 가족원에 관한 정보가 포함되어 있을 때 그에 대한 책임을 보장해 주어야만 한다. 가족혈통계보(family pedigree)를 출판할 때는 사적인 정보의 노출이 문제가 될 수 있으며, 이는 윤리적인 문제와 소송을 제기할 수 있다(Botkin, 2001; Botkin, McMahon, Smith, & Nash, 1998; Frankel & Teich, 1993). 이런 경우 일반적으로 환자에게 동의를 구하게 되는데, 만일 가계도에 언급된 모든 가족들의 동의를 구해야 한다면 의미 있는 연구 수행은 불가능할 수 있다. 그럼에도 불구하고 가족원의 동의 없이 사적인 정보를 보유하는 것은 윤리적으로 중요한 문제가 될 수 있다. 임상가는 소프트웨어를 활용해 치료에 대한 완전한 정보를 기록해야 하지만, 연구자료에는 참여자가 누구인지를 밝혀서는 안 된다. 연구자는 가족들의 이름이 지워졌을 때조차 연구에 포함된 모든 사람들의 사생활을 보호하는 데 주의를 기울여야 한다.

종합하자면, 가계도는 지금까지 20년 이상 연구에 활용되어 왔지만 그 잠재력에 대해서는 충분히 인식하지 못하고 있는 듯하다. 매뉴얼화된 질문과 데이터베이스를 갖춘 가계도 소프트웨어는 앞으로 무수한 연구를 가능하게 할 것이다. 가계도는 가족체계에 대한 임상적 평가와 연구 수행을 위한 도구 그 이상의 가치가 있다.

부록

부록에서는 가계도 작업에서 중요한 몇 가지 자료와 골격을 요약하여 제시하였다. 그 내용은 다음과 같다.

- 표준화된 가계도 부호의 요약
- 가계도 면담을 위한 개요
- 가계도 해석을 위한 개요

1부: 가계도 형식

A. 부호: 부호는 기본적인 가족원과 가족구조를 나타내는 데 사용된다. 가계도에는 가족원들과 함께 살고 있거나 가족원들을 돌보았던 중요한 타인들이 포함되어야 한다.

B. 가족 상호작용 패턴: 관계를 나타내는 표시는 임상가에 따라 선택적으로 할 수 있는데 별도의 종이에 따로 표시해 둘 수도 있다. 가족 상호작용 패턴은 가계도에서 가장 정확성이 낮은 정보이지만 임상가가 기억해 두어야 할 중요한 정보다.

C. 병력: 가계도는 가족을 이해하는 지도와 같은 것이기 때문에 중요한 요인들 중심으로 우선적으로 기록한다. 따라서 주요하고 만성적인 질병이나 문제를 가능한 한 날짜와 함께 적어 넣는다. DSM-VI에 의한 분류나 공인된 약자를 사용하여 기록한다(예: 암은 CA, 뇌졸중은 CVA).

D. 기타 가족에 관한 정보: 다음과 같은 가족에 관한 중요한 정보도 가계도에 적어 넣는다.

① 민족 배경과 이주 날짜
② 종교나 개종
③ 학력
④ 직업이나 실직
⑤ 군경력
⑥ 퇴직
⑦ 범법행위
⑧ 신체적 · 성적 학대, 근친 성문제
⑨ 비만(부호의 오른쪽 아래에 대문자 O로 표시)
⑩ 알코올이나 약물 남용
⑪ 흡연(부호의 오른쪽 아래에 대문자 S로 표시)
⑫ 가족이 집을 떠난 날짜(LH 93)
⑬ 가족원들의 현재 거주지
⑭ 살고 있는 문화권의 주 언어상의 문제(부호의 오른쪽 아래에 대문자 L로 표시)

가계도의 아래 부분에 주요 정보를 적어 둘 수 있는 공간을 남겨 두는 것이 유용하다. 이 공간에는 위기사건, 가계도가 작성된 이후에 일어난 가족구조상의 변화, 가족의 주요 문제나 변화에 대한 가설이나 요점 등을 기재해 놓을 수 있다. 이러한 사항들은 반드시 날짜와 함께 기록해 둔다. 그러나 지나치게 많은 정보를 가계도에 기재하면 너무 복잡해지고 읽기 어렵기 때문에 최소한만 기재한다.

2부: 가계도 면담의 개요

I. 제시된 문제부터 시작

- 가족은 왜 이 시점에서 도움을 청하러 왔는가?
- 문제는 언제부터 시작되었는가?

- 문제를 알아챈 사람은 누구인가?
- 가족원 각자는 그 문제를 어떻게 보는가?
- 가족원은 각자 그 문제에 어떻게 반응하였는가?
- 문제가 있기 전에 가족관계는 어떠했는가?
- 문제는 가족관계를 변화시켰는가? 어떻게 변화되었는가?
- 문제가 지속되면 어떻게 될 것인가?

II. 핵가족 맥락에 대한 질문

- 누가 이 집에 살고 있는가?(이름, 나이, 성별)
- 각자는 어떤 관계인가?
- 다른 가족원은 어디에 사는가?
- 전에도 이 집에 비슷한 문제가 있었는가?
- 과거에는 어떤 해결책을 시도했는가? 치료를 받은 적이 있는가? 입원한 적이 있는가? 의사나 종교적 도움이나 가족원의 도움을 받은 적이 있는가?
- 최근에 가족에게 무슨 일이 있었는가?
- 최근에 어떤 변화나 스트레스가 있었는가?

III. 원가족에 대한 정보 수집

- 부모나 계부모(이름, 나이, 직업, 부부관계 유형, 건강 상태, 사망 일시와 사망 원인)
- 형제(이름, 나이, 출생순위, 직업, 부부관계 유형, 자녀, 건강 상태, 사망 일시와 사망 원인)

IV. 기타 다른 세대에 관한 질문

- 조부모(이름, 나이, 직업, 부부관계 상황, 건강 상태, 사망 일시와 사망 원인)

V. 문화적 배경

- 가족원들의 문화적 유산
- 가족원들의 종교적, 영적 성향
- 가족의 이민 역사
- 가족의 성역할 태도와 규칙

VI. 주요 생활사건과 개인의 기능

- 외상적 죽음이나 갑작스러운 죽음
- 질병이나 직업상 문제와 같은 스트레스원
- 질병이나 심리적 문제
- 중독
- 법 관련 문제(체포, 전문직 면허취소, 현재 소송문제)
- 직업적 · 학업적 성공이나 문제

VII. 가족관계

- 가족원 간에 특별히 마음이 통하는 친밀한 관계
- 심각한 갈등관계, 정서 단절
- 부부관계 유형, 부모-자녀 관계, 형제관계
- 신체적 · 정서적 · 성적 학대

VIII. 가족의 강점과 균형

- 가족의 역할: 누가 아픈 사람이고 누가 돌보는 사람인가? 좋은 사람은? 나쁜 사람은? 성공한 사람은? 실패한 사람은? 따뜻한 사람은? 냉정한 사람은?

거리 두기를 하는 사람은? 골칫덩어리인 사람은?

- 가족 탄력성: 희망의 원천은 무엇인가? 유머, 충성심, 용기, 지적 능력, 온정?
- 자원 연결능력: 사랑, 친구, 지역사회, 돈, 종교집단, 직업 등

3부: 가계도 해석

I. 가족 구조와 구성

A. 부부관계

- 한부모가족은 외로움, 경제적 문제, 자녀양육 부담뿐만 아니라 상실문제 때문에 강한 스트레스 상황에 처해 있다.
- 재혼가족은 한쪽 부모나 양쪽 부모 모두가 사별이나 이혼으로 인해 재혼하였기 때문에 친권문제나 자녀면접 교섭, 자원의 불균형, 질투, 편애, 충성심 갈등, 계부모와의 갈등, 의붓형제자매 갈등과 같은 문제들을 경험할 수 있다.

B. 형제자매관계

- 출생순위는 개인의 가족 내 정서적 역할과 관계상의 역할에 영향을 준다. 예를 들어, 맏자녀는 과도하게 책임지려 하며 양심적이고 부모와 같은 역할을 하는 경향이 더 많다. 막내는 조심성이 없거나 어린아이처럼 행동하는 경향이 있다. 외동아이는 사회적으로 독립적이고, 또래관계에 관심이 적으며, 일찍이 어른스러운 태도를 보이며, 때로 걱정이 많고, 맏자녀처럼 부모의 관심의 대상이 되기도 한다. 맏자녀 외의 자녀들은 자신들만의 생존 영역을 개척해야 한다.
- 형제자매의 출생시기를 가족사와 함께 비교하여 살펴보아야 한다. 예를 들어, 상실의 전후에 자녀의 출생이 있었는가?(이런 경우 흔히 자녀의 출생이 상실의 대체물이나 보상이 되기도 한다.)
- 가족의 기대 또는 자녀에 대한 가족의 '계획'

- 성별에 대한 부모의 태도와 편견. 남자를 더 선호하는가? 여자를 더 선호하는가? 가족은 성별에 따라 연합하는가?

C. 가족생활주기상 가족의 위치

가계도 해석에서 개인이나 가족이 생활주기상 어떤 위치에 있는가를 본다. 가족은 원가족을 떠나거나 결혼, 출생, 자녀양육, 은퇴와 같이 생활상 전환이나 단계를 거쳐 발달한다. 각 전환기에서 가족은 스스로 재조직해야 하고 다음 단계로 성공적으로 나아가야 한다. 전환의 시기에 가족의 패턴이 경직되어 있으면 가족은 다음 단계에 적응하는 데 어려움을 갖게 될 수 있다(Carter & McGoldrick, 2004).

임상가는 가족이 어떤 생활주기 전환기에 잘 적응하고 있는지, 과거에 생활주기상의 사건에 어떻게 적응하였는지를 살펴봐야 한다. 가족이 발달별로 어떻게 발달해 가는지 탐색해 가는 중에 나이와 날짜가 잘 맞지 않는다고 생각되면 그 시기의 발달단계에서 적응상 어려움이 있었을 것으로 보아 탐색이 필요하다. 예를 들어, 성인 자녀가 아직도 집을 떠나지 않고 있으면 새로운 생활주기 단계에서 경험할 수 있는 어려움을 탐색할 수 있다. 혹은 상실 직후에 결혼이 있었다면 해결되지 않은 애도문제를 탐색할 수 있는 실마리가 될 수 있다.

D. 세대에 걸쳐 반복되는 패턴

가족 패턴은 한 세대에서 다음 세대로 전수될 수 있기 때문에 가계도 작업을 할 때는 다음의 영역을 나타내는 세대 간 양상에 주의해야 한다.

- 기능 패턴: 이 가족이 현재 기능하는 방식은 이전 세대에서 기능하였던 방식과 유사한가? 이런 방식은 적응적일 수도 있고(창의성, 탄력성, 강점) 부적응적일 수도 있다(구타, 아동학대, 알코올중독, 자살).
- 관계 패턴: 세대에 걸쳐 반복되는 친밀함, 거리 두기, 정서 단절, 갈등의 패턴을 살펴본다. 예를 들어, 어떤 가족은 한 자녀가 어머니와 동맹관계를 맺고 아버지와는 적대관계를 맺는 삼각관계를 형성하고 있을 수 있다.

- 가족 내 위치와 관련된 패턴: 이전 세대의 성원과 비슷한 위치에 있는 사람은 같은 패턴을 반복하는 경향이 있다. 예를 들어, 20대에 감옥에서 지낸 남자의 외아들은 아버지와 마찬가지로 20대 시절을 감옥에서 보내는 반복된 패턴을 나타낼 수 있다. 어떤 사람은 재혼하여 자신이 성장한 가족과 비슷한 패턴을 가진 가족의 모습을 반복하여 형성하기도 한다. 이러한 요인은 다른 사람과 관계를 맺을 때 동일한 패턴을 반복하도록 영향을 미칠 수 있다.
- 가족 역할과 기능의 균형: 잘 기능하는 가족의 구성원들은 서로 균형을 이루는 경향이 있다. 예를 들면, 다른 사람들과 어울리기를 좋아하는 사교적인 파트너는 가족 중심의 배우자와 균형을 이룬다. 책임감이 있는 형은 느긋한 성격의 동생과 균형을 이룬다. 한 사람의 역할과 성격은 다른 사람의 성격과 보완적인 기능을 한다.

그러나 많은 불균형한 역할의 가계도를 보면 너무나 많은 사람들이 '돌보는 사람'의 역할을 하려고 경쟁하거나 한 사람이 지나치게 많은 책임감을 갖는 것을 볼 수 있다. 예를 들어, 알코올 문제가 있는 사람은 돌보는 역할을 하는 사람과 결혼하여 보완적 적응을 하는 것처럼 보이지만 결국 돌보는 사람에게 너무나 많은 스트레스를 주게 된다. 가족 내에 권력의 불균형이 나타나기도 하는데 아내와 남편 사이에, 형제와 자매들의 관계에서, 피부색의 차이에 따라, 또는 계층이나 능력, 부모의 편애, 가족의 가치 등과 같은 여러 가지 이유에서 가족 내에는 권력의 불균형이 나타나기도 한다. 가족 내에 불균형이 보이면 가족이 그러한 불균형을 어떻게 다루는지 탐색하고 보다 공평하게 균형을 이루는 관계로 변화하는 것의 의미를 찾아보도록 한다.

참 · 고 · 문 · 헌

참고문헌은 세 부분으로 구성되어 있다. 첫 번째 부분은 이 책에서 인용한 참고문헌이며, 두 번째 부분은 이를 주제별로 배열한 것이다. 마지막 부분은 자서전 정보로 가족 이름의 알파벳순으로 배열하였다.

Ahrons, C. (1998). *The good divorce*. New York: Harper Paperbacks.

Alexander, D., & Clark, S. (1998). Keeping "the family" in focus during patient care. In P. D. Sloane, L. M., Slat, P. Curtis, & M. H. Ebell (Eds.), *Essentials of family medicine* (3rd ed., pp. 25-39). Baltimore: Williams & Wilkins.

Ali, T. (1985). *An Indian dynasty*. New York: Putnam.

Almeida, R., Messineo, T., Woods, R., & Font, R. (1998). The cultural context model. In M. McGoldrick (Ed.), *Revisioning family therapy: Race, culture and gender in clinical practice*. New York: Guilford.

Altshuler, S. J. (1999, November/December). Constructing genograms with children in care: Implications for casework practice. *Child Welfare*, (6), 777-790.

Anderson, J. L. (1997). *Che Guevara: A revolutionary life*. New York: Grove Press.

Andrews, J. D. (1998). *Young Kennedys: The new generation*. New York: Avon.

Anzieu, D. (1986). *Freud's self analysis*. Madison, CT: International Universities Press.

Appignanesi, L., & Forrester, J. (1992). *Freud's women*. New York: Basic.

Baird, M. A., & Grant, W. D. (1994). Families and health. In R. B. Taylor, A. K. David, T. A. Johnson, Jr., D. M. Phillips, & J. E. Scherger (Eds.), *Family medicine principles and practice* (4th ed., pp. 10-15). New York: Springer-Verlag.

Baird, M. A., & Grant, W. D. (1998). Families and health. In R. B. Taylor, A. K. David, T. A. Johnson, Jr., D. M. Phillips, & J. E. Scherger (Eds.), *Family medicine principles and practice* (5th ed., pp. 26-31). Baltimore: Williams & Wilkins.

Bannerman, C. (1986). The genograms and elderly patients. *Journal of Family Practice, 23,* 426-427.

Barth, J. C. (1993). *It runs in my family: Overcoming the legacy of family illness.* New York: Brunner/Mazel.

Bateson, M. C. (1984). *With a daughter's eye.* New York: William Morrow.

Beitin, B. K., & Allen, K. R. (2005). Resilience in Arab American couples after September 11, 2001: A systems perspective. *Journal of Marital & Family Therapy, 31*(3), 25-267.

Bepko, C. S., & Krestan, J. (1985). *The responsibility trap: Women and men in alcoholic families.* New York: Free Press.

Bernikow, L. (1980). *Among women.* New York: Harper & Row.

Blumenthal, R. (2006). Hotel log hints as illicit desire that Dr. Freud didn't repress. *NY Times,* Dec. 24, pp. 1, 4.

Botkin, J. R. (2001). Protecting the privacy of family members in survey and pedigree research. *Journal of the American Medical Association, 285*(2), 207-211.

Botkin, J. R., McMahon, W. M., Smith, K. R., & Nash, J. E. (1998). Privacy and confidentiality in the publication of pedigrees. *Journal of the American Medical Association, 279*(22), 1808-1812.

Bowen, M. (1978). *Family therapy in clinical practice.* New York: Jason Aronson.

Boyd-Franklin, N. (1989). *Black families in therapy: A multisystems approach.* New York: Guilford.

Boyd-Franklin, N. (2006). *Black families in therapy: Understanding African-American experience* (2nd ed.). New York: Guilford.

Bradt, J. (1980). *The family diagram.* Washington, DC: Groome Center.

Bragg, M. (1990). *Richard Burton: A life.* New York: Warner.

Brodie, F. M. (1974). *Thomas Jefferson: An intimate history.* New York: Norton.

Burke, J. L., & Faber, P. (1997). A genogrid for couples. *Journal of Gay and Lesbian Social Services, 7*(1), 13-22.

Callas, J. (1989). *Sisters.* New York: St. Martin's.

Campbell, C. (1998). *The real Diana.* New York: St. Martin's Press.

Campbell, T. L., McDaniel, S. H., Cole-Kelly, K., Hepworth, J., & Lorenz, A. (2002). Family interviewing: A review of the literature in primary care. *Family Medicine,*

34(5), 312-318.

Caplow, T. (1968). *Two against one. Coalitions in triads.* Englewood Cliffs, NJ: Prentice Hall.

Carson, C. (Ed.). (2001). *The autobiography of Martin Luther King.* New York: Warner.

Carter, B., & McGoldrick, M. (2005a). Coaching at various stages of the life cycle. In B. Carter & M. McGoldrick (Eds.), *The expanded family life cycle: Individual, family and social perspectives* (3rd ed., pp. 436-454). Boston: Allyn & Bacon.

Carter, B., & McGoldrick, M. (Eds.). (2005b). *The expanded family life cycle: Individual, family and social perspectives: Classic edition.* Boston: Allyn & Bacon.

Carter, E. A. (1978). Transgenerational scripts and nuclear family stress: Theory and clinical implications. In R. R. Sager (Ed.), *Georgetown family symposium* (Vol. III, 1975-77). Washington, DC: Georgetown University.

Christie-Seely, J. (1986). *A diagnostic problem and family assessment. Journal of Family Practice, 22,* 329-339.

Clinton, B. (2005). *My life.* New York: Vintage.

Clinton Kelley, V., with J. Morgan. (1994). *Leading with my heart: My life.* New York: Pocket Books.

Cohler, B. A., Hosteler, J., & Boxer, A. (1998). In D. McAdams & E. de St. Aubin (Eds.), *Generativity and adult development: Psychosocial perspective on caring and contributing to the next generation.* Washington, DC: American Psychology Association Press.

Colon, F. (1973). In search of one's past: An identity trip. *Family Process, 12*(4), 429-438.

Colon, F. (1978). Family ties and child placement. *Family Process, 17,* 189-312.

Colon, F. (1998). The discovery of my multicultural identity. In M. McGoldrick (Ed.), *Revisioning family therapy: Race, culture and gender in clinical practice* (pp. 200-214). New York: Guilford.

Colon-Lopez, F. (2005). *Finding my face: Memory of a Puerto Rican American.* Victoria, BC, Canada: Trafford Publishing.

Congress, E. P. (1994). The use of culturagrams to assess and empower culutrally diverse families. *Families in Society, 75*(9), 531-540.

Coupland, S. K., & Serovich, J. M. (1999, December). Effects of couples' perceptions of genogram construction on therapeutic alliance and session impact: A growth curve analysis. *Contemporary Family Therapy, 21*(4), 551-572.

Coupland, S. K., Serovich, J., & Glenn, J. E. (1995). Reliability in constructing genograms: A study among marriage and family therapy doctoral students. *Journal of Marital and Family Therapy, 21,* 251-264.

Crouch, M. A. (1986). Working with one's own family: Another path for professional development. *Family Medicine, 18,* 93-98.

Crouch, M. A., & Davis, T. (1987). Using the genogram (family tree) clinically. In M. A. Crouch & L. Roberts (Eds.), *The family in medical practice: A family systems primer* (pp. 174-192). New York: Springer-Verlag.

Crouch, M. A. (1989). A putative ancestry of family practice and family medicine: Genogram of a discipline. *Family Systems Medicine, 7*(2), 208-212.

Darkenwald, G. G., & Silverstri, K. (1992). Analysis and assessment of the Newark literacy campaign: A report to the Ford Foundation (Grant #915-0298).

Daughhetee, C. (2001). Using genograms as a tool for insight in college counseling. *Journal of College Counseling, 4*(1), 73-76.

Davis, O., & Dee, R. (2000). *With Ossie and Ruby: In this life together.* New York: Harper Collins.

Dean, P. H. (1989). Paul Robeson. In E. Hill (Ed.), *Black heroes: Seven plays* (pp. 277-354). New York: Applause Theatre.

Donn, L. (2001). *The Roosevelt cousins.* New York: Knopf.

Dumas, C. A., Katerndahl, D. A., & Burge, S. K. (1995). Familial patterns in patients with infrequent panic attacks. *Archives of Family Medicine, 4,* 862-867.

Dunn, A. B., & Dawes, S. J. (1999). Spiritually-focused genograms: Keys to uncovering spiritual resources in African-American families. *Journal of Multicultural Counseling & Development, 27*(4), 240-255.

Dunn, A. B., & Levitt, M. M. (2000, July). The genogram: From diagnostics to mutual collaboration. *Family Journal: Counseling & Therapy for Couples & Families, 8*(3), 236-244.

Eissler, K. R. (1978). *Sigmund Freud: His life in pictures and words.* New York: Helen & Kurt Wolff, Harcourt Brace, Jovanovich.

Elder, G. (1986). Military times and turning points in mens' lives. *Developmental*

Psychology, 22, 233-245.

Elder, G. (1992). Life course. In E. Borgatta & M. Borgatta (Eds.), *Encyclopedia of sociology* (Vol. 3, pp. 1120-1130). New York: Macmillan.

Elder, G. H., Jr. (1977). Family history and the life course. *Journal of Family History, 22,* 279-304.

Ellenberger, H. F. (1970). *The discovery of the unconscious: The history and evolution of dynamic psychiatry.* New York: Basic.

Engel, G. (1975). The death of a twin: Mourning and anniversary reactions: Fragments of 10 years of self-analysis. *International Journal of Psychoanalysis, 56*(1), 23-40.

Erikson Bloland, S. (1999, November). Frame: The power and cost of a fantasy. *Atlantic Monthly,* 51-62.

Fields, J. (2003). America's families and living arrangements: 2003. *Current Population Reports. P20-553.* Washington, DC: U.S. Census Bureau.

Fink, A. H., Kramer, L., Weaver, L. L., & Anderson, J. (1993). More on genograms: Modifications to a model. *Journal of Child and Adolescent Group Therapy, 3,* 203-266.

Fogarty, T. (1975). Triangles. *The Family Journal, 2,* 11-19. New Rochelle, NY: Center for Family Learning.

Folwarski, J. (1998). No longer an orphan in history. In M. McGoldrick (Ed.), *Re-visioning family therapy* (pp. 239-252). New York: Guilford.

Fonda, J. (2006). *My life so far.* New York: Random House.

Fonda, P. (1998). *Don't tell dad.* New York: Hyperion.

Foster, M. A., Jurkovic, G. J., Ferdinand, L. G., & Meadows, L. A. (2002, January). Impact of the genogram on couples: A manualized approach. *Family Journal: Counseling & Therapy for Couples & Families, 10*(1), 34-40.

Frame, M. W. (2000a). Constructing religious/spiritual genograms. In R. E. Watts (Ed.), *Techniques in marriage and family counseling, Vol. 1. The family psychology and counseling series* (pp. 69-74). Alexandria, VA: American Counseling Assoc.

Frame, M. W. (2000b). The spiritual genogram in family therapy. *Journal of Marital and Family Therapy, 26*(92), 211-216.

Frame, M. W. (2001, April). The spiritual genogram in training and supervision. *Family Journal: Counseling & Therapy for Couple & Families, 9*(2), 109-115.

Frankel, M. S., & Teich, A. H. (Eds.). (1993). *Ethical and legal issues in pedigree research.* Washington, DC: Directorate for Science and Policy Programs, American Association for the Advancement of Sciences.

Freeman, E. L., & Strean, H. S. (1981). *Freud and women.* New York: Fredrick Ungar.

Freire, P. (1994). *The pedagogy of hope.* New York: Continuum.

Freud, E. L. (1960). *The letters of Sigmund Freud.* New York: Basic.

Freud, S. (1988). *My three mothers and other passions.* New York: New York University Press.

Friedman, H., Rohrbaugh, M., & Krakauer, S. (1988). the timeline genogram: Highlighting temporal aspects of family relationships. *Family Process, 27,* 293-304.

Friedman, L. J. (1999). *Identity's architect.* New York: Scribner.

Friesen, P., & Manitt, J. (1991). Nursing the remarried family in a palliative care setting. *Journal of Palliative Care, 6*(4), 32-39.

Garrett, R. E., Klinkman, M., & Post, L. (1987). If you meet Buddha on the road, take a genogram: Zen and the art of family medicine. *Family Medicine, 19,* 225-226.

Gelb, A., & Gelb, B. (1987). *O'Neill.* New York: Harper & Row.

Genogram-Maker Millennium (2007). Online at www.genogram.org.

GenoPro (2007). Online at www.genopro.com.

Gewirtzman, R. C. (1988). The genogram as a visual assessment of a family's fugue. *Australian Journal of Sex, Marriage and Family, 9,* 37-46.

Gibson, D. (2005). The use of genograms in career counseling with elementary, middle, and high school students. *Career Development Quarterly, 53,* 353-362.

Gordon, J. S., Staples, J. K., Blyta, A., & Bytyqi, M. (2004). Treatment of posttraumatic stress disorder in postwar Kosovo high school students using mind-body skills groups: A pilot study. *Journal of Traumatic Stress, 17*(2), 143-147.

Granello, D. H., Hothersall, D., & Osborne, A. L. (2000, March). The academic genogram: Teaching for the future by learning from the past. *Counselor Education and Supervision, 39*(3), 177-188.

Grimberg, S. (1997). *Frida Kahlo.* North Dighton, MA: World Publications Group, Inc.

Guerin, P., Fogarty, T. F., Fay, L. F., & Kautto, J. G. (1996). *Working with relationship triangles.* New York: Guilford.

Hardy, K. V., & Laszloffy, T. A. (1995). The cultural genogram: Key to training culturally competent family therapists. *Journal of Marital and Family Therapy, 21*(3), 227-237.

Harmon, A. (2006, June 11). Who's your great-great-great-great-granddaddy? *New York Times,* section 4, p. 1.

Haskins, J. (1978). *Scott Joplin: The man who made ragtime.* Briarcliff Manor, NY: Scarborough.

Hays, E. R. (1967). *The extraordinary Blackwells.* New York: Harcourt Brace.

Hayden, T. (Ed.). (1998). *Irish hunger.* Boulder, CO: Roberts Reinhart.

Hayden, T. (2001). *Irish on the inside: In search of the soul of Irish America.* New York: Verso.

Hernandez, M., & McGoldrick, M. (2005). Migation and the family life cycle. In B. Carter & M. McGoldrick (Eds.), *The expanded family life cycle, Classic Edition* (pp. 169-174). Boston: Allyn & Bacon.

Hines, P. M. (2005). The family life cycle of African-American families living in poverty. In B. Carter & M. McGoldrick (Eds.), *The expanded family life cycle: Individual, family and social perspectives* (pp. 327-345). Boston: Allyn & Bacon.

Hockley, J. (2000). Psychosocial aspects in palliative care: Communicating with the patient and family. *Acta oncologica, 39*(8), 905-910.

Hodge, D. R. (2000, April). Spiritual ecomaps: A new diagrammmatic tool for assessing marital and family spirituality. *Journal of Marital and Family Therapy, 26*(2), 217-228.

Hodge, D. R. (2001, January/February). Spiritual genograms: A generational approach to assessing spirituality. *Families in Society, 82*(1), 35-48.

Hodge, D. R. (2005a). Spiritual life maps: A client-centered pictorial instrument for spiritual assessment, planning, and intervention. *Social Work, 50,* 77-87.

Hodge, D. R. (2005b). Spiritual ecograms: A new assessment instrument for indentifying clients' spiritual strengths in space and across time. *Family in Society, 86,* 287-296.

Hof, L., & Berman, E. (1986). The sexual genogram. *Journal of Marital and Family Therapy, 12*(1), 39-47.

Holmes, T. H., & Masuda, M. (1974). Life change and illness susceptibility. In B. S. Dohrenwend & B. Dohrenwend (Eds.), *Stressful life events: Their nature and effects* (pp. 45-72). New York: Wiley.

Holmes, T. H., & Rahe, T. H. (1967). The social adjustment rating scale. *Journal of Psychosomatic Research, 11,* 213-218.

Horn, M. (1980). Family ties: The Blackwells, a study in the dynamics of family life in nineteenth century America (Ph.D. Dissertation, Tufts University).

Horn, M. (1983). Sisters worthy of respect: Family dynamics and women's roles in the Blackwell family. *Journal of Family History, 8*(4), 367-382.

Huygen, F. J. A. (1982). *Family medicine: The medical life history of families.* New York: Brunner/Mazel.

Imber Black, E. (Ed.). (1993). *Secrets in families and family therapy.* New York: Norton.

Imber Black, E. (1998). *The secret life of families.* New York: Bantam.

Ingersoll-Dayton, B., & Arndt, B. (1990). Uses of the genogram with the elderly and their families. *Journal of Gerontological Social Work, 15*(1-2), 105-120.

Johnson, P. (2005). *George Washington: Founding father.* New York: Harper Collins.

Jolly, W. M., Froom, J., & Rosen, M. G. (1980). The genogram. *Journal of Family Practice, 10*(2), 251-255.

Jones, E. (1953, 1954, 1955). *The life and work of Sigmund Freud* (3 volumes). New York: Basic.

Jordan, K. (2004). The color-coded timeline trauma genogram. *Brief Treatment and Crisis Intervention, 4*(1), 57-70.

Jordan, K. (2006). The scripto-trauma genogram: An innovative technique for working with trauma survivors' intrusive memories. *Brief Treatment and Crisis Intervention, 6*(1), 36-51.

Kerr, M. E., & Bowen, M. (1988). *Family evaluation.* New York: Norton.

Krüll, M. (1986). *Freud and his father.* New York: Norton.

Kuehl, B. P. (1995). The solution-oriented genogram: A collaborative approach. *Journal of Marital and Family Therapy, 21*(3), 239-250.

Laird, J. (1996). Family-centered practice with lesbian and gay families. *Families in Society: Journal of Contemporary Human Services, 77*(9), 559-572.

Lerner, H. (1990). *The dance of intimacy.* New York: Harper Collins.

Lerner, H. (1994). *The dance of deception.* New York: Harper Collins.

Lerner, H. (1997). *The dance of anger.* New York: Harper Collins.

Lerner, H. (2002). *The dance of connection.* New York: Harper Collins.

Lerner, H. (2005). *The dance of fear.* New York: Harper Collins.

Like, R. C., Rogers, J., & McGoldrick, M. (1988). Reading and interpreting genograms: A systematic approach. *Journal of Family Practice, 26*(4), 407-412.

Lipset, D. (1980). *Gregory Bateson: The legacy of a scientist.* Englewood Cliffs, NJ: Prentice.

Maccoby, E. E. (1990). Gender and relationships: A developmental account. *American Psychologist, 45*(4), 513-520.

Malott, K. M., & Magnuson, S. (2004). Using genograms to facilitate undergraduate students' career development: A group model. *The Career Development Quarterly, 53*(4), 178-186.

Mann, W. J. (2006). *Kate: The woman who was Hepburn.* New York: Henry Holt.

Maraniss, D. (1995). *First in his class: The biography of Bill Clinton.* New York: Touchtone.

Masson, J. (Ed.). (1985). *The complete letters of Sigmund Freud to Wilhelm Fleis: 1887-1904.* Cambridge, MA: Belnap.

Masson, J. (1992). *The assault on truth.* New York: Harper Collins.

Massey, R. F., & Dunn, A. B. (1999). Viewing the transactional dimensions of spirituality through family prisms. *Transactional Analysis Journal, 29*(2), 113-129.

McGill, D. M. (1992). The cultural story in multicultural family therapy. *Families in Society: Journal of Contemporary Human Services, 73,* 339-349.

McGoldrick, M. (1989). Sisters. In M. McGoldrick, C. Anderson, & F. Walsh (Eds.), *Women in families* (pp. 244-266). New York: Norton.

McGoldrick, M. (1995). *You can go home again: Reconnecting with your family.* New York: Norton.

McGoldrick, M. (1996). *The legacy of unresolved loss: A family systems approach.* New York: Norton.

McGoldrick, M. (Ed.). (1998). *Revisioning family therapy: Race, culture and gender in clinical practice.* New York: Guilford.

McGoldrick, M., Broken Nose, M., & Potenza, M. (2005). Violence and the family life cycle. In B. Carter & M. McGoldrick (Eds.), *The expanded family life cycle: Individual, family and social perspectives, Classic edition* (pp. 470-491). Boston:

Allyn & Bacon.

McGoldrick, M., & Carter, B. (2005a). Self in context: The individual life cycle in systemic perspective. In B. Carter & M. McGoldrick (Eds.), *The expanded family life cycle: Individual, family and social perspectives, Classic edition* (pp. 27-46). Boston: Allyn & Bacon.

McGoldrick, M., & Carter, B. (2005b). Remarried families. In B. Carter & M. McGoldrick (Eds.), *The expanded family life cycle: Individual, family and social perspectives, Classic edition* (pp. 417-435). Boston: Allyn & Bacon.

McGoldrick, M., & Garcia-Preto, N. (2005). Cultural assessment. In M. McGoldrick, J. Giordano, & N. Garcia-Preto (Eds.), *Ethnicity and family therapy* (3rd ed., pp. 757-763). New York: Guilford.

McGoldrick, M., Giordano, J., & Garcia-Preto, N. (Eds.). (2005). *Ethnicity and family therapy* (3rd ed.). New York: Guilford.

McGoldrick, M., Loonan, R., & Wolsifer, D. (2006). Sexuality and culture. In S. R. Leiblum (Ed.), *Principles and practice of sex therapy* (4th ed., pp. 416-441). New York: Guilford.

McGoldrick, M., & Walsh, F. (2004). A time to mourn: Death and the family life cycle. In F. Walsh & M. McGoldrick (Eds.), *Living beyond loss* (2nd ed., pp. 27-46). New York: Norton.

McGoldrick, M., & Watson, M. (2005). Siblings through the life cycle. In B. Carter & M. McGoldrick (Eds.), *The expanded family life cycle: Individual, family and social perspectives, Classic edition* (pp. 153-168). Boston: Allyn & Bacon.

McIlvain, H., Crabtree, B., Medder, J., Strange, K. C., & Miller, W. L. (1998). Using practice genograms to understand and describe practice configurations. *Family medicine, 30*(7), 490-496.

McMillen, J. C., & Groze, V. (1994). Using placement genograms in child welfare practice. *Child Welfare, 73*(4), 307-318.

Medalie, J. H. (1978). *Family medicine: Principles and applications.* Baltimore: Williams & Wilkins.

Milewski-Hertlein, K. A. (2001, January/February). The use of a socially constructed genogram in clinical practice. *American Journal of Family Therapy, 29*(1), 23-28.

Moon, S. M., Coleman, V. D., McCollum, E. E., Nelson, T. S., & Jensen-Scott, R. L.

(1993). Using the genogram to facilitate career decisions: A case study. *Journal of Family Psychology, 4,* 45-56.

Mullins, M. C., & Christie-Seely, J. (1984). Collecting and recording family data: The genogram. In J. Christie-Seely (Ed.), *Working with the family in primary care* (pp. 79-81). New York: Praeger.

Nabokov, V. (1959). *The real life of Sebastian Knight.* Norfolk, CT: New Directions.

Niederhauser, V. P., & Arnold, M. (2004). Assess, health risk status for intervention and risk reduction. *Nurse Practiioner, 29*(2), 35-42.

Oestreich, J. R. (2006, February). The asterisks tell the story: What tangled webs operas can weave. That's where a five page diagram comes in. *New York Times,* p. C2.

Olsen, S., Dudley-Brown, S., & McMullen, P. (2004). Case for blending pedigrees, genograms, and ecomaps: Nursings' contribution to the "big picture". *Nursing & Health Science, 6*(4), 295-308.

Papp, P., Silverstein, O., & Carter, E. A. (1973). Family sculpting in preventive work with well families. *Family Process, 12*(25), 197-212.

Paul, N., & Paul, B. B. (1986). A marital puzzle. New York: Norton.

Peluso, P. (2003). The ethical genogram: A tool for helping therapists understand their ethical decision-making roles. *The Family Journal, 11*(3), 286-291.

Petry, S. S. (2006). The impact on male therapists treating sex offenders: A phenomenological study with a focus on gender, race, and ethnicity. *Dissertation Abstracts International: Section B: The Sciences and Engineering, 66*(9-B), 5143-5367.

Petry, S. S., & McGoldrick, M. (2005). Genograms in assessment and therapy. In G. P. Koocher, J. C. Norcross, & S. S. Hill (Eds.), *The psychologists' desk reference* (2nd ed., pp. 366-373).

Piercy, F. P., & Benson, K. (2005). Aesthetic forms of data representation in qualitative family therapy research. *Journal of Marital & Family Therapy, 31*(1), 107-119.

Pinderhughes, E. (1998). Black genealogy revisited: Restorying African-American family. In M. McGoldrick (Ed.), *Revisioning family therapy: Race, culture, and gender in clinical practice* (pp. 179-199). New York: Guilford.

Rainsford, G. L., & Schuman, S. H. (1981). The family in crisis: A case study of overwhelming illness and stress. *Journal of the American Medical Association, 246*(1), 60-63.

Rakel, R. E. (1977). *Principles of family medicine.* Philadelphia: W.B. Saunders.

Rigazio-DiGilio, S. A., Ivey, A. E., Kunkler-Peck, K. P., & Grady, L. T. (2005). *Community genograms: Using individual, family, and cultural narratives with clients.* New York: Teachers College Press.

Roazen, P. (1993). *Meeting Freud's family.* Amherst, MA: University of Massachusetts Press.

Robeson, P. (1988). *Here I stand.* Boston: Beacon.

Robinson, J. (1972). *I never had it made.* New York: Putnam.

Robinson, S. (1996). *Steading home.* New York: Harper-Collins.

Rogers, J. C. (1990). Completion and reliability of the self-administered genogram (SAGE). *Family Practice, 7,* 149-151.

Rogers, J. C. (1994a). Can physicians use family genogram information to identify patients at risk of anxiety or depression? *Archives of Family Medicine, 3,* 1093-1098.

Rogers, J. C. (1994b). Impact of a screening family genogram on first encounters in primary care. *Journal of Family Practice, 4,* 291-301.

Rogers, J. C., & Cohn, P. (1987). Impact of a screening family genogram on first encounters in primary care. *Journal of Family Practice, 4,* 291-301.

Rogers, J. C., & Durkin, M. (1984). The semi-structured genogram interview: I. Protocol, II. Evaluation. *Family Systems Medicine, 2*(25), 176-187.

Rogers, J. C., Durkin, M., & Kelly, K. (1985). The family genogram: An underutilized clinical tool. *New Jersey Medicine, 82*(11), 887-892.

Rogers, J. C., & Holloway, R. (1990). Completion rate and reliability of the self-administered genogram (SAGE). *Family Practice, 7,* 149-151.

Rogers, J. C., Rohrbaugh, M., & McGoldrick, M. (1992). Can experts predict health risk from family genograms? *Family Medicine, 24,* 209-215.

Rohrbaugh, M., Rogers, J. C., & McGoldrick, M. (1992). How do experts read family genograms? *Family Systems Medicine, 10*(1), 79-89.

Satir, V. (1988). *New peoplemaking.* Palo Alto, CA: Science and Behavior Books.

Scharwiess, S. O. (1994). Step-sisters and half-brothers: A family therapist's view of

German unification and other transitional processes. *Contemporary Family Therapy, 16*(3), 183-197.

Scherger, J. E. (2005). The end of the beginning: The redesign imperative in family medicine. *Family Medicine, 37*(7), 513-516.

Schoeninger, D. (2007). *Cultural legacies.* Manuscript in preparation.

Scrivner, R., & Eldridge, N. S. (1995). Lesbian and gay family psychology. In R. H. Mikesell, D. Lusterman, & S. McDaniel (Eds.), *Integrating family therapy: Handbook of family psychology and systems therapy* (pp. 327-345). Washington, DC: American Psychological Association.

Shellenberger, S., Shurden, K. W., & Treadwell, T. W. (1988). Faculty training seminars in family systems. *Family Medicine, 20,* 226-227.

Shellenberger, S., Watkins Couch, K., & Drake, M. (1989). Elderly family members and their caregivers: Characteristics and development of the relationship. *Family Systems and Health, 7,* 317-322.

Sherman, M. H. (1990). Family narratives: Internal representations of family relationships and affective themes. *Infant Mental Health Journal, 11,* 253-258.

Shernoff, M. J. (1984). Family therapy for lesbian and gay clients. *Social Work, 39,* 393-396.

Shields, C. G., King, D. A., & Wynne, L. C. (1995). Interventions with later life families. In R. H. Mikesell, D. Lusterman, & S. McDaniel (Eds.), *Integrating family therapy: Handbook of family psychology and systems therapy* (pp. 141-158). Washington, DC: American Psychological Association.

Sloan, P. D., Slatt, L. M., Curtis, P., & Ebell, M. (Eds.). (1998). *Essentials of family medicine* (2nd ed.). Baltimore: Williams & Wilkins.

Sprenkle, D. H. (2003). Effectiveness research in marriage and family therapy: Introduction. *Journal of Marital & Family Therapy, 29*(1), 85-96.

Sproul, M. S., & Gallagher, R. M. (1982). The genogram as an aid to crisis intervention. *Journal of Family Practice, 14*(55), 959-960.

Steinglass, P., Bennett, L., Wolin, S., & Reiss, D. (1987). *The alcoholic family.* New York: Basic.

Sulloway, F. J. (1996). *Born to rebel: Sibling relationships, family dynamics and creative lives.* New York: Pantheon.

Swales, P. (1982). Freud, Minna Bernays, and the conquest of Rome: New light on the origins of psychoanalysis. *The New American Review, 1*(2/3), 1-23.

Swales, P. (1986). *Freud, his origins and family history.* UMDNJ-Robert Wood Johnson Medical School. November 15.

Taylor, R. B., David, A. K., Johnson, T. A., Jr., Phillips, D. M., & Scherger, J. E. (Eds.). (1998). *Family medicine principles and practice* (5th ed.). Baltimore: Williams & Wilkins.

Thomas, A. J. (1998). Understanding culture and worldview in family systems: Use of the multicultural genogram. *The Family Journal: Counseling and Therapy for Couples and Families, 6*(1), 24-31.

Tjaden, P., & Thoennes, N. (2000). *Full report of the prevalence, incidence, and consequences of violence against women* (Research Report). Washington, DC: National Institute of Justice and the Centers for Disease Control Prevention.

Toman, W. (1976). *Family constellation* (3rd ed.). New York: Springer.

Tomson, P. (1985). Genograms in general practice. *Journal of the Royal Society of Medicine Supplement, 78*(8), 34-39.

Troncale, J. A. (1983). The genogram as an aid to diagnosis of distal renal tubular acidosis. *Journal of Family Practice, 17,* 707-708.

Wachtel, E. F. (1982). The family psyche over three generations: The genogram revisited. *Journal of Marital and Family Therapy, 8*(35), 335-343.

Wallechinsky, D., & Wallace, I. (1975). *The people's almanac.* New York: Harper & Row.

Walsh, F. (Ed.). (2003). *Normal family processes* (3rd ed.). New York: Guilford.

Walsh, F. (1995). From family damage to family challenge. In R. H. Mikesell, D. D. Lusterman, & S. McDaniel (Eds.), *Integrating family therapy: Handbook of family psychology and systems therapy* (pp. 587-606). Washington, DC: American Psychological Association.

Walsh, F. (2006). *Strengthening family resilience* (2nd ed.). New York: Guilford.

Walsh, F. (Ed.). (1999). *Spiritual resources in family therapy.* New York: Guilford.

Watson, M. (1998). African-American sibling relationships. In M. McGoldrick (Ed.), *Revisioning family therapy: Race, culture and gender in clinical practice* (pp. 282-294). New York: Guilford.

Wattendorf, D. J., & Hadley, M. S. (2005). Family history: The three generation pedigree. *American Family Physician, 72*(3), 441-448.

Watts Jones, D. (1998). Towards an African-American genogram. *Family Process, 36*(4), 373-383.

Weber, T., & Levine, F. (1995). Engaging the family: An integrative approach. In R. H. Mikesell, D. D. Lusterman, & S. McDaniel (Eds.), *Integrating family therapy: Handbook of family psychology and systems therapy* (pp. 45-71). Washington, DC: American Psychological Association.

White, M. (2006). Personal communication.

White, M. B., & Tyson-Rawson, K. J. (1995). Assessing the dynamics of gender in couples and families: The gendergram. *Family Relations, 44,* 253-260.

Widmer, R. B., Cadoret, R. J., & North, C. S. (1980). Depression in family practice: Some effects on spouses and children. *Journal of Family Practice, 10*(1), 45-51.

Wimbush, F. B., & Peters, R. M. (2000). Identification of cardiovascular risk: use of a cardiovascular-specific genogram. *Public Health nursing, 17*(3), 148-154.

Wolpert, S. (1996). *Nehru.* New York: Oxford University Press.

Wonderware (2007). Online at www.interpersonaluniverse.net.

Wright, L. (1995, August). Double mystery. *New Yorker Magazine*, pp. 44-62.

Wright, L. M., & Leahey, M. (2000). *Nurses and families: A guide to family assessment and intervention* (3rd ed.). Philadelphia: F. A. Davis.

Wright, L. M., & Leahey, M. (1999). Maximizing time, minimizing suffering: The 15-minute (or less) family interview. *Journal of Family Nursing, 5*(3), 259-274.

Young-Bruel, E. (1988). *Anna Freud: A biography.* New York: Summit.

Zide, M. R., & Gray, S. W. (2000). The solutioning process: Merging the genogram and the solution-focused model of practice. *Journal of Family Social Work, 4*(1), pp. 3-19.

Zimroth, E. (2002). Marilyn at the Mikvah. In Y. Z. McDonough (Ed.), *All the available light: A Marilyn Monroe reader* (pp. 176-183). New York: Simon & Schuster.

주제별 참고문헌

가계도 사정과 체계이론

Banmen, J. (2002, March). The Satir model: Yesterday and today. *Contemporary Family Therapy, 24*(1), 7-22.

Bowen, M. (1978). *Family therapy in clinical practice.* New York: Jason Aronson.

Bradt, J. (1980). *The family diagram.* Washington, DC: Groome Center.

Byng-Hall, J. (1995). *Rewriting family scripts.* New York: Guilford.

Caplow, T. (1968). *Two against one: Coalitions in triads.* Englewood Cliffs, NJ: Prentice Hall.

Carter, B., & McGoldrick, M. (Eds.). (2005). *The expanded family life cycle: Individual, family and social perspectives, Classic Edition.* Boston: Allyn & Bacon.

Carter, E. A. (1978). Transgenerational scripts and nuclear family stress: Theory and clinical implications. In R. R. Sager (Ed), *Georgetown family symposium* (Vol. III, pp. 1975-1977). Washington, DC: Georgetown University.

Christie-Seely, J. (1986). A diagnostic problem and family assessment. *Journal of*

Family Practice, 22, 329-339.

Erdman, H. P., & Foster, S. W. (1986). Computer-assisted assessment with couples and families. *Family Therapy, 13*(1), 23-40.

Fleck, S. (1994). The family in health and disease. *New Trends in Experimental and Clinical Psychiatry, 10*(1), 41-51.

Fogarty, T. (1973). *Triangles. The Family.* New Rochell, NY: Center for Family Learning.

Foster, J., Gilman, M., Gipson, D., Jackson, P., Reed, A., Wheeler, J., & Wray, M. (2000). On using genograms in therapy and training contexts. *Context, 49,* 9-10.

Galindo, I., Boomer, E., & Reagan, D. (2006). *A family genogram work-book.* Kearney, NE: Morris Publishing.

Guerin, P. J. (Ed.). (1976). *Family therapy.* New York: Gardner.

Guerin, P., Fogarty, T. F., Fay, L. F., & Kautto, J. G. (1996). *Working with relationship triangles.* New York: Guilford.

Guerin, P. J., & Pendagast, E. G. (1976). Evaluation of family system and genogram. In P. Guerin (Ed.), *Family therapy* (pp. 450-464). New York: Gardner.

Haley, A. (1974). *Roots: The saga of an American family.* New York: Doubleday.

Hartman, A. (1995). Diagrammatic assessment of family relationships. *Families in Society, 76*(2), 111-122.

Karpel, M. A. (1994). *Evaluating couples: A handbook for practitioners.* New York: Norton.

Kent-Wilkinson, A. (1999). Forensic family genogram: An assessment and intervention tool. *Journal of Psychosocial Nursing and Mental Health Services, 37,* 52-56.

Kerr, M. E., & Bowen, M. (1988). *Family evaluation.* New York: Norton.

Krasner-Khait, B. (2000, Jan/Feb). Focusing beneath the surface: Genograms add insight to family research. *Ancestry, 18*(1), 28-31.

Lewis, K. G. (1989). The use of color-coded genograms in family therapy. *Journal of Marital and Family Therapy, 15*(2), 169-176.

Lieberman, S. (1979). *Transgenerational family therapy.* London: Croom Helm.

Like, R. C., Rogers, J., & McGoldrick, M. (1988). Reading and interpreting genograms: A systematic approach. *Journal of Family Practice, 26*(4), 407-412.

Magnuson, S., & Shaw, H. E. (2003, January). Adaptations of the multifaceted genogram in counseling, training and supervision. *Family Journal: Counseling &*

Therapy for Couples & Families, 2(1), 45-54.

Marlin, E. (1989). *Genograms.* Chicago: Contemporary Books.

McGoldrick, M. (1980). Problems with family genograms. *American Journal of Family Therapy, 7,* 74-76.

McGoldrick, M. (1995). *You can go home again: Reconnecting with your family.* New York: Norton.

McGoldrick, M. (Ed.). (1998). *Revisioning family therapy: Race, culture and gender in clinical practice.* New York: Guildford.

Milewski-Hertlein, K. A. (2001, January/February). The use of a socially constructed genogram in clinical practice. *American Journal of Family Therapy, 29*(1), 23-38.

Papadopoulos, L., Bor, R., & Stanion, P. (1997). Genograms in counselling practice. *Counseling Psychology Quarterly, 10*(1), 17-28.

Pendagast, E. G., & Sherman, C. O. (1977). A guide to the genogram. *The Family, 5,* 3-14.

Petry, S. S., & McGoldrick, M. (2003). Genograms in assessment and therapy. In G. P. Koocher, J. C. Norcross, & S. S. Hill (Eds.), *The psychologists' desk reference* (2nd ed., pp. 366-373). New York: Oxford University Press.

Richardson, R. W. (1987). *Family ties that bind: A self-help guide to change through family of origin therapy* (2nd ed.). Bellingham, WA: Self-Counsel Press.

Satir, V. (2000). *Conjoint family therapy.* Palo Alto, CA: Science and Behavior Books.

Satir, V. (1988). *New peoplemaking.* Palo Alto, CA: Science and Behavior Books.

Stanion, P., Papadopoulos, L., & Bor, R. (1997). Genograms in counselling practice. *Counselling Psychology Quarterly, 10*(2), 139-148.

Starkey, P. J. (1981). Genograms: A guide to understanding one's own family system. *Perspectives in Psychiatric Care, 19,* 164-173.

Stone, E. (1988). *Black sheep & kissing cousins: How our family stories shape us.* New York: Times Books.

Tomson, P. (1985). Genograms in general practice. *Journal of the Royal Society of Medicine Supplement, 78*(8), 34-39.

Van Treuren, R. R. (1986). Self perception in family systems: A diagrammatic technique. *Social Casework, 67*(5), 299-305.

Visscher, E. M., & Clore, E. R. (1992). The genogram: A strategy for assessment. *Journal of Pediatric healthcare, 6,* 361-367.

Wachtel, E. F. (1982). The family psyche over three generations: The genogram revisited. *Journal of Marital and Family Therapy, 8*(35), 335-343.

Walsh, F. (2003). *Normal family processes: Growing diversity and complexity* (3rd ed.). New York: Guilford.

Weber, T., & Levine, F. (1995). Engaging the family: An integrative approach. In R. H. Mikesell, D. D. Lusterman, & S. McDaniel (Eds.), *Integrating family therapy: Handbook of family psychology and systems therapy* (pp. 45-71). Washington, DC: American Psychological Association.

진로상담

Gibson, D. (2005). The use of genograms in career counseling with elementary, middle, and high school students. *Career Development Quarterly, 53,* 353-362.

Heppner, M. J., O'Brien, K. M., Hinkelman, J. M., & Humphrey, C. F. (1994). Shifting the paradigm: The use of creativity in career counseling. *Journal of Career Development, 21*(2), 77-86.

Magnuson, S. (2000, October). The professional genogram: Enhancing professional identity and clarity. *Family Journal: Counseling & Therapy for Couples & Families, 8*(4), 299-401.

Malott, K. M., & Magnuson, S. (2004). Using genograms to facilitate undergraduate students' career development: A group model. *Career Development Quarterly, 53*(4), 178-186.

Moon, S. M., Coleman, V. D., McCollum, E. E., & Nelson, T. S. (1993). Using the genogram to facilitate career decisions: A case study. *Journal of Family Psychotherapy, 4*(1), 45-56.

Okiishi, R. W. (1987). The genogram as a tool in career counseling. *Journal of Counseling and Development, 66*(3), 139-143.

Splete, H., & Freeman-George, A. (1985). Family influences on the career development of young adults. *Journal of Career Development, 12*(1), 55-64.

연대기, 시간, 시간선

Elder, G. H., Jr. (1977). Family history and the life course. *Journal of Family History,*

22, 279-304.

Elder, G. (1986). Military times and turning points in mens' lives. *Developmental Psychology, 22*, 233-245.

Elder, G. (1992). Life course. In E. Borgatta & M. Borgatta (Eds.), *Encyclopedia of sociology* (Vol. 3, pp. 1120-1130). New York: Macmillan.

Hodge, D. R. (2005). Spiritual ecograms: A new assessment instrument for identifying clients' spiritual strengths in space and across time. *Families in Society, 86*, 287-296.

Jewett, C. (1982). *Helping children cope with separation and loss.* Harvard Common Press.

Stanton, M. D. (1992). The time line and the "who now?" question: A technique and rationale for therapy, training, organizational consultation and research. *Journal of Marital and Family Therapy, 18*(4), 331-343.

코칭: 원가족 작업

Bowen, M. (1978). *Family Therapy in Clinical Practice.* New York: Jason Aronson.

Carter, B. (1991). Death in the therapist's own family. In M. McGoldrick, C. Anderson, & F. Walsh (Eds.), *Living beyond loss: Death in the family* (pp. 273-283). New York: Norton.

Carter, B., & McGoldrick, M. (2005). Coaching at various stages of the life cycle. In B. Carter & M. McGoldrick (Eds.), *The expanded family life cycle: Individual, family, and social perspectives* (3rd ed., pp. 436-454). Boston: Allyn & Bacon.

Colon, F. (1973). In search of one's past: An identity trip. *Family Process, 12*(4), 429-438.

Colon, F. (1978). Family ties and child placement. *Family Process, 17*, 189-312.

Colon, F. (1998). The discovery of my multicultural identity. In M. McGoldrick (Ed.), *Revisioning family therapy: Race, culture and gender in clinical practice* (pp. 200-214). New York: Guilford.

Colon-Lopez, E. (2005). *Finding my face: Memoir of a Puerto Rican-American.* Victoria, BC, Canada: Trafford Publishing.

Congress, E. P. (1994). The use of culturagrams to assess and empower culturally diverse families. *Families in Society, 76*(9), 531-540.

Coupland, S. K., & Serovich, J. M. (1999, December). Effects of couples' perceptions of genogram construction on therapeutic alliance and session impact: A growth curve analysis. *Contemporary Family Therapy, 21*(4), 551-572.

Coupland, S. K., Serovich, J. M., & Glenn, J. E. (1995). Reliability in constructing genograms: A study among marriage and family therapy doctoral students. *Journal of Marital and Family Therapy, 21*, 251-264.

Crouch, M. A. (1986). Working with one's own family: Another path for professional development. *Family Medicine, 18*, 93-98.

Ferber, A. (Ed.). (1972). *The book of family therapy*. New York: Science House.

Folwarski, J. (1998). No longer an orphan in history. In M. McGoldrick (Ed.), *Revisioning family therapy* (pp. 239-252). New York: Guilford.

Friedman, E. H. (1987). The birthday party revisited: Family therapy and the problem of change. In P. Titelman (Ed.), *The therapist's own family* (pp. 163-188). New York: Jason Aronson.

Herz, F. (Ed.). (1994). *Reweaving the family tapestry*. New York: Norton.

Lerner, H. (1990). *The dance of intimacy*. New York: Harper Collins.

Lerner, H. (1994). *The dance of deception*. New York: Harper Collins.

Lerner, H. (1997). *The dance of anger*. New York: Harper Collins.

Lerner, H. (2002). *The dance of connection*. New York: Harper Collins.

Lerner, H. (2005). *The dance of fear*. New York: Harper Collins.

Lowenstein, S. F. (1982). A feminist perspective. *Education and methods for clinical practice*.

Mahboubi, J., & Searcy, A. (1998). Racial unity from the perspective of personal family history: Where black or white entered our families. In M. McGoldrick (Ed.), *Revisioning family therapy: Race, culture, and gender in clinical practice* (pp. 229-238). New York: Guilford.

McGoldrick, M. (1998). Belonging and liberation: Finding a place called "home." In M. McGoldrick (Ed.), *Revisioning family therapy: Race, culture, and gender in clinical practice* (pp. 215-228). New York: Guilford.

McGoldrick, M., & Carter, B. (2001). Advances in coaching: Family therapy with one person. *Journal of Marital and Family Therapy, 27*(3), 281-300.

Pinderhughes, E. (1998). Black genealogy revisited: Restorying African-American family. In M. McGoldrick (Ed.), *Revisioning family therapy: Race, culture, and gender in clinical practice* (pp. 179-199). New York: Guilford.

컴퓨터를 활용한 가계도

Chan, D. H., Donnan, S. P. B., Chan, N., & Chow, G. (1987). A microcomputer-based computerized medical record system for a general practice teaching clinic. *Journal of Family Practice, 24,* 537-541.

Ebell, M., & Heaton, C. (1988). Development and evaluation of a computer genogram. *Journal of Family Practice, 27,* 536-538.

Gerson, R., & McGoldrick, M. (1985). The computerized genogram. *Primary Care, 12,* 535-545.

커플

Carter, B. (1996). *Love, honor and negotiate: Making your marriage work.* New York: Pocket Books.

Coupland, S. K., & Serovich, J. M. (1999, December). Effects of couples' perceptions of genogram construction on therapeutic alliance and session impact: A growth curve analysis. *Contemporary Family Therapy, 21*(4), 551-572.

Evans, C., & Stewart-Smith, S. (2000). Looking backwards, looking forward. *Context: The History and Future of Transgenerational Family Therapy, 49,* 23-24.

Foster, M. A., Jurkovic, G. J., Ferdinand, L. G., & Meadows, L. A. (2002, January). The impact of the genogram on couples: A manualized approach. *Family Journal: counseling & Therapy for Couples & Families, 10*(1), 34-40.

Gerson, R., Hoffman, S., Sauls, S., & Ulrici, M. (1993). Family-of-origin frames in couples therapy. *Journal of Marital and Family Therapy, 19,* 341-354.

Golden, E., & Mohr, R. (2000, July). Issues and techniques for counseling long-term, later-life couples. *Family Journal: Counseling & Therapy for couples & Families, 8*(3), 229-235.

Hof, L., & Berman, E. (1986). The sexual genogram. *Journal of Marital and Family Therapy, 12*(1), 39-47.

McGoldrick, M., & Garcia Preto, N. (1984). Ethnic intermarriage: Implications for therapy. *Family Process, 23*(3), 347-364.

McGoldrick, M., Loonan, R., & Wolsifer, D. (2006). Sexuality and culture. In S. R. Leiblum (Ed.), Principles and practice of sex therapy (4th ed., pp. 416-441). New York: Guilford.

Paul, N., & Paul, B. B. (1986). *A marital puzzle.* New York: Norton.

Peluso, P. R. (2003). The technical genogram: A tool for helping therapists understand their ethical decision-making styles. *The Family Journal: Counseling and Therapy for Couples and Families, 11*(3), 286-291.

Scarf, M. (1987). *Intimate partners: Patterns in love and marriage.* New York: Random House.

Sherman, R. (2000). The intimacy genogram. In R. E. Watts (Ed.), *Techniques in marriage and family counseling, Vol. 1. The family psychology and counseling series* (pp. 81-84). Alexandria, VA: American Counseling Association.

Wood, N. S., & Stroup, H. W. (1990). Family systems in premarital counseling. *Pastoral Psychology, 39*(2), 111-119.

문화와 인종

Boyd-Franklin, N. (1995). Therapy with African-American inner city families. In R. H. Mikesell, D. Lusterman, & S. McDaniel (Eds.), *Integrating family therapy: Handbook of family psychology and systems therapy* (pp. 357-371). Washington, DC: American Psychological Association.

Boyd-Franklin, N. (2006). *Black families in therapy: Understanding African-American experience* (2nd ed.). New York: Guilford.

Congress, E. P. (1994, November). The use of culturagrams to assess and empower culturally diverse families. *Families in Society,* 531-540.

Draper, C. V. (1999). Intrafamilial skin color socialization, racial identity attitude, and psychological well-being in African-American women. Dissertation Abstracts International: Section B: The Sciences & Engineering, 60(1-B), July, 0363. US, Univ, Microfilms International.

Dunn, A. B., & Dawes, S. J. (1999). Spiritually-focused genograms: Keys to uncovering spiritual resources in African-American families. *Journal of Multicultural Counseling & Development, 27*(4), 240-255.

Eddington, A. (1998). Moving beyond white guilt. *Transformation, 13*(3), 2-7.

Estrada, A. U., & Haney, P. (1998). Genograms in a multicultural perspective. *Journal of Family Psychotherapy, 9*(2), 55-62.

Frame, M. W. (1996, October). Counseling African-Americans: Integrating spirituality in therapy. *Counseling & Values, 41*(1), 16-29.

Hardy, K. V., & Laszloffy, T. A. (1992). Training racially sensitive family therapists: Context, content and contact. *Families in Society, 73*(6), 363-370.

Hardy, K. V., & Laszloffy, T. A. (1995). The cultural genogram: Key to training culturally competent family therapists. *Journal of Marital and Family Therapy, 21*(3), 227-237.

Hodge, D. R. (2004a). Social work practice with Muslims in the United States. In A. T. Morales & B. W. Sheafor (Eds.), *Social work: A profession of many faces* (10th ed., pp. 443-469). Boston: Allyn & Bacon.

Hodge, D. R. (2004b). Working with Hindu clients in a spiritually sensitive manner. *Social Work, 49,* 27-38.

Hodge, D. R., & Williams, T. R. (2002). Assessing African-American spirituality with spiritual eco-maps. *Families in Society, 83,* 585-595.

Kaslow, F. (1995, September). Descendants of holocaust victims and perpetrators: Legacies and dialogue. *Contemporary Family Therapy,* 275-290.

Keiley, M. K., Dolbin, M., Hill, J., Karuppaswamy, N., Liu, Ting Natrajan, R., Poulsen, S., Robins, N., & Robinson, P. (2002, April). The cultural genogram: Experiences from within a marriage and family therapy training program. *Journal of Martial and Family Therapy, 28*(2), 165-178.

Kelly, G. D. (1990). The cultural family of origin: A description of a training strategy. *Counselor Education and Supervision, 30*(1), 77-84.

Lappin, J. (1983). On becoming a culturally conscious family therapist. *Family Therapy Collections, 6,* 122-136.

McGill, D. M. (1992). The cultural story in multicultural family therapy. Families in Society: *Journal of Contemporary Human Services, 73,* 339-349.

McGoldrick, M., Giordano, J., & Garcia-Preto, N. (Eds.). (2005). *Ethnicity and family therapy* (3rd ed.). New York: Guilford.

McIntosh, P. (1998). White privilege: Unpacking the invisible knapsack. In M. McGoldrick (Ed.), *Revisioning family therapy: Race, culture and gender in clinical practice* (pp. 147-152). New York: Guilford.

Odell, M., Shelling, G., Young, K. S., Hewett, D. H., et al. (1995). The skills of the marriage and family therapist in straddling multicultural issues. *American Journal of Family Therapy, 22*(2), 145-155.

Parnell, M., & Vanderkloot, J. (1992). Mental health services 2001: Serving a new America. *Journal of Independent Social Work, 5*(3-4), 183-203.

Poole, D. L. (1998). Politically correct or culturally competent? *Health & Social Work, 23*(3), 163-167.

Preli, R., & Bernard, J. M. (1993). Making culticulturalism relevant for majority culture graduate students. *Journal of Marital and Family Therapy, 19*(1), 5-16.

Rigazio-DiGilio, S. A., Ivey, A. E., Kunkler-Peck, K. P., & Grady, L. T. (2005). *Community genograms: Using individual, family, and cultural narratives with clients.* New York: Teachers College Press.

Salgado de Bernal, C., & Alvarez-Schwarz, M. (1990). The genogram as a training instrument for family therapists. *Revista Latinoamericana de Psicologia, 22*(3), 385-420.

Scharwiess, S. O. (1994). Step-sisters and half-brothers: A family therapist's view of German unification and other transitional processes. *Contemporary Family Therapy, 16*(3), 183-197.

Thomas, A. J. (1998). Understanding culture and worldview in family systems: Use of the multicultural genogram. *The Family Journal: Counseling and Therapy for Couples and Families, 6*(1), 24-31.

Watts Jones, D. (1998). Towards an African-American genogram. *Family Process, 36*(4), 373-383.

Woodcock, J. (1995). Healing rituals with families in exile. *Journal of Family Therapy, 17*(4), 397-409.

이혼과 재혼

Friesen, P., & Manitt, J. (1991). Nursing the remarried family in a palliative care setting. *Journal of Palliative Care, 6*(4), 32-39.

McGoldrick, M., & Carter, B. (2005). Remarried families. In B. Carter & M. McGoldrick (Eds.), *The expanded family life cycle: Individual, family and social perspectives.*

(3rd ed., pp. 417-435). Boston: Allyn & Bacon.

Peck, J. S. (1988). The impact of divorce on children at various stages of the family life cycle. *Journal of Divorce, 12*(2-3), 81-106.

Sager, C. J., Brown, H. S., Crohn, H., Engel, T., Rodstein, E., & Walker, L. (1983). *Treating the remarried family.* New York: Brunner/Mazel.

약물 남용과 알코올 남용

Barthwell, A. G. (1995). Alcoholism in the family: A multicultural exploration. In M. Galanter (Ed.), *Recent developments in alcoholism: Vol. 12: Alcoholism and women* (pp. 387-407). New York: Plenum.

Bepko, C. S., & Krestan, J. (1985). *The responsibility trap: Women and men in alcoholic families.* New York: Free Press.

Dardia, T. (1989). *The thirsty muse: Alcohol and the American writer.* New York: Tichnor & Fields.

Darmsted, N., & Cassell, J. L. (1983). Counseling the deaf substance abuser. *Readings in Deafness, 7,* 40-51.

Hurst, N. C., Sawatzky, D. D., & Pare, D. P. (1996). Families with multiple problems through a Bowenian lens. *Child Welfare, 75*(6), 693-708.

Nowinski, J., & Baker, S. (1998). *The twelve-step facilitation handbook: A systematic approach to early recovery from alcoholism and addiction.* San Francisco: Jossey-Bass.

Stanton, M. D., & Heath A. W. (1995). Family treatment of alcohol and drug abuse. In R. H. Mikesell, D. D. Lusterman, & S. McDaniel (Eds.), *Integrating family therapy: Handbook of family psychology and systems therapy* (pp. 529-541). Washington, DC: American Psychological Association.

Steinglass, P., Bennett, L., Wolin, S., & Reiss, D. (1987). *The alcoholic family.* New York: Basic.

Vukov, M. G., & Eljdupovic, G. (1991). The Yugoslavian drug addict's family structure. *International Journal of the Addictions, 26*(4), 415-422.

Wolin, S. J., Bennett, L. A., & Jacobs, J. S. (1988). Assessing family rituals in alcoholic families. In E. Imber-Black, J. Roberts, & R. Whiting (Eds.), *Rituals in families and family therapy* (pp. 230-256). New York: Norton.

가족생활주기

Campbell, T. L., McDaniel, S. H., Cole-Kelly, K., Hepworth, J., & Lorenz, A. (2002). Family interviewing: A review of the literature in primary care. *Family Medicine, 34*(5), 312-318.

Erlanger, M. A. (1997). Changing roles and life cycle transitions. In T. D. Hargrave & C. Midori Hanna (Eds.), *The aging family: New visions in theory, practice, and reality* (pp. 163-177). New York: Brunner/Mazel.

Gerson, R. (1995). The family life cycle: Phases, stages and crises. In R. H. Mikesell, D. D. Lusterman, & S. McDaniel (Eds.), *Integrating family therapy: Handbook of family psychology and systems therapy* (pp. 91-111). Washington, DC: American Psychological Association.

McAdams, D., & de St. Aubin, E. (Eds.), *Generativity and aduult development: How and why we care for the next generation.* Washington, DC: American Psychological Association.

Hadley, T., Jacob, T., Miliones, J., Caplan, J., & Spitz, D. (1974). The relationship between family developmental crises and the appearance of symptoms in a family member. *Family Process, 13,* 207-214.

McGoldrick, M. (2005). History, genograms and the family life cycle: Freud in context. In B. Carter & M. McGoldrick (Eds.), *The expanded family life cycle: Individual, family and social perspectives* (3rd ed., pp. 47-68). Boston: Allyn & Bacon.

Norris, J. E., & Tindale, J. A. (1994). *Among generations: The cycle of adult relationships.* New York: W. H. Freeman.

아동기 가족

Altshuler, S. J. (1999, November/December). Constructing genograms with children in care: Implications for casework practice. *Child Welfare, 78*(6), 777-790.

Carr, A. (1997). Involving children in family therapy and systemic consultation. *Journal of Family Psychotherapy, 5*(1), 41-59.

Fink, A. H., Kramer, L., Weaver, L. L., & Anderson, J. (1993). More on genograms: Modifications to a model. *Journal of Child & Adolescent Group Therapy, 3*(4), 203-206.

Goodyear-Brown, P. (2001). The preschool play geno-game. In H. G. Kaduson & C. E.

Schaefer (Eds.), *101 more favorite therapy techniques* (pp. 225-228). Northvale, NJ: Jason Aronson.

청소년기 가족

Cole-Kelly, K., & Kaye, D. (1993). Assessing the family. In M. I. Singer, L. T. Singer, & T. M. Anglin (Eds.), *Handbook for screening adolescents at psychosocial risk* (pp. 1-40). New York: Macmillan.

성인 초기 가족

Daughhetee, C. (2001). Using genograms as a tool for insight in college counseling. *Journal of college Counseling, 4*(1), 73-76.

Magnuson, S. (2000, October). The professional genogram: Enhancing professional identity and clarity. *Family Journal: Counseling & Therapy for Couples & Families, 8*(4), 299-401.

Malott, K. M., & Magnuson, S. (2004). Using genograms to facilitate undergraduate students' career development: A group model. *The Career Development Quarterly, 53*(4), 178-186.

Santa Rita, E., & Adejanju, M. G. (1993). The genogram: Plotting the roots of academic success. *Family Therapy, 20*(1), 17-28.

Splete, H., & Freeman-George, A. (1985). Family influences on the career development of young adults. *Journal of Career Development, 12*(1), 55-64.

Vinson, M. L. (1995). Employing family therapy in group counseling with college students: Similarities and a technique employed in both. *Journal for Specialists in Group Work, 20*(4), 240-252.

출산을 앞둔 가족

Condon, J. J. (1985). Therapy of the expectant family: The fetus as a force to be reckoned with. *Australian & New Zealand Journal of Family Therapy, 6*(2), 77-81.

Evans, C., & Stewart-Smith, S. (2000). Looking backwards, looking forward. *Context, 49,* 23-24.

Holtslander, L. (2005). Clinical application of the 15-minute family interview: Addressing the needs of postpartum families. *Journal of Family Nursing, 11*(1), 5-18.

노인기 가족

Bannerman, C. (1986). The genogram and elderly patients. *Journal of Family practice, 23*(5), 426-428.

Erlanger, M. A. (1990). Using the genogram with the older client. *Journal of Mental Health Counseling, 12*(3), 321-331.

Golden, E., & Mohr, R. (2000, July). Issues and techniques for counseling long-term, later-life couples. *Family Journal: Counseling & Therapy for Couples & Families, 8*(3), 229-235.

Gwyther, L. (1986). Family therapy with older adults. *Generations, 10*(3), 42-45.

Ingersoll-Dayton, B., & Arndt, B. (1990). Uses of the genogram with the elderly and their families. *Journal of Gerontological Social Work, 15*(1-2), 105-120.

Shellenberger, S., Watkins-Couch, K., & Drake, M. A. (1989). Elderly family members and their caregivers: Characteristics and development of the relationship. *Family Systems Medicine, 7*(3), 317-322.

Shields, C. G., King, D. A., & Wynne, L. C. (1995). Interventions with later life families. In R. H. Mikesell, D. Lusterman, & S. McDaniel (Eds.), *Integrating family therapy: Handbook of family psychology and systems therapy* (pp. 141-158). Washington, DC: American Psychological Association.

가족놀이가계도

Gil, E. (2003). Play genograms. In C. E. Sorit & L. L. Hecker (Eds.), *The therapist's notebook for children and adolescents: Homework, handouts, and activities for use in psychotherapy* (pp. 97-118). New York: Haworth Press.

Goodyear-Brown, P. (2001). The preschool play geno-game. In H. G. Kaduson & C. E. Schaefer (Eds.), *101 more favorite therapy techniques* (pp. 225-228). Northvale, NJ: Jason Aronson.

Petry, S. S., & McGoldrick, M. (2005). Genograms in assessment and therapy. In G. P. Koocher, J. C. Norcross, & S. S. Hill (Eds), *The psychologists' desk reference* (2nd ed., pp. 366-373). New York: Oxford University Press.

위탁보호, 입양, 아동복지

Allen, M. (1990). *Training materials for post adoption family therapy.* Iowa City, IA:

National Center on Family Based Resources.

Altshuler, S. J. (1999, November/December). Constructing genograms with children in care: Implications for casework practice. *Child Welfare, 78*(6), 777-790.

Colon, F. (1978). Family ties and child placement. *Family Process, 17,* 289-312.

Finch, R., & Jaques, P. (1985). Use of the genogram with adoptive families. *Adoption and Fostering, 9*(3), 35-41.

Flashman, M. (1991). Training social workers in public welfare: Some useful family concepts. *Journal of Independent Social Work, 5*(3-4), 53-68.

Groze, V., Young, J., & Corcran-Rumppe, K. (1991). *Post adoption resources for training, networking and evaluation services (PARTNERS): Working with special needs adoptive families in stress.* Washington, DC: Department of Health and Human Services.

Hoyle, S. G. (1995). Long-term treatment of emotionally disturbed adoptees and their families. *Clinical Social Work Journal, 23*(4), 429-440.

McMillen, J. C., & Groze, V. (1994). Using placement genograms in child welfare practice. *Child Welfare, 73*(4), 307-318.

Pinderhughes, E. E., & Rosenberg, K. (1990). Family-bonding with high-risk placement: A therapy model that promotes the process of becoming a family. In L. M. Glidden (Ed.), *Formed families: Adoption of children with handicaps* (pp. 209-230). New York: Haworth.

Sandmeier, M. (1988). *When love is not enough: How mental health professionals can help special needs adoptive families.* Washington, DC: Child Welfare League of America.

Young, J., Corcoran-Rumppe, K., & Groze, V. K. (1992). Integrating special needs adoption with residential treatment. *Child Welfare, 71*(6), 527-535.

젠더와 젠더그램

Holmes, S. E., & Anderson, S. A. (1994). Gender differences in the relationship between differentiation experienced in one's family of origin and adult adjustment. *Journal of Feminist Family Therapy, 6*(1), 27-48.

Howe, K. (1990). Daughters discover their mothers through biographies and genograms: Educational and clinical parallels. *Women and Therapy, 10*(1-2), 31-40.

McGoldrick, M. (2005). Women through the family life cycle. In B. Carter & M. McGoldrick (Eds.), *The expanded family life cycle: Individual, family, & social perspectives* (2nd ed., pp. 106-123). Boston: Allyn & Bacon.

McGoldrick, M., Anderson, C., & Walsh, F. (1989). *Women in families: A framework for family therapy.* New York: Norton.

Rekers, G. A. (1985, Summer). The genogram: Her story of a woman. *Women & Therapy, 4*(2), 9-15.

Softas-Nall, B. C., Baldo, T. D., & Diedemann, T. R. (1999). A gender-based, solution-focused genogram case: He and she across the generations. *The Family Journal, 7,* 177-190.

White, M. B., & Tyson-Rawson, K. J. (1995). Assessing the dynamics of gender in couples and families: The gendergram. *Family Relations, 44,* 253-260.

가계도 변형, 생태도, 혈통계보, 소시오그램

Burke, J. L., & Faber, P. (1997). A genogrid for couples. *Journal of Gay and Lesbian Social Services, 7*(1), 13-22.

Friedman, H., Rohrbaugh, M., & Krakauer, S. (1988). The timeline genogram: Highlighting temporal aspects of family relationships. *Family Process, 27,* 293-304.

Friesen, P., & Manitt, J. (1991). Nursing the remarried family in a palliative care setting. *Journal of Palliative Care, 6*(4), 32-39.

Hardy, K. V., & Laszloffy, T. A. (1995). The cultural genogram: Key to training culturally competent family therapists. *Journal of Marital and Family Therapy, 21*(3), 227-237.

Hartman, A. (1995). Diagrammatic assessment of family relationships. *Families in Society, 76*(2), 111-122.

Hodge, D. R. (2000, April). Spiritual ecomaps: A new diagrammatic tool for assessing marital and family spirituality. *Journal of Marital and Family Therapy, 26*(2), 217-228.

Hof, L., & Berman, E. (1986). The sexual genogram. *Journal of Marital & Family Therapy, 12,* 39-47.

Holtslander, L. (2005). Clinical application of the 15-minute family interview: Addressing the needs of postpartum families. *Journal of Family Nursing, 11*(1), 5-18.

Lewis, K. G. (1989). The use of color-coded genograms in family therapy. *Journal of Marital & Family Therapy, 15*(2), 169-176.

Magnuson, S., & Shaw, H. E. (2003, January). Adaptations of the multifaceted genogram in counseling, training and supervision. *Family Journal: Counseling & Therapy for Couples & Families, 2*(1), 45-54.

McIlvain, H., Crabtree, B., Medder, J., Strange, K. C., & Miller, W. L. (1998). Using practice genograms to understand and describe practice configurations. *Family Medicine, 30*(7), 490-496.

Olsen, S., Dudley-Brown, S., & McMullen, P. (2004). Case for blending pedigrees, genograms and ecomaps: Nursing's contribution to the 'big picture.' *Nursing and Health Sciences, 6,* 295-308.

Peluso, P. (2003). The ethical genogram: A tool for helping therapists understand their ethical decision-making roles. *The Family Journal, 11*(3), 286-291.

Praeger, S. C., & Martin, L. S. (1994). Using genograms and ecomaps in schools. *Journal of School Nursing, 10,* 34-40.

Rigazio-DiGilio, S. A., Ivey, A. E., Kunkler-Peck, K. P., & Grady, L. T. (2005). *Community genograms: Using individual, family, and cultural narratives with clients.* New York: Teachers College Press.

Sherman, R., & Fredman, N. (1986). *Handbook of structural techniques in marriage and family therapy.* New York: Brunner/Mazel.

Watts Jones, D. (1998). Towards an African-American genogram. *Family Process, 36*(4), 373-383.

White, M. B., & Tyson-Rawson, K. J. (1995). Assessing the dynamics of gender in couples and families: The gendergram. *Family Relations, 44*(3), 253-260.

Wright, L. M., & Leahey, M. (1999). Maximizing time, minimizing suffering: The 15-minute (or less) family interview. *Journal of Family Nursing, 5,* 259-274.

Wright, L. M., & Leahey, M. (2000). *Nurses and families: A guide to family assessment and intervention* (3rd ed.). Philadelphia: F. A. Davis.

건강보호, 약물, 간호, 스트레스, 질병

Alexander, D., & Clark, S. (1998). Keeping "the family" in focus during patient care. In P. D. Sloane, L. M. Slatt, P. Curtis & M. H. Ebell (Eds.), *Essentials of family medicine* (3rd ed., pp. 25-39). Baltimore: Williams & Wilkins.

Baird, M. A., & Grant, W. D. (1998). Families and health. In R. B. Taylor, A. K. David, T. A. Johnson, Jr., D. M. Phillips, & J. E. Scherger (Eds.), *Family medicine principles and practice* (5th ed., pp. 26-31). Baltimore: Williams & Wilkins.

Barth, J. C. (1993). *It runs in my family: Overcoming the legacy of family illness.* New York: Brunner/Mazel.

Berolzheimer, N., Thrower, S. M., Koch-Hattem, A. (1993). Working with families. In P. D. Sloan, L. M. Slatt, & P. Curtis (Eds.), *Essentials of family medicine* (2nd ed., pp. 19-29). Baltimore: Williams & Wilkins.

Blossom, H. J. (1991). The personal genogram: An interview technique for selecting family practice residents. *Family Systems Medicine, 9*(2), 151-158.

Campbell, T. L., McDaniel, S. H., Cole-Kelly, K., Hepworth, J., & Lorenz, A. (2002). Family interviewing: A review of the literature in primary care. *Family Medicine, 34*(5), 312-318.

Christie-Seely, J. (1981). Teaching the family system concept in family medicine. *Journal of Family Practice, 13,* 391.

Craddock, N., McGuffin, P., & Owen, M. (1994). Darier's disease cosegregating with affective disorder. *British Journal of Psychiatry, 165*(2), 272.

Crouch, M., & Davis, T. (1987). Using the genogram (family tree) clinically. In M. A. Crouch & L. Roberts (Eds.), *The family in medical practice: A family systems primer* (pp. 174-192). New York: Springer-Verlag.

Crouch, M. A. (1989). A putative ancestry of family practice and family medicine: Genogram of a discipline. *Family Systems Medicine, 7*(2), 208-212.

Doherty, W. J., & Baird, M. A. (1983). *Family therapy and family medicine.* New York: Guilford.

Dudley-Brown, S. (2004). The genetic family history assessment in gastroenterology nursing practice. *Gastroenterology Nursing, 27,* 107-110.

Duhamel, F., & Dupuis, F. (2004). Guaranteed returns: Investing in conversations with families of patients with cancer. *Cancer Journal of Nursing, 8,* 68-71.

Engelman, S. R. (1988). Use of the family genogram technique with spinal cord injured patients. *Clinical Rehabilitation, 2*(1), 7-15.

Faucett, C. S. (Ed.). (1993). *Family psychiatric nursing.* St. Louis, MO: Mosby.

Fohs, M. W. (1991). Family systems assessment: Interventions with individuals having a chronic disability. *Career Development Quarterly, 39*(4), 304-311.

Fossum, A. R., Elam, C. L., & Broaddus, D. A. (1982). Family therapy in family practice: A solution to psychosocial problems? *Journal of Family Practice, 15,* 461.

Garrett, R. E., Klinkman, M., & Post, L. (1987). If you meet the Buddha on the road, take a genogram: Zen and the art of family medicine. *Family Medicine, 19,* 225-226.

Glimelius, B., Bilgegard, G., Hoffman, K., Hagnebo, C., Krale, G., Nordin, K., Nou, E., Persson, C., & Sjoden, P. (1993). A comprehensive cancer care project to improve the overall situation of patients receiving intensive chemotherapy. *Journal of Psychosocial Oncology, 11*(1), 17-40.

Greco, K. E. (2004). Nursing in the genomic era: Nurturing our genetic nature. *Medsurgical Nursing, 12,* 307-312.

Haas-Cunningham, S. M. (1994). The genogram as a predictor of families at risk for physical illness. *Dissertation Abstracts International, 54*(9-b) 4590.

Hockley, J. (2000). Psychosocial aspects in palliative care: Communicating with the patient and family. *Acta oncologica, 39*(8), 905-910.

Holmes, T. H., & Masuda, M. (1974). Life change and illness susceptibility. In B. S. Dohrenwend & B. Dohrenwend (Eds.), *Stressful life events: Their nature and effects* (pp. 45-72). New York: Wiley.

Holmes, T. H., & Rahe, T. H. (1967). The social adjustment rating scale. *Journal of Psychosomatic Research, 11,* 213-218.

Howkins, E., & Allison, A. (1996). Shared learning for primary healthcare teams: A success story. *Nurse Education Today, 17*(3), 225-231.

Huygen, F. J. A. (1982). *Family medicine.* New York: Brunner/Mazel.

Huygen, F. J. A., van den Hoogen, H. J. M., van Eijk, J. T. M., & Smits, A. J. A. (1989). Death and dying: A longitudinal study of their medical impact on the family. *Family Systems Medicine, 7,* 374-384.

Jolly, W. M., Froom, J., & Rosen, M. G. (1980). The genogram. *Journal of Family Practice, 10*(2), 251-255.

Josse, J. (1993, May 1). The use of family trees in general practice. *Postgraduate Update,* 775-780.

Levine, F. B. (1997). The girl who went on strike: A case of childhood diabetes. In S. H. McDaniel, J. Hepworth, & W. J. Doherty (Eds.), *The shared experience of illness: Stories of patients, families, and their therapists* (pp. 58-72). New York: Basic.

Liossi, C., Hattira, P., & Mystakidou, K. (1997). The use of the genogram in palliative care. *Palliative Medicine, 11*(6), 455-461.

Massad, R. J. (1980). *In sickness and in health: A family physician explores the impact of illness on the family.* Philadelphia: Smith, Kline & French.

McDaniel, S. (1997). Trapped inside a body without a voice: Two cases of somatic fixation. In S. H. McDaniel, J. Hepworth, & W. J. Doherty (Eds.), *The shared experience of illness: Stories of patients, families, and their therapists* (pp. 274-290). New York: Basic.

McDaniel, S. H., Hepworth, J., & Doherty, W. J. (1992). *Medical family therapy.* New York: Basic.

McWhinney, I. R. (1981). *An introduction to family medicine.* New York: Oxford University Press.

Medalie, J. H. (1978). *Family medicine: Principles and applications.* Baltimore: Williams & Wilkins.

Milhorn, H. T. (1981). The genogram: A structured approach to the family history. *Journal of the Mississippi State Medical Association, 22*(10), 250-252.

Mullins, M. C., & Christie-Seely, J. (1984). Collecting and recording family data: The genogram. In J. Christie-Seely (Ed.), *Working with the family in primary care* (pp. 179-181). New York: Praeger.

Nieferhauser, V. P. (2004). Assess health risk status for intervention and risk reduction. *The Nurse Practitioner, 29*(2), 35-42.

Norwood, W. (1993). An initial exploration through the use of the genogram of the premorbid functioning of families with a person with a head injury. *Dissertation Abstracts International, 54*(3-A), 870.

Penn, P. (1983). Coalitions and binding interactions in families with chronic illness. *Family System Medicine, 1*(2), 16-25.

Puskar, K. (1996). Genogram: A useful tool for nurse practitioners. *Journal of Psychiatric and Mental Health Nursing, 3,* 55-60.

Rakel, R. E. (1977). *Principles of family medicine.* Philadelphia: W. B. Saunders.

Richards, W. R., Burgess, D. E., Peterson, F. R., & McCarthy, D. L. (1993). Genograms: A psychosocial assessment tool for hospice. *Hospital Journal, 9,* 1-12.

Richardson, H. B. (1945). *Patients have families.* New York: Common-wealth Fund.

Rolland, J. (1994). *Families, illness, and disability.* New York: Basic.

Rolland, J. (2005). Chronic illness and the family life cycle. In B. Carter & M. McGoldrick (Eds.), *The expanded family life cycle: Individual, family and social perspectives* (3rd ed., pp. 492-511). Boston: Allyn & Bacon.

Rosen, G., Kleinman, A., & Katon, W. (1982). Somatization in family practice: A biopsycho-social approach. *Journal of Family Practice, 14,* 493.

Schilson, E., Barun, K., & Hudson, A. (1993). Use of genograms in family medicine: A family physician/family therapist collaboration. *Family Systems Medicine, 11*(2), 201-208.

Schmidt, D. D. (1978). The family as the unit of medical care. *Journal of Family Practice, 7,* 303.

Shellenberger, S., & Phelps, G. (1997). When it never stops hurting: A case of chronic pain. In S. H. McDaniel, J. Hepworth, & W. J. Doherty (Eds.), *The shared experience of illness: Stories of patients, families, and their therapists* (pp. 231-241). New York: Basic.

Sloan, P. D., Slatt, L. M., Curtis, P., & Ebell, M. (Eds.). (1998). *Essentials of family medicine* (2nd ed.). Baltimore: Williams & Wilkins.

Smilkstein, G. (1984). The physician and family function assessment. *Family Systems Medicine, 2*(3), 263-278.

Stavros, M. K. (1991). Family systems approach to sexual dysfunction in neurologic disability. *Sexuality and Disability, 9*(1), 69-85.

Taylor, R. B., David, A. K., Johnson, T. A., Jr., Phillips, D. M., & Scherger, J. E. (Eds.). (1998). *Family medicine principles and practice* (5th ed., pp. 26-31). Baltimore: Williams & Wilkins.

Wattendorf, D. J., & Hadley, M. S. (2005). Family history: The three-generation pedigree. *American Family Physician, 72*(3), 441-448.

Wimbush, F. B., & Peters, R. M. (2000). Identification of cardiovascular risk: Use of a cardiovascular-specific genogram. *Public Health Nursing, 17*(3), 148-154.

Wright, L. M., & Leahey, M. (1999). Maximizing time, minimizing suffering: The 15-minute (or less) family interview. *Journal of Family Nursing, 5,* 259-274.

Wright, L. M., & Leahey, M. (2000). *Nurses and families: A guide to family assessment and intervention* (3rd ed.). Philadelphia: F. A. Davis.

레즈비언 및 게이 가족과 관계망

Burke, J. L., & Faber, P. (1997). A genogrid for couples. *Journal of Gay and Lesbian Social Services, 7*(1), 13-22.

Feinberg, J., & Bakerman, R. (1994). Sexual orientation and three generational family patterns in a clinical sample of heterosexual and homosexual men. *Journal of Gay and Lesbian Psychotherapy, 2*(2), 65-76.

Laird, J. (1996a). Family-centered practice with lesbian and gay families. *Families in Society: Journal of Contemporary Human Services, 77*(9), 559-572.

Laird, J., & Green, R. J. (Eds.). (1996). *Lesbians and gays in couples and families.* San Francisco: Jossey-Bass.

Magnuson, S., Norem, K., & Skinner, C. H. (1995). Constructing genograms with lesbian clients. *The Family Journal: Counseling and Therapy for couples and Families, 3,* 110-115.

Scrivner, R., & Eldridge, N. S. (1995). Lesbian and gay family psychology. In R. H. Mikesell, D. D. Lusterman, & S. McDaniel (Eds.), *Integrating family therapy: Handbook of family psychology and systems therapy* (pp. 327-345). Washington, DC: American Psychological Association.

Shernoff, M. J. (1984). Family therapy for lesbian and gay clients. *Social Work, 39,* 393-396.

Slater, S. (1995). *The lesbian family life cycle.* New York: Free Press.

Weinstein, D. L. (1993). Application of family therapy concepts in the treatment of lesbians and gay men. *Journal of Chemical Dependency Treatment, 5*(1), 141-155.

상실, 호스피스, 죽음, 트라우마

Boss, P. (2004). Ambiguous loss. In F. Walsh & M. McGoldrick (Eds.), *Living beyond loss: Death in the family* (pp. 237-246). New York: Norton.

Bowen, M. (2004). Family reaction to death. In F. Walsh & M. McGoldrick (Eds.),

Living beyond loss: Death in the family (pp. 47-60). New York: Norton.

Crosby, J. F. (1989). Museum tours in genogram construction: A technique for facilitating recall of negative affect. *Contemporary Family Therapy, 11*(4), 247-258.

Duhamel, F., & Dupuis, F. (2004). Guaranteed returns: Investing in conversations with families of patients with cancer. *Cancer Journal of Nursing, 8,* 68-71.

Early, B. P., Smith, E. D., Todd, L., & Beem, T. (2000). The needs and supportive networks of the dying: An assessment instrument and mapping procedure for hospice patients. *American Journal of Hospice and Palliative Care, 17,* 87-96.

Engel, G. (1975). The death of a twin: Mourning and anniversary reactions. Fragments of 10 years of self-analysis. *International Journal of Psychoanalysis, 56*(1), 23-40.

Ferra Bucher, J. S. (1991). Family interaction and suicide: Case studies from a transgenerational perspective. *PSICO, 21*(1), 41-64.

Gajdos, K. C. (2002). The intergenerational effects of grief and trauma. *Illness, Crisis & Loss, 10*(6), 304-317.

Jordan, K. (2004). The color-coded timeline trauma genogram. *Brief Treatment and Crisis Intervention, 4*(1), 57-70.

Jordan, K. (2006). *The scripto-trauma genogram: An innovative technique for working with trauma survivors' intrusive memories.* Oxford University Press.

Kuhn, J. (1981). Realignment of emotional forces following loss. *The Family, 5*(1), 19-24.

McDaniel, S. H., Hepworth, J., & Doherty, W. J. (1992). *Medical family therapy.* New York: Basic.

McGoldrick, M. (2004a). The legacy of loss. In F. Walsh & M. McGoldrick (Eds.), *Living beyond loss: Death in the family* (pp. 104-129). New York: Norton.

McGoldrick, M. (2004b). Echoes from the past: Helping families mourn their losses. In F. Walsh & M. McGoldrick (Eds.), *Living beyond loss: Death in the family* (pp. 50-78). New York: Norton.

McGoldrick, M., Schlesinger, J. M., Lee, E., Hines, P. M., Chan, J., Almeida, R., Petkov, B., Garcia-Preto, N., & Petry, S. (2004). Mourning in different cultures. In F. Walsh & M. McGoldrick (Eds.), *Living beyond loss: Death in the family* (2nd ed., pp. 119-160). New York: Norton.

McGoldrick, M., & Walsh, F. (2004). A time to mourn: Death and the family life cycle.

In F. Walsh & M. McGoldrick (Eds.), *Living beyond loss: Death in the family* (pp. 27-46). New York: Norton.

Mikesell, S. G., & Stohner, M. (1995). Infertility and pregnancy loss: The role of the family consultant. In R. H. Mikesell, D. D. Lusterman, & S. McDaniel (Eds.), *Integrating family therapy: Handbook of family psychology and systems therapy* (pp. 421-436). Washington, DC: American Psychological Association.

Richards, W. R., Burgess, D. E., Peterson, F. R., & McCarthy, D. L. (1993). Genograms: A psychosocial assessment tool for hospice. *Hospital Journal, 9,* 1-12.

Seaburn, D. B. (1990). The time that binds: Loyalty and widowhood. *Psychotherapy Patient, 6*(3-4), 139-146.

Walsh, F. (1978). Concurrent grandparent death and birth of schizophrenic offspring: An intriguing finding. *Family Process, 17,* 457-463.

Walsh, F., & McGoldrick, M. (2004a). *Living beyond loss: Death in the family.* New York: Norton.

Walsh, F., & McGoldrick, M. (2004b). Loss and the family: A systemic perspective. In F. Walsh & M. McGoldrick (Eds.), *Living beyond loss: Death in the family.* (pp. 3-26). New York: Norton.

Whitman-Raymond, R. (1988). Pathological gambling as a defense against loss. *Journal of Gambling Behavior, 4*(2), 99-109.

Wortman, C., & Silver, R. (1989). The myths of coping with loss. *Journal of Counseling and Clinical Psychology, 57,* 349-357.

이민

Hernandez, M., & McGoldrick, M. (2005). Migration and the family life cycle. In B. Carter & M. McGoldrick (Eds.), *The expanded family life cycle: Individual, family and social perspectives* (pp. 169-184). Boston: Allyn & Bacon.

Mirkin, M. (1998). The impact of multiple contexts on recent immigrant families. In M. McGoldrick (Ed.), *Revisioning family therapy: Race, culture and gender in clinical practice* (pp. 370-384). New York: Guilford.

Mock, M. (1998). Clinical reflections on refugee families: Trasnforming crises into opportunities. In M. McGoldrick (Ed.), *Revisioning family therapy: Race, culture and gender in clinical practice* (pp. 370-384). New York: Guilford.

Sluzki, C. (1998). Migration and the disruption of the social network. In M. McGoldrick (Ed.), *Revisioning family therapy: Race, culture and gender in clinical practice* (pp. 360-369). New York: Guilford.

종교/영성

Dunn, A. B., & Dawes, S. J. (1999). Spiritually-focused genograms: Keys to uncovering spiritual resources in African-American families. *Journal of Multicultural Counseling & Development, 27*(4), 240-255.

Frame, M. W. (1996). Counseling African-Americans: Integrating spirituality in therapy. *Counseling & Values, 41*(1), 16-29.

Frame, M. W. (2000a). Constructing religious/spiritual genograms. In R. E. Watts (Ed.), *Techniques in marriage and family counseling, Vol. 1. The family psychology and counseling series* (pp. 69-74). Alexandria, VA: American Counseling Assoc.

Frame, M. W. (2000b, April). The spiritual genogram in family therapy. *Journal of Marital and Family Therapy, 26*(92), 211-216.

Frame, M. W. (2001, April). The spiritual genogram in training and supervision. *Family Journal: Counseling & Therapy for Couple & Families, 9*(2), 109-115.

Hodge, D. R. (2000, April). Spiritual ecomaps: A new diagrammatic tool for assessing marital and family spirituality. *Journal of Marital and Family Therapy, 26*(2), 217-228.

Hodge, D. R. (2001, January/February). Spiritual genograms: A generational approach to assessing spirituality. *Families in Society, 82*(1), 35-48.

Hodge, D. R. (2001b). Spiritual assessment: A review of major qualitative methods and a new framework for assessing spirituality. *Social Work, 46,* 203-214.

Hodge, D. R. (2003). The intrinsic spirituality scale: A new six-item instrument for assessing the salience of spirituality as a motivational construct. *Journal of Social Service Research, 30,* 41-61.

Hodge, D. R. (2004a). Social work practice with Muslims in the United States. In A. T. Morales & B. W. Sheafor (Eds.), *Social work: A profession of many faces* (10th ed., pp. 443-469). Boston: Allyn & Bacon.

Hodge, D. R. (2004b). Spirituality and people with mental illness: Developing spiritual competency in assessment and intervention. *Families in Society, 85,* 36-44.

Hodge, D. R. (2004c). Working with Hindu clients in a spiritually sensitive manner. *Social Work, 49,* 27-38.

Hodge, D. R. (2005a). Spiritual life maps: A client-centered pictorial instrument for spiritual assessment, planning, and intervention. *Social Work, 50,* 77-87.

Hodge, D. R. (2005b). Spiritual ecograms: A new assessment instrument for identifying clients' spiritual strengths in space and across time. *Families in Society, 86,* 287-296.

Hodge, D. R. (2005c). Spiritual assessment in marital and family therapy: A methodological framework for selecting from among six qualitative assessment tools. *Journal of Marital and Family Therapy, 32*(4), 341-356.

Hodge, D. R., & Williams, T. R. (2002). Assessing African-American spirituality with spiritual eco-maps. *Families in Society, 83,* 585-595.

Poole, D. L. (1998). Politically correct or culturally competent? *Health & Social Work, 23*(3), 63-167.

가계도 연구

Coupland, S. K., & Serovich, J. M. (1999, December). Effects of couples' perceptions of genogram construction on therapeutic alliance and session impact: A growth curve analysis. *Contemporary Family Therapy, 21*(4), 551-572.

Coupland, S. K., Serovich, J., & Glenn, J. E. (1995). Reliability in constructing genograms: A study among marriage and family therapy doctoral students. *Journal of Marital and Family Therapy, 21*(3), 251-263.

Daughhetee, C. (2001). Using genograms as a tool for insight in college counseling. *Journal of College Counseling, 4*(1), 73-76.

Dudley-Brown, S. (2004). The genetic family history assessment in gastroenterology nursing practice. *Gastroenterology Nursing, 27,* 107-110.

Dunn, A. B., & Levitt, M. M. (2000, July). The genogram: From diagnostics to mutual collaboration. *Family Journal: Counseling & Therapy for Couples & Families, 8*(3), 236-244.

Friedman, H. L., & Krakauer, S. (1992). Learning to draw and interpret standard and time-line genograms: An experimental comparison. *Journal of Family Psychology, 6*(1), 77-83.

Greenwald, J. L., Grant, W. D., Kamps, C. A., & Haas-Cunningham, S. (1998). The genogram scale as a predictor of high utilization in a family practice. *Family, Systems & Health, 16*(4), 375-391.

Hodge, D. R. (2005). Spiritual assessment in marital and family therapy: A methodological framework for selecting from among six qualitative assessment tools. *Journal of Marital and Family Therapy, 32*(4), 341-356.

Hurst, N. C., Sawatzky, D. D., & Pare, D. P. (1996). Families with multiple problem through a Bowenian lens. *Child Welfare, 75*(6), 693-708.

Milewski-Hertlein, K. A. (2001, January/February). The use of a socially constructed genogram in clinical practice. *American Journal of Family Therapy, 29*(1), 23-38.

Perfetti, L. J. C. (1990). The base 32 method: An improved method for coding sibling constellations. *Journal of Marital and Family Therapy, 16*(2), 201-204.

Rigazio-DiGilio, S. A., Ivey, A. E., Kunkler-Peck, K. P., & Grady, L. T. (2005). *Community genograms: Using individual, family, and cultural narratives with clients.* New York: Teachers College Press.

Rogers, J. C. (1990). Completion and reliability of the self-administered genogram (SAGE). *Family Practice, 7,* 149-151.

Rogers, J. C. (1994a). Can physicians use family genogram information to identify patients at risk of anxiety or depression? *Archives of Family Medicine, 3,* 1093-1098.

Rogers, J. C. (1994b). Impact of a screening family genogram on first encounters in primary care. *Journal of Family Practice, 4,* 291-301.

Rogers, J. C., & Cohn, P. (1987). Impact of a screening family genogram on first encounters in primary care. *Journal of Family Practice, 4,* 291-301.

Rogers, J. C., & Durkin, M. (1984). The semi-structured genogram interview: I. Protocol, II. Evaluation. *Family Systems Medicine, 2*(25), 176-187.

Rogers, J. C., Durkin, M., & Kelly, K. (1985). The family genogram: An underutilized clinical tool. *New Jersey Medicine, 82*(11), 887-892.

Rogers, J. C., & Holloway, R. (1990). completion rate and reliability of the self-administered genogram (SAGE). *Family Practice, 7,* 149-151.

Rogers, J. C., & Rohrbaugh, M. (1991). The SAGE-PAGE trial: Do family genograms make a difference? *Journal of the American Board of Family Practice, 4,* 319-326.

Rogers, J. C., Rohrbaugh, M., & McGoldrick, M. (1992). Can experts predict health risk from family genograms? *Family Medicine, 24,* 209-215.

Rohrbaugh, M., Rogers, J. C., & McGoldrick, M. (1992). How do experts read family genograms? *Family Systems Medicine, 10*(1), 79-89.

Visscher, E. M., & Clore, E. R. (1992). The genogram: A strategy for assessment. *Journal of Pediatric Healthcare, 6,* 361-367.

학교와 기타 외부체계

Darkenwald, G. G., & Silvestri, K. (1992). *Analysis and assessment of the Newark literacy campaign: A report to the Ford Foundation* (Grant #915-0298).

Daughhetee, C. (2001). Using genograms as a tool for insight in college counseling. *Journal of College Counseling, 4*(1), 73-76.

Friedman, E. H. (1985). *Generation to generation. Family process in church and synagogue.* New York: Guilford.

Granello, D. H., Hothersall, D., & Osborne, A. L. (2000, March). The academic genogram: Teaching for the future by learning from the past. *Counselor Education and Supervision, 39*(3), 177-188.

Okum, B. F. (1984). *Family therapy with school-related problems.* Rockville, MD: Aspen.

Praeger, S. C., & Martin, L. S. (1994). Using genograms and ecomaps in schools. *Journal of School Nursing, 10,* 34-40.

Rigazio-DiGilio, S. A., Ivey, A. E., Kunkler-Peck, K. P., & Grady, L. T. (2005). *Community genograms: Using individual, family, and cultural narratives with clients.* New York: Teachers College Press.

Shellenberger, S., & Hoffman, S. (1995). The changing family-work system. In R. H. Mikesell, D. D. Lusterman, & S. McDaniel (Eds.), *Integrating family therapy: Handbook of family psychology and systems therapy* (pp. 461-479). Washington, DC: American Psychological Association.

출생순위

Adler, A. (1959). *The practice and theory of individual psychology.* Paterson, NJ: Littlefield, Adams.

Bank, S. P., & Kahn, M. D. (1997). *The sibling bond.* New York: Basic.

Bass, D. M., & Bowman, K. (1990). Transition from caregiving to bereavement. The relationship of care-related strain and adjustment to death. *The Gerontologist, 30,* 135-142.

Bernikow, L. (1980). *Among women.* New York: Harper & Row.

Bowerman, C. E., & Dobash, R. M. (1974). Structural variations in inter-sibling affect. *Journal of Marriage and the Family, 36,* 48-54.

Brody, G. H., Stoneman, Z., & Burke, M. (1987). Child temperaments, maternal differential behavior, and sibling relationships. *Developmental Psychology, 23*(3), 354-362.

Carroll, R. (1988). Siblings and the family business. In M. D. Kahn & K. G. Lewis (Eds.), *Siblings in therapy: Life span and clinical issues* (pp. 379-398). New York: Norton.

Chappell, N. L. (1991). *Social supports and aging.* Toronto: Butterworths.

Cicirelli, V. G. (1989). Feelings of attachment to siblings and well-being in later life. *Psychology and Aging, 4,* 211-216.

Cicirelli, V. G. (1995). *Sibling relationships across the life span.* New York: Plenum.

Connidis, I. A. (1989a). Contact between siblings in later life. *Canadian Journal of Sociology, 14,* 429-442.

Connidis, I. A. (1989b). Family ties and aging. Toronto: Butterworths.

Connidis, I. A. (1989c). Siblings as friends in later life. *American Behavioral Scientist, 33,* 81-93.

Connidis, I., & Davies, L. (1990). confidants and companions in later life. The place of family and friends. *Journal of Gerontology, 45,* 141-149.

Elder, G. H., Jr. (1962). Structural variations in child rearing relationship. *Sociometry, 25,* 241-262.

Falbo, T. (Ed.). (1984). *The single-child family.* New York: Guilford.

Fishel, E. (1979). *Sisters: Love and rivalry inside the family and beyond.* New York: William Morrow.

Gaddis, V., & Gaddis, M. (1973). *The curious world of twins.* New York: Warner.

Gold, D. T. (1987). Siblings in old age. Something special. *Canadian Journal on Aging, 6,* 199-215.

Gold, D. T. (1989). Sibling relationships in old age: A typology. *International Journal of Aging and Human Development, 28,* 37-51.

Holden, C. E. (1986). Being a sister: Constructions of the sibling experience (Doctoral dissertation, University of Michigan). *Dissertation Abstracts International, 10,* SECB, PP4301.

Hoopes, M. H., & Harper, J. M. (1987). *Birth order roles and sibling patterns in individual and family therapy.* Rockville, MD: Aspen.

Jalongo, M. R., & Renck, M. A. (1985). Sibling relationships: A recurrent developmental and literary theme. *Childhood Education, 61*(5), 346-351.

Johnson, C. L. (1982). Sibling solidarity: Its origin and functioning in Italian-American families. *Journal of Marriage and the Family, 44,* 155-167.

Krell, R., & Rabkin, L. (1979). The effects of sibling death on the surviving child: A family perspective. *Family Process, 18*(4), 471-478.

Lamb, M. E., & Sutton-Smith, B. (1982). *Sibling relationships: Their nature and significance across the lifespan.* Hillsdale, NJ: Erbaum.

Leder, J. M. (1993). *Brothers and sisters: How they stage our lives.* New York: Ballantine.

Marcil-Gratton, N., & Legare, J. (1992). Will reduced fertility lead to greater isolation in old age for tomorrow's elderly? *Canadian Journal on Aging, 11,* 54-71.

Mathias, B. (1992). *Between sisters: Secret rivals, intimate friends.* New York: Delacorte.

McGhee, J. L. (1985). The effect of siblings on the life satisfaction of the rural elderly. *Journal of Marriage and the Family, 41,* 703-714.

McGoldrick, M. (1989). Sisters. In M. McGoldrick, C. Anderson, & F. Walsh (Eds.), *Women in families* (pp. 244-266). New York: Norton.

McGoldrick, M., & Watson, M. (2005). Siblings through the life cycle. In B. Carter & M. McGoldrick (Eds.), *The expanded family life cycle: Individual, family and social perspectives* (pp. 153-184). Boston: Allyn & Bacon.

McKeever, P. (1983). Siblings of chronically ill children: A literature review with implications for research and practice. *American Journal of Orthopsychiatry, 53*(2), 209-218.

McNaron, T. A. H. (Ed.). (1985). *The sister bond: A feminist view of a timeless connection.* New York: Pergamon.

Merrell, S. S. (1995). *The accidental bond: The power of sibling relationships.* New York: Times Books.

Miller, N. B., & Cantwell, D. P. (1978). Siblings as therapists: A behavioral approach. *American Journal of Psychiatry, 133*(4), 447-450.

Norris, J. E., & Tindale, J. A. (1994). *Among generations: The cycle of adult relationships.* New York: W. H. Freeman.

Notar, M., & McDaniel, S. A. (1986). Feminist attitudes and mother-daughter relationships in adolescence. *Adolescence, 21*(81), 11-21.

Nuckolls, C. W. (1993). *Siblings in South Asia: Brothers and sisters in cultural context.* New York: Guilford.

Rosenberg, B. G., & Sutton-Smith, B. (1964). Ordinal position and sex role identification. *Psychological Monographs, 70,* 297-328.

Rosenberg, B. G., & Sutton-Smith, B. (1969). Sibling age spacing effects on cognition. *Developmental Psychology, 1,* 661-669.

Sandmaier, M. (1994). *Original kin: Intimacy, choices and change in adult sibling relationships.* New York: Dutton.

Schmuck, R. (1963). Sex of sibling, birth order position, and female dispositions to conform in two-child families. *Child Development, 34,* 913-918.

Shanas, E., & Streib, G. F. (1965). *Social structure and the family.* Englewood Cliffs, NJ: Prentice-Hall.

Sulloway, F. J. (1996). *Born to rebel: Sibling relationships, family dynamics and creative lives.* New York: Pantheon.

Sutton-Smith, B., & Rosenberg, B. G. (1970). *The sibling.* New York: Holt, Rinehart & Winston.

Toman, W. (1976). *Family constellation* (3rd ed.). New York: Springer. L. E. Troll & B. F. Turner (Eds.). (1994). *Women growing older.* Thousand Oaks, CA: Sage.

Ulanov, A., & Ulanov, B. (1983). *Cinderella and her sisters: The envied and the envying.* Philadelphia: Westminster.

Vadasy, P. F., Fewell, R. R., Meyer, D. J., & Schell, G. (1984). Siblings of handicapped children: A developmental perspective on family interactions. *Family Relations, 33*(1), 155-167.

Valliant, G. (1977). *Adaptation to life.* Boston: Little, Brown.

Zukow, P. G. (Ed.). (1989). *Sibling interaction across cultures.* New York: Springer-Verlag.

슈퍼비전과 훈련

Bahr, K. S. (1990). Student responses to genogram and family chronology. *Family Relations, 39,* 243-249.

Canzoneri, K. W. (1993). The development of systemic thinking in counselors-in-training: A descriptive analysis. *Dissertation Abstracts International, 53*(10-A), 3475-3476.

Deveaux, F., & Lubell, I. (1994, August). Training the supervisor: Integrating a family of origin approach. *Contemporary Family Therapy, 16*(4), 291-299.

Frame, M. W. (2001, April). the spiritual genogram in training and supervision. *Family Journal: Counseling & Therapy for Couple & Families, 9*(2), 109-115.

Getz, H. G., & Protinsky, H. O. (1994). Training marriage and family counselors: A family of origin approach. *Counselor Education and Supervision, 33,* 183-190.

Haber, R. (1997). *Dimensions of family therapy supervisions: Maps and means.* New York: Norton.

Magnuson, S., & Shaw, H. E. (2003, January). Adaptations of the multifaceted genogram in counseling, training and supervision. *Family Journal: Counseling & Therapy for Couples & Families, 2*(1), 45-54.

Pistole, M. C. (1995). The genogram in group supervision of novice counselors: Draw them a picture. *Clinical Supervisor, 13*(1), 133-143.

Shore, W., Wilkmie, H., & Croughan-Minihane, M. (1994). Family of origin genograms: Evaluation of a teaching program for medical students. *Family Medicine, 26,* 238-243.

Thomas, V. K., & Striegel, P. (1994). Family of origin work for the family counselor. In C. H. Huber (Ed.), *Transitioning from individual to family counseling: The family psychology and counseling series, No. 2* (pp. 21-30). Alexandria, VA: American Counseling Association.

Wells, V. K., Scott, R. G., Schmeller, L. J., & Hilmann, J. A. (1990). The family-of-origin framework: A model for clinical training. *Journal of Contemporary Psychotherapy, 20*(4), 223-235.

다양한 관점의 치료

Anderson, W. T., Anderson, R. A., & Hovestadt, A. J. (1988). Intergenerational family therapy: A practical primer. In P. A. Keller & R. Heyman (Eds.), *Innovations in clinical practice: A source book, 7* (pp. 175-188). Sarasota, FL: Professional Resource Press.

Arrington, D. (1991). Thinking systems-seeing systems: An integrative model for systematically oriented art therapy. *Arts in Psychotherapy, 18*(3), 201-211.

Banmen, J. (2002, March). The Satir model: Yesterday and today. *Contemporary Family Therapy, 24*(1), 7-22.

Beck, R. L. (1987). The genogram as process. *American Journal of Family Therapy, 15*(4), 343-351.

Goodyear-Brown, P. (2001). The preschool play geno-game. In H. G. Kaduson, & C. E. Schaefer (Eds.), *101 more favorite therapy techniques* (pp. 225-228). Northvale, NJ: Jason Aronson.

Hurst, N. C., Sawatzky, D. D., & Pare, D. P. (1996). Families with multiple problems through a Bowenian lens. *Child Welfare, 75*(6), 693-708.

Kent-Wilkinson, A. (1999). Forensic family genogram: An assessment and intervention tool. *Journal of Psychosocial Nursing and Mental Health Services, 37,* 52-56.

Kuehl, B. P. (1995). The solution-oriented genogram: A collaborative approach. *Journal of Marital and Family Therapy, 21*(3), 239-250.

Kuehl, B. P. (1996). The use of genograms with solution-based and narrative therapies. *The Family Journal: Counseling and Therapy for Couples and Families, 4,* 5-11.

Massey, R. F., Comey, S., & Just, R. L. (1988). Integrating genograms and script matrices. *Transactional Analysis Journal, 18*(4), 325-335.

Mauzey, E., & Erdman, P. (1995). Let the genogram speak: Curiosity, circularity and creativity in family history. *Journal of Family Psychotherapy, 6*(2), 1-11.

Nicholl, W. G., & Hawes, E. C. (1985). "Family lifestyle assessment" The role of family myths and values in the client's presenting issues. *Individual Psychology: Journal of Adlerian Theory, Research & Practice, 41*(2), 147-160.

Sherman, R. (1993). Marital issues of intimacy and techniques for change: An Adlerian systems perspective. *Journal of Adlerian Therapy, Research and Practice, 49*(3-4), 318-329.

Sproul, M. S., & Galagher, R. M. (1982). The genogram as an aid to crisis intervention. *Journal of Family Practice, 14*(55), 959-960.

Woolf, V. V. (1983). Family network systems in transgenerational psychotherapy: The theory, advantages and expanded applications of genograms. *Family Therapy, 10*(35), 119-137.

Zide, M. R., & Gray, S. W. (2000). The solutioning process: Merging the genogram and the solution-focused model of practice. *Journal of Family Social Work, 4*(1), 3-19.

가계도 비디오테이프

McGoldrick, M. (1996). *The legacy of unresolved loss: A family systems approach.* New York: Norton.

폭력: 신체적 학대와 성학대

Gewirtzman, R. C. (1988). The genogram as a visual assessment of a family's fugue. *Australian Journal of Sex, Marriage and Family, 9*(1), 37-46.

Hurst, N. C., Sawatzky, D. D., & Pare, D. P. (1996). Families with multiple problems through a Bowenian lens. *Child Welfare, 75*(6), 693-708.

Nichols, W. C. (1986). Understanding family violence: An orientation for family therapists. *Contemporary Family Therapy, 8*(3), 188-207.

자서전 참고문헌

애덤스 가족

Levin, P. L. (1987). *Abigail Adams.* New York: St. Martin's.

Musto, D. (1981). The Adams Family. *Proceedings of Massachusetts Historical Society, 93,* 40-58.

Nagel, P. C. (1983). *Descent from glory: Four generations of the John Adams family.* New York: Oxford University Press.

Nagel, P. C. (1987). *The Adams women.* New York: Oxford University Press.

Shepherd, J. (1975). *The Adams chronicles: Four generations of greatness.* Boston: Little, Brown.

알프레트 아들러

Adler, A. (March 1984, August 1984). Personal interviews.

Adler, K. (August, 1984a). Personal interview.

Adler, K. (August, 1984b). Personal communication.

Ansbacher, H. (1984). Personal communication.

Ansbacher, H. L. (1970). Alfred Adler: A historical perspective. *American Journal of Psychiatry, 127,* 777-782.

Ellenberger, H. F. (1970). *The discovery of the unconscious: The history and evolution of dynamic psychistry.* New York: Basci.

Furtmuller, C. (1979). Alfred Adler: A biographical essay. In H. L. Ansbacher & R. R. Ansbacher (Eds.), *Superiority and social interest: A collection of later writings* (pp. 311-394). New York: Norton.

Hoffman, E. (1994). *The drive for self: Alfred Adler and the founding of individual psychology.* New York: Addison-Wesley.

Rattner, J. (1983). *Alfred Adler.* New York: Frederick Ungar.

Sperber, M. (1974). *Masks of loneliness: Alfred Adler in perspective.* New York: Macmillan.

Stepansky, P. E. (1983). *In Freud's shadow: Adler in context.* Hillsdale, NJ: The Analytic Press.

루이 암스트롱

Armstrong, L. (1954). *Satchmo: My life in New Orleans*. New York: Perseus.

Bergreen, L. (1997). *Louis Armstrong: An extravagant life*. New York: Broadway.

Brothers, T. (Ed.). (1999). *Louis Armstrong in his own words*. New York: Oxford University Press.

Collier, J. L. (1983). *Louis Armstrong: An American genius*. New York: Oxford University Press.

Giddins, G. (1988). *Satchmo: The genius of Louis Armstrong*. New York: Perseus.

Terkel, S. (1975). *Giants of jazz*. New York: The New Press.

베이트슨/미드 가족

Bateson, M. C. (1984). *With a daughter's eye*. New York: William Morrow.

Bateson, M. C. (1988). *Peripheral visions*. New York: Morrow.

Bateson, M. C. (1990). *Composing a life*. New York: Atlantic Monthly Press.

Cassidy, R. (1982). *Margaret Mead: A voice for the century*. New York: Universe.

Grosskurth, P. (1988). *Margaret Mead: A life of controversy*. London: Penguin.

Howard, J. (1984). *Margaret Mead: A life*. New York: Ballantine.

Lipset, D. (1980). *Gregory Bateson: The legacy of a scientist*. Englewood Cliffs, NJ: Prentice.

Mead, M. (1972). *Blackberry winter, my earlier years*. New York: Simon & Schuster.

Rice, E. (1979). *Margaret Mead: A portrait*. New York: Harper & Row.

알렉산더 그레이엄 벨

Bruce, R. V. (1973). *Bell: Alexander Graham Bell and the conquest of solitude*. Boston: Little, Brown.

Eber, D. H. (1982). *Genius at work: Images of Alexander Graham Bell*. New York: Viking.

Gray, C. (2006). *Reluctant genius: Alexander Graham Bell and the passion for invention*. New York: Abcade.

Grosvenor, E. S., & Wesson, M. (1997). *Alexander Graham Bell*. New York: Abrams.

Mackay, J. (1997). *Alexander Graham Bell: A life*. New York: Wiley.

블렉웰/스톤/브라운 가족

Cazden, E. (1983). *Antoinette Brown Blackwell: A biography.* Old Westbury, NY: The Feminist Press.

Hays, E. R. (1967). *Those extraordinary Blackwells.* New York: Harcourt Brace.

Horn, M. (1980). Family ties: The Blackwells, a study of the dynamics of family life in nineteenth century America (Ph.D. Dissertation, Tufts University).

Horn, M. (1983). Sisters worthy of respect: Family dynamics and women's roles in the Blackwell family. *Journal of Family History, 8*(4), 367-382.

Wheeler, L. (Ed.). (1981). *Loving warriers: Selected letters of Lucy Stone and Henry B. Blackwell, 1853 to 1893.* New York: Dial.

영국 왕실 가족

Bradford, S. (1996). *Elizabeth.* New York: Riverhead.

Campbell, C. (1998). *The real Diana.* New York: St. Martin's.

Davies, N. (1998). *Queen Elizabeth II: A woman who is not amused.* New York: Carol Publishing.

Delderfield, E. R. (1998). *Kings and queens of England and Great Britain* (3rd ed.). Devon, England: David & Charles.

Fearon, P. (1996). *Behind the palace walls. The rise and fall of Britain's royal family.* Secaucus, NJ: Carol Publishing.

Kelley, K. (1997). *The royals.* New York: Warner.

Morton, A. (1997). *Diana: Her true story.* New York: Simon & Schuster.

브론테 가족

Bentley, P. (1969). *The Brontës and their world.* New York: Viking.

Cannon, J. (1980). *The road to Haworth: The story of the Brontës' Irish ancestry.* London: Weidenfeld and Nicolson.

Chadwick, E. H. (1914). *In the footsteps of the Brontës.* London: Sir Isaac Pitman & Sons.

Chitham, E. (1986). *The Brontës' Irish background.* New York: St. Martin's.

Chitham, E. (1988). *A life of Emily Brontës* New York: Basil Blackwell.

Chitham, E., & Winnifrith, T. (1983). *Brontës facts and Brontës problems.* London:

Macmillan.
du Maurier, D. (1961). *The infernal world of Branwell Brontës*. Garden City, NY: Doubleday.
Frazer, R. (1988). *The Brontës: Charlotte Brontës and her family*. New York: Crown.
Gaskell, E. (1975). *The life of Charlotte Brontës*. London: Penguin.
Gerin, W. (1961). *Branwell Brontës*. London: Thomas Nelson & Sons.
Gerin, W. (1971). *Emily Brontës: A biography*. London: Oxford University Press.
Hannah, B. (1988). *Striving toward wholeness*. Boston: Signpress.
Hanson, L., & Hanson, E. (1967). *The four Brontës*. New York: Archon.
Hardwick, E. (1975). *Seduction and betrayal: Women and literature*. New York: Vintage.
Hinkley, L. L. (1945). *The Brontës: Charlotte and Emily*. New York: Hastings House.
Hopkins, A. B. (1958). *The father of the Brontës*. Baltimore: Johns Hopkins Press.
Lane, M. (1969). *The Brontës story*. London: Fontana.
Lock, J., & Dixon, W. T. (1965). *A man of sorrow: The life, letters, and times of Reverend Patrick Brontës*. Westport, CT: Meckler.
Mackay, A. M. (1897). *The Brontës: Fact and fiction*. New York: Dodd, Mead.
Maurat, C. (1970). *The Brontës' secret*. Translated by M. Meldrum. New York: Barnes & Noble.
Moglen, H. (1984). *Charlotte Brontës: The self conceived*. Madison: University of Wisconsin Press.
Morrison, N. B. (1969). *Haworth harvest: The story of the Brontës*. New York: Vanguard.
Peters, M. (1974). *An enigma of Brontës*. New York: St. Martins.
Peters, M. (1975). *Unquiet Soul: A biography of Charlotte Brontës*. New York: Atheneum.
Ratchford, F. W. (1964). *The Brontës' web of childhood*. New York: Russell & Russell.
Raymond, E. (1948). *In the steps of the Brontës*. London: Rich & Cowan.
Spark, M., & Stanford, D. (1960). *Emily Brontës: Her life and work*. London: Arrow.
White, W. B. (1939). *The miracle of Haworth: A Brontës story*. New York: E. P. Dutton.
Wilks, B. (1986a). *The Brontës: An illustrated biography*. New York: Peter Bedrick.

(Originally published by Hamlyn Publishing Group in 1975.)

Wilks, B. (1986b). *The illustrated Brontës of Haworth.* New York: Facts on File Publications.

Winnifith, T. Z. (1977). *The Brontës and their background: Romance and reality.* New York: Collier.

Wright, W. (1893). *The Brontës in Ireland.* New York: D. Appleton.

버튼/테일러 가족

Bragg, M. (1990). *Richard Burton: A life.* New York: Warner.

Ferris, P. (1981). *Richard Burton.* New York: Coward, McCann & Geoghegan.

Kelley, K. (1981). *Elizabeth Taylor: The last star.* New York: Simon & Schuster.

Morley, S. (1988). *Elizabeth Taylor.* New York: Applause.

부시 가족

Kelley, K. (2004). *The family: The real story of the Bush dynasty.* New York: Doubleday.

Minutaglio, B. (2001). *First son: George W. Bush and the Bush family dynasty.* New York: Three Rivers.

Phillips, K. (2004). *American dynasty: Aristocracy, fortune, and the politics of deceit in the house of Bush.* New York: Viking.

Wright, E. (2006). *Celebrity family ties.* New York: Barnes & Noble.

칼라스 가족

Allegri, R., & Allegri, R. (1997). *Callas by Callas.* New York: Universe.

Callas, J. (1989). *Sisters.* New York: St. Martin's.

Moutsatos, K. F. (1998). *The Onassis women.* New York: Putnam.

Stassinopoulos, A. (1981). *Maria Callas: The woman behind the legend.* New York: Simon & Schuster.

클린턴 가족

Brock, D. (1996). *The seduction of Hillary Rodham.* New York: The Free Press.

Clinton, B. (2005). *My life.* New York: Vintage.

Clinton, R. (1995). *Growing up Clinton.* Arlington, TX: Summit.

Kelley, V., with J. Morgan. (1994). *Leading with my heart: My life.* New York: Pocket Books.

King N. (1996). *The woman in the White House.* New York: Carol.

Maraniss, D. (1988). *The Clinton enigma.* New York: Simon & Schuster.

Maraniss, D. (1995). *First in his class: The biography of Bill Clinton.* New York: Touchstone.

Morris, R. (1996). *Partners in power.* New York: Henry Holt.

Warner, J. (1993). *Hillary Clinton: The inside story.* New York: Signet.

아인슈타인 가족

Clark, R. W. (1971). *Einstein: The life and times.* New York: Avon.

Highfield, R., & Carter, P. (1993). *The private life of Albert Einstein.* New York: St. Martin's.

Pais, A. (1994). *Einstein lived here.* New York: Oxford University Press.

Renn, J., & Schulmann, R. (1995). *Albert Einstein/Mileva Maric: The love letters.* Princeton: NJ Princeton University Press.

Specter, M. (1994, July 22). Einstein's son? It's a question of relativity. *New York Times,* p. 1.

Sullivan, W. (1987, May 3). Einstein letters tell of anguished love affair. *New York Times,* p. 1.

에릭슨 가족

Erikson Bloland, S. (1999, November). Fame: The power and cost of a fantasy. *Atlantic Monthly,* 51-62.

Erikson Bloland, S. (2005). *In the shadow of fame: A memoir by the daughter of Erik H. Erikson.* New York: Viking.

Friedman, L. J. (1999). *Identity's architect.* New York: Scribner.

패로 가족

Farrow, M. (1997). *What falls away: A memoir.* New York: Bantam.

폰다 가족

Collier, P. (1992). *The Fondas.* New York: Putnam.

Fonda, A. (1986). *Never before dawn: An autobiography.* New York: Weindenfeld & Nicolson.

Fonda, J. (2006). *My life so far.* New York: Random House.

Fonda, P. (1998). *Don't tell dad.* New York: Hyperion.

Guiles, F. L. (1981). *Jane Fonda: The actress in her time.* New York: Pinnacle.

Hayward, B. (1977). *Haywire.* New York: Alfred Knopf.

Kiernan, T. (1973). *Jane: An intimate biography of Jane Fonda.* New York: Putnam.

Sheed, W. (1982). *Clare Booth Luce.* New York: E. P. Dutton.

Springer, J. (1970). *The Fondas.* Secaucus, NJ: Citadel.

Teichman, H. (1981). *Fonda: My life.* New York: New American Library.

포스터 가족

Foster, B., & Wagener, L. (1998). *Foster child.* New York: Signet.

Chunovic, L. (1995). *Jodie: A biography.* New York: Contemporary Books.

지그문트 가족

Anzieu, D. (1986). *Freud's self analysis.* Madison, CT: International Universities Press.

Appignanesi, L., & Forrester, J. (1992). *Freud's women.* New York: Basic.

Bernays, A. F. (1940, Nov.). *My brother Sigmund Freud.* The American Mercury, II 336-340.

Bernays, E. (1984, Aug. 8). Personal interview.

Bernays, H. (1984, Aug. 8). Personal interview.

Blumenthal, R. (2006, December 24). Hotel log hints at illicit desire that Dr. Freud didn't repress. *New York Times,* pp. 1, 4.

Darotenuto, A. (1982). *A secret symmetry: Sabina Spielrein between Jung and Freud.* New York: Pantheon.

Clark, R. W. (1980). *Freud: The man and the cause.* New York: Random House.

Eissler, K. R. (1978). *Sigmund Freud: His life in pictures and words.* New York: Helen & Kurt Wolff, Harcourt Brace, Jovanovich.

Freeman, L., & Strean, H. S. (1981). *Freud and women.* New York: Frederick Ungar

Publishing Company.

Freud, E. L. (1960). *The letters of Sigmund Freud.* New York: Basic.

Freud, M. (1982). *Sigmund Freud: Man and father.* New York: Jason Aronson.

Freud, S. (1988). *My three mothers and other passions.* New York: New York University Press.

Gay, P. (1988). *Freud: A life for our time.* New York: Norton.

Gay, P. (1990). *Reading Freud.* New Haven, CT: Yale University Press.

Glicklhorn, R. (1979). The Freiberg period of the Freud family. *Journal of the History of Medicine, 24,* 37-43.

Jones, E. (1953, 1954, 1955). *The life and work of Sigmund Freud* (3 volumes). New York: Basic.

Krüll, M. (1986). *Freud and his father.* New York: Norton.

Mannoni, O. (1974). *Freud.* New York: Vintage.

Margolis, D. P. (1996). *Freud and his mother.* Northvale, NJ: Jason Aronson.

Masson, J. (Ed.). (1985). *The complete letters of Sigmund Freud to Wilhelm Fleiss: 1887-1904.* Cambridge, MA: Belnap.

Masson, J. (1992). *The assault on truth.* New York: Harper Collins.

McGoldrick, M., & Gerson, R. (1985). *Genograms in family assessment.* New York: Norton.

McGoldrick, M., & Gerson, R. (1988). Genograms and the family life cycle (pp. 164-189). In B. Carter & M. McGoldrick (Eds.), *The changing family life cycle.* Boston: Allyn & Bacon.

McGoldrick, M., & Gerson, R. (1998). History, genograms, and the family life cycle: Freud in context. In B. Carter & M. McGoldrick (Eds.), *The expanded family life cycle: Individual, family, and social perspectives* (3rd ed., pp. 47-68). Boston: Allyn & Bacon.

Peters, U. H. (1985). *Anna Freud: A life dedicated to children.* New York: Shocken.

Roazen, P. (1993). *Meeting Freud's family.* Amherst, MA: University of Massachusetts Press.

Ruitenbeek, H. M. (1973). *Freud as we knew him.* Detroit, MI: Wayne State University.

Schur, M. (1972). *Freud: Living and dying.* New York: International Universities Press.

Swales, P. (1982). Freud, Minna Bernays, and the conquest of Rome: New light on the origins of psychoanalysis. *The New American Review, 1*(2/3), 1-23.

Swales, P. (1987). What Freud didn't say. UMDNJ-Robert Wood Johnson Medical School, May 15.

Young-Bruel, E. (1988). *Anna Freud: A biography.* New York: Summit.

체 게바라

Anderson, J. L. (1997). *Che Guevara: A revolutionary life.* New York: Grove Press.

Deutschmann, D. (Ed.). (2006). *Che: A memoir by Fidel Castro.* Melbourne: Ocean Press.

James, D. (2001). *Che Guevara: A biography.* New York: Cooper Square Press.

Ortiz, V. (1968). *Che Guevara: Reminiscences of the Cuban revolutionary war.* New York: Monthly Review Press.

Sinclair, A. (1970). *Che Guevara.* New York: Viking.

헨리 8세

Fraser, A. (1994). *The wives of Henry VIII.* New York: Vintage.

Lindsey, K. (1995). *Divorced, beheaded, survived: A feminist reinterpretation of the wives of Henry VIII.* New York: Addison-Wesley.

헵번/트레이시 가족

Anderson, C. (1988). *Young Kate.* New York: Henry Holt.

Carey, G. (1983). *Katharine Hepburn: A Hollywood yankee.* New York: Dell.

Davidson, B. (1987). *Spencer Tracy: Tragic idol.* New York: Dutton.

Edwards, A. (1985). *A remarkable woman: A biography of Katherine Hepburn.* New York: Simon & Schuster.

Higham, C. (1981). *Kate: The life of Katharine Hepburn.* New York: Signet.

Kanin, G. (1988). *Tracy and Hepburn: An intimate memoir.* New York: Donald I. Fine.

Mann, W. J. (2006). *Kate: The woman who was Hepburn.* New York: Henry Holt.

Morely, S. (1984). *Katharine Hepburn.* London: Pavilion.

Parish, J. R. (2005). *Katharine Hepburn: The untold story.* New York: Advocate.

제퍼슨 가족

Binger, C. (1970). *Thomas Jefferson: A well-tempered mind.* New York: Norton.

Brodie, F. M. (1974). *Thomas Jefferson: An intimate history.* New York: Norton.

Fleming, T. J. (1969). *The man from Monticello.* New York: Morrow.

Gordon-Reed, A. (1997). *Thomas Jefferson and Sally Hemings.* Charlottesville, VA: University of Virginia Press.

Halliday, E. M. (2001). *Understanding Thomas Jefferson.* New York: Harper Collins.

Lanier, S., & Feldman, J. (2000). *Jefferson's children.* New York: Random House.

Smith, D. (1998, November 7). The enigma of Jefferson: Mind and body in conflict. *New York Times,* B 7-8.

Wills, G. (2003). *Negro president.* Boston: Houghton Mifflin.

Woodson, B. W. (2001). *A President in the family: Thomas Jefferson, Sally Hemings and Thomas Woodson.* Westport, CT: Praeger.

조플린 가족

Berlin, E. A. (1994). *King of Ragtime: Scott Joplin and his era.* New York: Oxford University Press.

Curtis, S. (2004). *Dancing to a black man's tune: The life of Scott Joplin.* Columbia, MO: University of Missouri Press.

Gammond, P. (1975). *Scott Joplin and the ragtime era.* New York: St. Martin's.

Haskins, J. (1978). *Scott Joplin: The man who made ragtime.* Briarcliff Manor, NY: Scarborough.

Preston, K. (1988). *Scott Joplin: Composer.* New York: Chelsea House.

Berlin, E. (2006). A biography of Scott Joplin, retrieved at www.scottjoplin.org/biography.htm.

융 가족

Bair, D. (2003). *Jung: A biography.* New York: Little, Brown.

Broome, V. (1981). *Jung: Man and myth.* New York: Atheneum.

Hannah, B. (1981). *Jung: His life and work; A biographical memoir.* Nwe York: Perigee, Putnam.

Jung, C. G. (1961). *Memories, dreams, reflections* (Recorded and edited by Aniela

Jaffe, translated by R. Winston & C. Winstons). New York: Vintage.
Stern, P. J. (1976). *C. G. Jung: The haunted prophet.* New York: Delta, Deli.

칼로/리베라 가족

Alcantara, I., & Egnolff, S. (1999). *Frida Kahlo and Diego Rivera.* New York: Prestel Verlag.
Drucker, M. (1991). *Frida Kahlo.* Albuquerque, NM: University of New Mexico Press.
Grimberg, S. (2002). *Frida Kahlo.* North Digton, MA: World Publications.
Herrera, H. (1983). *Frida: A biography of Frida Kahlo.* New York: Harper & Row.
Herrera, H. (1984). *Frida.* New York: Harper Collins.
Herrera, H. (1991). *Frida Kahlo: The paintings.* New York: Harper Collins.
Kahlo, F. (2001). *The diary of Frida Kahlo: An intimate self-portrait.* Toledo, Spain: Abradale.
Kahlo, F. (1995). *The letters of Frida Kahlo: Cartas apasionadas.* San Francisco: Chronicle.
Kettenmann, A. (2002). *Frida Kahlo, 1907-1954: Pain and passion.* New York: Barnes & Noble Books. (Original publication 1992, Cologne, Germany: Benedikt Taschen Verlag GmbH.)
Marnham, P. (1998). *Dreaming with his eyes open: A life of Diego Rivera.* New York: Knopf.
Rivera, D. (1991). *My art, my life.* New York: Dover.
Tibol, R. (1983). *Frida Kahlo: An open life.* Albuquerque, NM: University of New Mexico Press.

케네디 가족

Andrews, J. D. (1998). *Young Kennedys: The new generation.* New York: Avon.
Collier, P., & Horowitz, D. (1984). *The Kennedys.* New York: Summit.
Davis, J. (1969). *The Bouviers: Portrait of an American family.* New York: Farrar, Straus, Giroux.
Davis, J. (1984). *The Kennedys: Dynasty & Disaster.* New York: McGraw-Hill.
Davis, J. (1993). *The Bouviers: From Waterloo to the Kennedys and beyond.* Washington, DC: National Press.

DuBois, D. (1995). *In her sister's shadow: The bitter legacy of Lee Radziwell.* New York: St. Martin's.

Gibson, B., & Schwarz, T. (1993). *The Kennedys: The third generation.* New York: Thunder Mouth's Press.

Hamilton, N. (1992). *JFK reckless youth.* New York: Random House.

Heymann, C. D. (1989). *A woman named Jackie.* New York: New American Library.

James, A. (1991). *The Kennedy scandals and tragedies.* Lincolnwood, IL: Publications Internationals.

Kearns Goodwin, D. (1987). *The Fitzgeralds and the Kennedys.* New York: Simon & Schuster.

Kelley, K. (1978). *Jackie Oh!* Secaucus, NJ: Lyle Stuart.

Kennedy, R. (1974). *Times to remember.* New York: Bantam.

Klein, E. (1998). *Just Jackie: Her private years.* New York: Ballantine.

Klein, E. (2003). *The Kennedy curse.* New York: St. Martin's.

Latham, C., & Sakol, J. (1989). *Kennedy encyclopedia.* New York: New American Library.

Leamer, L. (2001). *The Kennedy men: 1901-1963.* New York: Harper Collins.

Maier, T. (2003). *The Kennedys: America's emerald kings.* New York: Basic.

McTaggart, L. (1983). *Kathleen Kennedy: Her life and times.* New York: Dial.

Moutsatos, K. F. (1998). *The Onassis women.* New York: Putnam.

Rachlin, H. (1986). *The Kennedys: A chronological history 1823-present.* New York: World Almanac.

Rainie, H., & Quinn, J. (1983). *Growing up Kennedy: The third wave comes of age.* New York: G. P. Putnam's Sons.

Saunders, F. (1982). *Torn lace curtain: Life with the Kennedys.* New York: Pinnade.

Wills, G. (1981). *The Kennedy imprisonment: A mediation on power.* New York: Little, Brown.

마틴 루서 킹 가족

Carson, C. (Ed.). (2001). *The autobiography of Martin Luther King.* New York: Warner.

Franklin, V. P. (1998). *Martin Luther King, Jr. Biography.* New York: Park Lane Press.

King, M. L., Sr., with C. Riely. (1980). *Daddy King: An autobiography.* New York: Morrow.

Lewis, D. L. (1978). *King: A biography* (2nd ed.). Chicago: University of Illinois Press.

Oates, S. B. (1982). *Let the trumpet sound: The life of Martin Luther King, Jr.* New York: New American Library.

메릴린 먼로

Zimroth, E. (2002). Marilyn at the Mikvah. In Y. Z. McDonough (Ed.), *All the available light: A Marilyn Monroe reader* (pp. 176-183). New York: Simon & Schuster.

네루/간디 가족

Ali, T. (1985). *An Indian dynasty.* New York: Putnam.

Frank, K. (2002). *Indira: The life of Indira Nehru Gandhi.* New York: Houghton-Mifflin.

Tharoor, S. (2003). *Nehru: The invention of India.* New York: Arcade Publishing.

Wolpert, S. (1996). *Nehru.* New York: Oxford University Press.

오닐 가족

Black, S. (1999). *Eugene O'Neill: Beyond mourning and tragedy.* New Haven, CT: Yale University Press.

Bowen, C. (1959). *The curse of the misbegotten.* New York: McGraw-Hill.

Gelb, A., & Gelb, B. (1987). *O'Neill.* New York: Harper & Row.

Scovell, J. O. (1998). *Living in the shadows.* New York: Time Warner.

Sheaffer, L. (1968). *O'Neill: Son and playwright.* Boston: Little, Brown.

Sheaffer, L. (1968). *O'Neill: Son and artist.* Boston: Little, Brown.

라이히 가족

Mann, W. E., & Hoffman, E. (1980). *The man who dreamed of tomorrow: The life and thought of Wilhelm Reich.* Los Angeles: Tarcher.

Reich, L. O. (1969). *Wilhelm Reich: A personal biography.* New York: Avon.

Sharaf, J. (1983). *Fury on earth: A biography of Wilhelm Reich.* New York: St. Martin's.

Wilson, C. (1981). *The quest for Wilhelm Reich: A critical biography.* Garden City, NY:

Anchor Press/Doubleday.

로베슨 가족

Dean, P. H. (1989). Paul Robeson. In E. Hill (Ed.), *Black heroes: Seven plays* (pp. 277-354). New York: Applause Theatre.

Duberman, M. B. (1988). *Paul Robeson.* New York: Knopf.

Ehrlich, S. (1988). *Paul Robeson: Singer and actor.* New York: Chelsea House.

Larsen, R. (1989). *Paul Robeson: Hero before his time.* New York: Franklin Watts.

Ramdin, R. (1987). *Paul Robeson: The man and his mission.* London: Peter Owen.

Robeson, P. (1988). *Here I stand.* Boston: Beacon.

로빈슨 가족

Falkner, D. (1995). *Great time coming: The life of Jackie Robinson from baseball to Birmingham.* New York: Simon & Schuster.

Rampersad, A. (1997). *Jackie Robinson: A biography.* New York: Knopf.

Robinson, J. (1972). *I never had it made.* New York: Putnam.

Robinson, R. (1996). *Jackie Robinson: An intimate portrait.* New York: Abrams.

Robinson, S. (1996). *Stealing home.* New York: HarperCollins.

Tygiel, J. (1997). *Baseball's great experiment: Jackie Robinson and his legacy.* New York: Oxford University Press.

루스벨트 가족

Asbell, B. (Ed.). (1982). *Mother and daughter: The letters of Eleanor and Anna Roosevelt.* New York: Coward McCann & Geoghegan.

Bishop, J. B. (Ed.). (1919). *Theodore Roosevelt's letters to his children.* New York: Charles Scribner's Sons.

Brough, J. (1975). *Princess Alice: A biography of Alice Roosevelt Longworth.* Boston: Little, Brown.

Collier, P., with D. Horowitz. (1994). *The Roosevelts.* New York: Simon & Schuster.

Cook, B. W. (1992). *Eleanor Roosevelt 1884-1933. A life: Mysteries of the Heart* (Vol. 1). New York: Viking Penguin.

Donn, L. (2001). *The Roosevelt cousins*. New York: Knopf.

Felsenthal, C. (1988). *Alice Roosevelt Longworth*. New York: G. P. Putnam's Sons.

Fleming, C. (2005). *Our Eleanor*. New York: Simon & Schuster.

Fritz, J. (1991). *Bully for you: Teddy Roosevelt*. New York: G. P. Putnam's Sons.

Hagedorn, H. (1954). *The Roosevelt family of Sagamore Hill*. New York: Macmillan.

Kearns Goodwin, D. (1994). *No ordinary time. Franklin and Eleanor Roosevelt: The home front in World War II*. New York: Simon & Schuster.

Lash, J. P. (1971). *Eleanor and Franklin*. New York: Norton.

McCullough, D. (1981). *Mornings on horseback*. New York: Simon & Schuster.

Miller, N. (1979). *The Roosevelt chronicles*. Garden City, NY: Doubleday.

Miller, N. (1983). *FDR: An intimate biography*. Garden City, NY: Doubleday.

Miller, N. (1992). *Theodore Roosevelt: A life*. New York: Morrow.

Morgan, T. (1985). *FDR: A biography*. New York: Simon & Schuster.

Morris, E. (1979). *The rise of Theodore Roosevelt*. New York: Ballantine.

Pringle, H. F. (1931). *Theodore Roosevelt*. New York: Harcourt, Brace, Jovanovich.

Roosevelt, E. (1984). *The autobiography of Eleanor Roosevelt*. Boston: G. K. Hall.

Roosevelt, E., & Brough, J. (1973). *The Roosevelt of Hyde Park: An untold story*. New York: Putnam.

Roosevelt, E., & Brough, J. (1975). *A rendezvous with destiny: The Roosevelts of the White House*. New York: Dell.

Roosevelt, J. (1976). *My parents: A differing view*. Chicago: The Playboy Press.

Roosevelt, T. (1925). *An autobiography*. New York: Charles Scribner's Sons.

Teichman, H. (1979). *Alice: The life and times of Alice Roosevelt*. Englewood Cliffs: NJ: Prentice-Hall.

Youngs, W. T. (1985). *Eleanor Roosevelt: A personal and public life*. Boston: Little, Brown.

터너 가족

Bibb, P. (1997). *Ted Turner: It ain't as easy as it looks*. Boulder, CO: Johnson.

Goldberg, R., & Goldberg, G. J. (1995). *Citizen Turner*. New York: Harocurt, Brace.

빅토리아 여왕

Auchincloss, L. (1979). *Persons of consequence: Queen Victoria and her circle.* New York: Random House.

Benson, E. F. (1987). *Queen Victoria.* London: Chatto & Windus.

Hibbert, C. (1984). *Queen Victoria in her letters and journals.* London: Penguin.

James, R. R. (1984). *Prince Albert.* New York: Knopf.

Strachey, L. (1921). *Queen Victoria.* New York: Harcourt, Brace, Jovanovich.

Weintraub, S. (1987). *Victoria.* New York: E. P. Dutton.

Wilson, E. (1990). *Emminent victorians.* New York: Norton.

Woodham-Smith, C. (1972). *Queen Victoria.* New York: Donald Fine.

조지 워싱턴

Bourne, M. A. (1982). *First family: George Washington and his intimate relations.* New York: Norton.

Ellis, J. J. (2004). *His excellency: George Washington.* New York: Knopf.

Furstenberg, F. (2006). *In the name of the father: Washington's legacy, slavery and the making of a nation.* New York: Penguin.

Johnson, P. (2005). *George Washington: The founding father.* New York: Harper Collins.

McCullough, D. (2005). *1776.* New York: Simon & Schuster.

Mitchell, S. W. (1904). *The youth of Washington.* New York: The Century Company.

Moore, C. (1926). *The family life of George Washington.* Boston: Houghton Mifflin.

Randall, W. S. (1997). *George Washington: A life.* New York: Henry Holt.

Wiencek, H. (2003). *An imperfect god: George Washington, his slaves and the creation of America.* New York: Farrar, Strauss & Giroux.

찾 · 아 · 보 · 기

인명

S

T

W

Y

Z

내용

가계도: 사정과 개입

Genograms: Assessment and Intervention(Third Edition)

2011년 1월 25일 1판 1쇄 발행
2025년 3월 25일 1판 8쇄 발행

지은이 • Monica McGoldrick · Randy Gerson · Sueli Petry
옮긴이 • 이영분 · 김유숙 · 정혜정 · 최선령 · 박주은
펴낸이 • 김 진 환
펴낸곳 • (주) 학지사
04031 서울특별시 마포구 양화로 15길 20 마인드월드빌딩 5층
대표전화 • 02) 330-5114 팩스 • 02) 324-2345
등록번호 • 제313-2006-000265호
홈페이지 • http://www.hakjisa.co.kr
인스타그램 • https://www.instagram.com/hakjisabook

ISBN 978-89-6330-551-6 93180

정가 20,000원

역자와의 협약으로 인지는 생략합니다.
파본은 구입처에서 교환하여 드립니다.